理想的讀本

國文8

理想的讀本 國文8

1

目錄

序言——4
使用說明——6
編輯撰述委員——7
一・正氣歌 並序——文天祥——12
二・古典詩歌三首
李憑箜篌引——李賀——36
書湖陰先生壁二首 其一——王安石——49
自嘲——魯迅——63
三・紅樓夢 節選——曹雪芹——78
四・茉莉香片 節選——張愛玲——116
五・醉翁亭記——歐陽脩——146

六・詞選三首
蘇幕遮——范仲淹 172
天仙子——張先 182
青玉案——賀鑄 193
七・家書 節選——曾國藩 206
八・共讀一本書：追憶似水年華——馬賽爾・普魯斯特 232
九・陳情表——李密 252
十・現代詩歌二首
因為風的緣故——洛夫 278
傘——蓉子 290
十一・沉思錄 節選——馬可斯・奧理略 308
十二・奇萊前書 節選——楊牧 340
十三・海國圖志・敘——魏源 364
十四・共讀一本書：巨流河——齊邦媛 396
編輯後記 418

序言

《理想的讀本》是我們依循對語文教育的期待與理想，從先秦至清末積累數千年的經典文學、五四以降蔚為盛境的現當代文學以及最能代表西方文明精萃之翻譯作品中，精選、編輯而成的國文讀本。由懷抱經典傳承使命的「一爐香」文化事業策畫、製作，長年推動「恢弘漢字」、「創新漢藝」的財團法人漢光教育基金會贊助並共同推出；多位充滿文學教育熱情與使命感的大學國文系教授、學者、專家共同執筆書寫。

《理想的讀本》系列的選文判準，以歷年來高中六個學期的國文教學內容為基礎，加以擴大、延伸、改良，希望更能符合強化語文教育的目的與當代年輕學子的需求。我們計劃編輯製作八冊國文讀本，原則上選讀十五篇課文，其中包括固定比例的文言文作品與古典詩詞，近當代創作或翻譯的白話文作品或現代詩歌。

本書主要的導讀元素包括選文的原因、作者與出處、選文與注釋；課文賞析「可以這樣讀」則是文學知識與思想精髓所在，教授們以深湛的文學素養，現身說法，將經典作品條分縷晰、深入淺出，詮釋文字之用、文學之美、文化之豐；「再做點補充」則以語文萬花筒型態開展，經營相關的資訊與討論。教材安排由簡入繁、由淺入深、希望成為學生、老師、家長、及不同年齡層跨代閱讀國學經典與當代文學的「理想讀本」。

在科技突飛猛進、世局快速變遷、價值板塊飄移的時代，我們既希望我們的下一代與時俱進、經得起考驗，也希望他們能堅持信念、屹立不搖、紮根於多元豐美的人文土壤，悠遊於開闊自在的現實生活。國文教育是提供給他們成長的人文環境中最核心、最根本的一環，我們至為關心，故不揣淺陋，邁出拋磚引玉的一步，希望志同道合的各方人士不吝指正、共襄盛舉，一步一步把這條深化與活化語文教育、傳承與開創中華文化的道路延伸下去。

財團法人漢光教育基金會　董事長

宋具芳

使用說明

1．本國文讀本計劃編製八冊，每冊以十五篇選文為原則，內含適切比例的古典、現代與翻譯作品。第一冊共選讀文言文及古典詩詞九篇、白話文及現代詩五篇、中華文化基本教材或「共讀一本書」一篇。

2．每一篇的內容包括：「為何選這篇」、「作者與出處」、「選文與注釋」、「可以這樣讀」、「再做點補充」等五個元素。其中，「為何選這篇」表達這篇文章的定位與意義，或我們選讀這篇作品的目的。「可以這樣讀」以選文導覽為主，也會伺機增添一些申論，讓讀者了解其中深意。用這樣的標題，則是為柔化我們的解讀主張，鼓勵大家主動思考。「再做點補充」則包括了一般的相關資訊、文學常識與建議的「延伸閱讀」。

3．編排上我們配置悅目的圖片，為了美觀，為了調劑閱讀的節奏感，更多時候是提供訊息豐富的圖片或影像，以幫助對選文內容的投入、對選文背景的理解。

編輯撰述委員（依姓氏筆畫排序）

江江明

南華大學文學系助理教授。研究領域為現當代文學，近年致力文學與 VR 虛擬實境結合運用之研究，著有博士論文《論當代台港故事新編體華文小說 1949-2006》。曾發表現當代文學研究〈五〇年代台灣女性小說史觀點之詮釋策略〉、〈古典新詮，海上群芳：論海上花電影改編之女性角色重構〉等多篇學術論文，曾獲教育部文藝創作獎、桃園縣文藝創作獎等。

何淑貞

暨南國際大學華語文教學碩士班兼任教授。曾任國立高雄師範大學國文系所教授兼系主任。研究領域：中國思想史、文化史、文學史、古典文學、漢語語法、華語文教學。專書有：《柳宗元及其詩研究》、《嘯傲東軒》、《展現生命芬芳的神話傳說——列子的智慧》、《新編抱朴子．內篇校注》、《新編抱朴子．外篇校注》、《華人社會與文化》、《華語教學語法》、《華語文教學導論》，單篇論文及創作刊登在各討論會論文集及報章雜誌。

余欣娟

臺北市立大學中國語文學系副教授兼系主任。研究領域為現代詩、女性文學、明代詩學。著有《一九六〇年代台灣超現實詩——以洛夫、瘂弦、商禽為主》、《明代「詩以聲為用」觀念研究》，及合著有《風櫃上的演奏會：讀新詩遊臺灣》、《走入歷史的身影：讀新詩遊臺灣》等書。

李宜學

國立中央大學中文系助理教授。研究領域為李商隱詩、唐詩、中國文學批評。著有單篇論文：〈論西域物質文化在中晚唐詩中的投影——以瑪瑙器皿為例〉、〈論李商隱流寓桂林時期詩作的空間書寫〉、〈從〈無題〉詩論程夢星《重訂李義山詩集箋注》對朱鶴齡《李義山詩集注》的接受〉等。書寫〉、〈從〈無題〉詩論程夢星《重訂李義山詩集箋注》對朱鶴齡《李義山詩集注》的接受〉等。

李玲珠

高雄醫學大學通識教育中心副教授。研究領域為魏晉玄學、通識教育，著有《魏晉新文化運動—自然思潮》、《懂了，紅樓夢》等書。長期關注經典教育，發表〈經典教育通識化的理念與實務〉、〈經典通識化舉隅：表達能力的人文回歸與底蘊探究〉等論文。曾獲高雄醫學大學傑出教師、傑出教學評量、通識特色教師、優良教材成果等獎項。

林淑貞

中興大學中國文學系特聘教授。曾任中國唐代學會理事長、中興大學中文系主任。研究以文學、美學為進路，著有《詩話的別響與新調：晚清林昌彝詩論抉微》、《詩話論風格》、《中國詠物詩「託物言志」析論》、《寓莊於諧——明清笑話型寓言論詮》、《表意·示意·釋義：中國寓言詩析論》、《尚實與務虛：六朝志怪書寫範式與意蘊》、《笑看人間：中國式的幽默》、《對蹠與融攝：唐人生命情調與審美風尚》、《圖像敘事與多元文本》、《詩話美典的傳釋》等，散文著有《等你，在燈火闌珊處》、《寂寞如歌》等書。

祁立峰

臺灣師範大學國文系專任教授。曾獲臺北文學獎、教育部文藝創作獎、著有《讀古文撞到鄉民》、《國文超驚典》、《亂世生存遊戲》、《打 Game 闖關玩古文》等著作，並獲文化部中小學優良讀物「精選之星」推薦，目前文章連載於國語日報之「青春講堂」、「古文不思議」等專欄。

陳家煌

國立成功大學中國文學系教授兼文學院副院長。曾任私立文藻外語大學應用華語文學系兼任助理教授、國立中央大學中國文學系專案副教授。學術興趣為唐代文學、白居易詩文及臺灣古典文學。著有《白居易詩人自覺研究》、《白居易詩人品味研究》、《孫元衡集》及《李望洋集》等書。

陳惠齡

清華大學台文所教授，美國聖塔芭芭拉加州大學東亞語言文化研究學系訪問學者。曾任新竹教育大學中文系主任。研究領域為臺灣文學、現當代小說、地方學、華文文學。著有《演繹鄉土：鄉土文學的類型與美學》、《鄉土性・本土化・在地感：臺灣新鄉土小說書寫風貌》、《臺灣當代小說的烏托邦書寫》、《現代文學鑒賞與教學》等，主編三屆《竹塹學國際學術研討會論文集》，並發表數十餘篇論文。

曾暐傑

臺灣師範大學國文學系副教授。曾獲科技部年輕學者養成計畫（愛因斯坦培植計畫），獲頒年輕學者榮譽名銜、臺灣師範大學教學優良獎、臺灣師範大學優良導師獎。研究領域為荀子思想、儒家哲學與先秦兩漢諸子。著有《性惡論的誕生——荀子「經濟人」視域下的孟學批判與儒學回歸》、《通過孟荀而思——荀學視域下的儒家心理結構與人格特質批判與重建》等學術專書，及《水豚讀論語》、《喵星人啃莊子》、《墨子的方舟》等哲學普及書。並嘗於大愛電視臺、中央廣播電臺、一刻鯨選 Podcast、哲學新媒體等網絡錄製節目與發表文章分享人文哲思。

黃儀冠

彰化師範大學國文系副教授。曾擔任教育部閱讀與書寫計畫主持人。研究專長為女性文學、現代文學、文學理論、電影文學。著有《臺灣女性書寫與電影敘事之互文研究》、《從文字書寫到影像傳播：台灣「文學電影」之跨媒介改編》、《晚明至盛清女性題畫詩研究：以閱讀社群及其自我呈現為主》等專書。

楊宗翰

台北教育大學語文與創作學系副教授，曾為淡江大學中文系專任副教授、國立清華大學華文所兼任副教授。著有專書《破格：臺灣現代詩評論集》、《逆音：現代詩人作品析論》、《異語：現代詩與文學史論》、《台灣新詩評論：歷史與轉型》、《台灣現代詩史：批判的閱讀》、《台灣文學的當代視野》，主編《大編時代：文學、出版與編輯論》等六部，合編《台灣一九七〇世代詩人詩選集》等八部。

羅智成

詩人、作家、文化評論者。曾任中時報系副刊主任、副總編輯，美商康泰納仕雜誌公司編輯總監、樺舍文化事業總經理、TOGO 旅遊情報雜誌發行人、FM91.7 廣播電台共同創辦人兼台長及出版社、電視製作公司負責人等，2005 年後擔任過相關公職，並於文化、東吳、元智、東華、師大等大學兼任教職三十餘年。出版有詩集《光之書》、《擲地無聲書》、《夢中書房》、《黑色鑲金》、《透明鳥》、《諸子之書》、《地球之島》、《迷宮書店》、《問津》、《荒涼糖果店》，散文《M 湖書簡》、《亞熱帶習作》，遊記《南方以南沙中之沙》、《遠在咫尺》、評論《文明初啟》、《知識也是一種美感經驗》等二十餘種。

1 正氣歌 並序

氣是中華文化極具特色的概念，既是本體論的基本元素，也是天人合一思想重要的基石，孟子進一步將其與內在心志做結合，成為道德實踐的功夫。而文天祥的〈正氣歌〉則把這抽象理念落實為一種追求道德理想而不屈不撓的意志，並以歷朝歷代豪傑志士的行動作為範例。自此，中國人面臨大是大非的抉擇時，便有了最強大的信念作為依據。這首五言古詩是如此知名，如此震撼人心，以至於後世學子都能朗朗上口，並在誦讀之際，油然升起一股道德勇氣。

壹．作者與出處

文天祥（西元一二三六～一二八三），字宋瑞，又字履善，號文山、浮休道人。南宋吉州廬陵人。生於宋理宗端平三年，卒於元世祖至元十九年，年四十七。文天祥狀元及第，後封為信國公，故稱文信公或文信國；又因曾官拜少保，也稱文少保。宋代著名的文學家、政治家，歐陽脩與胡銓都是廬陵人、文天祥的鄉先輩，且諡號都是「忠」；文天祥自幼即極為仰慕，視為學習典範，又在儒風甚深的家庭教養成

長薰習下，文天祥成為南宋末期著名的愛國詩人、抗元的民族英雄，有詩文集《文文山全集》傳世。

據說，文天祥出生時，祖父夢見乘著紫雲而來的嬰兒，因此為他取名為雲孫、小字從龍；長大後，朋友為他取字「天祥」，鄉試選為貢士後，就改以天祥為名、履善為字；殿試時，被宋理宗欽點為狀元，認為他是「此天之祥，乃宋之瑞也」，所以又賜字「宋瑞」。文天祥仕宦生涯中曾兩度遭罷官免職，都選擇到文山過著不問世事的隱逸生活，因此以文山為號。至於號「浮休道人」則應與文天祥精通儒道術數，據說還曾得遇道家高人，甚至得傳修煉大法有關。

理宗寶祐四年（一二五六），文天祥二十一歲以「御試策」批評時弊，並提出改革方案，表達政治抱負，宋理宗極為欣賞，親自拔擢為第一，累官至右丞相、封信國公。南宋末年，已建立了橫跨歐亞的蒙古帝國大舉南侵；一二七五年，文天祥四十歲、奉詔勤王平難。然而，蒙古軍勢力強大，南宋內部不合、戰略分歧，文天祥數度戰敗、甚至被俘，又幸而得救脫險。次年，元軍兵臨南宋首都臨安，佐政的謝太皇太后派員獻上傳國玉璽、投降，宋恭帝隨即被擄往大都；南宋朝臣又在福州擁立宋端宗，文天祥奉詔入福州，任樞密使、都督諸路軍馬抗元；他雖曾收復部分失土，但終究寡不敵眾，依舊節節敗退，連妻兒都被元兵擄走。

宋朝覆滅前一年，文天祥屯兵在廣東潮陽的五坡嶺，元朝大將張弘範突襲，他不及應戰而被擊潰，一度服藥自殺，希望以身殉國；但僅是昏迷，被救醒後見元將張弘範不拜，僅求速死。張弘範要他勸降張世傑，文天祥則以〈過零丁洋〉一詩回應，其中的「人生自古誰無死？留取丹心照汗青」是名句，也是他面對死亡無所畏懼的儒者態度。在押往元京大都的路途中，又絕食八日而不死。或許，「重如泰山」，是文天祥命不當絕；但無力抵抗異族入侵、眼見生靈塗炭下的苟活，又不啻是「輕如鴻毛」，都是生、死兩艱難，元世祖愛才，甚欲招降並委以重任，因此關押他近三年，求死之心卻從未改變，直至元世祖至元十九年（一二八二）才被押赴刑場處決。文天祥被俘後，面對元廷各種威逼利誘，始終不動搖；臨刑時更視死如歸、面色如常，即使宋朝已然覆滅，依舊向南再拜而後就義，以示忠於故國、至死不渝。據說他的凜然正氣感動了不少觀刑的人。行刑後不久，元世祖後悔了，「俄有使使止之」，派遣侍者欲阻止行刑，然而，斯人已遠，留下的是「典型在夙昔」。

〈正氣歌〉不僅展現了文天祥作為小我的生死無畏，更塑造出一介文人如何以大義面對時代洪流，成為儒家在歷史長河中的典範，也變成儒者不畏強權、秉持正氣，精神所依歸繫念的明燈。

貳・選文與注釋

予囚北庭[1]，坐一土室，室廣八尺，深可四尋[2]，單扉[3]低小，白間[4]短窄，汙下[5]而幽暗。當此夏日，諸氣萃然[6]：雨潦[7]四集，浮動牀几，時[8]則為水氣；塗泥半朝，蒸漚歷瀾[9]，時則為土氣；乍晴暴熱，風道四塞，時則為日氣；簷陰薪爨[10]，助長炎虐[11]，時則為火氣；倉腐寄頓[12]，陳陳[13]逼人，時則為米氣；駢肩雜遝[14]，腥臊[15]

1 北庭：指元朝首都大都（今北京市）。南宋首都在建康（今南京市），忠臣文天祥不願承認元朝政權，因此以地理相對位置稱之。

2 深可四尋：深約四尋，此指長度。可：大約、約略。尋：古代的長度單位，八尺為一尋。

3 扉：音ㄈㄟ，門扇。

4 白間：窗子。

5 汙下：低窪。

6 萃然：聚集的樣子。

7 雨潦：雨後的積水。潦：音ㄌㄠˇ，積水。

8 時：是，指這裡。

9 蒸漚歷瀾：形容溼熱之地汙水積久了，一片糜爛。漚：音ㄡˋ，浸泡。歷瀾：糜爛、稀爛。

10 爨：音ㄘㄨㄢˋ，以火燒煮食物。

11 炎虐：炎熱、酷熱。虐：災禍。

12 寄頓：貯藏。

13 陳陳：ㄓㄣˋ ㄓㄣˋ，即「陣陣」，指時有時無，斷斷續續的情形。

14 駢肩雜遝：指人多擁擠。駢肩：並肩。遝：音ㄊㄚˋ，眾多。

15 腥臊：腥臭的氣味。臊：音ㄙㄠ，腥臭味。

汙垢，時則為人氣；或圊溷[16]，或毀屍，或腐鼠，惡氣雜出，時則為穢氣。疊是數氣，當之者鮮不為厲[17]。而予以孱弱，俯仰其間，於茲二年矣；幸而無恙，是殆[18]有養致然爾。然亦安知所養何哉？孟子曰：「我善養吾浩然之氣。」彼氣有七，吾氣有一，以一敵七，吾何患焉！況浩然者，乃天地之正氣也，作〈正氣歌〉一首。

天地有正氣，雜然賦流形[19]：下則為河嶽，上則為日星，於人曰浩然，沛乎塞蒼冥[20]。皇路[21]當清夷[22]，含和吐明庭；時窮節乃見[23]，一一垂丹青[24]。

16 圊溷：音ㄑㄧㄥ ㄏㄨㄣˋ，廁所。

17 厲：疾病。

18 殆：推測語氣，可能、或許。

19 雜然賦流形：天地正氣紛然散佈於各種物體。賦：散佈。流形：各種流動變化的形體，指宇宙萬物。

20 蒼冥：指天地。

21 皇路：指王道、國家政局。

22 夷：清平盛世。夷：平。

23 見：音ㄒㄧㄢˋ，通「現」，表現。

24 丹青：泛指史籍。青：即青史，紀錄史事的竹簡。

25 在齊太史簡：春秋時，齊國史官不懼權臣崔杼迫害，堅持在史冊上記載「崔杼弒其君」。

26 在晉董狐筆：春秋時，晉國史官董狐對趙盾徇私、不究責弒君的趙穿，堅持在史冊記載「趙盾弒其君」。

27 在秦張良椎：張良（西元前二五〇～西元前一八六），字子房，為漢初三傑之一。秦末，曾招募大力士以鐵椎襲擊秦始皇。椎：音ㄔㄨㄟˊ，同「槌」。

28 在漢蘇武節：蘇武（西元前一四〇～西元前六〇），字子卿，漢武帝派他出使匈奴，卻遭流放至北海（今西伯利亞貝加爾湖）十九年，但持節不變。

在齊太史簡[25]，在晉董狐筆[26]，在秦張良椎[27]，在漢蘇武節[28]；為嚴將軍頭[29]，為嵇侍中血[30]，為張睢陽齒[31]，為顏常山舌[32]；或為遼東帽[33]，清操厲[34]冰雪；或為〈出師表〉，鬼神泣壯烈；或為渡江楫[35]，慷慨吞胡羯[36]；或為擊賊笏[37]，逆豎頭破裂。是氣所磅礴[38]，凜烈[39]萬古

29 為嚴將軍頭：嚴將軍就是嚴顏，東漢末人，曾效力巴郡的劉璋，劉備入蜀，寧死、堅不投降。

30 為嵇侍中血：嵇侍中就是嵇紹（二五三～三〇四），字延祖，竹林七賢嵇康的兒子。西晉八王之亂時，以己身捍衛晉惠帝，血濺龍袍而後殞命。

31 為張睢陽齒：張睢陽就是張巡（七〇九～七五七），又稱張中丞。安史之亂時，張巡督戰睢陽，意欲殺敵憤慨切齒讓牙齒都碎裂了。

32 為顏常山舌：顏常山就是顏杲（音ㄍㄠˇ）卿（六九二～七五六），字昕。安史之亂時駐守常山對抗反賊，城破，罵賊，被鉤斷舌頭。

33 遼東帽：指東漢末年的管寧（一五八～二四一），字幼安，為春秋時期管仲的後人。因天下大亂，避居遼東，過著布衣黑帽的清貧生活。

34 厲：猛烈。

35 渡江楫：指東晉的祖逖（二六六～三二一），字士稚。曾率軍渡江北伐，一度收復黃河以南、西晉淪亡的國土。

36 羯：音ㄐㄧㄝˊ，中國古代西北的少數民族、匈奴的別支。

37 擊賊笏：指唐代的段秀實（七一九～七八三），以笏板擊殺圖謀造反的朱泚，後被殺害。

38 磅礴：音ㄆㄤ ㄅㄛˊ，廣大充塞。

存。當其貫日月，生死安足論？地維[40]賴以立，天柱賴以尊。三綱[41]實繫命，道義為之根。

嗟予遘陽九[42]，隸[43]也實不力。楚囚纓其冠[44]，傳車[45]送窮北[46]。鼎鑊甘如飴[47]，求之不可得。陰房闃[48]鬼火，春院閟[49]天黑。牛驥同一皂，雞棲鳳凰食[50]。一朝

39 凜烈：因壯烈而使人敬畏。凜：音ㄌㄧㄣˇ，嚴肅、令人敬畏的樣子。

40 維：一隅、角落，這裡用以比作綱紀。

41 三綱：指儒家所重視的君臣、父子、夫婦三種倫常之道。

42 遘陽九：遭遇厄運。遘：音ㄍㄡˋ，遭遇。陽九：困厄的時運。《易》數中，奇數一、三、五、七、九為陽數，九是最大數，表示到了盡頭，在物極必反的情況下便以此為喻。

43 隸：臣僕，自謙之詞。

44 楚囚纓其冠：指倉促被拘為囚。楚囚：泛指囚犯、戰俘。纓其冠：急於戴帽卻來不及繫好帽帶，形容倉促的樣子。纓：此作動詞用，繫的意思。

45 傳車：驛車，古代傳遞官方文書或載運官員的車輛，此指囚車。傳：音ㄓㄨㄢˋ，驛站。

46 窮北：極北之地，此指大都。

47 鼎鑊甘如飴：雖受酷刑，仍甘之如飴。鼎鑊：烹飪的器具，此指酷刑。鼎：三足兩耳的金屬器皿。鑊：音ㄏㄨㄛˋ，無足無耳的金屬器皿。飴：音ㄧˊ，用米或麥製成的糖漿或軟糖食品。

48 闃：音ㄑㄩˋ，寂靜。

49 閟：音ㄅㄧˋ，深閉。

蒙霧露[51]，分[52]作溝中瘠[53]。如此再寒暑[54]，百沴自辟易[55]。嗟哉沮洳[56]場，為我安樂國！豈有他繆巧[57]，陰陽不能賊[58]。顧此耿耿在[59]，仰視浮雲白，悠悠[60]我心悲，蒼天曷有極[61]？哲人日已遠，典型在夙昔[62]，風簷展書讀，古道照顏色。

50 牛驥同一皂，雞棲鳳凰食：牛與千里馬同槽共食，雞與鳳凰同棲共食。此以牛、雞比喻一般作奸犯科的囚犯，以驥、鳳凰自喻，比喻賢愚不分的狀況。驥：音ㄐㄧˋ，千里馬。皂：音ㄗㄠˋ，餵牛馬的食槽。

51 蒙霧露：指罹患疾病。蒙：蒙受。霧露：指陰陽不調和之氣。

52 分：音ㄈㄣˋ，預料。

53 瘠：音ㄐㄧˊ，腐肉、腐屍。

54 再寒暑：經過兩年。再：兩次。寒暑：借代為一年。

55 百沴自辟易：各種惡氣自然退避。沴：音ㄌㄧˋ，惡氣。辟易：退避。辟：音ㄅㄧˋ。

56 沮洳：音ㄐㄩˋ ㄖㄨˋ，低溼的地方。

57 繆巧：智謀與巧詐，此指巧妙的方法。繆：音ㄇㄧㄡˋ，智謀。

58 賊：殘害。

59 顧此耿耿在：指己心光明，靜定不變。顧：念。耿耿：光明安靜的樣子。

60 悠悠：長久、久遠。

61 曷有極：何時才是盡頭？曷：音ㄏㄜˊ，何時。極：盡頭。

62 夙昔：往昔、從前。

參．可以這樣讀

文天祥四十歲奉詔勤王，隔年，首都臨安就被元兵攻破，年僅五歲的宋恭帝被擄北上，宋室向南撤退到福州。繼立的宋端宗趙昰年僅七歲，在位僅兩年多，在不斷顛簸逃難、驚病交加中，病歿於荒島，得年才十歲。再繼立的少帝趙昺是宋朝最後一位皇帝，更是經常乘桴浮於海上，宋室連「國土」都無法立足了。帝昺在位僅三百一十三天，當元朝大將張弘範大舉進攻崖山時，丞相陸秀夫評估無法脫逃，不願投降，也不願受辱，只能背著剛滿八歲的帝昺跳海殉國了。據說，隨同宋帝一起跳海的軍民多達十餘萬人，宋朝竟以如此悲壯慘烈的方式向歷史謝幕；而文天祥正在元軍船上，目睹最後一役，寫下了〈二月六日海上大戰，國事不濟，孤臣天祥坐北舟中〉：「惟有孤臣雨淚垂，冥冥不敢向人啼。」孤臣無力難回天，也確乎是悲憤無語問穹蒼了。

皇帝是封建王朝的最高領導人，作為忠臣的文天祥盡心竭力、服膺的卻是三位都不滿十歲的幼帝，文天祥與左丞相陳宜中、樞密副使張世傑的戰略又不合，宋室更顯分崩離析，滅亡已成定數。相對的，敵軍首領卻是雄才大略、驍勇善戰，且漢化極深的大元帝國開創者忽必烈；因為愛才、惜才，忽必烈運用各種策略，想勸說、招降在獄中的文天祥，不僅動用元朝重臣、南宋降臣、被俘的宋恭帝以及文天祥已降的弟弟文璧，諸人輪番勸降，甚至元世祖都親自招降，文天祥始終不為所動。在文天祥所處的時空背景與歷史事件中，最能展現

文天祥（清代葉衍蘭繪）。

他持守的滿腔熱血與愛國真情的，正是著名的〈正氣歌〉。

〈正氣歌〉是首五言古詩，詩前有序，說明創作的緣起，並慷慨陳辭，有氣節的知識份子應當如何面對生之困窘與死之難題，如何在酷刑威逼與富貴利誘間做價值選擇，渺小的個人如何在命運的茫然中覓得身心安頓。全詩以「正氣」為核心，徵引史實典範、以古證今，將抽象的正氣轉化為具體的可知、可感的典範，文氣凜然磅礴。

日暮途窮，諸氣考驗

文天祥被捕關押在地牢，不僅失去人身自由，而且空間狹小，周遭環境惡劣，各種惡氣聚集，極易致病；因此，序文起始，即以駢散穿插的排句描述了「諸氣萃然」及其成因：水氣、土氣、日氣、火氣、米氣、人氣、穢氣。濁氣的成因亦即實際描繪其所處環境及所感困境：眼中所見皆為低濕幽暗，嗅聞則是各種腐臭腥臊，體感則是時而濕黏骯髒、時而暴熱；終日夾處在此七氣的薰蒸中，無法逃躲，亦形成病氣、致病的根源。然而文天祥以單薄的身軀，困頓的心靈，待在如此惡劣的環境中二年，竟能無恙！由此事實說明自己上承儒家之正道、善養「浩然之氣」，開展全詩對正氣之歌詠，前後呼應。

「氣」是我國文化傳統中重要且常見的概念，迥異於西方文明；現代科學對「氣」的觀點也從早期的斥為無稽之談、迷信，逐漸有更多科學家投入研究，嘗試用不同概念進行揭露、表詮；以現象學角度研究傳統哲學所謂的氣、身體

地牢空間狹小，周遭環境惡劣，各種惡氣聚集，極易致病。

現象、無限心，也儼然成為學術主流之一，逐漸讓抽象、肉眼不可見的「氣」不再神秘化，成為可感知、理解的範疇。中國傳統是氣脈的身體觀，因此中醫醫理建立在十二經絡，武術功法側重奇經八脈，修道傳統除了上述二者，更有左脈、右脈、中脈之說，中、西方的醫理最大的分別就在對「氣脈」有無的認定。可以說現存最早的醫書《黃帝內經》已提出氣脈、經絡（氣的主要通道，也是臟腑間的聯絡「渠道」，猶如血管是血液的通道）對人體健康的重要與治病的原理。氣脈阻塞就猶如下水道淤塞，淤塞可能會產生污濁臭氣、妨礙水道通暢，嚴重時便成為水災禍患；若先著力清除淤塞，便能使水路通暢，水道周壁不致染垢，順暢的流水可以帶走髒汙的物質，即使大雨也不致成災，也是所謂的「流水不腐」，可以發揮保養與預防之效。因此，在氣脈的基礎原理上，《黃帝內經》提出了「不治已病、治未病」，在臟腑未發生病變前，若能保持氣脈暢通，便可收養生健康之效，「預防」醫學的觀念可能更強於西方。「氣」表淺可感的現象之一便是「呼吸」，透過呼吸的鍛煉所形成的功法可以強身健體，也是東方文化的奧秘（如中國的武術、氣功，印度的瑜伽）。

「氣」在經典裡經常寫作「气」，「气」字早在甲骨文、金文中已經出現，《說文解字》釋為「雲氣」；春秋戰國時期已將其視為構成宇宙萬物的基本元素，如《老子》四十二章：「萬物負陰而抱陽，沖氣以為和。」《左傳》、《莊子》都有「六氣」之說，主要指氣的六種狀態。氣也常寫作「炁」，或稱「元氣」，意指生命源頭的先天能量、氣稟，此先天一气與宇宙同出，都是一气之大化流行，也是「天人合一」的實存依據。孟子則更進一步將氣與內在心志做結合：「夫志，氣之帥也。」並以之作為道德實踐的工夫論，「其為氣也，配義與道」，若能隨著內證修養、擴而充之，則可達至「其為氣也，至大至剛，以直養而無害，則塞於天地之間。」

孟子的心氣論到了宋代理學有更全面性的發揮，二程與朱熹對心、氣本體都有詳盡的論述架構。文天祥弱冠曾入名儒江萬里創辦的白鷺洲書院就讀，江萬里早年曾習朱熹理學，所以文天祥在序文中直引孟子養氣之說，亦明奉行孔孟之道，視為核心價值之所由。因此，文天祥能以自身長期鍛煉出的「正氣」抵禦七種濁氣、安然無恙，就中醫醫理而言，正是《黃帝內經》所謂：「正氣內存，邪（病氣）不可干」，絕非誇口妄說。文天祥先以自身所處、所遇、所應，實證了正氣的實存與效用。序文至此作結，鏗鏘有力。

〈正氣歌〉全詩凡六十句，採隔句用韻，可分為四個段落，採平仄間押，不僅在形式上頗具變化，音韻上抑揚頓挫；每段用韻亦貼合內容佈局，在跌宕中發顯從容，在逶迤中透顯蒼古，讀來更是蕩氣迴腸。

全詩以平聲韻起，在音韻舒緩中展現題旨的莊嚴肅穆。開篇立即點題：總說正氣貫通天地，寄存於萬物流行；再由天（日星）、地（河嶽）、人三者進行分說；對句的形式更能彰顯正氣的浩瀚、包羅萬象，然而，此僅為空間形式。從「皇路當清夷」至「時窮節乃現」，則切進了「歷史」，體現了正氣在時間流動的變化，形成時空的興衰與治亂。人類雖渴望和平、希求盛世，即使有自

由意志，亦無法選擇所處時空為亂世抑或治世，甚至無法選擇個人運途的順遂或乖蹇，「國家昏亂，有忠臣」、「板蕩識忠臣」，都說明了「忠臣」的出現實肇因於時代動亂，是同時共運下的人類悲劇；但越是黑暗動盪，卻也真實考驗著知識份子的知行是否合一？心性與價值是否真的能超越世俗、甚至超越生死？這個巨大考驗並非常態，文天祥卻躬逢其時了，運也，命也。

典型日遠，追步不輟

文天祥無從選擇所處時代，國破家亡的巨大悲劇將他推上了歷史舞台，但漫漫長流中又何止一位文天祥？因此，他以三組排比句，依時代先後分別列舉了十二位歷史典範，以真實的生命故事具體展現正氣的內涵。井然有序，層次分明。本段用韻轉為入聲，入聲韻收尾短促，節奏則顯明快有力。

以下四句一組，以「在」字領句；文天祥以象徵身份與使命的「簡」、「筆」、「椎」、「節」，彰顯正氣可以持守，價值可以寄命。

「在齊太史簡」：春秋時齊國權臣崔杼，因不滿國君莊公與自己妻子棠姜的曖昧，發動政變、殺死莊公，改立莊公弟弟杵臼為君；因此，史官如實記載「崔杼弒其君」。崔杼自認莊公有錯在先，不願因此而遺臭萬年，逼迫史官改書莊公因病而薨；太史不願意，崔杼便殺了太史。上古時期的史官為世襲制，繼立的太史二弟、三弟，依舊堅持原來的書寫，也陸續被殺害；再繼立的太史四弟依舊堅持「崔杼弒其君」，另一位史官南史氏也帶著竹簡，準備在史官又被殺害後，繼續捍衛歷史的真實，最後崔杼只得放棄竄改史實。「在晉董狐筆」：春秋時的晉靈公荒淫無道，欲殺害直言勸諫的趙盾，趙盾被迫逃亡；後來趙盾之弟趙穿殺了靈公，趙盾返國、重新輔政，卻未追究弟弟的弒君之罪。史官董狐認為趙盾既為國家重臣，維護綱紀、責無旁貸；他既不願究責趙穿，就必須扛起史冊上的弒君之罪。董狐剛直不阿，冒著生命危險直書趙盾弒君，被孔子稱為良史；趙盾也尊重董狐的記載，並未殺害他。

「道德史觀」向為文化傳統所重視，在上位者因其高位而對國家社會影響重大，所以必須責以高於常人的道德標準。齊莊公與晉靈公的「君不君」，未盡君王之責，惡名自會遺臭於青史；但崔杼的弒君、趙盾的徇私也皆是「臣不臣」，未盡宰輔之任，一樣須載入史籍，留待後世公評。史官以生命捍衛史評的精神，既提點了「君君、臣臣」應穩固的「角色」分際與操守，也提供了反省與警惕，歷史真相需要「正氣」維護。

「在秦張良椎」：漢初三傑之一的張良是戰國時期韓國貴族之後，祖父、父親曾任五位韓王之相。秦滅韓之後，張良散盡家財欲報亡國之恨，終求得善擲鐵鎚的大力士，在博浪沙伏擊秦始皇，卻誤中副車，行刺失敗，張良也因而被追捕；後只得投靠劉邦，仍堅持滅秦志業。「在漢蘇武節」：秦漢時期，匈奴一直是漢民族的北方大敵，雙方征戰不斷，也多次扣押雙方的使節。天漢元年（西元前一〇〇），漢武帝派遣蘇武至匈奴議和，卻遭到匈奴單于拘禁，希望他效力匈奴；因蘇武寧死不屈，被流放至冰天雪地的北海牧羊。出使即代表國

▲刺秦失敗的張良。

◀張良《新鐫繡像旁批詳註總斷廣百將傳》

家，蘇武在「渴飲雪、飢吞氈」的窘境下，仍堅握節杖，不辱使節風範。十九年後，漢昭帝始元六年（西元前八十一），蘇武才終於回到長安。

以下四句一組，以「為」字領句：文天祥以形軀上的「頭」、「血」、「齒」、「舌」，作為捨命的堅毅決心，彰顯為了堅持節操、視死如歸，具體點明正氣可以超越生死。

「為嚴將軍頭」：劉備攻打益州劉璋時，嚴顏固守巴郡，後為張飛所擒，拒不投降，並表明益州只有斷頭將軍，沒有投降將軍；張飛敬佩嚴顏的勇氣，不僅未殺害他，還親自為他解開羈縛，待之為上賓。「為嵇侍中血」：晉惠帝時八王之亂，宗室相互操戈；蕩陰一役戰敗，惠帝身邊的官員、侍衛皆潰散逃命，侍中嵇紹卻捨命為惠帝擋箭，血濺龍袍，後被《晉書》收在〈忠義傳〉之首。「為張睢陽齒」：唐玄宗時，安祿山造反，張巡在內無糧草、外無援兵的狀況下死守睢陽十個月，成功地阻止叛軍南侵。據說他因奮力督戰，以致「眥（音ㄗˋ，眼眶）裂血面，嚼齒皆碎」，城陷後慷慨赴義，神色自若。「為顏常山舌」：顏杲卿為顏真卿堂兄，安史之亂時，顏杲卿與兒子顏季明共守常山。安祿山圍攻常山，城破，以顏季明要脅顏杲卿投降，未果，便先殺了顏季明；顏杲卿不願投降，又辱罵賊人不斷，被叛軍鉤斷舌頭而後處死，顏氏一門三十餘口都被殺害，委實慘烈。顏真卿後來找到顏季明的頭顱，在極度悲憤的情緒寫下〈祭姪文稿〉，也是著名的書法名作，與王羲之〈蘭亭集序〉、蘇軾〈寒食帖〉合稱「天下三大行書字帖」。

固守巴郡的嚴顏將軍。

寧死不屈，被流放至北海牧羊的蘇武。

「或為遼東帽，清操厲冰雪」，此以管寧為例。東漢末年的管寧，為春秋名相管仲的後代，典故「割席絕交」即出自管寧早年與華歆共讀，因感「道不同，不相為謀」而不與華歆為友。華歆在曹魏位居高位，管寧卻避居遼東二十多年，曹操、曹丕（魏文帝）、曹叡（魏明帝）都曾經徵召管寧，管寧皆辭而不受。據說管寧常戴黑色的帽子，人稱「遼東帽」；元以前、遼東地區主要居住的民族是契丹人，也可能是遼東地區，這些少數民族習戴的帽子。文天祥以遼東苦寒的氣候，凸顯管寧安貧樂道的氣節。「或為出師表，鬼神泣壯烈」，此以諸葛亮為例。〈出師表〉是三國時期，蜀漢丞相諸葛亮二度北伐曹魏前，上呈給後主劉禪的奏章；因而有〈前出師表〉、〈後出師表〉，〈前出師表〉尤為名作。劉備三顧茅廬，親迎人稱「臥龍先生」的諸葛亮入蜀，在諸葛亮的智謀策劃下，使相對弱小、偏立一隅的蜀漢能與曹魏、東吳成三足鼎立之勢。劉備歿後，仍殫精竭慮地輔佐繼立的劉禪，〈出師表〉言辭懇切，滿溢老臣謀國之心，後人有評：「讀〈出師表〉不墮淚者，其人必不忠。」

「或為渡江楫，慷慨吞胡羯」，此以祖逖為例。永嘉之禍、西晉亡於五胡亂華；司馬睿建康即位，開始東晉政權。祖逖是東晉初北伐的名將，「聞雞起舞」是說他與好友劉琨同寢，夜半聞雞鳴即起身練劍至天明，以培養北伐的戰力。東晉初期政局不穩，祖逖雖被司馬睿封為奮威將軍，卻得不到兵力、軍需的支援，祖逖自行招募士兵、籌措糧草，數度北伐，一度收復黃河以南的中原地區。「渡江楫」指祖逖北渡長江，在江心時敲打著船槳，祈長江為證，誓言

死守睢陽的張巡。

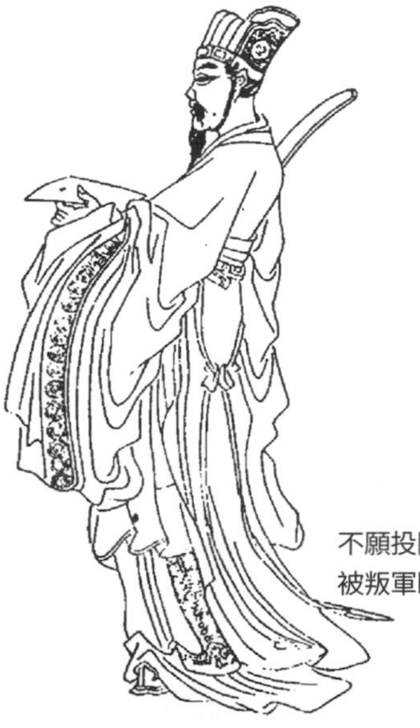

不願投降，辱罵賊人被叛軍斷舌處死的顏杲卿。

驅除胡羯，收復失土。「或為擊賊笏，逆豎頭破裂」，此以段秀實為例。安史之亂平定後，唐國力大傷，地方節度使擁兵自重，形成藩鎮割據之勢。德宗時發生涇原兵變，涇州、原州的士兵叛變，攻陷首都長安，德宗倉皇出逃至奉天，被叛軍包圍一個多月，史稱「奉天之難」。叛軍朱泚欲自立為帝，拉攏段秀實。段秀實佯裝從命，卻在朝會時，奪了鄰座官員的象牙笏板擊殺朱泚，朱泚被擊中額頭、血流如注，但段秀實亦被朱泚部下殺害。

以上八句一組，以「或」字領句，並改變前兩組以單句書寫單一典範的形式，以複句為書，使句式變化更富層次性；「遼東帽」、「出師表」、「渡江楫」、「擊賊笏」，使典故更具形象性，也強化了詩句的深度。

直取丹心，氣貫長空

文天祥列舉了跨越時空的十二位典範，古聖先賢示現了正氣稟命的永恆不朽，可與天地同德，實質印證了道德實踐可以超越生死、超越危難困厄，是文天祥「造次必於是，顛沛必於是」，始終不變的信念。

張弘範擄獲文天祥後，乘勝準備攻打南宋最後的據點崖山，文天祥不懼逼迫，寫下另一首著名的詩作〈過零丁洋〉以明心跡：

辛苦遭逢起一經，干戈寥落四周星。山河破碎風飄絮，身世浮沉雨打萍。
惶恐灘頭說惶恐，零丁洋裡歎零丁。人生自古誰無死？留取丹心照汗青。

擊賊笏，逆豎頭破裂的段秀實。

「零丁」是孤臣孽子的真實景況，「惶恐」是面對河山變色、生命何怙的真實心緒。北上途經金陵，文天祥在驛站曾寫下七律〈金陵驛〉，有詩句「從今別卻江南路，化作啼鵑帶血歸」，是他對故國家鄉的深切情感，至死不渝。他的愛國情操、無法抵禦外侮的憤懣，到了獄中書寫的〈正氣歌〉可謂達到極致。

文天祥被處斬的前一年，宋朝已然覆滅，作為遺民，連心念之所繫都不存在了，文天祥面對的抉擇至少有二：其一是繼續忠於宋室、故國，實際卻是茫茫渺渺、前途無望，連獨善其身都不可能，唯剩一死。其二是隨順元世祖許以的高官厚祿，才幹足以發揮，文天祥尚有機會再創新的人生價值，甚至有機會兼善天下；此實合於人類為求生存的常態，一般人難以抗拒的「誘惑」，如明末清初洪承疇、吳三桂、尚可喜、祖大壽等貳臣都做了這個選擇。文天祥卻選擇了最不利的前者！

文天祥奉詔勤王，欲平國難的八年，實際也是他在自由意志下選擇了效忠風雨飄搖中的流亡政府；蒙古帝國入侵，在中土建立了第一個非漢族統治的元朝，異族統治關乎民族尊嚴與文化的存亡絕續，文天祥正處在這個歷史的關鍵點。他始終一

民族英雄文天祥
（1236－1283）
人生自古誰無死
留取丹心照汗青

香港元朗區新田文天祥公園內的文天祥銅像。

如、貫徹至死，盡己之心忠於國家、忠於文化，這個選擇就成為文天祥的生命價值。因為理念清晰、心甘情願，所以面對家國無望、關押無期，文天祥亦可「鼎鑊甘如飴」、視「沮洳場」為「安樂國」；面對刑罰的加身與利祿的交相考驗，文天祥也始終屹立不搖、不改初衷，撐持這股強大意志力的正是他念茲在茲的「正氣」。

生、死實為生命之流的兩端，有生必有死，無死亦無生，因此生、死應為同論的大事，無法二分。《論語》記載子路曾提問：「敢問死？」孔子回答：「未知生，焉知死？」孔子的回答曾讓許多人誤以為他避談死亡，實際上孔子可能僅是因材施教，因順子路的提問再反問、叩擊子路深思「生」的存在意義、價值定位；當「生」的意義與價值真正確立後，臨「死」的態度自然無惑，只是直貫本心。文天祥幾度面臨生死關頭的折騰，雖然國破家亡、生無可戀，但求死也無法遂志而繼續苟活；苟活後又必須面對「生存價值」的試煉，他依舊選擇持守志節不變，就成為生命的定力，丹心即為正氣。當真正的死亡來臨時，面生、臨死無別，當死、生一貫時，死亡以「立德」即證成了儒家的「不朽」。《正氣歌》不是文人玄想綺思的案頭之作，亦非無源的想像之詞，而是文化傳統知識份子藉以安身立命、以生命貫徹實踐的力量。

文天祥死後，其妻歐陽氏收屍時，在他的衣帶中發現絕筆贊詞：「孔曰成仁，孟曰取義；惟其義盡，所以仁至。讀聖賢書，所學何事？而今而後，庶幾無愧！」這是文天祥面對死亡的心境，如此無畏，如此無憾！二千多年前，孔、

面對刑罰的加身與利祿的交相考驗，
文天祥始終屹立不搖。

孟揭櫫了儒者的核心價值；八百年前，戰火連天下、渺小個人的文天祥被迫踏出書齋，隨著幾近傾圮、名存實亡的朝廷四處轉戰，他卻以堅強的意志力、凜然的正氣，以生命實證了孔孟「超凡入聖」的理念價值。

生命終有盡頭，人總要面對一死，文天祥的〈正氣歌〉對二十一世紀的今人，亦是「哲人日已遠，典型在夙昔」。雖然吾輩幸運，得遇承平年代，生命價值不需建立在拋頭顱、灑熱血上；「成仁取義」的形式也可以更趨多元，不需犧牲生命。但如何活出生命的意義？如何覓得存在的核心價值？特別是在得失利弊、名位利祿間的取捨，當以何為究竟依歸？如何不只是在庸庸碌碌、人云亦云中了此一生？或許，也可以作為新世紀閱讀〈正氣歌〉的掩卷沉思。

肆・再做點補充

正氣光明，死生一如

〈正氣歌〉以儒家核心價值為基調，文天祥在亂世中依舊秉持「為天地立心，為生民立命」，貫徹生死、為國盡忠。但他又號「浮休道人」，彷彿也為他的生命底蘊留下一個密碼，亦即他不僅是嫻熟儒家義理、知行合一的狀元宰相，也是位修道人。

文天祥年輕時曾病重，做夢到了天庭，天帝赦免他的罪愆；夢醒後，大病竟然立即痊癒，還因此「奇遇」而賦詩。更耐人尋味的故事是文天祥在大都獄中的奇遇。《古今筆記精華錄》二十卷有〈文文山遇仙〉，記載文天祥在獄中得遇高人「靈陽子」教授他「大光明法」，可能讓他了悟生死一如、生死關可破。但此則記載應源自文天祥《指南後錄》：「遇異人指示以大光明正法，於是死生脫然若遺矣。作五言八句：

誰知真患難，忽悟大光明。日出雲俱靜，風消水自平；

功名幾滅性，忠孝大勞生。天下惟豪傑，神仙立地成。

張三丰〈無根樹〉謂「順為凡，逆為仙」，是修道著名的口訣。凡人追求名、利、情，若能擁有三者即能達至世俗裡的滿願、幸福快樂；然而，名利情的滿願無法抵擋老苦、病苦的折騰，無法抵禦死亡奪去一切的曾經擁有，終歸幻滅。但修道者卻須透視三者的虛妄、無實存性，此透視又常伴隨逆境而來，如何處逆？也是儒、道、釋實修者能否成聖、成仙、成佛的關鍵。所以本詩前兩句寫文天祥聞道體悟而受益，「日出雲俱靜，風消水自平」應為他體悟後的境界語，「雲靜」、「風消」、「水平」絕非一般心境的形容詞，可能是他脫離了感官與塵想羈絆的狀詞。一般人是透過感官覺受、個人經驗、思維模式認識所處的「世界」，在此世界中產生許多判斷、辨別、擇取等作意，進而產生喜、怒、哀、樂、愛、欲、憎等情緒反應與生命劇本。對修道者而言，卻須從生命境遇中透視這些感官覺受、塵緣聚合的無常與瞬間幻滅性，不隨境轉，最終回歸清淨的生命實相。

但古來「修道者多如牛毛，成道者如鳳毛麟角」，修道者眾、成道者寡，因為實修實證需要許多條件的具足，過程中不僅要堅定道心，拋下許多干擾的外緣，更要突破非常多人類的先天限制、重重關卡，使身心靈產生整體質變，所以禪宗有大死一番的說法。其中的核心關鍵應是得到明師的指點及功法的傳授，但因每個人的體質、先天條件、修煉變化都會有差異，亟需有經驗、證量的明師進行個別指導，傳功的方式與內涵也可能採取心法耳傳，甚至不立文字。所以經典中若牽涉修煉，就可能有兩種不同的「閱讀」方式：其一透過大腦思維理解、研究，通透義理，這是普遍性的閱讀方式；若能在日常生活中實踐，了然於心，也可以產生「解悟」的效果。其二則不僅在日用生活中實踐，更須透過氣脈的修煉、以轉化肉身，此種「閱讀」方式就會進入修道體系，以求體悟或證悟。如孟子雖言「我善養吾浩然之氣」，但何謂「善養」？要如何養？何以「以直養而無害」？或如《莊子．養生主》開篇即談及「緣督以為經，可以保身，可以全生，可以養親，可以盡年。」其中的「緣督以為經」是關鍵方法，但以實修角度而言，如何緣督以為經？中間的過程與變化為何？莊子都略而不談，僅言延年益壽的功效。許多修煉相關的道書也可能略去核心關鍵、不落文字，或以比喻、象徵的詞語陳述，除了修煉過程需要超言絕象外，也為了防止一般人瞎修盲練，未受其利、反蒙其害。

文天祥得傳大光明法的故事，很難核實，但依據他自己在獄中留下的詩句與記載，確有不同尋常的經歷；若以修道傳統需具備基本的條件而觀，可能性也極高：文天祥數度經歷生死之難，比常人更有機緣在死亡底線回看生之價值，「功名幾滅性，忠孝大勞生」應是他對原有價值體系的徹悟，也相當程度地顛覆了他一生的追索與執守。封建體制裡，功名是撐持許多讀書人「三更燈火五更雞」的目標，但在生、死關頭間也瞬間成了空花。忠與孝是傳統社會建構倫理最重要的基礎，由「立身、齊家」而後逐步「治國、平天下」，但當國破家亡時，希冀的盡忠盡孝也變成「大勞生」了。文天祥以全生命捍衛家國，無論持守或付出都甚乎常人，所以「勞生」並非否定原有的持守、否定心心繫念的價值；更可能是他已付出了個人全部，但又相對渺小的力量，仍無法轉變大局及共業的了悟，因為盡力可以無愧、無憾，反而得到寧靜的大解脫。

其次，在修道傳統裡，欲得成就者必先捨己利、謀他利，必須有相當程度的積功累德。文天祥願為捍衛國家百姓的平安，捨棄榮華利益、置個人死生於度外，此種全捨的精神足以感天動地；在最險惡的境地裡得遇高人指點，也可能是蒼天賜予他另一種形式的生命圓滿。況且文天祥能撰寫如此凜然動人的〈正氣歌〉，他對「氣」的理解與修煉自然比一般人更深入，透過呼吸練氣轉變物質性、相對粗糙的肉身，淨化氣脈，讓他能夠以自身「正氣」抵禦「諸氣萃然」，

在獄中三年還能安然無恙，他在詩序中已清楚交代，此亦可視為文天祥功力的實證。文天祥練氣的資質與功力可能較常人佳，又得遇「異人」，「示以大光明正法」；既有了明師、又有高階功法，確實可能修煉出功果，證入光明境，所以「死生脫然若遺矣」也絕非想像之詞。

若順此推論，則文天祥臨刑時的態度也昭然若揭了：他的南面再拜，說明至死都未失知識份子的氣節，不忘家國；至於家國是存？是亡？對他亦不再構成羈絆。因為了悟「死生脫然」，在永恆的宇宙生命裡，「就死」只是一個必然面對的瞬間，是死得其時、死得其所而已，所以無所畏懼，是「四大本無我，五蘊亦是空。將頭迎白刃，猶如斬春風」（相傳為禪宗二祖臨刑前留下的詩句）。

雖然文天祥這個故事不合普遍性經驗，對一般人可能不易理解或科學難以實證，但如果將之置放於中華文化實修實證的道統，儒、釋、道經典皆不僅是在頭腦思維上作意，更需在生活中實踐，以行證知，歷史長河中有不少證道者以生命做了實際的示現；或許也更能照見中華文明的瑰寶是如此「不可思議」，其精彩卓絕更讓我們後世子孫足以仰望！「理想讀本」期待經典傳家，或許也是吾輩「讀聖賢書」之所應為；正氣了然於胸臆，薪火傳燈於典籍，丹心復歸於大道。或賴更多讀者哂之、證之，則正氣在彼端，亦在此端，可以滿盈於個人的分寸之間，成為行走天地、無畏無懼的「大」人。

（李玲珠）◆

2 古典詩歌三首

之一・李憑箜篌引

詩鬼李賀在詩歌的國度是一個特殊的存在。他以瑰麗詭奇的文字、光怪陸離的想像以及充滿官能之美的生動表達，展現出一個年輕詩魂特有的敏感與憤世嫉俗的情懷，渲染出晚唐華麗的荒涼。他的風格影響到李商隱之後的詩歌創作，被稱為「長吉體」，而夢幻般的作品更與後世唯美、超現實的現代詩風遙相呼應。從這首描寫音樂的〈李憑箜篌引〉，我們不難感受到詩人橫無際涯的想像與比擬，將抽象的聽覺之娛化為心靈盛筵的功力。

壹・作者與出處

李賀（西元七九〇～八一六），字長吉，河南宜陽縣人，為唐朝沒落皇室後裔，在短短二十七年的人生中，曾任奉禮郎，並留下二百四十餘首詩。杜牧為其詩集作序，名為〈李長吉集序〉，而李商隱亦特撰〈李長吉小傳〉，這兩位晚唐大詩人對他們的前輩李賀詩作都讚譽有加，尤其是李商隱，其詩受「長吉體」影響甚大。李賀在中晚唐詩人輩出之際，以特殊的筆法寫出奇險華麗的詩作，引起了當時天下文

宗韓愈的注意，並邀約皇甫湜聯鑣一同拜訪年青詩人李賀。李賀經韓愈、皇甫湜兩大當代文人親自登門拜訪後，文名愈高，而李賀也寫了〈高軒過〉，對於「東京才子、文章鉅公」兩人備加推崇。詩中驕傲地寫道「我今垂翅附冥鴻，他日不羞蛇作龍」，認為自己受了兩位文宗的鼓勵後，對詩歌創作更具自信。李商隱的〈李長吉小傳〉也特別指出李賀「最先為昌黎韓愈所知」，可見當時人公認韓愈對李賀青眼有加，並大力吹噓揚譽。只不過李賀在世過短，杜牧為其詩集作序重其詩歌風格的評價，而李商隱之傳則重李賀長相外貌及創作歷程，以及上帝召李賀升天為白玉樓作記的傳說。《新唐書》的李賀傳剪裁自李商隱的小傳，收錄於列傳〈文藝．下〉。

據《舊唐書》李賀傳記載，李賀原本想參加進士科考試求取功名，但因其父名「晉肅」，因此有人便提出李賀應當避父親名諱，而不得舉進士。韓愈特別為李賀舉進士之事作〈諱辨〉一文反駁，文中寫道：「父名『晉肅』，子不得舉進士，若父名『仁』，子不得為人乎？」但李賀還是承受不住輿論的壓力，最後悻悻然退出進士考試，終生不再應試。在《舊唐書》中也記載李賀的詩「其文思體勢，如崇巖峭壁，萬仞崛起，當時文士從而效之，無能彷佛者」，其詩所展現的特異藝術技法，高聳崛起，令當時文士相當震撼，且進而效法，但沒有人能肖似其詩風。

李賀因其特殊且異於傳統的詩歌寫作手法，除了在當代受韓愈、皇甫湜、杜牧重視外，也深深影響到李商隱之後的詩歌創作。其風格，被稱為「長吉體」。杜牧於李賀的詩集序中稱其風格承繼的淵源為屈原，稱許李賀為「蓋《騷》之苗裔，理雖不及，辭或過之」。在李賀短暫的生命中，將韓愈提出的「惟陳言之務去」主張發揮到淋漓盡致，且刻意在辭彙、造語、用字上設色華麗。雖然呈現出奇詭艱澀的文風，卻也令為藝術而藝術的文學家，立下值得學習效法的典範。

本詩收錄於《李長吉歌詩彙解》卷一的第一首。目前傳世的李賀詩集版本，不論是明代曾益註的《李賀詩解》，或是清代王琦注的《李長吉歌詩彙解》、姚文燮注的《昌谷集注》、方扶南的《李長吉詩集》，各本都以〈李憑箜篌引〉此詩為李賀詩集的壓卷詩作。據杜牧之序，可知杜牧得自沈子明之李賀詩集，收詩二百三十三首，其詩集實出自李賀手授，非他人掇拾編次者也。李賀編次詩集時將此詩置於卷首，顯然是李賀自認為此詩為其全部詩中最重要的代表作。的確，此詩也最能呈現李賀詩歌的獨特風格。

貳・選文與注釋

〈李憑箜篌引〉[1]

吳絲蜀桐[2]張高秋[3]，空山凝雲頹不流[4]。
江娥[5]啼竹素女[6]愁，李憑中國[7]彈箜篌。
崑山[8]玉碎鳳凰叫，芙蓉[9]泣露[10]香蘭笑。
十二門[11]前融冷光[12]，二十三絲動紫皇[13]。

1 箜篌：音ㄎㄨㄥ ㄏㄡˊ，樂器名，是一種彈撥樂器，類似豎琴。又稱為「空侯」、「坎侯」。

2 吳絲蜀桐：製作樂器的材料，包含用吳地（今江蘇省）生產的精美蠶絲製作琴絃，及用蜀地（今四川省）生產的桐木製作樂器主體。

3 張高秋：意指彈奏樂器。張：張開。高秋：天高氣爽的秋天，古人亦稱九月為高秋，或作暮秋。

4 頹不流：停在此處，靜止不動。頹：墜落，此處指堆積。

5 江娥：即「湘娥」，也就是湘夫人。《博物志》記載，舜有二妃名為娥皇、女英，舜崩殂時，二妃流淚於竹上，從此湘江上的竹子上便長了斑點，後稱湘妃竹。

6 素女：相傳為上古時代精於音樂的女神，曾撥五十弦瑟而歌，天帝聞之，悲不自抑，遂破瑟為二十五弦。

7 中國：在國之中央，此指長安。

8 崑山：盛產美玉的崑崙山。

9 芙蓉：荷花的別名。

10 泣露：露水如哭泣時的淚滴。

11 十二門：長安城的代稱。《三輔黃圖》記載「長安城，面三門，四面十二門，皆通達九逵，以相經緯。」

12 冷光：指月光。月光色調偏白，為冷光，故冷光是月光的別稱，於此又隱隱道出深秋的寒意。

西安唐蘇思勖墓樂舞壁畫（胡樂圖）

女媧煉石補天處[14]，石破天驚逗[15]秋雨。

夢入神山教神嫗[16]，老魚跳波瘦蛟舞[17]。

吳質[18]不眠倚桂樹，露腳[19]斜飛溼寒兔[20]。

13 動紫皇：感動天帝。動：打動、觸動。紫皇：本指天帝，此處或指唐朝當時的皇帝，收於《太平御覽》的《秘要經》記載「太清九宮皆有僚屬，其最高者稱太皇、紫皇、玉皇。」。

14 煉石補天處：《淮南子》記載「女媧煉五色石以補蒼天」。此處藉女媧補天的神話，帶出蒼天曾經破洞之處。因天曾破洞，再帶出下句女媧補天的石材又毀壞，接著有「石破天驚」而下雨的想像。

15 逗：引起、惹弄。

16 神嫗：指神話中的女神，傳說她叫成夫人，善彈箜篌。嫗：音ㄩˋ，婦女的通稱。

17 老魚跳波瘦蛟舞：老瘦的水族聽到箜篌的樂音而跳波起舞。蛟，龍的一種，即水龍，此處作為所有水族生物的代稱。本句暗用《列子．湯問》記載的「瓠巴鼓琴而鳥舞魚躍」的典故。

18 吳質：三國時代曹魏知名文學家，宋劉義慶曾著〈箜篌賦〉，中有「器見重於吳君」，歷來註家註此，疑吳君即為吳質。此外，自明代黃淳耀註此詩以來的所有註家，都認為吳質為「吳剛」的筆誤。吳剛學道有過而受罰伐月中桂樹一事，見《酉陽雜俎》「月桂高五百丈，下有一人常斫之，樹創隨合，人姓吳名剛，學仙有過，謫令伐樹。」不過此解並無版本上的依據，歷來各版本，此處均作吳質而非吳剛。

19 露腳：即露滴、露水，就像古詩中所稱雨腳為雨水一樣。

20 寒兔：因月中有兔，月亮高寒，故以寒兔作為月亮的代稱。

參・可以這樣讀

〈李憑箜篌引〉是李賀詩集的開篇之作，為轉韻體的七言古詩，但此詩又與唐代流行的四句一換韻，且四句中的一、二、四句要押韻七言歌行體有所不同。本詩句句押韻，且頻繁地換韻，換韻時詩意有所轉折，在音韻上也呈現出綿密緊湊及隨時變化的風格。這種詩歌寫作手法跟此詩以描寫音樂演奏為主，其內容與形式之間密切相關。

箜篌是中國於漢代由西域胡樂系統傳來的樂器，再經歷代改革，遂成國樂中重要的撥弦彈奏樂器。箜篌分三類，分別是臥箜篌、豎箜篌、鳳首箜篌，此詩描寫李憑所彈奏的乃是豎箜篌。清人王綺在註此詩時引中唐人杜佑所撰《通典》提到：「豎箜篌，胡樂也，漢靈帝好之，體曲而長，二十有三弦，豎抱於懷中，用兩手齊奏，俗謂之擘箜篌。」由此可知，豎箜篌可視為國樂中的豎琴，在今日尚有人擅長演奏此種樂器。李憑，為中唐時梨園弟子，工彈箜篌。中唐詩中楊巨源有詩作〈聽李憑彈箜篌〉，可見當時李憑在宮廷梨園中，是擅彈箜篌的一流樂工。

佈局及表現手法

此詩的前四句，乃是李憑彈奏箜篌前的環境場景。

若照一般正常順序的寫法，第四句應置於詩首，國中箜篌演奏第一的李憑，使用著吳絲蜀桐製作的精美箜篌，於音聲易傳的

日本奈良市東大寺內正倉院的豎箜篌（明治時期複制品）。

高秋下準備演奏。在李憑下指彈箜篌的那一刻，空山的流雲也為之停止不動，堆積不流，準備聆聽李憑的演奏。專精音樂的江娥及素女在李憑正式彈奏箜篌前，也擔心李憑的音樂技藝會勝過他們而啼泣哀愁。李賀用三句描寫李憑演奏前的外在情境，還沒開始便受山雲及音樂專家江娥、素女的注目，用來表明李憑顯赫的音樂聲望。即演奏伊始，此事便受到天地間物及人的矚目，只因為在全國之中技藝第一的李憑要開始彈箜篌。

接下來的中間四句，則是寫李憑開始演奏箜篌後，描寫樂音曲韻的詩句。但從這部分開始，李賀便用詭異的邏輯跟不合常理的比喻來形容李憑彈奏的樂音。以產玉的崑崙山中，玉石破碎的聲音以形容其清亮；鳳凰叫後，眾禽合鳴，無情的草木因樂音而產生了情緒變化；甚至其樂音流轉在長安時，也能使長安的氣候轉變，由冷返暖。光靠二十三弦的箜篌獨奏，也能使天帝或君王聞之動容，心神激盪。這些比喻乍看之下極不合理，細思後又深覺李賀極力摹寫其聲調之功力。就如明代曾益所詮釋的：「其聲如玉碎而清，如鳳叫而和，不特有情者為之動，即芙蓉之舍露也，若泣；而香蘭之開也，若笑。冷光，秋光融和也。十二門，則無地不和矣。又言箜篌止二十三絲耳，而直足以動天聽。」從李憑之樂音，連天地萬物都為之感動了，更何況於現場聆樂的李賀及在場的聽眾。

最後六句，更是跳脫常人一般性思考，以極端奇險的道理及詭異迴遠的比喻，來形容李憑演奏出來的樂音能驚天動地。桐城派殿軍吳闓生詮解「女媧」兩句如下：「此二句思想尤為奇特，蓋箜篌之妙能使石破天驚，然天本有裂痕，

為女媧所補，假使天破必仍在舊補之處也，逗秋雨三字亦奇妙」，也就是無情的天，也被李憑的直達天聽的樂音所驚動，使得原來被女媧修補過的破天之處又破掉了。

因天驚而石破，石破而天亦復破，所以從天空破口處便落下了雨水。全部兩句只是要寫天因樂音而驚，卻把天驚後的落雨的景象也想像出來，讓人不得不佩服其想像力之豐富。李憑光演奏箜篌，便能影響晴朗的秋空因天驚而下雨。「神嫗」兩句，則形容樂音令人失神恍惚，在迷離之人彷佛置身於神山之中。李憑技藝之精妙，足以教導本來就擅長箜篌演奏的女神；李憑演奏的音樂，也令閱世甚久的老魚重新體會到新鮮奇妙的樂音，以及瘦弱的蛟龍亦顧不得身體狀況欠佳而踊躍起舞。最後兩句則是寫李憑演奏完之後，連擅彈箜篌的吳質也

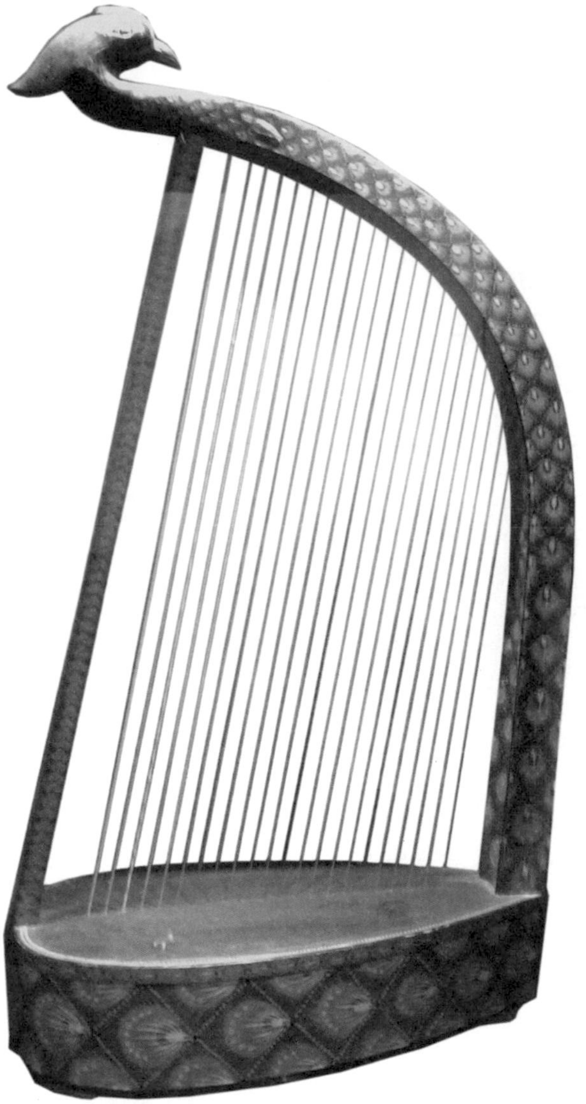

鳳首箜篌（豎琴的一種），隋唐時期多用於宮廷禮樂。

▶敦煌壁畫中伎樂天人的的豎箜篌。

感動而倚靠著桂樹而無法入眠。李賀再從吳質倚桂中的桂樹種子乃從月裡飄落人間，聯想到月中被懲罰的吳剛也正不間斷地伐桂，吳剛與桂樹旁的月兔亦不顧寒露沾溼，聽了李憑演奏箜篌後，也跟吳質一樣若有所思，徹夜不眠。

何謂「長吉體」

從以上的解說可知，李賀此詩，多以比喻技法為主。但此詩的比喻又不同他人單用比喻，而是李賀在令人思索不到之處掘挖出喻依與喻體的特殊連結，再由這種連結進行非常理的延伸。雖然看似不符合常理，卻合乎邏輯。所以李賀這種一再延伸的連綿比喻手法，成了「長吉體」的主要技法。奇幻詭譎，也成了長吉體詩歌的主要風格特色。

李賀奇詭華麗並充滿比喻性的詩歌創作手法，被杜牧評論為：「鯨呿鰲擲，牛鬼蛇神，不足為其虛荒誕幻也。蓋《騷》之苗裔，理雖不及，辭或過之。」對於李賀充滿想像力的詩歌寫作手法，認為是直承屈原而來。雖然其詩歌的論理性不如屈賦，但在形式上的設色比喻上，又超越屈賦。杜牧在序文中，特指〈金銅仙人辭漢歌〉及〈補梁庾肩吾宮體謠〉為其代表作，認為此二詩「求取情狀，離絕遠去筆墨畦徑間，亦殊不能知之」，也就是李賀的詩善用奇特的比喻，而且經常跳脫常理來書寫情狀，讓人必須發揮極大的想像力才能理解其詩意。其實，〈李憑箜篌引〉一詩，更有杜牧所點出的李賀詩歌風格特色，足以成為李賀的代表作。

前蜀永陵王建墓「二十四伎樂・箜篌」，十世紀早期，石刻浮雕。

肆．再做點補充

另類的音樂書寫

歷來描寫音樂之文學作品汗牛充棟且各有特色，不過幾乎所有人都是直接對音樂的聆聽感受作描寫形容及比喻。像李賀此詩著重在書寫樂曲音聲對聆聽者的聆聽後的感受及影響，不著重在音聲的描寫，在傳統詩歌音樂書寫中相當罕見。例如跟李賀同時代的詩人前輩白居易描寫音樂的名作〈琵琶行〉或韓愈的〈聽穎師彈琴〉，均致力於詩句中描寫顯現琵琶及琴的樂音特質。例如〈琵琶行〉，對於撥彈急速的彈奏聲音，白居易的描寫如下：「大絃嘈嘈如急雨，小絃切切如私語。嘈嘈切切錯雜彈，大珠小珠落玉盤」，用急雨、私語及大小弦音交錯如珠落玉盤，粒粒分明、聲聲清楚，標準的明喻擬音，形容得相當傳神。白居易這種寫作手法，直截了當，讓讀者讀後，直覺地彷彿聽到琵琶音響在耳，明瞭清楚。此外，韓愈的〈聽穎師彈琴〉則以文字書寫出琴音緩急有致的音聲：「暱暱兒女語，恩怨相爾汝。劃然變軒昂，勇士赴敵場。浮雲柳絮無根蒂，天地闊遠隨飛揚。喧啾百鳥羣，忽見孤鳳凰。躋攀分寸不可上，失勢一落千丈強。」一開始寫琴音的輕聲細語，如兒女間情恨親暱的戀語，恩怨相雜卻不敢高聲張揚。接著以勇士赴敵場，比喻其琴音轉為急促軒昂。接下來的六句，則極力形容琴音轉變成疏淡高遠，如無根的浮雲及柳絮，在天闊地遠的空間中輕盈飛揚。鳳凰百鳥的比喻，則是隱喻琴音音淡聲稀的高雅格調。

中國五代的彩繪石散樂浮雕，出土於保定市曲陽縣（現藏於河北博物院）

從白居易和韓愈這兩首書寫音樂的代表作中，我們可以明顯地看出兩人以詩歌為工具，將音樂藝術轉為文字藝術的不同風格。白居易較為直接，用明喻訴諸詩人對樂音的感受能直接用文字傳達給讀者；而韓愈則多用轉折的比喻，甚至隱喻，來傳達身為聽眾在聆聽音樂之後的印象。這種印象雖然較為抽象，不過韓愈會盡量將這些抽象的聆聽經驗，用文字的形容將之「具象化」，使讀者可以揣摩其音樂特色。

李賀的〈李憑箜篌引〉則完全展現了「長吉體」的寫作技法，也就是李賀在寫作時，根本不以李憑彈奏箜篌的樂音表現作為他的寫作重點，反而異乎尋常，以自身聆聽音樂後產生的想像為其書寫內容。縱觀全詩，無一處描寫到樂音緩急收放的音響效果，代之而起的是李憑出場演奏前周遭環境的凝重感、擔憂李憑技高一籌且獨擅勝場的江娥素女爭競情緒開始，接續與音樂全不相關的崑玉、鳳凰、芙蓉、香蘭和氣候轉變，都是李賀聽著李憑演奏箜篌過程中的個人想像。最後，更是以人世間不可能發生的事，來誇大稱讚李憑彈箜篌的技藝彷彿於正常的人世間不可能存在。這部分當然也是充滿了李賀的奇思幻想，並以這種奇幻筆法，使世人更加堅信李憑技藝。這種將看似與音樂毫不相干的喻依用來比喻音樂，但細思卻又能解釋瞭解其合理性而佩服其巧思，出奇制勝，將文學的比喻技法臻於極致使人嘆服。李賀在書寫李憑的技藝時，同時也在炫耀自己的詩法技藝。此外，如韓、白的兩首描寫音樂詩作，到最後都會將自己

京都宇治的平等院鳳凰堂的
「雲中供養菩薩像」。(51 尊其中之一)

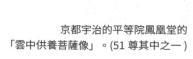

的身世感慨與聆樂之後的感受結合渲染，但李賀不這麼做。李賀寫李憑彈箜篌，就僅止於李憑彈箜篌，不與自己的身世感慨相連結，甚至不帶主觀的情感，使得長吉體擺脫了傳統「詩言志」的創作理念，而偏向形式主義的詩歌寫作。對於這點，李賀對晚唐詩風有著極大的影響。

李賀對現代詩的影響

余光中在一九六四年發表於《文星》雜誌的〈象牙塔到白玉樓〉，且收錄在一九六九年出版的散文集《逍遙遊》中的此文，對李賀非常推崇。在文中，余光中先以史傳記載切入，探討李賀在中唐文壇的活動及地位，且用大量的篇幅詮解李賀詩歌風格，他在文中提出：「它給讀者的影響，不是心智的（intellectual），不是情感的（emotional），而是感官的（sensational）；因此它留給讀者的經驗，既非思考的，亦非發洩的，而是官能的震撼。」而且以本詩〈李憑箜篌引〉為例，認為此詩摹狀音樂，有富於奇幻的意象，有傳說中女人的哭泣，有為琴音震撼的皇帝，有跳波、石破與無稽之山，以一夢作結，且結得無頭無尾，貌若未完成而實為高度的完成。最後，余光中認為李賀為「超現實主義的先驅」，而且從象徵主義的角度切入李賀詩，認為其詩有「暗示性」（suggestiveness）和官能經驗的交融（fusion of the senses）二種象徵主義的特質。

余光中受有西方文學理論的訓練，以意象主義、超現實主義、象徵主義等西洋文論角度切入李賀詩，使得歷來被大家驚豔但僅定位於聊備一格的李

明代仇英〈彈箜篌圖〉軸（局部），波士頓美術館藏。

賀詩，經由余光中的解析讚揚，在現代文學的場域中，其重要性及影響力可能不亞於古典詩中最重要的李白、杜甫，雖然他在此文末段說李賀不能說是一個大詩人（major poet）。自一九五三年紀紘高舉現代主義大纛並主編《現代詩》雜誌後，推崇法國象徵主義詩人波特萊爾（Charles Pierre Baudelaire，一八二一～一八六七），並強調「新詩乃是橫的移植，而非縱的繼承」，似乎現代詩／新詩便與中國古典詩傳統一刀兩斷。不過余光中於〈象牙塔到白玉樓〉中重新挖掘出李賀詩，詮釋並發揚其詩與現代詩精神相契合的要素，李賀詩歌遂成為現代詩詩人重視並效法的對象。

現代詩人最具體對李賀的敬意及倣效，便是洛夫在一九七九年創作的〈與李賀共飲〉一詩。其詩將櫽括李賀著名詩作的詩句，並將李賀生平事跡融入詩句中，結合自身對人生的感慨及詩藝的自詡，擬塑自己為李賀的千年知己，其中對李賀的同情及評價，亦是洛夫的自我期許。縱觀李賀詩歌之所以被現代詩人重視，乃是其特殊的「長吉體」寫作手法，與現代詩人所重視的法國象徵主義詩人韓波、波特萊爾等人相近，在現代詩人創作尋求典範之際，發現中國傳統詩中亦有近於象徵主義流派的詩人，自然群起揚譽，引為同道。例如詩人羅智成（一九五五～），在就讀師大附中時期，便組詩社「鬼雨書院」。名為「鬼雨」，有可能受余光中〈鬼雨〉（亦收於《逍遙遊》）一文的影響，不過李賀詩句中的「南山何其悲，鬼雨洒空草」，應該是影響了余光中，亦影響了後來的羅智成吧。

（陳家煌）◆

之二・書湖陰先生壁二首 其一

面對唐詩的燦爛輝煌，宋代詩人也很快走出屬於自己的方向，
「奪胎換骨」就是其中極為重要的手法，
既可活用典故來消化前人創作的資產，
又可以更精煉豐富的意涵超越既有的表達。
王安石這首描寫退隱閑情的名作，親切自然中融合典故於無形，
呈現深思熟慮後的清奇之美，無愧是江西詩派的先驅。

壹・作者與出處

王安石（西元一〇二一～一〇八六），字介甫，晚年號半山，江西撫州臨川縣人。北宋著名政治家及詩人、散文家，一生曾兩度擔任宰相，詩文著作等身。在世時冊封荊國公，後人尊稱他為「王荊公」，今有《臨川先生文集》、《王荊公文集》傳世。王安石在慶曆二年（一〇四二）中進士後，先後於江蘇揚州、浙江鄞縣、安徽舒州、河南開封、江蘇常州等地擔任地方官，時間長達十七年。嘉祐三年（一〇五八）十月，王安石被召回京師述職，他向仁宗上〈上仁宗皇帝言事書〉，將

歷年來於地方官任內所見所聞的沉苛弊病，揭露痛陳，並對皇帝提出政治改革的看法，得到仁宗的注意。仁宗末期，王安石短暫入京供職集賢院並任知制誥、工部郎中等職，最後因母喪而暫時退出政壇。英宗治平三年（一〇六五），王安石除喪，朝廷復任原職，卻被王安石拒絕出任。熙寧元年（一〇六八）神宗上任後，以翰林學士被召入對，受神宗重用。隔年，神宗任為諫議大夫、參知政事，開始推行變法，史稱「熙寧變法」。熙寧三年（一〇七〇）十二月，王安石升任同中書門下平章事，正式拜相，但也造成了神宗朝開始的新黨和舊黨的衝突，史稱「新舊黨爭」。因舊派朝臣的反對，又逢用兵西夏及連續旱災，於熙寧七年被免除了宰相職務，但依舊任觀文殿大學士，並任吏部尚書。熙寧八年（一〇七五）二月，在神宗的支持下，王安石再次拜相，復任中書門下平章事、昭文館大學士，另又兼任譯經潤文使、加食邑一千戶並實封四百戶。在第二次拜相後，王安石完成了《三經新義》，官升尚書左僕射兼門下侍郎，新學漸成為官學。但因為與同黨呂惠卿開始互有間隙，加上長子王雱去世，使得王安石無心政務，屢次上書請辭相位。

熙寧九年十月，王安石再次罷相，外調鎮南軍節度使、同平章事、判江寧府。隔年（一〇七七），改任集禧觀使，封舒國公。元豐二年（一〇七九），再次被任命為左僕射、觀文殿大學士，改封荊國公。元豐八年（一〇八五），神宗去世，哲宗即位，由太皇太后高氏垂簾聽政，拜司馬光為相，廢黜一切新法。隔年，改元元祐，四月初六，王安石去世，享年六十六歲。

王安石在政治上位極人臣，二度擔任宰相，不過，他在文學上的成就並不遜於政治成就。明代古文家茅坤將唐宋二代傑出的八位散文家，名為唐宋古文八大家，王安石即名列其中。王安石的文章，長於議論，言而有據，論理清晰，敘事流暢，尤擅奏議文類。其詩稍近唐風而具宋詩格調，豐腴多情，且好議論、好用典，尚奇去俗，奠定了宋詩異於唐詩的基調。王安石詩乃上承歐陽脩、梅堯臣，下開蘇軾、黃庭堅的承先啟後重要的北宋詩人。

本詩為一組二首七絕的第一首，收於《王荊文公詩李壁注》卷四十三，清代乾隆年間蔡上翔的《王荊公年譜考略》將此二詩繫於元豐六年，王安石六十三歲退居南京時所作。

貳・選文與注釋

〈書湖陰先生[1]壁二首〉（其一）

茆簷[2]長掃[3]靜無苔[4]，花木成畦[5]手自栽。
一水護田[6]將[7]綠繞，兩山排闥[8]送青來。

1 湖陰先生：指楊驥，字德逢，號湖陰先生，鄱陽人，是王安石的江西同鄉。

2 茆簷：即「茅簷」，本為茅草蓋的屋頂，此處代指楊德逢建造居住的山居。茆：音ㄇㄠˊ，同「茅」，禾本科白茅屬的植物名。

3 長掃：經常清掃整理。

4 無苔：指因為主人經常走動打掃，讓地上青苔不易生成而自然乾淨。

5 畦：音ㄒㄧ，可供種植排列整齊的一塊塊長方形田地，借指菜園、田園。

6 護田：保護營田。

7 將：本為把、以的意思，此處代指伴隨、攜帶的意思。

8 排闥：推開門。闥：音ㄊㄚˋ，宮中小門。

參・可以這樣讀

此詩寫作的背景

王安石二度任相，最後罷相不再參與政治的主要原因，除了是他的新政改革受到保守人士排山倒海的反對外，另一個令王安石灰心喪志的重要原因，則是長子王雱的辭世。王雱天資聰穎，廿四歲便高中進士，為王安石變法時最重要的助手之一，也與王安石、呂惠卿等人共同編修《三經新義》。但新法推行過程中，遭受誹謗中傷，王雱於一〇七六年憂憤成疾而辭世，年僅卅三歲。王安石於王雱離世後，便上書辭相位，之後便退居江寧，過著半隱居的生活，不再過問世事。

此詩為一組兩首七言絕句的第一首詩。詩題的「湖陰先生」是王安石退居江寧（南京）時的鄰居友人。王安石在第二次罷相後，從熙寧十年（一〇七七）開始到元祐元年（一〇八六）他去世為止，這十年之間，王安石都在江寧過著半隱居的生活。王安石遠離政壇，退居江寧，較有心力潛心於詩文創作。因此晚年十年間的詩文數量大增，風格不同前期，詩風更加細膩深婉，工整精深。

王安石與楊德逢的交往

〈書湖陰先生壁二首〉詩題的湖陰先生即楊德逢之號，即是王安時晚年居於江寧半山自宅的鄰居。楊德逢是布衣隱士，乃他最常往來的友人。這組詩的第二首如下：

桑條索漠柳花繁，風歛餘香暗度垣。
黃鳥數聲殘午夢，尚疑身在半山園。

此詩點出屋外春末夏初的風景。詩中的索漠即索寞，乃神色頹喪的樣子。首句的柳花，有別的版本作「楝花」，兩花均是暮春景物。此詩寫的是王安石在春末夏初的午後，在楊德逢家中睡著了。因為睡得太熟，醒來時誤以為楊家是自家宅院。從此詩可以看出，王安石應該經常出入楊德逢家中，甚至可以自在於此午睡，而無在外地熟睡清醒後的生疏感。睡後醒來，迷離恍忽，沒能即時分清楚楊宅和自宅的差別，可見楊宅與自宅調性相近，也顯出王安石習慣於楊宅自由往來，親近之意，不言而喻。由第二首詩的敘述可知，王安石在第一首稱讚楊德逢家園之詩，即是自詡自家園林之詩也。

王安石晚年經常贈詩給楊德逢，在其詩集中可見的詩作便有〈元豐行示德逢〉、〈寄楊德逢〉、〈次前韻寄楊德逢〉、〈過楊德逢莊〉、〈示德逢〉、〈招楊德逢〉、〈楊德逢送米與法雲二老作此詩〉以及此組詩〈書湖陰先生壁二首〉，各體兼有。

另一首五古〈過楊德逢莊〉，大致寫出了王安石造訪楊德逢家園的另一種印象：

攜僧出西路，日晏昧所投。循河望積穀，一飽覺易謀。
稚子舉案出，咄嗟見盤羞。飯新秔有香，煮菜旨且柔。
暮從秀巖歸，秣蹇得少留。捧腹笑相語，果然無所求。

此詩寫出王安石攜僧人造訪楊家，而楊德逢家人供應來客饍食及餵養馬匹一事，從詩中的描寫看來，楊德逢家境富庶卻生活簡樸，提供給客人的飯菜，雖稱不上奢華，但也是新香味美。在吃完楊德逢家中招待的晚飯後，王安石與僧人都「果然」（飽足貌），因此「捧腹笑相語」，人生便更無所求之事了。

從〈過楊德逢莊〉與〈書湖陰先生壁二首〉之詩可以得知，晚年經歷喪子罷相後的王安石，退居江寧，看待楊德逢布衣隱士卻無衣食之虞的清閑生活，成為經歷一生政壇起跌風波的他忻羨的人生樣態。例如列於王安石詩集卷首的〈元豐行示德逢〉詩，書寫久旱不雨時，身為地主的楊德逢「湖陰先生坐草堂，看踏溝車望秋實」，乍得甘霖天降大雨後，「倒持龍骨掛屋敖」，讓水車不再運作，接下來「買酒澆客追前勞」，請身為客人的王安石喝酒表示歡喜之情。此詩的後半段：「三年五穀賤如水，今見西成復如此。元豐聖人與天通，千秋萬歲與此同。先生在野固不窮，擊壤至老歌元豐。」詩末雖然充滿了對宋神宗歌功頌德意味，但也是對於自己元豐期間執政時，使得宋帝國風調雨順、國泰民安的自詡。不過詩的最後，對於自己施政沾溉在野的楊德逢，能至老擊壤無視帝力影響而不窮困的平民生活，王安石也大加讚許。對王安石而言，楊德逢的存在就像他在〈示德逢〉詩末所稱：「處世但令心自可，相知何藉一劉龔」，將楊比喻為陶淵明，而自己是陶淵明詩中提到「舉世無知者，止有一劉龔」的唯一知己。東漢的隱士張仲蔚，隱身不仕，住處附近長滿野蒿蓬，附近的人都不認識他。不過張仲蔚的詩作清新絕俗，當時僅有喜好詩文的劉龔是他唯一的知音好友。當時，王安石也認為自己是楊德逢隱居在野的唯一知己吧。

詩中用詞的用典方式

〈書湖陰先生壁二首〉雖然是兩首七絕，不過此組組詩的第一首，歷來受到詩評家的讚賞和重視。末聯通常被稱許王安石使用典故臻於化境，將典故混化融合於詩境中，讓人不易察覺其用典的痕跡，卻能讓精細讀者看出詩人用典精妙自然、譬喻精當。

此詩詩意簡潔明瞭，自然清新。前兩句稱讚湖陰主人對自家屋宇辛勤照料，雖是茅簷搭建，卻潔淨無苔，此亦暗指屋主清高且潔身自好。第二句則顯示湖陰先生親手栽種花木，表示他對花木帶有感情，親力為之，樂中此道。這兩句寫的是屋宇庭院的內在環境，後兩句則指寫楊德逢屋宇的外在環境。此外，詩歌末聯分別用了「護田」和「排闥」二詞，用對仗的句法，直接將「一水」及「兩山」擬人化，且藉由《漢書》中此二詞使用的語境，更深化宅外環境之意涵。

◀屋外一水為了護田而將綠田圍繞起來。

第三句的「將」，乃是進行、把、做的動詞，並引申為伴隨、攜帶之意，而「綠」則是代指句中的「田」。所以全句的解釋是屋外一水為了護田而將綠田圍繞起來。同樣地，屋外的兩山為了將屋外的綠意送到屋內，狀似用力推開了屋門，使得屋外綠意得以進入屋宇。當然，這兩句完全不合常理，一水護田是屋主的安排，流水並無自己的意志；同樣地，兩山勢如排闥開門，更是不可能之事，青山根本不會移動，更遑論排闥開門。但是王安石運用了漢代邊軍屯墾時護田的辭彙，以及樊噲威武排闥勸諫劉邦的故事，讓楊德逢戶外山水，彷彿有了自由意志，堅定地護衛著綠田以及豪邁地將青山山色送入門內，使得屋宇外的山水景色有著主動性鮮明生動的樣態。

首先寫到楊德逢的屋宇住所時常由主人親自清掃維護，潔淨且無青苔生長。第二句則寫到楊德逢親手栽種花木，就像農人栽種水田菜園一樣，井然有序。將植栽興趣也做到專業水準，透露出楊德逢對花木的喜愛，並且與自然山水相親近。例如李壁在註此詩時，引《漢書‧西域傳序》：「自燉煌西至鹽澤，往往起亭，而輪臺、渠犁皆有田卒數百人，置使者、校尉領護。」師古曰：「統領保護營田之事也。」又曰：「桑弘羊奏：可遣屯田卒詣故輪臺以東，置校尉三人分護。」由此可知，王安石用「護田」二字，實是隱用漢代派遣將卒於西域屯田之地來統領保護營田之事。

第四句的「排闥」一詞，也是引用《漢書‧樊酈滕灌傳靳周傳》中：「先黥布反時，高帝嘗病，惡見人，臥禁中，詔戶者無得入群臣。群臣絳、灌等莫

敢入。十餘日，噲乃排闥直入，大臣隨之。上獨枕一宦者臥。噲等見上流涕曰：『始陛下與臣等起豐沛，定天下，何其壯也！今天下已定，又何憊也！且陛下病甚，大臣震恐，不見臣等計事，顧獨與一宦者絕乎？且陛下獨不見趙高之事乎？』高帝笑而起。」也就是漢高祖劉邦在黥布造反的危急時刻，卻仍推病臥寢禁中不視事，眾臣無計可施。當時只有劉邦的連襟兼護衛樊噲敢強力支開劉邦門口守衛，直接推門向劉邦進諫言。

「護田」、「排闥」的用詞都用漢代典故，自然渾成，精確巧妙。王安石刻意使用《漢書》中護田、排闥等具特殊語境的用語，來經營楊德逢屋外場景。不過就算讀者不知道《漢書》中護田、排闥二詞彙典故的由來，也可以就字面作直接詮解，絲毫不影響詩意的解讀。只是這種用典於無形的寫作手法，對於精細的讀者而言，發現典故辭彙來自《漢書》時，會對於王安石「用法甚嚴」使用暗典的寫詩技法，讚嘆佩服。

此二句大概也是王安石得意之作。釋惠洪的《冷齋夜話》也記載黃庭堅曾前往南京拜訪王安石，問「丞相近有何詩？」王安石便指著壁上所題兩句詩說：「一水護田云云，此近所作也。」可見王安石頗滿意此詩末聯而向黃庭堅炫耀。此聯兩句分用《漢書》典故來形容楊德逢屋舍外的山水形勢，隱約自然，毫不作做。葉夢得於《石林詩話》中曾記載：「荊公詩，用法甚嚴，尤精於對偶。嘗云：『用漢人語，止可以漢人語對，若參以異代語，便不相類。如『一水護田將綠繞，兩山排闥送青來』之類，皆漢人語也。』此法惟公用之，不覺拘窘。」

可見此聯王安石得意的句子，亦是後人推崇王安石詩藝的例子。

最後，除了用典、擬人外，此聯對仗工整，亦使用了對偶修辭法，看似靈動活潑的句子，實則雕琢凝練，顯出王安石的修辭功力。

奪胎換骨理論的先行者

如上所述，此詩第二聯用典渾成，並將山、水擬人化，使得描寫風景的詩句更加生動活潑。此聯為王安石得意之作，亦是後人讚賞的句子，不過南宋吳曾的《能改齋漫錄》卷八的〈沿襲〉類中曾記載王安石的「一水護田將綠繞，兩山排闥送青來」，乃是從五代沈彬詩句「地限一水巡城轉，天約群山附郭來」轉化而來；而沈彬的這兩句又是從唐代許渾的「山形朝闕去，河勢抱關來」詩句轉化而來。此乃王安石用沈彬之意而重塑詩句，而沈彬的詩句又是改寫自許渾之詩。

關於這種化用前人詩句，用同一詩意而改寫成自己詩句的寫詩手法，北宋詩人黃庭堅將之命名為「奪胎換骨法」。北宋釋惠洪的《冷齋夜話》首卷就曾記錄黃庭堅的說法：「詩意無窮，而人之才有限。以有限之才，追無窮之意，雖淵明、少陵不得工也。然不易其意而造其語，謂之換骨法；規模其意形容之，謂之奪胎法。」所以王安石此詩的末聯，便是承繼沈彬詩句之意而特造新詩句，在黃庭堅提出奪胎換骨法前，王安石便已在使用這種寫詩技法了。

釋惠洪《冷齋夜話》在引述黃庭堅奪胎換骨的說法後，舉了許多例句證成其說。例如他舉黃庭堅的〈登達觀臺〉詩：「瘦藤拄到風煙上，乞與遊人眼界開。不知眼界闊多少，白鳥去盡青天回。」認為是從李白的詩句「鳥飛不盡暮天碧」及「青天盡處沒孤鴻」而來，並認為此為「換骨法」；而又引王安石的詩作：「一日君家把酒盃，六年波浪與塵埃。不知烏石江頭路，到老相逢得幾回。」認為其意承繼唐代詩人顧況的詩：「一別二十年，人堪幾回別」而來，蘇東坡的詩：「兒童誤喜朱顏在，一笑那知是醉紅」，承繼白居易的「臨風杪秋樹，對酒長年身。醉貌如霜葉，雖紅不是春。」並認為這兩例都是「奪胎法」。換言之，奪胎換骨法，乃是將古人原有的詩中之意，改寫句子成自己的詩句。在〈書湖陰先生壁二首〉第一首的末聯，吳曾認為王安石句子意承沈彬之詩而來，而沈彬詩又承許渾詩句而來，為江西詩派奪胎換骨理論的先行者。

肆．再做點補充

王安石晚年風格

王安石早年懷有經國之志，他在考上進士後隔年廿三歲時所寫的〈憶昨詩示諸外弟〉詩中，回憶十七、八歲時，跟隨父親於赴任建昌時的志向：「端居感慨忽自悟，青天閃爍無停暉。男兒少壯不樹立，挾此窮老將安歸？吟哦圖書謝慶弔，坐室寂寞生伊威。材疏命賤不自揣，欲與稷契遐相希。」十足展現出其年少時想建功立業的企圖。王安石雖然是北宋重要的文學家，一生創作了三百多篇文章，以及一千五百多首詩，他早年的文字幾乎都是功能導向，闡發其政治理念及主張，表現出經世濟用及重道崇經的實用性。王安石寫作了大量的作品，來支撐他的政治理念。在散文作品上，除策、論、表、奏等高度實用性的應用文外，連記述文也具強烈寫實性，對於抨擊當時弊端、關心國事，以及要求改革，令人民得利於政治的變革舉措。詩歌創作亦是如此，王安石罷相前的詩歌作品，抒情性不如其議論性，其詩多與時政局勢相關連，多作古體詩，內容上也以社會寫實詩與以古諷今的詠史詩為多；風格上則直截明快、重議論、直陳己意，不重視抒情性及詩藝形式上的雕琢。簡言之，退居江寧前的王安石，在早期、中年時詩歌議論力道強大，著重在說理性及寫實性，藝術性及抒情性則退居其次。故他早年的作品，有著理性議論重於藝術抒情的傾向。

不過王安石在寫作〈書湖陰先生壁二首〉詩時，已處於人生晚期，且他隱居在江寧的郊外，如同其晚年所號的「半山」，便是因為居所離南京蔣山（紫金山）及江寧市集距離相等所取的。南宋的李壁注〈題半山寺壁二首〉詩題時，便提到半山寺原來是王安石退居江寧時的故居：「半山，報寧禪寺，公故宅也。由東門至蔣山，此為半道，故以半山為名。」王安石從熙寧十年罷相後回到江寧到去世為止的十年間，王安石都住在江寧半山的住宅中，至死前才捨宅為寺，搬至城中稅屋賃舍而居。

王安石晚年，在遠離政爭後，他的詩歌創作有不少改變。北宋末年的葉夢得於其《石林詩話》卷上曾提到：「王荊公晚年，詩律尤精嚴，造語用字，間

王安石故居位於南京市玄武區。

不容髮，然意與言會，言隨意遣，渾然天成，殆不見有牽率排比處。」此處評論，所謂的王安石晚年，即指卸下宰相後，隱居南京近郊的時期。一如葉夢得評語中所說，雖然他造語用字更加精密，卻能夠渾然天成，看不出有斧鑿修飾的痕跡。例如：「含風鴨綠鱗鱗起，弄日鵝黃裊裊垂」，初讀只覺得自然清新、渾若天成，不過仔細一看，才發覺此聯隱隱然有對仗；同樣地，「細數落花因坐久，緩尋芳草得歸遲」的句子，看似舒緩從容，毫無窘迫之感，但葉夢得認為，透過曾經握有宰相權勢的王安石筆下寫來，更能體現出深刻的用意和豐富的意涵。

王安石最被讚許的晚年詩作特色，便是其五、七言絕句，都像是截取律詩的前半或後半，即二聯的絕句，其中有一聯對仗，被稱為「偶絕」。如趙令畤的《侯鯖錄》引蘇東坡的評論：「荊公暮年詩始有合處，五字最勝，二韻小詩次之，七言詩終有晚唐氣味。」二韻小詩即絕句體，五字指的是五言古詩，七言詩則指七古或七律。黃庭堅在〈跋王荊公禪簡〉一文中亦評王安石：「莫（同暮）年小語，雅麗精絕，脫去流俗，不可以常理待之也。」可見王安石在晚年退居南京近郊，號半山時的絕句寫作，受到當代人的高度重視。（陳家煌）◆

之三・自嘲

在第八冊最後一首古典詩歌，我們介紹魯迅的〈自嘲〉。作為五四時代新文化運動的重要推手，新思潮的意見領袖，魯迅以白話文寫過許多短篇小說經典以及大量雜文，也常常疾言厲色批判傳統文學與文化，但這一點也無損於他古典詩歌的成就，雖然自謙「不喜歡做古詩」，卻有許多發聾振聵的名篇、佳句為當代及後來讀者傳頌，證明新舊文化並不一定互斥，真情至性、有靈魂的人才是我們永遠的追求。

壹・作者與出處

魯迅（西元一八八一～一九三六），本名周樟壽，字豫山，後改為豫才；在一八九八年，改名周樹人，魯迅則為其筆名。

他生於清朝光緒七年，浙江紹興的一個仕宦家庭；十二歲時入「三味書屋」私塾，奠定其深厚的舊學基礎，也度過一段頗為愉快、優渥的童年時光。但接踵而來的遽變，讓他的人生產生重大轉折：首先，十三歲時，祖父周福清（一八三八～一九〇四）向浙江鄉試主考官行賄，遭舉報，被判「斬監候」，家道頓衰，嘗盡世情冷暖。日後，他在《吶喊．自序》中說：「有誰從小康人家而墜入困頓的麼，我以為在這途路中，大概可以看見世人的真面目。」即根源於此，魯迅因而對人性有了極深的體會；其次，十五歲時，父親周伯宜

（一八六一～一八九六）病重，即使典當家產換得名貴中藥，卻也回天乏術，於隔年去世，《吶喊．自序》說：「我有四年多，曾經常常——幾乎是每天，出入於質舖和藥店裏，年紀可是忘卻了，總之是藥店的櫃臺正和我一樣高，質舖的是比我高一倍，我從一倍高的櫃臺外送上衣服或首飾去，在侮蔑裏接了錢，再到一樣高的櫃臺上給我久病的父親去買藥。……然而我的父親終於日重一日的亡故了。」所指即此，魯迅因而立志學西醫；再次，二十六歲時，於日本仙臺醫學專科學校求學期間，在課堂播放的日俄戰爭幻燈片中，目睹一群被俘的中國士兵，體格強壯，神情麻木，正待被日軍砍下頭顱示眾，「而圍著的便是來賞鑑這示眾的盛舉的人們」。《吶喊．自序》說：「從那一回以後，我便覺得醫學並非一件緊要事，凡是愚弱的國民，即使體格如何健全，如何茁壯，也只能做毫無意義的示眾的材料和看客，病死多少是不必以為不幸的。」這些經歷是他當時的領悟，他因而決定棄醫從文，致力於改造國民性。

清朝宣統元年（一九〇九），魯迅二十九歲，自日本返國，先後任浙江兩級師範學堂教員、中華民國教育部員、中華民國教育部社會教育司第一科科長等職，專注於研究中國古小說，校訂《嵇康集》，整理佛經、金石拓本畫像。民國七年，首次以「魯迅」為筆名，於《新青年》雜誌發表〈狂人日記〉；民國八年，發表〈孔乙己〉；民國十年，發表〈阿Q正傳〉，強烈抨擊舊社會、舊傳統，尖銳而鮮明的啟蒙意識，贏得廣大迴響，成為五四新文化運動的健將，並因此獲聘至北京大學、北京師範大學、北京女子高等師範學校，陸續出版小說集《吶喊》、《徬徨》，雜文集《華蓋集》，專書《中國小說史略》等，逐漸成為青年學子心目中的精神導師。民國十五年，魯迅四十六歲，有感於北方政局混亂，失望南下，短暫任教於廈門大學、中山大學，民國十六年起，開始定居上海，直至過世。上海十年間，魯迅除參與各種文藝團體活動，仍撰述不斷，出版雜文集《華蓋集續編》、《而已集》、《三閑集》、《二心集》、《南腔北調集》，散文詩集《野草》、回憶錄《朝花夕拾》、小說集《故事新編》等，堪稱其創作的巔峰期。過世後，著作集結為《魯迅全集》，有多個版本，而以一九八一年人民文學出版社出版的十六卷本最佳。

本詩出處，最早見於魯迅一九三二年十月十二日的《日記》記載：「午后為柳亞子書一條幅，云：『運交華蓋欲何求，未敢翻身已碰頭。舊帽遮顏過鬧市，破船載酒泛中流。橫眉冷對千夫指，俯首甘為孺子牛。躲進小樓成一統，管他冬夏與春秋。』達夫賞飯，閑人打油，偷得半聯，湊成一律以請云云。……」原只是寫於條幅上，而且可能無題；日後，不但冠上詩題〈自嘲〉，在字句略有修改後，成為魯迅舊詩的代表作，更成為現當代舊詩中的一首經典之作。

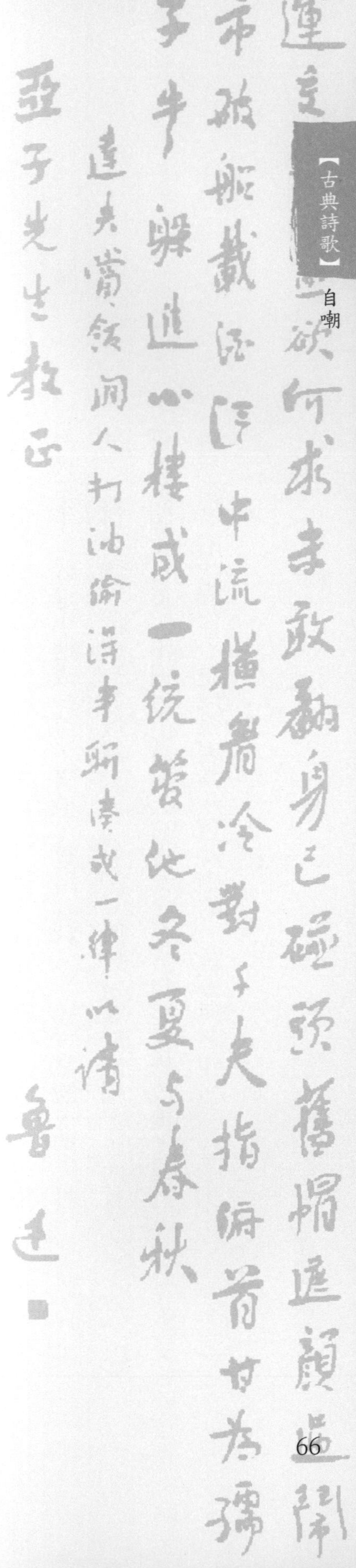

貳・選文與注釋

〈自嘲〉

運交華蓋[1]欲何求，未敢翻身已碰頭。
破帽[2]遮顏過鬧市，漏船[3]載酒泛中流[4]。
橫眉[5]冷對千夫指[6]，俯首[7]甘為孺子牛[8]。
躲進小樓成一統[9]，管它[10]冬夏與春秋。

1 華蓋：星座名，原借指好運到，本正向詞彙，魯迅多反用之，指走霉運。語出《晉書．天文志》：「大帝上九星曰『華蓋』，所以覆蔽大帝之坐也。」。

2 破帽：原作「舊帽」。

3 漏船：原作「破船」。

4 中流：即流中，河流中央。

5 橫眉：形容人生氣的樣子。

6 千夫指：指觸犯眾怒。典故出自《漢書．王嘉傳》：「里諺曰：『千人所指，無病而死。』臣常為之寒心。」

7 俯首：低頭。

8 孺子：小孩子。

9 一統：即統一，在此形容圓滿自足、不假外求的小天地。

10 它：原作「牠」。

參．可以這樣讀

魯迅一九三四年十二月九日的《書信》有〈致楊霽雲〉，云：「集名還是《集外集》好，稿已看了一遍，改了幾處，……舊詩本非所長，不得已而作，後輒忘卻，今寫出能記憶者數章。」信後即附〈自嘲〉在內的三首舊詩。可見冠上詩題、更動字句，都是魯迅所為。同年十二月十九日〈致楊霽雲〉則云：「詩雖無年月，但自己約略還記得一點先後，現略加改動，希照此次序排列為荷。」同年十二月二十三日〈致楊霽雲〉又云：「作詩的年代，大約還約略記得，所以添上年份，並號數，寄還，其中也許有些錯誤，但也無關緊要。」可見《集外集》中舊詩的編排次序、寫作年月，也是出於魯迅手訂。

一九三八年，魯迅紀念委員會編纂了一套二十卷本《魯迅全集》，《集外集》收於第七卷；一九五九年十月，文物出版社單獨出版《魯迅詩稿》，收詩三十六題四十首，〈自嘲〉也名列其中；一九八一年，人民文學出版社又出版了一套十六卷本《魯迅全集》，《集外集》仍收於第七卷。就此，〈自嘲〉一詩，從一件私人條幅，走進了公眾的視野，也走進了中國文學史。

〈自嘲〉背後的「本事」

所謂「本事」，是指詩歌寫作的緣起。〈自嘲〉也有「本事」，已略見前文，詳細原委，則可見魯迅一九三二年十月五日所寫《日記》。當晚，郁達夫與王映霞伉儷在上海「聚丰園」設宴，受邀與宴者尚有魯迅夫婦、柳亞子夫婦、

郁達夫、王映霞夫婦

郁達夫兄嫂、林微音（筆名：陳代），設宴原因據《魯迅全集》編者的說法，是為了慶祝郁達夫哥哥郁華「自北平調任江蘇省高等法院上海刑庭庭長」，因而請了魯迅等人作陪。

宴會實況，王映霞晚年有〈我記憶中的魯迅〉長文回憶。據她所述，「聚豐園」在四馬路上，是一家無錫餐館，之所以挑選這家餐館，是特別考慮到魯迅為南方人的緣故。當晚，魯迅帶著徐廣平一同赴宴，談笑風生，郁達夫見狀，便打趣他說：「大先生，你的華蓋運可以脫了吧？」意指苦盡甘來，不再走霉運了！「魯迅聽了哈哈大笑，連拿紙菸的手也因暢懷的笑而顫抖起來。」可見心情非常愉悅，對於好友開的玩笑，既不反駁，也不以為意。

宴會結束後七天，十月十二日，魯迅便在日記裡寫下「運交華蓋欲何求」一詩，準備送給當日也與會，但「不很熟悉」的柳亞子，詩後還附有跋文：「達夫賞飯，閒人打油，偷得半聯，湊成一律。」據王映霞的理解，「賞飯」二字，「說明了郁達夫和魯迅之間互相比較尊重熟悉，友誼也較深厚。」「閒人打油」，則指魯迅當天「和大家吃飯時，說說笑笑，並不是商量什麼正事」，詩便是有感於此而作。

王映霞的書寫非常正確。除此之外，「閒人打油」的「打油」，既顯示了宴會中賓主盡歡、相互調笑的愉快氣氛，也透露了魯迅此詩的定位：語帶戲謔，是一首詼諧幽默之作。更進一步說，「閒人」二字，也暗含諧趣。因成仿吾曾於一九二七年批判魯迅，說他將《中國小說史略》蒐集到的材料印為《小

柳亞子

說舊聞鈔》，「所矜持的是『閑暇，閑暇，第三個閑暇』」。對此，魯迅於一九三二年四月二十四日《三閑集・序言》中予以回擊：「我以為無產階級是不會有這樣鍛鍊周納法的，他們沒有學過『刀筆』」，更刻意將書名順勢取為「三閑」；六個月後，又於此詩中自稱「閑人」，其自我解嘲的意味，不言可喻。

至於「偷得半聯，湊成一律」，究竟何所指？曾有不少爭論。主要看法為，魯迅「偷」自清人洪亮吉《北江詩話》所載一則逸事：有位名為錢季重的秀才，擅於填詞，喜愛喝酒，淡酒後狂佯、不可一世，然而對自己的三個兒子極度溺愛，飯後輒與之嬉戲，深怕他們不開心，曾有一柱帖云：「酒酣或化莊生蝶，飯飽甘為孺子牛」。這便是「俯首甘為孺子牛」的出典。此說後來還得到周作人的認可（〈《魯迅舊詩箋注》商榷〉），更增加其權威性。但當年飯局中人王映霞的現身說法，似乎更值得重視。她說：「詩中的句子在吃飯時提到的，我記得只有與郁達夫開玩笑有關的『運交華蓋』這一句，其它都未曾提到過。我想也許魯迅以此起韻，『湊成一律』，那也可算作『偷得半聯』」吧！」也就是說，魯迅所「偷」的「半聯」，便是郁達夫打趣他的這段話：「大先生，你的華蓋運可以脫了吧？」遂以此為全詩首句，再循此句意「湊」滿其它六句，完成「一律」。「偷」、「湊」二字，同樣語帶滑稽，在在顯示魯迅對那場宴會的耽溺、欣喜之情。

但令人疑惑的是，魯迅完成這「一律」，為何不是送給宴會主人郁達夫，而是席中「不很熟悉」的柳亞子呢？一九五四年，柳亞子〈魯迅先生九週年祭〉一文，為我們解開了謎底：「我請魯迅先生寫了一幅字，內容就是『橫眉冷對

華蓋是古代帝王出行時，
車馬上的類似遮陽傘一樣的東西。
〈出警圖〉卷（局部）由明人所繪。
現藏於國立故宮博物院。

千夫指，俯首甘為孺子牛』的一首七律詩」（按：此文所憶時間有誤）；同年二月二十日，又將其珍藏的魯迅條幅獻出，題語：「此為魯迅先生在上海親筆題贈之作」。據此，柳亞子在宴會中或曾向魯迅求字，魯迅返家後，索性就用從郁達夫那裡「偷得半聯，湊成一律」的詩，作為柳亞子所求之字的內容，如此，既交了卷，也為彼此留下一段共有的回憶，可謂一舉兩得。

〈自嘲〉詩中的「黑色幽默」

所謂「黑色幽默」，是指在面對無可如何的現實環境下，只能以一種格外荒誕不經、特別滑稽嘲諷的方式，以凸顯個人極度悲觀、絕望的深沉苦悶與悲哀；這種表現手法，雖至一九六〇年才成為一種文學流派，但魯迅的〈自嘲〉，正與上述特徵若合符節，因此可以循此把握該詩，走進魯迅幽微的內心世界。

首聯「運交華蓋欲何求，未敢翻身已碰頭」，上句說：自己吉星高照，交了好運，再無可求之事了。似在表達一種安於現況的人生態度，但從選文的注釋可知，魯迅凡是用到「華蓋」的典故，都是當成「走霉運」使用，可從下句中玩味出來：「翻身已碰頭」，「翻身」指有所作為；「碰頭」比喻觸犯禁忌，動輒得咎的情況下，「不敢」輕舉妄動。「欲何求」的心滿意足，與「未敢」的戒慎恐懼，形成對比、逼出張力：表面上是一種怯懦、妥協的姿態，實則正言若反，抗議與吶喊雖然寫在文章意義的背面，但卻能力透紙背，使得嘲諷之意更加躍然紙上！

頷聯「破帽遮顏過鬧市，漏船載酒泛中流」，從上聯下句的「未敢」來，是對「未敢」的具體描寫。行經「鬧市」，深怕被人認出；泛乎「中流」，只求醉倒酒船。一言以蔽之，即不問世事。「舊帽」改為「破帽」，更佳！因「破帽」已包含「舊帽」的意涵在其中，且「破」字更能喚起讀者對他處境艱難的聯想。而「舊帽」既然已改為「破帽」，則下句「破船」，自然也換「破」字為「漏」，因此蓋船會「漏」，固已「破」矣！而用「漏船載酒」，一瀉無遺，顯然醉翁之意不在酒。將兩句合起來看，自嘲之意盡在言外。有人認為下句典出《晉書．畢卓傳》，恐怕無法這樣論斷，因為這條典故只說到句中的「載酒」，「漏船」落空了；且律詩對仗，講究上句用典，下句跟隨，才能當成工整的對聯。然而此聯的上句，無論「舊帽」或「破帽」，看起來都沒有用典的意圖，則下句「破船」或「漏船」，也未必有出處。

頸聯「橫眉冷對千夫指，俯首甘為孺子牛」，仍寫「未敢」，與上聯的差別在於：上聯專寫自己，此聯則寫自己與外界的關係。面對他人攻訐，雖「橫眉」點出內在隱隱的憤怒，卻表現出「冷對」的笑罵由人、無心回擊，而唯有面對自己兒子時，才甘心低眉斂首，流露真情。一怒一善，一冷一熱，看似敢怒不敢言、一無是處，僅能「弄兒床前戲」，實則寫出自己主動拒絕與外界互動，傳達出他對自身所處社會的不滿與抗爭。本聯為魯迅這首詩最知名的對聯，上句的兀傲倔強、蔑視庸眾，就像是他一生的寫照；下句的舐犢情深、寵溺呵護，讓人看到魯迅在他表面的冷峻、陰鬱之外，心底最柔軟的一面。

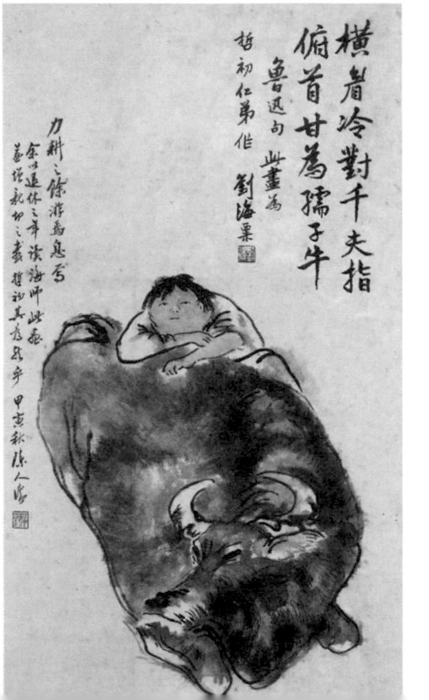

橫眉冷對千夫指，俯首甘為孺子牛。
劉海粟作品

尾聯「躲進小樓成一統，管它冬夏與春秋」，上句「躲」字，與首聯的「未敢」相呼應，「未敢」是因，「躲」是果，綰住頷、頸兩聯；換言之，兩聯所寫，都是「未敢」之後的「躲」避，這是〈自嘲〉詩所欲呈現的面對世界的態度：既無可與言者，索性緘默，關在自己的小世界裡，自掃門前雪，莫管他人瓦上霜。中國歷來追求的都是「大一統」，但此時魯迅所追求的，卻是在「小」樓中「一統」，彷若井底之蛙，夜郎自大，諷刺可謂辛辣！至於下句「管它」，豪邁曠達的表象下，「管不了」的深沉無奈，方為實情。

先行者畢竟是孤獨的！遍閱世情、深諳世道艱險的魯迅，早已不是《吶喊》時期的魯迅，但當時滿腔熱血、倡言革命的年輕人，卻仍一味地要求他繼續衝鋒陷陣，否則便懷疑他退縮了，落伍了。在他任教中山大學時，宋雲彬的〈魯迅先生往那裡躲〉一文便可為代表：「魯迅先生！廣州沒有什麼『紙冠』給你戴，只希望你不願作『旁觀者』，繼續『吶喊』，喊破了沉寂的廣州青年界的空氣。這也許便是你的使命。如此社會，如此環境，你不負擔起你的使命來，你將往那裡去躲？」無人理解的魯迅，唯有透過這種「心口不一」的「黑色幽默」，對自己、對社會、對命運，淋漓盡致地揶揄一番，才能貞定靈魂，繼續向前邁進。

肆・再做點補充

魯迅量質俱精的現代文學創作，為他贏得了極高的身後評價，除中國學界為他獻上「中國現代文學之父」的桂冠之外，國際也對他交口稱美，如日本諾貝爾文學獎得主大江健三郎讚為「二十世紀亞洲最偉大作家」，韓國學者金良守形容為「二十世紀東亞文化地圖上佔最大領土的作家」，德國漢學家顧彬則譽之為「二十世紀無人可及也無法逾越的作家」。

如此鮮明的現代文學形象，很容易讓人誤以為他與舊詩絕緣，且魯迅自己曾說：「不喜歡做古詩」（《集外集・序言》），又說：「其實我於舊詩素未研究，胡說八道而已。」（〈致楊霽雲〉），許廣平也說：「迅師對古詩文雖工而不喜作。偶有所作，多應友朋邀請，或抒一時性情，亦每隨書隨棄，不愛拾集。」（魏建功〈關於魯迅先生舊體詩木刻事及其他〉）但從上文的敘述，已知這並非事實，畢竟家學淵源，從小打下的童子功，早已融入血液之中，揮之不去，就像魯迅亟欲擺脫的中國舊傳統，最終，也仍在他內心深處不斷拉扯，相互交戰。因此，他的舊文學成績其實也相當可觀。以下，僅就「舊詩創作」與「對舊文學選本的批評」兩點，再作點補充。

魯迅的舊詩創作

現存魯迅第一篇作品，正是一首舊詩：〈別諸弟三首〉，約作於清光緒二十六年，二十歲左右的年紀。在此時，魯迅正就讀於南京江南陸師學附設陸礦學堂，回紹興過完寒假後，再度返校，凄然所感，遂寫下這組詩，寄給弟弟。其一云：

謀生無奈日奔馳，有弟偏教各別離。最是令人凄絕處，孤檠長夜雨來時。

抒發想家的心情，文字淺白易懂，略無隱晦炫技，但行役在外、孑然一身的孤寂之感，卻非常動人。以此為發端，日後不但留下許多佳篇，也留下許多振聾發聵的佳句。前者如：

慣於長夜過春時，挈婦將雛鬢有絲。夢裏依稀慈母淚，城頭變幻大王旗。
忍看朋輩成新鬼，怒向刀叢覓小詩。吟罷低眉無寫處，月光如水照緇衣。
（〈慣於長夜過春時〉）

曾驚秋肅臨天下，敢遣春溫上筆端。塵海蒼茫沉百感，金風蕭瑟走千官。
老歸大澤菰蒲盡，夢墜空雲齒發寒。竦聽荒雞偏闃寂，起看星斗正闌干。
（〈亥年殘秋偶作〉）

第一首寫於民國二十年，五十一歲的魯迅，表達對學生柔石等人被捕、槍斃的憤慨，全詩沉鬱悲涼，尤其是頸聯，鬱勃不平之氣，溢於言表。兩年後，他在〈為了忘卻的紀念〉一文中，追憶當時寫詩心境，說：「我沉重的感到我失掉了很好的朋友，中國失掉了很好的青年，我在悲憤中沉靜下去了，然而積習卻從沉靜中抬起頭來，湊成了這樣的幾句……。」這是一首化悲傷為力量的詩；第二首寫於民國二十四年，他五十五歲時，乃魯迅生前最後一首舊詩，文字看似不如前詩鮮明，情緒也未如前詩激昂，卻有種繁華落盡的真淳之感，其深處，仍一貫雜糅著絕望與希望、悲觀與樂觀兩股力量，讓我們看到一位仁者的胸懷，他的好友許壽裳說：「這首詩哀民生之憔悴，狀心事之浩茫，感慨百端，俯視一切，棲身無地，苦鬥益堅，於悲涼孤寂中，寓熹微之希望焉。」（〈懷舊〉）誠哉斯言。後者如：

> 寄意寒星荃不察，我以我血薦軒轅。（〈自題小像〉，一九〇三）
> 度盡劫波兄弟在，相逢一笑泯恩仇。（〈題三義塔〉，一九三三）
> 心事浩茫連廣宇，於無聲處聽驚雷。（〈無題〉，一九三四）

這三句，分別寫於清光緒二十九年、民國二十二年、民國二十三年，分別是魯迅二十三歲、五十三歲、五十四歲的時候，從年少血氣之勇的「我以我血薦軒轅」，到晚年溫煦豁然的「相逢一笑泯恩仇」與智慧聰敏的「於無聲處聽驚雷」，不惟展現了詩人心靈的成長之路，也展現了詩人語言的豐沛生命力！

清末民初，熟稔舊詩的文人仍所在多有，傳統者如王闓運、陳三立、陳衍等；新文化運動者如陳寅恪、羅家倫、蘇雪林等人，不僅能寫舊詩，更能用舊詩寫新時代、與新時代對話。可見舊詩並未隨著新時代的到來而消亡，反而激發出更強大的韌性與底蘊，靈活轉化，開拓出世變下的新視野。魯迅舊詩，承先啟後，為這波世變書寫，畫下個性最為鮮明的一道風景，劃出聲調最為激烈的一道高音，其文學史定位，正在於茲。

魯迅對舊文學選本的批評

除了創作舊詩，魯迅也批評舊文學，往往一針見血、直指要害。以下僅舉其論選本一事說明之。

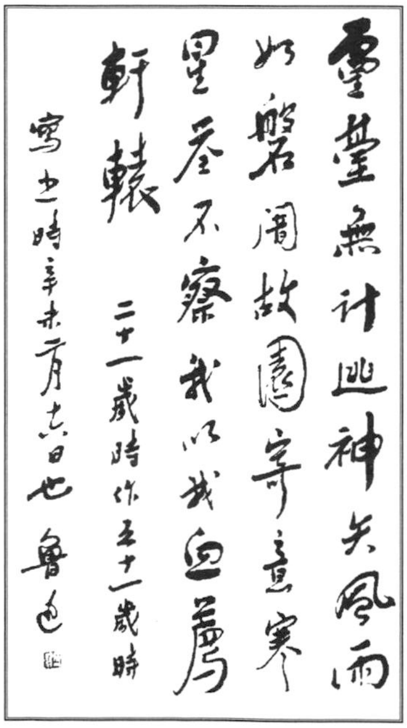

一九三四年，魯迅針對當時上海日報上的論辯：「青年該不該讀《莊子》與《文選》，以為文學修養之助」，撰〈選本〉一文，先說：「凡選本，往往能比所選各家的全集或選家自己的文集更流行，更有作用」；次說讀者「自以為是由此得了文筆的精華的，殊不知卻被選者縮小眼界」；再舉《文選》不收嵇康〈家誡〉、陶潛〈閒情賦〉為例，指出這會讓讀者難以了解兩位作家的某些行為，最後總結道：「選本既經選者所濾過，就總只能吃他給予的糟或醨。況且有時還加以批評，提醒了他之以為然，而默殺了他之以為不然處。」對選本的作用，持否定態度。

一九三六年，魯迅撰〈「題未定」草〉，仍論及選本問題，仍對選本持否定態度，認為它弊大於利，因為「選本所顯示的，往往並非作者的特色，倒是選者的眼光」，因此，若選者目光如豆，便會抹殺作者的真相，影響讀者的認知。如陶淵明，選本多只選〈歸去來辭〉、〈桃花源記〉，讓人誤以為他整日都飄飄然，而忘了「他卻有時很摩登」；又多只選他的「採菊東籬下，悠然見南山」句，卻不選其「精衛銜微木，將以填滄海，刑天舞干戚，猛志固常在」等「金剛怒目」式的詩句，但「這『猛志固常在』和『悠然見南山』的是一個人，倘有取捨，即非全人，再加抑揚，更離真實。」換言之，只看選本、相信選本，便會衍生出「以偏概全」的缺點，不可不慎！

延續陶淵明話題，則引發了魯迅對朱光潛展開的筆戰。首先，檢討「摘句」，認為「它往往是衣裳上撕下來的一塊繡花，經摘取者一吹噓或附會，說是怎樣

明杜堇繪〈陶淵明賞菊圖〉（局部）大都會藝術博物館藏。

超然物外，與塵濁無干，讀者沒有見過全體，遍野被他弄得迷離倘恍。」陶潛的「採菊東籬下，悠然見南山」，就是個最顯著的例子；其次，批評朱光潛〈說「曲中人不見，江上數峰青」〉一文將這兩句推為「詩美的極致」，「也未免有以割裂為美的小疵」，進而批評其提出的「靜穆」說。

朱光潛在這篇文章中說：

> 「靜穆」是一種豁然大悟，得到歸依的心情。它好比低眉默想的觀音大士，超一切憂喜，同時你也可說它泯化一切憂喜。這種境界在中國詩裡不多見。屈原阮籍李白杜甫都不免有些像金剛怒目，憤憤不同的樣子。陶潛渾身是「靜穆」，所以他偉大。

魯迅不表贊同，他認為這種虛懸一個「極境」的說法，都是被拘迫於「摘句」的緣故。為此，他分析唐朝的錢起〈湘靈鼓瑟〉整首詩，認為該詩中間四聯，近於「衰颯」，一點都不靜穆；並且，這是一首省試詩，自然不可能表現「憤憤不平的樣子」，因為「他首先要防落第」。而一旦落第，「他就不免有些憤憤了」，如〈下第題長安客舍〉一詩所抒情緒，可見錢起也有金剛怒目的時候。

最後，魯迅提出他的文學觀：「倘要論文，最好還是顧及全篇，並且顧及作者的全人，以及他所處的社會狀態，這才較為確鑿。要不然，是很容易近乎說夢的」。論點精闢、發人深省，一如他的舊詩創作，其對舊文學的批評，同樣有佳篇、有佳句，也同樣使人振聾發聵！綜上所述，魯迅的舊文學表現，有立有破、筆鋒淩厲，深於傳統卻絕不妥協。要言之，誠未可輕詆！　（李宜學）◆

3 紅樓夢節選

《紅樓夢》是中國傳統小說的巔峰，無論是故事情節、人物刻劃、深刻哲思、優美文筆，在當時及後世幾乎都沒有足以匹配的作品。但是這部在十八世紀完成的文學經典，卻有謎般的身世：真正作者是誰？是否完成於同一人之手？為何有不同版本？直到現在仍是紅學專家樂此不疲的議題。故事中豐富的微言大義、象徵、影射，更值得讀者反復斟酌、細細品讀。無論如何，《紅樓夢》都是中國文學登堂入室的必修課。

壹．作者與出處

《紅樓夢》作者究竟何人？作者是否寫完全書？整部小說是否由他人續成？何以有不同版本的文字差異？……，至今都仍是「紅學」的研究議題。本文的介紹則依學界主流、視曹雪芹為作者，故事原型與曹家有關。

曹雪芹，名霑，字芹圃，一字夢阮，號雪芹。清漢軍正白旗，祖籍遼陽。由於曹雪芹一生不務仕進，生活貧困，留下的資料甚少，確切的生卒年仍有不同持論。關於生年，主要論述有康熙五十年（西元

一七一一）、康熙五十四年（一七一五）、雍正二年（一七二四）三說；依此推論，雍正六年（一七二八），曹家被抄家，曹雪芹至多十八歲。至於卒年，主要論述有乾隆二十七年（一七六二）、乾隆二十八年、乾隆二十九年；多述及曹雪芹在除夕夜「淚盡而逝」，「淚盡」也對應了第一回作者自述：「滿紙荒唐言，一把辛酸淚。」或小說中的絳珠草（後為林黛玉）要將一生的淚水還給神瑛侍者（後為賈寶玉），以報其灌溉之恩；或〈紅豆詞〉裡的「滴不盡相思血淚拋紅豆，開不完春柳春花滿畫樓。」曹雪芹遍嚐繁華落盡的新愁與舊愁，恰似「遮不住的青山隱隱，流不斷的綠水悠悠」，涓涓都化進了《紅樓夢》。

曹家與皇室關係之密切是自古少有的。雪芹高祖父曹振彥原是多爾袞的漢姓包衣（家奴），多爾袞死後，就成為順治皇帝的內務府包衣。曾祖父曹璽不僅是保護皇帝的內廷侍衛，其妻是後來登基為帝、清聖祖康熙的奶媽。祖父曹寅更讓曹家聲勢達到了頂峰，曹寅深受康熙皇帝的信任，不僅主持《全唐詩》的刊印，康熙皇帝六次南巡，其中四次都由曹寅負責接駕。曹家自高祖曹璽到父輩的曹頫（曹雪芹父親是曹顒？抑或曹頫？學界仍有二論）都擔任江寧織造，曹家歷任時間長達六十多年；江寧織造表面僅是為皇室提供所需緞匹、織品，實際更負責彙報地方官員的動態及相關政局，可以直接上密折給康熙，幫助遠在紫禁城的皇帝掌握江南情勢。曹寅精通詩、詞、戲曲，也是著名藏書家，與清初第一詞人納蘭性德、著名戲劇家洪昇相善；因此，曹雪芹自幼即受書香門風的薰陶，曹氏家風成為創作《紅樓夢》的最佳沃土。

曹家獲罪被抄後便遷回原籍北京，一般認為富過三代的曹家即使敗落，若要攀附關係、謀求一官半職仍大有機會；但精通詩文、才學橫溢的曹雪芹卻徹底放棄了科舉仕進之途，曾在右翼宗學任教，教導滿族宗室子弟讀書。中年以後移居至北京郊外的西山（落魄旗人聚居處），靠著賣字畫維生，一度舉家食粥、靠朋友接濟。過著如此潦倒的物質生活，曹雪芹仍堅持寫作《紅樓夢》，必然有一般人難以理解的深刻體悟與創作動機；他的知己敦誠在曹雪芹移居西山時，有詩句相贈：「殘杯冷炙有德色，不如著書黃葉村。」倜儻狂傲、不願同俗的曹雪芹確實孤寂於當代、落拓於京華；眼見家族衰敗，飽嚐人情冷暖的曹雪芹在「悼紅軒中披閱十載，增刪五次」，專意著書。書名初名「石頭記」，又數度更名：「情僧錄」、「風月寶鑑」、「金陵十二釵」，最後定名為「紅樓夢」。又因作者的數度修改、增刪，不同的抄本、刻本，形成不同的版本，文字也見差異，是紅學的研究重點之一。

由於《紅樓夢》最初是以手抄本形式在親友、愛好者間流傳，也出現點評本如著名的「脂硯齋」；手抄者、點評者在抄寫過程中，

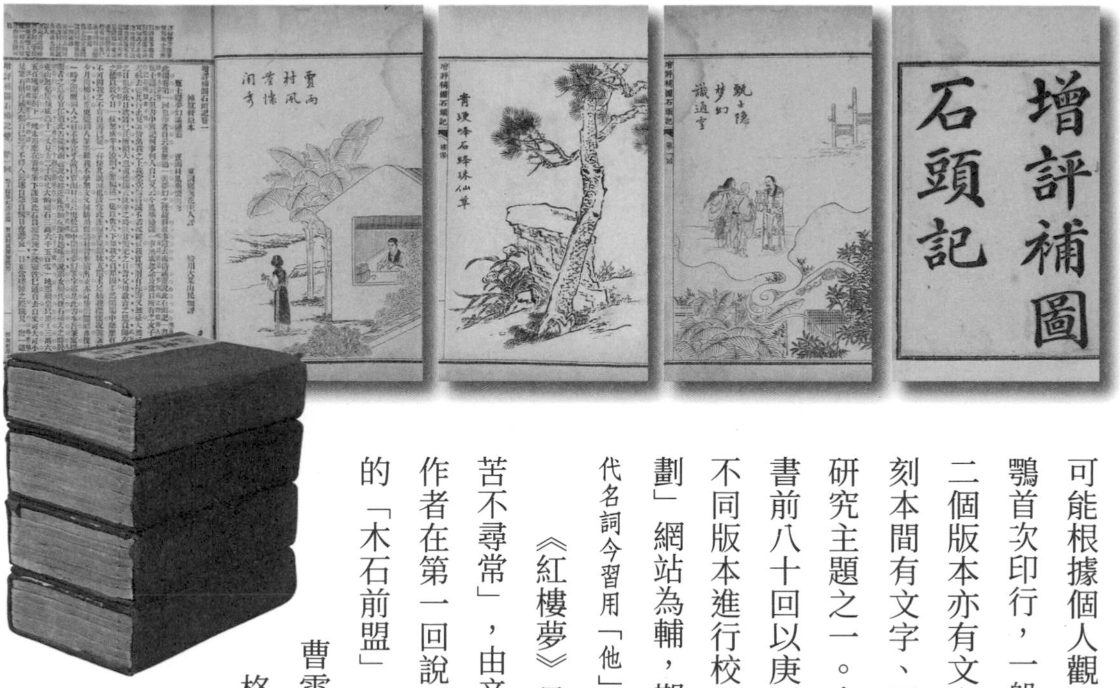

可能根據個人觀點進行文字改動。直至乾隆五十六年，程偉元、高鶚首次印行，一般稱為「程甲本」；次年再度印行稱為「程乙本」，二個版本亦有文字落差，甚至改動作者原意。因此，不同的抄本與刻本間有文字、回目、甚至故事情節的差異性，一直是紅學的重要研究主題之一。本選文以里仁出版社的《紅樓夢校注》為底本，該書前八十回以庚辰本、後四十回以程甲本為底本，再參酌了十多種不同版本進行校正。另以更具閱讀便利性的「中國哲學書電子化計劃」網站為輔，期使選文更具閱讀流暢性、現代性（如不同性別的人稱代名詞今習用「他」、「她」區分）。

《紅樓夢》是作者嘔心瀝血之作，「字字看來皆是血，十年辛苦不尋常」，由辛酸血淚凝成，其中的微言大義則待讀者細細品讀。作者在第一回說明全書大旨「談情」，因此，選文以最受讀者青睞的「木石前盟」、賈寶玉與林黛玉的深情作為導讀。寶玉與黛玉是曹雪芹寄託個人價值觀最多的角色，甚至可能是他人格的投射，「都云作者痴，誰解其中味」，希望藉此能更深刻地品讀紅樓故事。

貳・選文與注釋

（一）

原來女媧氏煉石補天之時，於大荒山無稽崖[1]煉成高經十二丈、方經二十四丈頑石三萬六千五百零一塊。媧皇氏[2]只用了三萬六千五百塊，（只）單單剩了一塊未用，便棄在此山青埂峰下。誰知此石自經鍛煉之後，靈性已通，因見眾石俱得補天，獨自己無材不堪入選，遂自怨自嘆，日夜悲號慚愧。……

又不知過了幾世幾劫，因有個空空道人訪道求仙，（忽）從這大荒山無稽崖青埂峰下經過，忽見一塊大石上字跡分明，編述歷歷[3]。空空道人乃從頭一看，原來就是無材補天，幻形入世；蒙[4]茫茫大士、渺渺真人攜入紅塵，歷盡悲歡離合炎涼世態的一段故事。後面又有一偈[5]云：

1 大荒山、無稽崖：作者虛構的山名，實無可考。下文之「青埂峰」亦同。

2 媧皇氏：即女媧，相傳為伏羲氏之妹，曾煉石補天以救人類災難，後世遂尊稱為「媧皇」。媧：音ㄨㄚ。氏：古代傳說的人物或國名、朝代等，習繫以「氏」字稱之。

3 歷歷：清楚明白。

4 蒙：受到、承受。

5 偈：音ㄐㄧˋ，梵語音譯，意譯為頌。本為梵語文學的贊歌、詩句，通常由四句組成；佛經常附綴有偈語，表達對佛陀開示或佛經所載內容的感悟與修行的體悟。此處是作者藉偈語的形式作為紅樓故事的破題。

無材可去補蒼天，枉入紅塵若許年。此係身前身後事，倩[6]誰記去作奇傳？……

那僧笑道：「此事說來好笑，竟是千古未聞的罕事。當年這個石頭，媧皇未用，自己卻也落得逍遙自在，各處去遊玩。一日，來到警幻仙子處，那仙子知他有些來歷，因留他在赤霞宮中，名他為赤霞宮神瑛侍者。他卻常在西方靈河岸上行走，看見那靈河岸上三生石畔有棵絳珠仙草，十分嬌娜可愛，遂日以甘露灌溉，（只因西方靈河岸上三生石畔，有絳珠草一株，時有赤瑕宮神瑛侍者，日以甘露灌溉——說明：「當年這個石頭……」為網站版，里仁版僅紫色部分幾句話帶過。網站版本較能連結前因、敘述較詳盡，故採之；赤「霞」宮較赤「瑕」宮用字佳）這絳珠草始得久延歲月。後來既受天地精華，復得甘露滋養，遂得脫卻草胎木質，得換人形，僅修成個女體，終日游於離恨天外，飢則食蜜青[7]果為膳，渴則飲灌愁海（水）為湯。

6 倩：此作動詞用，請人代為做事。

7 蜜青：諧音「秘情」，寓指男女之情。

只因尚未酬報灌溉之德，故其五內便鬱結著一段纏綿不盡之意。恰近日這神瑛侍者凡心偶熾，乘此昌明太平朝世，意欲下凡造[8]歷幻緣，已在警幻仙子案前掛了號[9]。警幻亦曾問及，灌溉之情未償，趁此倒可了結的。那絳珠仙子道：「他是甘露之惠，我並無此水可還；他既下世為人，我也同去走一遭（我也去下世為人──說明：里仁版與前一句重疊性太高），但把我一生所有的眼淚還他，也償還得過（他）了。」

──節選自第一回

（二）

賈母因問黛玉念何書，黛玉道：「只剛念了《四書》。」黛玉又問姊妹們讀何書？賈母道：「讀的是什麼書，不過是認得兩個字，不是睜眼的瞎子罷了。」

一語未了，只聽外面一陣腳步響，丫鬟進來笑道：「寶玉來了。」黛玉心中正疑惑著：「這個寶玉，不知是怎生個憊懶[10]人物，

8 造：此做副詞，開始。

9 掛了號：登記，此處的掛號意指欲投胎至人間。

懵懂頑童？」——倒不見那蠢物也罷了。心中想著，忽見丫鬟話未報完，已進來了一位年輕的公子：……（省略處為寶玉穿著的描述，由於時代、穿著的巨大落差，教學經驗、學生很難想像，文字不易理解，直接進入寶玉長相的描繪，可使閱讀更具緊湊性）面若中秋之月，色如春曉之花，鬢若刀裁，眉如墨畫，面如桃瓣，目若秋波。雖怒時而若笑，即瞋視而有情。項上金螭[11]瓔珞[12]，又有一根五色絲絛[13]，繫著一塊美玉。

黛玉一見，便吃一大驚，心下想道：「好生奇怪，倒像在那裡見過一般，何等眼熟到如此！」只見這寶玉向賈母請了安，賈母便命：「去見你娘來。」寶玉即轉身去了。

一時回來，再看，已換了冠帶：……（省略處仍為服裝的描寫）越顯得面如敷粉，唇若施脂；轉盼多情，語言常笑。天然一段風韻，全在眉梢；平生萬種情思，悉堆眼角。看其外貌最是極好，卻難知其底細。後人有《西江月》二詞，批寶玉極恰。其詞曰：

10 僿懶：懶散、刁頑。

11 螭：音ㄔ，古代傳說中的動物，外形似龍而無角。

12 瓔珞：音ㄧㄥ ㄌㄨㄛˋ，以珠玉綴成的裝飾品。

13 絲絛：用絲編成的腰帶。絛：音ㄊㄠ，絲編的繩帶。

無故尋愁覓恨，有時似傻如狂。縱然生得好皮囊，腹內原來草莽。
潦倒不通世務，愚頑怕讀文章。行為偏僻性乖張，那管世人誹謗！
富貴不知樂業，貧窮難耐淒涼。可憐辜負好韶光，於國於家無望。
天下無能第一，古今不肖無雙。寄言紈袴與膏粱[14]：莫效此兒形狀！

賈母笑道：「外客未見，就脫了衣裳，還不去見你妹妹。」寶玉早已看見了一個嬝嬝婷婷[15]的女兒（寶玉早已看見多了一個姊妹——網站版的描繪較具體），便料定是林姑媽[16]之女，忙來作揖[17]。廝[18]見畢歸座，細看形容[19]，真是（里仁版無此二字）與眾各別：兩彎似蹙[20]非蹙罥煙眉[21]，一雙似喜非喜含情目。態生兩靨[22]之愁，嬌襲一身之病。淚光點點，嬌喘微微。閒靜時如姣花照水，行動處似弱柳扶風。心較比干多一竅，病如西子勝三分[23]。

寶玉看罷，因笑道：「這個妹妹我曾見過的。」賈母笑道：「可

14 膏粱：比喻富貴人家或生活奢糜的人。

15 嬝嬝婷婷：形容女子體態輕盈優雅。嬝嬝：音ㄋㄧㄠˇㄋㄧㄠˇ，同「裊裊」，柔軟美好的樣子。

16 林姑媽：賈敏。賈母之女，寶玉父親賈政之妹。

17 作揖：音ㄗㄨㄛ ㄧ，古人一種敬禮的儀式，執禮人雙手抱拳，朝受禮人先高拱而後下拜。

18 廝：相互。

19 形容：容貌、容顏。

20 蹙：音ㄘㄨˋ，聚攏，此指蹙眉，皺著眉頭。

21 罥煙眉：形容眉毛像一抹輕煙。罥：音ㄐㄩㄢ，懸掛、糾結。

22 靨：音ㄧㄝˋ，面頰上的微渦。

23 心較比干多一竅，病如西子勝三分：比喻林黛玉心思機敏又弱不禁風的樣子。比干：商紂王的叔父，據聞有七竅玲瓏心，後因觸怒紂王慘遭剜心而亡。

又是胡說，你何曾見過她？」寶玉笑道：「雖然未曾見過她，然我看著面善，心裡就算是舊相識，今日只作遠別重逢，亦未為不可。」

——節選自第三回

（三）

那一日正當三月中浣[24]，早飯後，寶玉攜了一套《會真記》[25]，走到沁芳閘[26]橋邊桃花底下一塊石上坐著，展開《會真記》，從頭細玩[27]。正看到「落紅成陣」，只見一陣風過，把樹頭上桃花吹下一大半來，落得滿身滿書滿地皆是。寶玉要抖將[28]下來，恐怕腳步踐踏了，只得兜了那花瓣，來至池邊，抖在池內。那花瓣浮在水面，飄飄蕩蕩，竟流出沁芳閘去了。

回來只見地下還有許多花瓣（里仁版無花瓣二字）。寶玉正踟躕間，只聽背後有人說道：「你在這裡做什麼？」寶玉一回頭，卻是黛玉來了（里仁版作林黛玉），肩上擔著花鋤，花鋤上掛著花囊，手內拿著花

24 中浣：中旬。唐代官吏十天一次休息、沐浴，每月分上浣、中浣、下浣；後借作為上旬、中旬、下旬的別稱。浣：音ㄨㄢˇ，洗滌、洗濯。

25 會真記：此指王實甫雜劇《西廂記》。王實甫依據唐元稹所作的傳奇《鶯鶯傳》而改編，《鶯鶯傳》中有「會真」詩三十韻，故名。

26 沁芳閘：大觀園中調控沁芳泉水出入的閘門。閘：音ㄓㄚˊ，可適時開關，用以調節流量的水門。

27 玩：音ㄨㄢˋ，欣賞、悅讀。

28 將：音ㄐㄧㄤ，助詞，置於動詞後，常和「進來」、「起來」、「下來」等補語連用。

帚。寶玉笑道：「來的正好（里仁版作「好，好」）。來把這些花瓣兒都掃起來（里仁版作「來把這個花掃起來」），撂[29]在那水裡去罷。我才撂了好些在那裡呢。」黛玉道：「撂在水裡不好。你看這裡的水乾淨，只一流出去，有人家的地方髒的臭的混倒，仍舊把花糟蹋了。那畸角[30]兒上我有一個花塚。如今把它掃了（里仁版作「他」），裝在這絹袋裡，拿土埋上，日久不過隨土化了，豈不乾淨。」

寶玉聽了喜不自禁，笑道：「待我放下書，幫你來收拾。」

——節選自第二十三回

（四）

（寶玉）便把那花兒兜起來，登山渡水，過樹穿花，一直奔了那日同（林）黛玉葬桃花的去處來。將已到了花塚，猶未轉過山坡，只聽山坡那邊有嗚咽之聲，一行[31]數落著，哭的好不傷感。寶玉心下想道：「這不知是那房裡的丫頭，受了委屈，跑到這個地方來哭。」

29 撂：音ㄌㄧㄠˋ，放、扔、撇開。

30 畸角兒：角落。畸：音ㄐㄧ，不整齊的樣子。

31 一行：一面。行：音ㄒㄧㄥˊ。

一面想，一面煞[32]住腳步，聽她哭道是：

花謝花飛花滿天，紅消香斷有誰憐？遊絲軟繫飄春榭[33]，落絮輕沾撲繡簾。閨中女兒惜春暮，愁緒滿懷無釋處，手把花鋤出繡閨，忍踏落花來復去。柳絲榆莢[34]自芳菲[35]，不管桃飄與李飛。桃李明年能再發，明年閨中知有誰？三月香巢已壘成，樑間燕子太無情！明年花發雖可啄，卻不道人去樑空巢也傾。一年三百六十日，風刀霜劍嚴相逼。明媚鮮妍能幾時？一朝飄泊難尋覓。花開易見落難尋，階前悶殺[36]葬花人，獨倚花鋤泪暗洒，洒上空枝見血痕。杜鵑無語正黃昏，荷鋤歸去掩重門。青燈照壁人初睡，冷雨敲窗被未溫。怪奴[37]底事[38]倍傷神？半為憐春半惱春：憐春忽至惱忽去，至又無言去不聞。昨宵庭外悲歌發，知是花魂與鳥魂？花魂鳥魂總難留，鳥自無言花自羞。願奴脅[39]下生雙翼，隨花飛到天盡頭。天盡頭，何處有香丘[40]？未若錦囊收豔骨，一抔[41]淨土掩風流。質本潔來還潔去，

32 煞：停止。
33 榭：音ㄒㄧㄝˋ，建築在臺上的房屋。
34 榆莢：音ㄩˊ ㄐㄧㄚˊ，榆樹在春季結成的果實。
35 芳菲：花草的芳香。菲：音ㄈㄟ。
36 殺：音ㄕㄚˋ，同「煞」，甚、極。
37 奴：自稱的謙詞。
38 底事：什麼事。
39 脅：音ㄒㄧㄝˊ，胸部兩側，由腋下至肋骨盡處的部位。
40 丘：墳冢、墳墓。
41 抔：音ㄆㄡˊ，量詞，計算雙手捧取物品的單位。

強於污淖陷渠溝。爾今死去儂[42]收葬，未卜儂身何日喪？儂今葬花人笑痴，他年葬儂知是誰？試看春殘花漸落，便是紅顏老死時。一朝春盡紅顏老，花落人亡兩不知！

寶玉聽了不覺痴倒。

——節選自第二十七回

說話林黛玉只因昨夜晴雯不開門一事，錯疑在寶玉身上。至次日又可巧遇見餞花之期[43]，正是一腔無明[44]正未發洩，又勾起傷春愁思，因把[45]些殘花落瓣去掩埋。由不得感花傷己，哭了幾聲，便隨口念了幾句。不想寶玉在山坡上聽見，先不過點頭感歎；次又聽到「儂今葬花人笑癡，他年葬儂知是誰？」」，「一朝春盡紅顏老，花落人亡兩不知」等句，不覺慟倒山坡之上，懷裡兜的落花撒了一地。試想林黛玉的花顏月貌，將來亦到無可尋覓之時，寧不心碎腸斷！既黛玉終歸無可尋覓之時，推之於他人，如寶釵、香菱、襲人等，亦

42 儂：吳語，第一人稱「我」。但在上海地區，儂是第二人稱「你」。林黛玉是蘇州人，屬於吳語地區，故應作「我」釋義，由此益見《紅樓》用字的精準。

43 餞花之期：小說二十七回寫四月二十六日為芒種節，芒種一過便是夏日了，眾花凋零，花神退位，所以要設擺各色禮物祭餞花神。

44 無明：怒火。

45 把：拿著。

可到無可尋覓之時矣。寶釵等終歸無可尋覓之時，則自己又安在哉？且自身尚不知何在何往，則斯處、斯園、斯花、斯柳，又不知當屬誰姓矣！——因此一而二，二而三，反復推求了去，真不知此時此際欲為何等蠢物？杳無所知，逃大造[46]，出塵網[47]，使可解釋這段悲傷。正是：花影不離身左右，鳥聲只在耳東西。

那黛玉正自傷感，忽聽山坡上也有悲聲，心下想道：「人人都笑我有痴病，難道還有一個痴子不成？」抬頭一看，見是寶玉。

——節選自第二十八回

（五）

這裡寶玉昏昏默默，只見蔣玉菡走了進來，訴說忠順府拿他之事；又見金釧兒進來哭說為他投井之情。寶玉半夢半醒，都不在意。忽又覺有人推他，恍恍惚惚聽得有人悲戚之聲。寶玉從夢中驚醒，睜眼一看，不是別人，卻是（林）黛玉。寶玉猶恐是夢，忙又將身子

46 大造：指宇宙大自然。

47 塵網：比喻人世。因人在世間，身心常受拘牽束縛，如陷網中，難得自由，故以塵網為喻。

欠[48]起來，向臉上細細一認，只見她（里仁版無「她」字）兩個眼睛腫得桃兒一般，滿面淚光，不是黛玉，卻是那個？寶玉還欲看時，怎奈下半截疼痛難忍，支持不住，便「噯喲」一聲，仍就倒下，歎了一聲，說道：「妳又做什麼跑來！雖說太陽才（里仁版無「才」字）落下去，那地上的餘熱未散，走兩趟又要受了暑，怎麼好呢（里仁版無此句）？我雖然捱了打，並不覺疼痛。我這個樣兒，只裝出來哄他們，好在外頭布散[49]與老爺聽，其實是假的。妳別信真了（里仁版作「妳不可認真」）。」

此時（林）黛玉雖不是嚎啕大哭，然越是這等無聲之泣，氣噎喉堵，更覺得利害[50]。聽了寶玉這番話，心中雖然有萬句言詞，只是不能說得，半日，方抽抽噎噎的說道：「你從此可都改了罷！」寶玉聽說，便長歎一聲，道：「妳放心，別說這樣話。就便為這些人死了，也是情願的！」

48 欠：指「欠身」，透過肢體稍微向上提移、側讓，以示對人的恭敬與尊重。

49 布散：分布散播。

50 利害：同「厲害」，情況嚴重。害：音˙ㄏㄞ。

一句話未了，只見院外人說：「二奶奶來了。」林黛玉便知是鳳姐來了，連忙立起身說道：「我從後院子去罷，回來再來。」寶玉一把拉住道：「這可奇了，好好的怎麼怕起她來。」（林）黛玉急的跺腳，悄悄的說道：「你瞧瞧我的眼睛，又該她取笑開心呢。」寶玉聽說趕忙的放手。黛玉三步兩步轉過床後，出後院而去。鳳姐從前頭已進來了。

——節選自三十四回

（六）

因心下記掛著黛玉，滿心裡要打發人去，只是怕襲人攔阻（里仁版無攔阻二字），便設一法，先使襲人往寶釵那裡去借書。

襲人去了，寶玉便命晴雯來吩咐道：「妳到林姑娘那裡看看她做什麼呢？她要問我，只說我好了。」晴雯道：「白眉赤眼[51]，做什麼去呢？到底說句話兒，也像件事啊（里仁版作「也像一件事」）。」

51 白眉赤眼：平白無故。

寶玉道：「沒有什麼可說的。」晴雯道：「若不然，或是送件東西，或是取件東西，不然我去了怎麼搭訕[52]呢？」寶玉想了一想，便伸手拿了兩條手帕子撂與晴雯，笑道：「也罷，就說我叫妳送這個給她去了。」晴雯道：「這又奇了。她要這半新不舊的兩條手帕子？她又要惱了，說你打趣她。」寶玉笑道：「妳放心，她自然知道。」

晴雯聽了，只得拿了絹子往瀟湘館來。只見春纖正在欄杆上晾手帕子，見她進來，忙擺手兒，說：「睡下了。」晴雯走進來，滿屋漆黑，並未點燈。黛玉已睡在床上，問是誰？晴雯忙答道：「晴雯。」黛玉道：「做什麼？」晴雯道：「二爺送手帕子來給姑娘。」

黛玉聽了，心中發悶：「做什麼送手帕子來給我？」因問：「這帕子是誰送他的？必是上好的，叫他留著送別人罷，我這會子不用這個。」晴雯笑道：「不是新的，就是家常舊的。」林黛

52 搭訕：同「搭赸」，攀談。訕：音ㄕㄢˋ。

玉聽了，越發悶住了，著實細心搜求，思忖一時，方大悟過來，連忙說：「放下，去罷。」晴雯聽了，只得放下，抽身回去。一路盤算，不解何意。

這裡黛玉體貼[53]出手帕子的意思來，不覺神魂馳蕩。

——節選自三十四回

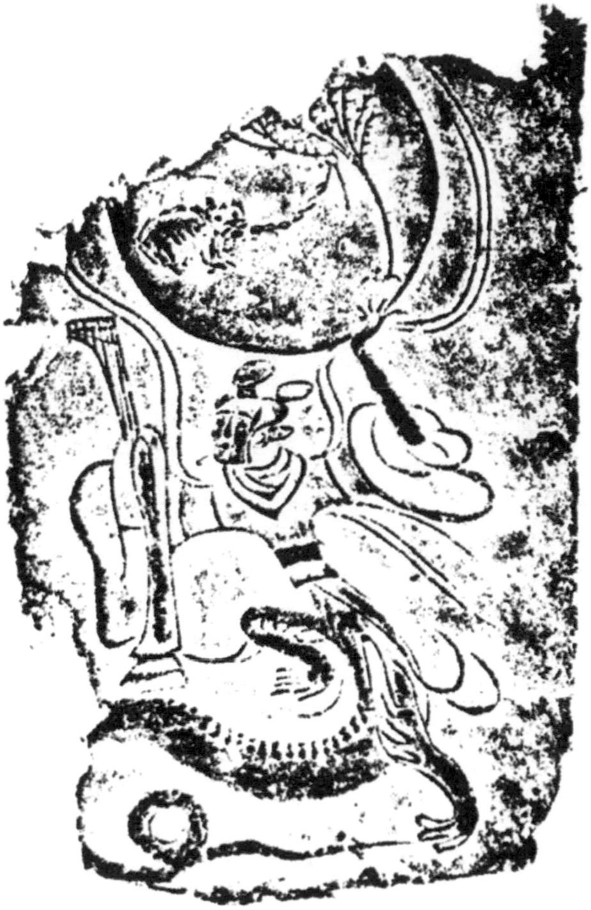

女媧補天（漢畫像磚，四川新津）。

53 體貼：此指揣度、思索、領會。

參．可以這樣讀

《紅樓夢》內蘊豐厚，是傳統小說最重要的經典鉅著，表面敘寫一等公爵賈家的興榮與衰敗，實則透過紅塵浮夢，勘透人間的名利富貴。本書藉眾多人物構築出人間的各種情態，由愛情、親情、友情編出織錦絢爛的情網，又讓人瞥見情網中的貪愛、癡恨、煩惱、愁苦等情緒波瀾。在看似平凡的家常生活中推移故事，可以上窺天家威儀（如寶玉的貴妃姐姐元春省親接駕）、下探封建威權的欺壓人命（如王熙鳳弄權鐵檻寺），可以佐參經營管理（如寶玉妹妹探春的興利除弊）、飲饌養生（如賈母飯後的行食），可以瞥見青春綻放（如寶玉與姊妹們的籌組詩社）、生活美學（如賈母領著子孫中秋賞月）等豐富多元的內容。《紅樓夢》書名初為《石頭記》，寫一塊動了凡心的頑石，下凡歷劫而終於了悟。在看似超時空、超現實的寫作裡孕育著悠長深意：《石頭記》是歲月的烙痕，烙痕中有貪愛癡迷，也有眷戀難捨；有滿眼繁華，也有幻滅落盡；所有的烙痕都映照在《風月寶鑑》，鏡子可以照人，亦可反觀自身，都可以成為領悟生命的藉緣。

三生石畔，紅樓序曲

《紅樓夢》被許多學者推崇為古典小說中藝術成就最高者。作者高度肯定女性，更具時代意義。在封建體制、父權結構下，女性的社會位階遠低於男性，《大戴禮記》謂：「婦人，伏於人也，是故無專制之義，有三從之道：在家從父，適人從夫，夫死從子」，「父」、「夫」、「子」皆是男性角色，女性僅能依

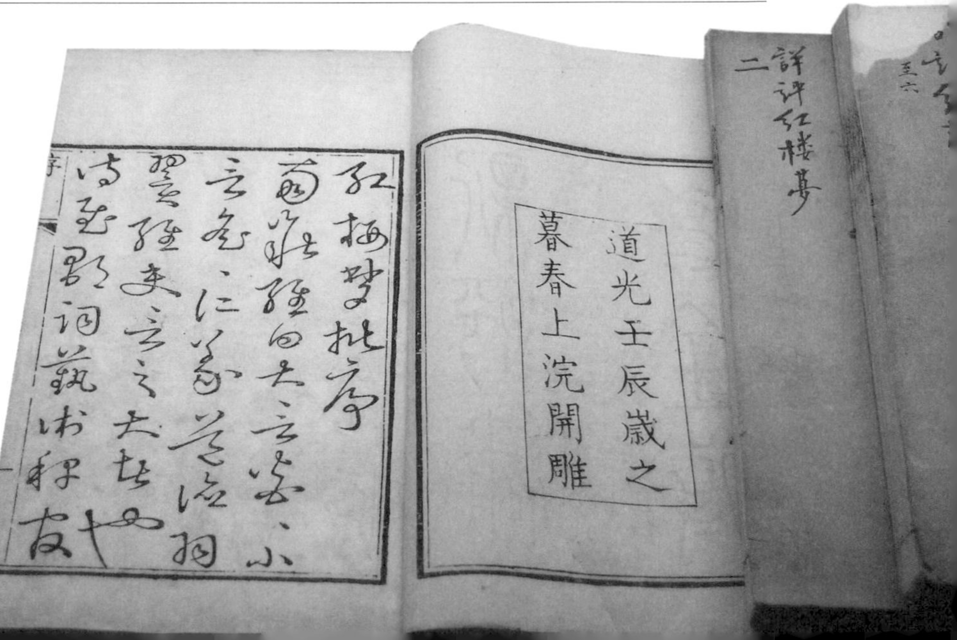

高月譚詳評紅樓夢。

附於男性，缺乏獨立的存在價值；但女性的才智、能力未必不如男性，卻在男性主導的社會湮沒而無聞。《紅樓夢》不僅藉由賈寶玉道出了「女清男濁」的觀點，在第一回也表明「我堂堂鬚眉，誠不若彼裙釵」，希望為這些優秀的閨閣女子立傳，應是全書曾以「金陵十二釵」為名的原因；因此，紅樓故事以「女媧補天」作為開篇，也彰顯了「女性書寫」的特色。

「女媧補天」是流傳久遠的神話故事，相傳水神共工與火神祝融交戰，撞倒了西方的天柱不周山，天河之水注入人間，釀成大禍；女媧只好煉了五色石以補蒼天，重新圓滿了宇宙。小說寫女媧煉石的地點在大荒山無稽崖，共煉成三萬六千五百零一塊五色石，但僅用了三萬六千五百塊，剩下一塊「無用」的石頭，便被拋棄在青埂峰下，這塊無用的石頭就是賈寶玉的前身。山崖名為「大荒」、「無稽」實際就是不可考、虛構的，就是「很久很久以前，在那遙遠的地方……」。考證、索隱派一直是紅學的主流，但作者在開篇即表明以「假語村言」敷演故事，第一回出現的人物賈雨村、甄士隱，諧音「假語存」、「真事隱」；作者親自導讀，提供讀者閱覽方針，還原小說取材的原型或「真實」指涉，也許根本不是作者的核心意趣。何為真？何為假？作者已點明：「假做真時真亦假」！

女媧用了三萬六千五百塊石頭補天，「三六五」正是一年之日數；書中出現十二金釵，恰也對應一年「十二」個月，都點出了存在的時間性。女媧煉石補天需要時間，被拋棄的頑石脫化為神瑛侍者也需要時間；所有的完成都需要時間蘊釀，所有的存在與消逝也都在時間的推移中。彷彿《小王子》書中的主角與他的玫瑰，神瑛侍者的「玫瑰」是長在靈河岸上、三生石畔的「絳珠草」，神瑛侍者天天用甘露水澆灌他心愛的小草。後來神瑛侍者投胎下凡、成了賈寶玉，絳珠草也隨之下凡、成了林黛玉，所以黛玉是寶玉的「仙緣」，兩人的情緣被稱為「木石前盟」。

「仙緣」、「前盟」都不是人世間的因緣，絳珠草只為了還甘露之恩而來，她想以一生所有的眼淚來還。所以黛玉最愛哭，經常是「淚光點點」：高興哭、悲傷哭；哭落花、哭寶玉、也哭自己，有些讀者因此嘲弄黛玉得了「憂鬱症」，其實是忽略了作者的伏筆。但相思血淚總有滴盡的時候，甘露之恩總會還完的；所以四十九回黛玉告訴寶玉、眼淚變少了，是伏筆，也預示黛玉不久於人世了。「淚盡而逝」是作者安排給黛玉的終局，第一回已經做了預告。

木石前盟，塵緣相續

人物角色是小說的靈魂，《紅樓夢》單是前八十回出現的人物就達四百多人，許多人初讀《紅樓夢》的困境就是釐不清如此眾多的人物關係，遑論作者如何將人物適切地貼入情節，並構築出榮、寧二府的關係網路？因此，單就主要角色的「正式出場」、讓讀者可以明晰其音容相貌，就可細窺《紅樓夢》成為經典巨擘、作者細膩的匠心獨運。作者在第一回僅以神話故事引帶出紅樓主題、書名、作者及「木石前盟」的緣起。第二回僅透過黛玉業師賈雨村與古董

絳珠草。

紅樓夢主要人物關係表

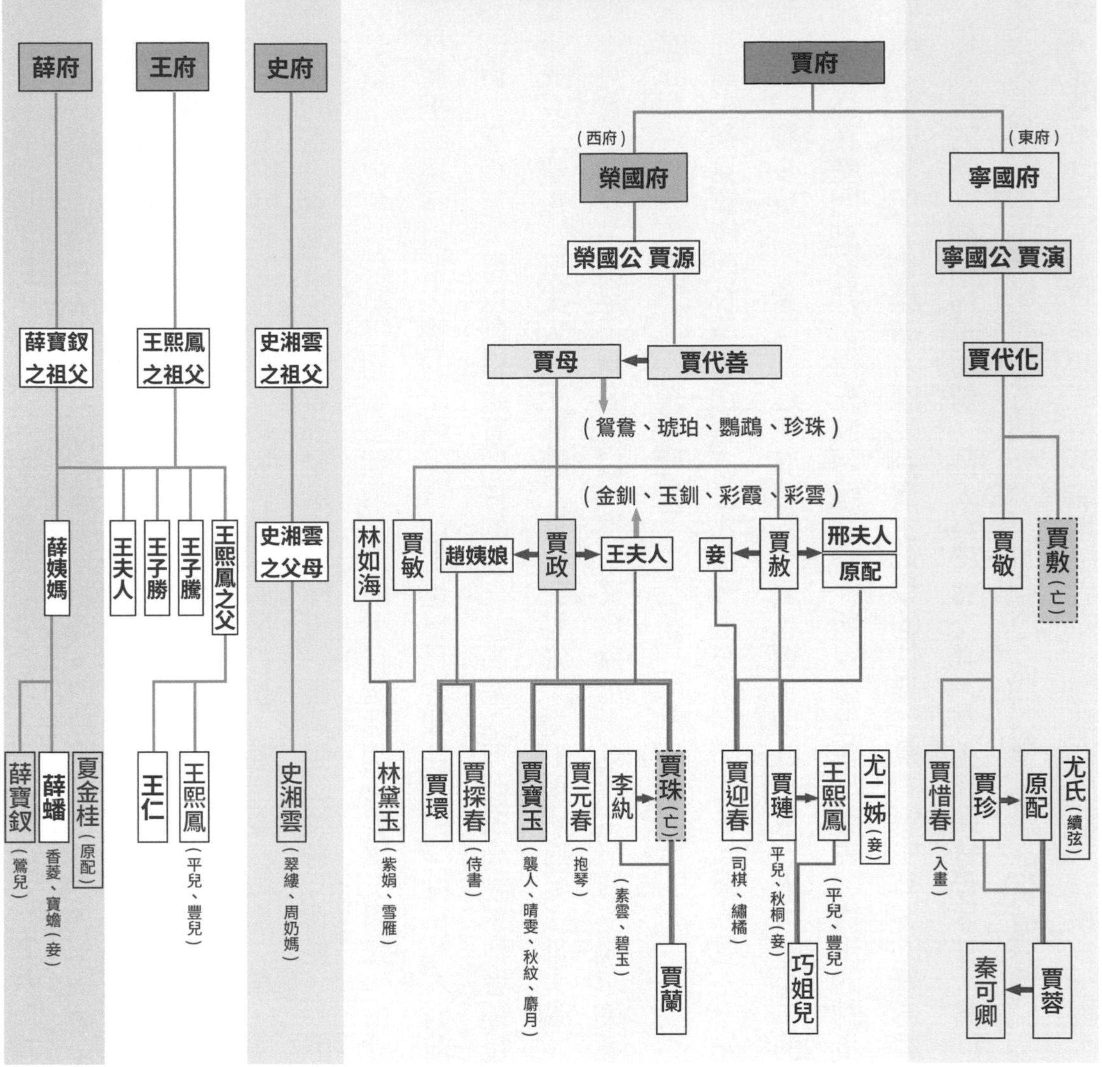
薛府
王府
史府
賈府
（西府）
榮國府
（東府）
寧國府
榮國公 賈源
寧國公 賈演
薛寶釵之祖父
王熙鳳之祖父
史湘雲之祖父
賈母
賈代善
賈代化
（鴛鴦、琥珀、鸚鵡、珍珠）
（金釧、玉釧、彩霞、彩雲）
薛姨媽
王夫人
王子勝
王子騰
王熙鳳之父
史湘雲之父母
林如海
賈敏
趙姨娘
賈政
王夫人
妾
賈赦
邢夫人
原配
賈敬
賈敷（亡）
薛寶釵（鶯兒）
薛蟠 香菱、寶蟾（妾）
夏金桂（原配）
王仁
王熙鳳（平兒、豐兒）
史湘雲（翠縷、周奶媽）
林黛玉（紫鵑、雪雁）
賈環
賈探春（侍書）
賈寶玉（襲人、晴雯、秋紋、麝月）
賈元春（抱琴）
李紈
賈珠（亡）
（素雲、碧玉）
賈蘭
賈迎春（司棋、繡橘）
賈璉 平兒、秋桐（妾）
王熙鳳（平兒、豐兒）
尤二姊（妾）
巧姐兒
賈惜春（入畫）
賈珍
原配
尤氏（續弦）
秦可卿
賈蓉

商人冷子興在酒肆閒聊，帶出榮、寧二府及主要相關人等，但讀者依舊只聞樓梯響、未見人物下樓來。直至第三回，讀者企盼的主要角色寶玉、黛玉、王熙鳳、賈母、賈家未出嫁的三位小姐才逐一躍上了紅樓舞台，果真是千呼萬喚始出來！紅樓戲碼的開鑼，作者用了三個回目細細鋪陳，層次如此分明細緻。

上述幾位角色的出場順序、容貌性情、服裝打扮，甚至是「敕造」榮、寧二府宅邸的富貴氣派……，作者都是透過林黛玉的視角引領讀者「看見」。但何以是黛玉的視角？林黛玉初來乍到陌生環境，且個性聰慧敏感，因此，由外來者林黛玉的視角引帶人物的出場，合理、也更具客觀性與精準度。「木石前盟」的寶、黛相見，可以創造讀者期待的第一波高潮；但此波高潮，作者卻是讓黛玉先見了賈母、王夫人、王熙鳳、賈家三姊妹，還到寧國府見了邢夫人，卻總不見寶玉現身，吊足了讀者胃口。然後又寫黛玉未見寶玉前的主觀印象，認為寶玉是「憊懶人物」、「懵懂頑童」、「蠢物」，不見也罷。

在黛玉拜見賈府內眷後，作者才正式寫寶玉登場，卻又是聞聲不見人，先聽到「一陣腳步聲」。黛玉初進賈府時約六歲，寶玉則約八歲、大約是小二的年紀，剛從私塾回到家裡，得先向阿嬤請安，所以竄進賈母房裡。寶玉的腳步聲呼應了他的年紀，也讓讀者感受到寶玉放學的快樂，及對家中有客的好奇與奮。但寶玉的初次亮相卻是匆匆，兩人沒機會交談，寶玉離開賈母房裡，轉向母親王夫人請安去了。接著作者僅以「一時回來」做銜接，寶玉就再度登場了，這個快速轉換也彌補了寶玉初亮相可能讓讀者產生的期待失落，一頓、一揚，

林黛玉。

卻增添了小說的轉折細膩。

寶玉的兩次亮相，不僅讓讀者看見這位小男孩相貌姣好，性格與待人都顯溫柔多情，更明白何以賈府上下都喜歡寶玉了。黛玉的反應則由不見也罷變成大驚、心裡想著「何等眼熟」？寶玉卻直接道破，認為自己「見過」黛玉、像「舊相識」。客觀而言，寶玉確如賈母所謂的「胡說」，但返觀第一回神瑛侍者與絳珠草在靈河岸邊的甘露之情，第三回的寶、黛初見確實是「久別重逢」了！此種人際乍見的「熟悉感」其實是許多人都有過的經驗，初見的投緣、投契感常讓情緣更顯珍貴，美好的緣起也常註定了相續的情緣。

寶玉的形貌由黛玉的視角描繪出來了。黛玉的形貌呢？作者一樣做了兩層安排：先是「眾人見黛玉……」，引帶出黛玉體弱多病、需要長年服藥；然後再透過寶玉的視角對黛玉進行描繪。然而，作者對黛玉的描繪卻顯得非常特殊、與其他角色迥異，如：寶玉是「面若中秋之月，色如春曉之花，鬢若刀裁，眉如墨畫」，王熙鳳「一雙丹鳳三角眼，兩彎柳葉弔梢眉」，迎春「腮凝新荔，鼻膩鵝脂」，探春「削肩細腰」、「鴨蛋臉兒」，即連第八回才正式出場的寶釵「臉若銀盆、眼如水杏」，讀者都可以具體想像其容貌。作者對黛玉的描繪卻是：眉毛「似蹙非蹙」，眼睛「似喜非喜」，臉頰是「兩靨之愁」，看似描繪了，實則都屬氣質性、情緒性，並未聚焦在肉體性的長相；換言之，寶玉見到的黛玉是精神性的存在。透過特殊的描繪，作者已為「木石前盟」做了靈性定調。

第三回雙玉的正式出場還有段值得留意的「評論」，作者藉由〈西江月〉

賈寶玉。

徹底批判了眾人矚目的賈寶玉：「縱然生得好皮囊，腹內原來草莽」、「潦倒不通世務，愚頑怕讀文章」、「天下無能第一，古今不肖無雙」。文字表面是否定，但其腹內的草莽、不通的世務實是針對主流價值進行反批判的！寶玉的真誠、寶玉的情深，在世俗追求的名利場上都是「絆腳石」，無益於功成名就，所以是「無能第一」、「不肖無雙」，無法振興賈家。對應到現實中的曹雪芹，亦無能振興曹家；捨棄了仕進之途，固守在物質條件極差的西山寫作。寶玉也好、雪芹也罷，他們看似偏僻乖張的言行，都是「那管世人誹謗」，其中的真意或許正是生命的高度自覺、活出存在價值了。

惜春葬花，生死兩忘

〈葬花吟〉是《紅樓》名篇，寫黛玉感嘆落花，實則哀感自己的青春、深情的託付似無所著，猶如落花飄零。但在葬花之前，小說卻是先寫寶玉因心疼落花，將花拋到沁芳閘裡。寶玉獨自拋灑落花時，意外出現的自然是知己黛玉；她正拿著花鋤、花帚，兩人的心事竟然一致。

黛玉何以葬花？她認為落花在大觀園、漂浮在沁芳閘面，看似潔淨，但隨著流水離開了大觀園就髒了。黛玉葬花比寶玉的拋花更徹底。眼看著「花謝花飛花滿天」、觸動的是「紅消香斷有誰憐」？「誰憐」是提問，也是自問。黛玉憐惜落花，實際亦是悲苦自憐。黛玉六歲，因母親賈敏病歿而進賈府，沒幾年，父親也死了，成了無父無母的孤兒；畢竟是寄人籬下，無依的漂泊感時時

黛玉葬花。

湧現：「一年三百六十日，風刀霜劍嚴相逼」。賈母心疼無父、無母的外孫女，將黛玉、寶玉帶養在身邊，管家王熙鳳也悉心照顧黛玉，賈府上、下絕無人敢欺侮黛玉；所謂的「風刀霜劍」是心境，是賈府錦衣玉食都溫暖不了的孤獨。「獨倚花鋤淚暗灑，灑上空枝見血痕」，是黛玉輾轉難解的心情底事，竟成了血淚斑斑。人世間，生命源頭、也是最親密的血緣親情，隨著父母雙亡而落空；互為知己、念念相繫的愛情，又因「金玉良緣」、人人誇讚的寶釵而煎熬。百般愁緒讓黛玉希冀「隨花飛到天盡頭」，遠離所有的惱人，但「天盡頭、何處有香丘」？再一個反問，將黛玉渴求的擺落、解脫又砸個粉碎。

黛玉早慧、敏感，外表柔弱，但「質本潔來還潔去」，她心性潔淨、不願同流，始終忠於本心、本願，所以又顯得孤高堅毅、遺世獨立，也是寶玉始終惦念、愛慕的「世外仙姝寂寞林」。十二金釵中最堅持活出自己的，正是看似病弱的林黛玉！黛玉以燃燒生命的方式熱烈地活著、愛著，但因遺世獨立，所以寧可「錦囊收豔骨」，寧願「淨土掩風流」。聰慧的黛玉直透生命的本質，葬花是哀憐繁花的殞落，同時預見了紅顏亦終老死；死亡一旦來臨，皆是「花落人亡兩不知」，你不知我、我不知你，再濃烈的深情也終成空幻哪。

黛玉的感悟卻引來寶玉的傷痛，他「不覺慟倒山坡上，懷裡兜的落花撒了一地」。寶玉明白〈葬花吟〉字字句句都是黛玉的深情愁苦，卻又未能替她減一分、擔一點；繼而又由黛玉的終究無可尋覓，推及其他姐姐、妹妹也會離開他，連「斯處，斯園，斯花，斯柳，又不知當屬誰姓？」所以慟倒。作者藉寶玉、黛玉這兩小無猜的討論葬花，其實也切入了存在的無恆常性、本質的空幻性，也是曹雪芹對生死的徹底勘透。

不少讀者以為黛玉心量狹小，個性多愁鬱悶、善嫉妒，言詞尖酸刻薄，恐怕都是誤解；〈葬花吟〉不僅透露黛玉的幽微情思，直視死亡、終無歸所，也是曹雪芹對生命本質、繁華落盡的體悟。作者也藉黛玉葬花道出了紅樓夢的「兩個世界」：乾淨與污濁。然而，兩個世界經常是交錯、重疊出現的，並非截然對比；讀者需要細心品味，在華麗中見蒼涼、在富貴中見幻滅、在熱鬧中見淒清……，在不斷的參差對照中，才能領會紅樓的細節豐富與餘韻無窮。

靈犀暗通，心曲款款

小說三十三回寫賈政痛打寶玉，主要原因有二：其一是寶玉的戲子好友蔣玉菡被忠順王爺包養，後來逃出忠順王府，所以王府派人到榮國府要人。賈政憤恨寶玉不努力上進、用功科舉，平日總在姊妹們的脂粉堆裡嬉鬧，竟還與社會地位卑下的戲子為友；若忠順王府找不到蔣玉菡，更恐王爺怪罪下來、招來家族的無妄之災。其二是在一個炎炎夏日正午，百無聊賴的寶玉溜進母親王夫人房裡，與丫頭金釧調笑；金釧被假寐的王夫人打了一耳光，痛罵後趕出賈府。金釧後來竟投井自殺了。賈政正氣憤忠順王府討人的事，寶玉同父異母、庶出的弟弟賈環又趁機告訴賈政，井裡撈出了死人，浮腫得可怕，已讓賈政驚疑；賈環再趁便落井下石，說死者正是被寶玉強姦未遂的丫頭金釧。二事併發，氣

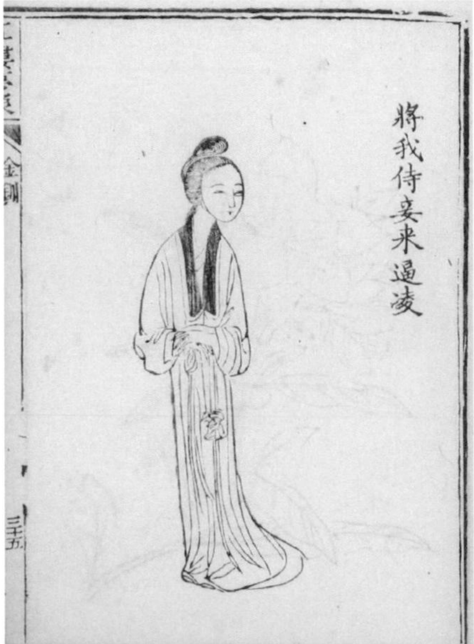

金釧

得賈政喝令將辱沒家風的逆子按在板凳上、死命狠打；等王夫人、賈母聞訊來救，寶玉已痛昏了過去，再被抬回怡紅院住處養病。

備受寵愛的寶二爺病了，賈府慌亂了，所以三十四回作者編排了精彩的探病劇情：寶釵個性務實，探病的伴手禮便是上好的傷藥，希望儘快緩解寶玉的疼痛。也寫了幾位管事婆娘聯合探病，正巧寶玉睡熟了，所以悄悄略坐一會兒後，就讓寶玉的貼身丫頭襲人告訴寶玉、她們來過了，這是世俗裡應酬性的探病。賈母、王夫人的探病則是關心寶玉的胃口、想吃什麼？寶玉回答蓮葉羹，由蓮葉羹又引出三十五回的「白玉釧親嚐蓮葉羹」，玉釧就是死去的金釧妹妹。金釧的死，寶玉確實難逃干係，但人死不能復生，寶玉故意說蓮葉羹不好吃，引逗著送蓮葉羹過來的丫頭玉釧品嚐一口，這是寶玉的善意貼心。但病中的寶玉最期待見到的當然還是林妹妹。

作者如何安排黛玉探病？先寫寶玉在「半夢半醒」狀態下，恍惚中、聽到了哭聲；待睜眼一看，果真是黛玉！但還「猶恐是夢」。從模糊到明晰，作者以聽覺、視覺的細膩變化，將寶玉肉身的痛楚與期待的喜悅揉合出「黛玉探病」。此時所見的黛玉卻是「眼睛腫得桃兒一般」，更有趣的是作者還安插句「不是黛玉，卻是那個？」黛玉是絳珠草下凡，為還甘露水而來，淚水皆為塵緣的寶玉而流；寶玉第一次見到黛玉就是「淚光點點」，「淚光」彷彿成了寶玉最熟悉的黛玉。寶玉心疼黛玉為自己落淚，但她的淚水又現證了知己的深情，最能緩解寶玉肉身的痛楚。疼痛、疲憊、期待、欣喜等交雜的情緒、心思，卻

薛寶釵

讓寶玉只能一聲輕嘆，只剩不很疼痛的哄騙。

聽說寶玉被痛打，焦急的黛玉哭腫了眼睛、氣噎喉堵，待見到寶玉，千言萬語卻也只迸出一句「你可都改了罷！」改什麼？寶玉明白；但只此一句便顯出賈政確實不瞭解兒子。在賈政眼裡，寶玉鎮日嬉戲、不務科舉正途，優伶為友，竟不為恥，只恐辱沒家風。然而，嫻熟成人世界應對進退以求功名利祿的賈政卻遺忘了「相逢意氣為君飲」的青春快意，單純的情誼其實無關乎社會位階、貧富貴賤。寶玉深情的對象不僅限於黛玉，「我便為這些人死了，也是情願的」，他只敢私下告訴黛玉，也只有黛玉真正懂得。寶玉的深情包含尊重、體貼，又怎可能為了滿足肉體淫慾而強暴金釧？賈政為此痛打寶玉更是離譜。但用全生命愛著寶玉的黛玉毫無疑惑，她信寶玉！

黛玉勸寶玉改掉的，更包括一肚子的不合時宜。紅塵中最貼近寶玉心靈的是黛玉，兩人一起葬花，共讀科舉不考的《西廂記》、《牡丹亭》；因此黛玉清楚寶玉遭到痛打的根本原因，瞭解寶玉內心的痛楚、掙扎更遠大於肉體。雙玉心心相印，不需冗詞贅語，所以作者採用如此精簡的對話，語短情長。但深情又哪得訴盡？相望又哪得盡意？所以作者接著安排了深情外的王熙鳳到來，打斷雙玉難得的一晤，暫晤更顯匆匆，也彌足珍貴，卻留給讀者意猶未盡的遺憾與期盼。

王熙鳳

唯藉舊物，以表深情

相見時難別亦難。被痛打的寶玉，心思卻惦著黛玉的淚水，但自己行動不便，只得打發丫頭代為探望。寶玉主要的貼身丫頭有兩位：襲人與晴雯。兩人的個性又分別對應兩位女主角：寶釵——襲人，黛玉——晴雯。寶玉最後娶的是寶釵，是「金玉良緣」；第六回寫寶玉初試雲雨情，與寶玉發生肉體關係的是襲人，因此兩人與寶玉有世俗關係。黛玉與寶玉有深刻的情緣，卻無夫妻名分，是「木石前盟」；寶玉寵溺晴雯，三十一回「撕扇子作千金一笑」，為的就是晴雯，但她最後被王夫人趕出賈府、病歿在外頭，因此兩人與寶玉終無世俗關係。讀者若細心閱讀，自會發現、寶玉打發兩位丫頭做事時亦對應著此種隱微關係。

因此，寶玉打發前往的必是晴雯；還怕襲人知曉，先以借書為由，打發她到寶釵處。接著作者又安排了寶玉與晴雯看似無厘頭的對話，既然讓晴雯探望黛玉，又「沒有什麼可說的」；既然要送件東西去，卻是舊手帕；晴雯不懂，讀者可能也不懂，寶玉卻篤定黛玉會懂。於此，作者又安了個閱讀興頭。待晴雯到了瀟湘館，作者先鋪陳與淚水有關的曬手帕畫面，也暗示了寶玉贈帕的體貼與呵護。讀者最關心的應是寶玉的「預言」，黛玉真懂嗎？當黛玉聽到手帕時，只回答「叫他留著送別人罷」。因為黛玉懂寶玉交遊廣泛、慷慨的個性，以為只是轉贈他人送的上好手帕，黛玉自然毫不放在心上；任憑弱水三千，她取的也不過是寶玉這「一瓢飲」而已。但繼而聽說是寶玉「家常舊的」，黛玉確實心領神會了。

襲人（右）
晴雯（左）

「唯將舊物表深情」，舊帕子有寶玉的體溫、印記，更藏著寶玉無法輕易表述的深情，這份深情只需天知、地知、兩人知就夠了，人生得此深情知己著實無憾！所以黛玉待晴雯離開後，將無法輕易表述、深藏心底的秘密情思都化為詩文，一字一句地烙印在寶玉贈送的舊手帕上，寫下三首以淚水為主題的詩，也成為黛玉臨終前親手燒毀的詩稿。

焚稿斷癡，魂歸離恨

雙玉雖是紅塵中彼此的知己，但封建時代禮教嚴格，男女授受不親，深情也難以告白。七十八、七十九回，作者寫被王夫人趕出賈府的晴雯病歿，寶玉悲慟地寫下〈芙蓉女兒誄〉，趁著黃昏入靜，在花園祭奠晴雯，又被躲在花蔭後的黛玉聽到，兩人就著「紅綃帳裡，公子情深；黃土隴中，女兒命薄」，一改、再改，最後改成「茜紗窗下，我本無緣；黃土壟中，卿何薄命」；黛玉居所瀟湘館窗櫺用的正是「茜紗」，晴雯的誄文彷彿成了黛玉的輓歌。

九十四回，續書寫寶玉丟失了如同命根的「通靈寶玉」，因而丟魂喪魄、瘋瘋顛顛，求醫無效；因此，王熙鳳建議讓寶玉娶寶釵以沖喜，並以「偷梁換柱」之計騙寶玉娶的是黛玉。木石前盟的終局，續書安排在九十七回「林黛玉焚稿斷癡情，薛寶釵出閨成大禮」、九十八回「苦絳珠魂歸離恨天，病神瑛淚灑相思地」。

怡紅院裡熱熱鬧鬧辦喜事，不知情的寶玉看到紅蓋頭的新娘旁站著的是黛玉的貼身丫頭雪雁，滿心歡喜認定娶的是「林妹妹」。瀟湘館中寂寥清冷，黛玉的生命已走到盡頭，她撐起微弱的氣力將寶玉贈送的手帕、自己親題的詩絹拋向火盆。彌留之際，念茲在茲的詩稿是黛玉全部的熱情，也是她與寶玉在人間最私密的情事，不需外人知，更不冀望成為茶餘飯後的八卦。愛得熱烈而孤獨的黛玉，能夠親手化燼自己的深情，不留一絲痕跡，無怨懟，也無憾恨，只是清楚了然，即是情的「自我完成」；源於自己，終於自己。

「木石前盟」源自三生石畔的澆灌，所以寶、黛的相遇只為圓滿曾經鬱結的情愫，是段不屬人間的仙緣。人世間有名有分、被眾人期待的實是「金玉良緣」，然而，情感實無法勉強，所以作者藉〈紅樓曲詞．終身誤〉述說了寶玉的情思：「都道是金玉良緣，俺只念木石前盟。空對著、山中高士晶瑩雪，終不忘、世外仙姝寂寞林」；「高士」、「晶瑩雪」指寶釵，「仙姝」、「寂寞林」才是他深愛的黛玉。所以續書寫寶玉終還是捨了所有的情緣，出家去了。

緣起、緣滅；聚散兩依依、牽纏依戀，或許是以苦為樂了。正因情緣有聚、有散，珍惜當下的擁有更顯重要。《紅樓夢》一名「風月寶鑑」，藉由「鏡子」，可以返觀自己，可以照見他人，可以遍覽諸般情態；所以賈家的富貴榮華，木石前盟與金玉良緣的情緣，皆是繁華的「紅樓」，若能了悟「落了片白茫茫大地真乾淨」，所有繁華都會落盡，或許才是作者的深意。整個故事不過是那塊被拋棄、無用的頑石歷塵的一「夢」。

▶「林黛玉焚稿斷癡情，薛寶釵出閨成大禮」清朝孫溫的《紅樓夢繪本》

肆．再做點補充

紅樓大觀，解碼索驥

曹雪芹喜用諧音雙關，以看似簡單的詞語深化角色、劇情的鋪陳意涵。除了第一回的「大荒」、「無稽」，「真事隱」、「假語存」外，賈府的四位千金：「元」春、「迎」春、「探」春、「惜」春，表面上都以「春」字行輩，但四字連結後就變成「原應嘆息」；四人生於富貴名門一如春天的美好、充滿希望，但從作者的感嘆中亦可稍窺四人的終局與作者對繁華本質的透視。小說的四大家族賈家、王家、薛家、史家靠著聯姻，是「一榮俱榮，一損俱損」，有學者認為從四大家族諧音「家亡血史」，益見作者放棄世俗名利，選擇孤獨著書、「辛酸淚」裡的深沉感慨與痛自惋惜。即連小說裡的平凡小人物，從名字的諧音，作者都預示著「未來」。如：第一回記載甄仕隱的獨生女名喚英蓮，作者已暗示了這位含著金湯匙出生的小姐「真應憐」。元宵夜，甄仕隱命奴僕霍啟帶著小姐看花燈；果然「禍起」，英蓮竟被人口販子拐走了，並改名為香菱。長大的香菱先被公子馮淵看上、下聘，後又被薛寶釵的哥哥、綽號獃霸王的薛蟠看上，馮淵與薛蟠相持不下，馮淵果然「逢冤」，竟被薛蟠打死了。

初讀《紅樓》的讀者最感困擾的應是人物太多，釐不清彼此關係。其實只要瞭解賈家的男性皆以名字偏旁作為輩份排行，自然容易許多。建議讀者以核心人物賈寶玉定位，凡名字偏旁有「玉」字，即與寶玉同輩份、屬堂兄弟關係，

瀟湘館，《紅樓夢》大觀園中一景，是林黛玉寄居榮國府的住所。

如王熙鳳的丈夫賈璉，所以小說裡寶玉稱王熙鳳「璉二嫂子」；寶玉的父叔輩從「攵」部，他父親名喚賈政；寶玉的子姪輩從「艹」部，所以寶玉哥哥賈珠之子，即為後來振興賈家的賈蘭。

雖然一般認為曹雪芹並未竟書、有續書的研究爭議，但作者已將主要女性角色的結局寫在第五回的判詞、曲詞裡，這些線索也成為判讀續書內容是否為作者原意的重要依據。如「根並荷花一莖香，平生遭際實堪傷。自從兩地生孤木，致使香魂返故鄉」。蓮也稱為荷，菱與荷同生於池中，所以第一句即點明了本名英蓮的「香」「菱」，是她的判詞，後來嫁給薛蟠為妾。「兩地生孤木」即射「桂」字，薛蟠後來娶了驕慢跋扈的夏金桂為妻，續書寫夏金桂本欲毒害香菱，卻毒死了自己，彷彿是天理昭張、報應不爽；但由「致使香魂返故鄉」判讀，作者原意應為香菱被迫害致死，續書的結局明顯不合。

兩位第一女主角黛玉、寶釵竟沒有獨立判詞，而是合為一首：「可嘆停機德，堪憐詠絮才！玉帶林中掛，金簪雪裡埋。」「停機德」指合於儒家閨閣典範的薛寶釵，「詠絮才」則指才情不讓鬚眉的林黛玉；「玉帶林」倒著讀即為林黛玉，「金簪」即寶釵、「雪」諧音薛。但作者何以讓兩人合為一首判詞？是否合一即為「兼美」？十二金釵中最具爭議性的角色是寧國府的秦可卿。第五回寫寶玉夢入太虛幻境，不僅翻閱了預示性的判詞圖冊，警幻仙估又安排了長得「大似寶釵」、「又如黛玉」，名喚「兼美」、又名「可卿」的女子雲雨一番。作者的寫作意圖究竟為何？《紅樓》滿布「密碼」，閱讀本身就彷彿是「解碼」過程，也是《紅樓夢》極具閱讀魅力之處。

互為表裡，意在言外

《紅樓夢》擅長運用「編織」筆法，劇情的鋪陳彷彿隨著經線、緯線上下交織而成；亦即表面寫繁華風光，真實的底蘊卻可能是齷齪骯髒，此種寫作手法讓全書飽含文字外的餘韻，值得讀者細細品讀。

如前八十回兩場盛大的喪禮：其一是十三、十四回寫尚且年輕的秦可卿突然病歿，公公賈珍「哭的淚人一般」，且因悲痛過度，竟至要「拄個拐」，又說：「這長房內絕滅無人了！」但他的兒子賈蓉還活著呢；主張喪禮要「儘我所有」，所以秦可卿的喪禮極其靡費。然而，第五回伴隨秦可卿判詞的畫卻是「一座高樓，上有一美人懸梁自盡」，她的死因究竟為何？一般認為作者已經改動，也是紅學研究之一。其二是六十三回寫賈珍為父親賈敬舉辦備極哀榮的喪禮，與兒子賈蓉看似悲慟，「在棺前稽顙泣血，直哭到天亮」；但作者又安排他們與進府協助喪禮，賈珍妻子尤氏兩位貌美如天生「尤物」的妹妹二姐、三姐暗地調笑，賈璉還不顧家喪、瞞著王熙鳳，在府外納了尤二姐為妾。兩場喪禮表面都備極哀榮，但「哀榮」絕非作者表達的要旨，「造釁開端實在寧」（秦可卿判詞），底層的不堪或許才是作者的深意。

或如《紅樓》書寫極成功的角色王熙鳳，綽號鳳辣子，許多讀者只注意王熙鳳對付情敵與管家的善妒苛刻、潑辣狠毒，是「嘴甜心苦，兩面三刀；上頭

秦可卿

一臉笑，腳下使絆子；明是一盆火，暗是一把刀」；但第三回林黛玉初進賈府，見到的王熙鳳卻是「粉面含春威不露，丹唇未啟笑先聞」、「彷若神仙妃子」，八面玲瓏，美麗的王熙鳳也是逗樂賈母的開心果。作者給王熙鳳的結局、警語是「哭向金陵事更哀」（判詞），「機關算盡太聰明，反算了卿卿性命」（曲詞），所以王熙鳳狠厲是書寫表象，底層實是悲哀。

再如，既然全書大旨談情，作者何以安排諧音「情可輕」的秦可卿作為判詞的最後一位、也是最早逝去的金釵？她的判詞是「情天情海幻情身，情既相逢必主淫」，作者何以用「幻」字？「情」與「淫」間的關係為何？第五回警幻仙姑且直稱賈寶玉是「天下古今第一淫人」，另拈出「皮膚濫淫」與「意淫」之別。因此，秦可卿若依作者原意、自殺身亡，自殺的動機為何？究竟是她勾引公公賈珍發展出不倫之戀？抑或是賈珍覬覦媳婦美色、進而強暴她？學界向來有兩種主張，這兩種主張其實也正牽動如何解讀作者的「情旨」。

《紅樓夢》著名的〈紅豆詞〉卻是安排在聽了〈葬花詞〉後，寶玉應邀到酒樓所唱。寶玉在酒令的鬧騰下，唱著他對黛玉的惦念，唱著她的相思淚水、滿懷愁緒、食不下嚥、睡不安穩……，這一切寶玉全看在眼裡，更明白林妹妹的情苦都為了自己，寶玉對她的心疼、不忍、不捨也全回應在詞裡了。然而，如此深情的唱誦卻不是對著黛玉，作者反而安排在紈褲子弟薛蟠與歌妓雲兒的調情，薛蟠粗俗的回應與眾人唱著「女兒樂」、「女兒悲」等戲謔中。

《紅樓夢》寫超越世俗的深情，同時也寫深情被輕賤、甚至被踐踏，或許，

「我本將心託明月，耐何明月照溝渠」，正是鍾情者的大慟；紅樓情就在深情與無情的兩端間擺盪，也形成了情的極端淬煉。但情心之一動仍源於自身，則慟由何來？或許，作者更關心的是在紅塵名利場裡，各種情執中受苦的芸芸眾生，希望藉頑石「由色生情」，「自色悟空」的領悟，讓更多生命離苦，可以瀟灑自在、自由遨翔；曹雪芹的一脈馨香、堅持著書，「淚盡而逝」是他對所有眾生的深情擔待，《紅樓夢》是他的真意所託。

紅樓芳華，月印萬川

《紅樓夢》向被視為古典章回小說的巔峰之作，至今已有二十多種不同的譯本，其魅力經歷兩百多年絲毫未減。許多學者皓首在《紅樓夢》的研讀中，除了傳統的考證派、索引派、評點派……各有不同的主張與見解，近年來亦有學者從「大數據」的資料分析切入，如中研院的黃一農院士；或從中醫學的角度切入，由小說人物所服食的湯劑、藥膳解析性格，或探究書中呈現的養生智慧；亦有從管理學的觀點切入，研析賈家在人事與經濟管理上的利弊得失。《紅樓夢》已從一部作者、成書年代、內容指涉仍有爭議的小說蔚成了跨國、跨領域研究的「紅學」，「紅樓現象」是文學史上的罕見的美好奇蹟！

《紅樓夢》的影響力仍在持續發展中：許多現代文學家在其中觸發寫作的靈感與技巧，如：林語堂的《京華煙雲》曾被評為現代版《紅樓夢》。張愛玲恨紅樓未完、形容續書是「狗尾續貂成了附骨之疽」，寫作了《紅樓夢魘》。

京劇的「紅樓二尤」

白先勇不僅早年在美國教授《紅樓夢》，退休、回到臺灣後，在臺灣大學開設紅樓通識課，更掀起一波紅樓熱浪潮；他認為《紅樓夢》是「民族心靈最深刻的集體投射」、「人生是大觀園」，出版了《白先勇細說紅樓夢》，他的成名小說《臺北人》曾被評為臺灣的《紅樓夢》。歷史小說家、也是紅學研究者的高陽則以小說形式描繪曹雪芹及其家族，創作了《紅樓夢斷》四冊：《秣陵春》、《茂陵秋》、《五陵遊》、《延陵劍》。中國著名的紅學家劉心武不僅在「百家講壇」說紅樓，也有續書的創作《劉心武續紅樓夢》。

《紅樓夢》故事也衍生出眾多不同類型的藝術形式，如：臺灣第一個現代舞團、國際知名的「雲門舞集」，創辦人林懷民曾以現代舞形式演繹《紅樓夢》。雖然《紅樓夢》是長篇小說，人物眾多，不易在舞台上全本搬演，但抽繹出一個或數個人物的戲曲，戲劇亦精彩可觀，如京劇的「紅樓二尤」、「黛玉葬花」，豫劇的「劉姥姥」，其他如崑曲、歌仔戲、舞台劇、歌劇等都搬演過《紅樓夢》。除了單純的文字呈現外，早在清朝就有孫溫的《紅樓夢繪本》、改琦的《紅樓夢圖詠》，以三十七、三十八回為主軸的《大觀園圖》（作者不詳，是目前尺幅最大、所繪人物最多的單幅畫作）；民國以後則有戴敦邦的《紅樓夢群芳譜》、《紅樓夢畫稿》，以人物、景觀描繪佐證了小說人物與情節，都增添了閱讀的豐富性。

問世不到三百年的《紅樓夢》，不僅成為世界文學史上的經典，對現代文學、其他藝術形式、庶民休閒娛樂都產生巨大的影響力與活化的生命力，關鍵在其承載了豐厚的文化底蘊。紅樓風華，一如月印萬川，綿長亙遠！（李玲珠）◆

孫温繪〈全本紅樓夢〉圖中的大觀園圖。

4 茉莉香片 節選

張愛玲應該是現當代中文世界最優秀也是最具影響力的女作家了！她的作品呈現出犀利的觀察、精準的刻劃、優美的字句、引人入勝的說故事手法，還有老靈魂特有的世故與蒼涼。也許來自顯赫的家世，東西文化的薰陶以及特殊閱歷，她總是保有領先時代與社會的知識、品味與態度，藉由雍容典雅的口語，現代都會的心智，地道的言談與腔調，混雜著小說人物的頹廢、任性、脆弱、迷人的特質與暗示，張派風格形成了一種難以言喻的魅力，對文壇保持著持久不衰的影響。這篇精雕細琢又殘忍的〈茉莉香片〉，是讀者快速陷入張愛玲世界的捷徑。

壹．作者與出處

張愛玲（西元一九二〇～一九九五），本名張煐，出生於上海公共租界。張愛玲家世顯赫，祖父張佩綸乃清末名臣，祖母李菊耦為清廷重臣李鴻章之女，父親張志沂系典型遺少，母親黃素瓊則是出洋留學的新式女性。雙親的家庭背景及閱歷，為張愛玲提供豐厚的文化氛圍及底蘊，使其自小便受中西文明薰陶，兼具傳統與現代視角的思維。

張愛玲八歲時，父親辭去天津職務，母親也於此時歸國，一家人搬回上海。甫留洋歸來的母親，開始培養子女對西洋文藝的興趣。應母親要求，張愛玲廣泛閱讀外國文學作品，學習英語、繪畫及鋼

琴。與此同時，張愛玲也並未落下古典文學：她經常翻閱父親的書籍，諸如《紅樓夢》、《金瓶梅》、《西遊記》等巨著，並嘗試仿照與創作。這些經歷激發了張愛玲對文學的熱愛，對古今中外文化碰撞的理解，亦造就其獨特的語感及細膩的筆觸，令她得以開拓獨屬自己的綺麗文風。

一九三七年，張愛玲於聖瑪利亞女中畢業。此時的她，因留學計畫常和父親產生齟齬，加之與繼母不合，父女漸生嫌隙。某次張愛玲和繼母爆發衝突，旋即遭受父親責令打罵並軟禁。監禁期間她還患上嚴重的痢疾，因未得到妥善的醫療照護，差點喪命。半年後張愛玲奔赴母親住處，正式與父親斷絕關係。離開父親家的張愛玲，決定按原本計畫赴歐研修。一九三九年，她以優異的成績考取英國倫敦大學並獲取獎學金。但當時恰逢歐戰，迫於日益激烈的戰事，張愛玲最終無法成行，轉而改入香港大學文學院。因經濟壓力沉重，母親與張愛玲經常發生爭執，母女關係逐漸僵化、疏遠。然而，經歷多重打擊的張愛玲並未停止寫作，同年，她以散文〈我的天才夢〉獲取《西風》雜誌徵文獎，顯露其早慧及創作天份。

一九四一年太平洋戰爭爆發，戰事波及香港，學校也因而停課。中斷學業的張愛玲返回上海，並與姑姑同住於愛丁頓公寓。最初，張愛玲尚未放棄進修的打算，於一九四二年和好友炎櫻插班進入聖約翰大學，但因半工半讀，經濟及體力皆無法負荷，兩個月後隨即輟學。因故無法繼續讀書的張愛玲，只得「鬻文維生」，正式開展職業寫作生涯。最初，張愛玲多為英文報刊《泰晤士報》書寫影評及劇評。此外，其尚為《二十世紀》雜誌撰稿，留下〈中國的生活與服裝（Chinese life and Fashions）〉一文。早期的英文投稿可見其對於電影戲劇有濃厚的興趣，也時常別具隻眼觀察華洋雜處的上海，以旁觀視角解讀中國人的生活面向。

一九四三年，周瘦鵑賞識張愛玲的文才，所主編《紫羅蘭》雜誌連載其中篇小說〈沉香屑・第一爐香〉。同年，發表了〈茉莉香片〉、〈傾城之戀〉、〈金鎖記〉、〈心經〉、〈封鎖〉、〈到底是上海人〉、〈洋人看京戲及其他〉等名篇，犀利的視角、華麗的語言與蒼涼的筆鋒，在當時的上海蔚為轟動。這些著作成為了張愛玲事業的重要節點，甚至進一步對其感情生活乃至人生興起重大影響。胡蘭成在報刊閱讀到〈封鎖〉一文後，驚為天人，才子佳人締結連理，「男的廢了耕，女的忘了織」，然此段婚約僅維繫二年即告終。四〇年代，張愛玲保持驚人的創作質量，小說集結而成《傳奇》一書，無論銷量或是評價，都取得不俗的成績。一九四七年《傳奇》增訂版可謂張愛玲創作生涯前半段的代表作集結，這些小說涉及命運的軌跡與脫軌，人際的緊張與矛盾，人性的參差等主題迴旋，總說是「現世安穩，歲月靜好」，安好才是人生的底色，飛揚的主旋律如政治起起落落，煙花一般稍縱即逝，生命本質的世俗才是根深蒂固，年深日久。真實的歷史就是這些世俗瑣碎細節所構成，從張愛玲的小說裏可見世故的人情，荒涼的境遇，一步步將主人公引向無光的所在，「生命像一襲華美的袍，爬滿了蝨子。」清晰而冷酷的宣告世態炎涼，與道不盡千瘡百孔的情事。

一九四九年國共內戰結束，由共產黨執政。這段時期的張愛玲化名「梁京」，在上海《亦報》連載《十八春》（後改寫為《半生緣》），接著又以此筆名，參加一九五〇年上海市第一屆文學藝術工作者大會。會後，張愛玲依然無法適應當代文壇風氣，且創作題材受限、自身身分敏感，時常受上海小報攻訐，幾經思慮她決定申請復學，避居香港。一九五二年，張愛玲抵達香港，供職美國新聞處，翻譯了《老人與海》（The Old Man and the Sea）、《鹿苑長春》（The Yearling）及《愛默生選集》（Emerson）等書籍。在港期間，張愛玲結識摯友鄺文美及宋淇，藉宋淇引薦，成為國際電影懋業有限公司的編劇，日後編寫了許多優秀劇本。除了翻譯及劇作腳本外，張愛玲亦開展了其他工作：一九五四年，張愛玲書寫其第一部英文長篇小說 The Rice-sprout Song，隨後親自翻譯中文版本，即《秧歌》。同年，她繼續創作小說《赤地之戀》，並於兩年後仿照《秧歌》中英譯本的形式，將其轉譯為英文小說 Naked Earth。

一九五五年張愛玲前往美國定居，與六十五歲的美國劇作家斐迪南．賴雅（Ferdinand Reyher）相識成婚。這段時間，撰寫英文長篇小說 Pink Tears。一九六一年張愛玲為取材造訪台灣，由作家王禎和陪同至花蓮觀光。關於此次旅程，張愛玲留下〈重訪邊城〉手稿，內容即為描述台灣遊歷的經過。離開台灣後，張愛玲又前往香港，完成電影《紅樓夢》與《南北一家親》的劇本。四年後，Pink Tears 中文版《怨女》連載，一九六七年《半生緣》也接續在各報刊雜誌中刊登。

一九六九年，張愛玲將重心轉往學術研究，經陳世驤教授介紹，任職加州柏克萊（Berkeley）大學的中國研究中心，專職研究中共宣傳語彙及《紅樓夢》等課題。此後定居於洛杉磯，深居簡出，極少露面，張愛玲仍筆耕不輟，陸續發表了《創世紀》、《連環套》小說與散文集。最終更是將晚年心血——即研究成果集結成冊，出版《紅樓夢魘》、《海上花開》、《海上花落》等註解本，為學者們供給許多寶貴的參考資料及見地。一九九五年，張愛玲病逝於洛杉磯公寓，享年七十四歲。

〈茉莉香片〉最早發表於一九四三年《雜誌》月刊，本文選自二〇二〇張愛玲百歲誕辰紀念版，收錄於《傾城之戀：短篇小說集——一九四三年》，皇冠出版社，二〇二〇年。

貳・選文與注釋

〈茉莉香片〉

我給您沏的這一壺茉莉香片，也許是太苦了一點。我將要說給您聽的一段香港傳奇，恐怕也是一樣的苦——香港是一個華美的但是悲哀的城。

您先倒上一杯茶——當心燙！您尖著嘴輕輕吹著它。在茶煙繚繞中，您可以看見香港的公共汽車順著柏油山道徐徐的駛下山來。開車的身後站了一個人，抱著一大捆杜鵑花。人倚在窗口，那枝枝椏椏的杜鵑花便伸到後面的一個玻璃窗外，紅成一片。後面那一個座位上坐著聶傳慶，一個二十上下的男孩子。說他是二十歲，眉梢嘴角卻又有點老態。同時他那窄窄的肩膀和細長的脖子又似乎是十六七歲發育未完全的樣子。他穿了一件藍綢夾袍，捧著一疊書，側著身子坐著，頭抵在玻璃窗上，蒙古型的鵝蛋臉，淡眉毛，吊梢眼，襯著後面粉霞緞一般的花光，很有幾分女性美。惟有他的鼻子卻是過分的高了一點，與那纖柔的臉龐犯了沖。他嘴裏啣著一張桃紅色的車票，人彷彿是盹著了。

車子突然停住了。他睜開眼一看，上來了一個同學，言教授的女兒言丹朱。他皺了一皺眉毛。他頂恨在公共汽車碰見熟人，因為車子轟隆轟隆開著，他實在沒法聽見他們說話。他的耳朵有點聾，是給他父親打壞的。

言丹朱大約是剛洗了頭髮，還沒乾，正中挑了一條路子，電燙的髮梢不很鬈了，直直的披了下來，像美國漫畫裏的紅印第安小孩。滾圓的臉，曬成了赤金色。眉眼濃秀，個子不高，可是很豐滿。她一上車就向他笑著點了個頭，向這邊走了過來，在他身旁坐下，問道：「回家去麼？」傳慶湊到她跟前，方才聽清楚了，答道：「噯。」

賣票的過來要錢，傳慶把手伸到袍子裏去掏皮夾子，丹朱道：「我是月季票。」又道：「你這個學期選了什麼課？」傳慶道：「跟從前差不多，沒有多大變動。」丹朱道：「我爸爸教的文學史，你還念嗎？」傳慶點點頭。丹朱笑道：「你知道麼？我也選了這一課。」傳慶詫異道：「你打算做你爸爸的學生？」丹朱噗哧一笑道：「可不是！起先他不肯呢！他弄不慣有個女兒在那裏隨班聽講，他怕他會覺得窘。還有一層，他在家裏跟我們玩笑慣了的，上了堂，也許我倚仗著是自己家裏人，照常的問長問短，跟他嘮叨。他又板不起臉來！結果我向他賭神罰咒說：上他的課，我無論有什麼疑難的地方，絕對不開口。他這才答應了。」傳慶微微地嘆了一口氣道：「言教授……人是好的！」丹朱笑道：「怎麼？他做先生，不好麼？你不喜歡上他的課？」傳慶道：「你看看我的分數單子，就知道他不喜歡我。」丹朱道：「哪兒來的話？他對你特別的嚴，因為你是上海來的，國文程度比香港的學生高。他常常誇你來著，說：「你就是有點懶。」

傳慶掉過頭去不言語，把臉貼在玻璃上。他不能老是湊在她跟前，用全副精神聽她說話。讓人瞧見了，準得產生某種誤會。說閒話的人已經不少了，就是因為言丹朱總是找著他。在學校裏，誰都不理他。他自己覺得不得人心，越發的避著人，可是他躲不了丹朱。

丹朱——他不懂她的存心。她並不短少朋友。雖然才在華南大學讀了半年書，已經在校花隊裏有了相當的地位。憑什麼她願意和他接近？他斜著眼向她一瞟。一件白絨線緊身背心把她的厚實的胸脯子和小小的腰塑成了石膏像。他重新別過頭去，把額角在玻璃窗上揉擦著。他不愛看見女孩子，尤其是健全美麗的女孩子，因為她們使他對於自己分外的感到不滿意。

……

他家是一座大宅。他們初從上海搬來的時候，滿院子的花木。沒兩三年的工夫，枯的枯，死的死，砍掉的砍掉，太陽光曬著，滿眼的荒涼。一個打雜的，在草地上拖翻了一張籐椅子，把一壺滾水澆了上去，殺臭蟲。

屋子裏面，黑沉沉的穿堂，只看見那朱漆樓梯的扶手上，一線流光，迴環曲折，遠遠的上去了。傳慶躡手躡腳上了樓，覷人不見，一溜煙向他的臥室裏奔去。不料那陳舊的地板吱吱格格一陣響，讓劉媽聽見了，迎面攔住道：「少爺回來了！見過了老爺太太沒有？」傳慶道：「待會兒吃飯的時候總要見到的，忙什麼？」

劉媽一把揪住他的袖子道：「又來了！你別是又做了什麼虧心事？鬼鬼祟祟地躲著人！趁早去罷，打個照面就完事了。不去，又是一場氣！」傳慶忽然年紀小了七八歲，咬緊了牙，抵死不肯去。劉媽越是拉拉扯扯，他越是退退避避。

劉媽是他母親當初陪嫁的女傭。在家裏，他憎厭劉媽，正如同在學校裏他憎厭言丹朱一般。寒天裏，人凍得木木的，倒也罷了。一點點的微溫，更使他覺得冷的徹骨酸心。

他終於因為憎惡劉媽的緣故，只求脫身，答應去見他父親與後母。他父親聶介臣，汗衫外面罩著一件油漬斑斑的雪青軟緞小背心，他後母蓬著頭，一身黑，面對面躺在煙鋪上。他上前呼了「爸爸，媽！」兩人都似理非理地哼了一聲。傳慶心裏一塊石頭方才落了地，猜著今天大約沒有事犯到他們手裏。

他父親問道：「學費付了？」傳慶在煙榻旁邊一張沙發椅上坐下，答道：「付了。」他父親道：「選了幾樣什麼？」傳慶道：「英文歷史，十九世紀英文散文——」他父親道：「你那個英文——算了罷！蹺腳驢子跟馬跑，跑折了腿，也是空的！」他後母笑道：「人家是少爺脾氣。大不了，家裏請個補課先生，隨時給他做槍手。」他父親道：「我可沒那個閒錢給他請家庭教師。還選了什麼？」傳慶道：「中國文學史。」他父親道：「那可便宜了你！唐詩、宋詞，你早讀過了。」他後母道：「別的本事沒有，就會偷懶！」

傳慶把頭低了又低，差一點垂到地上去。身子向前傴僂著，一隻手握著鞋帶的尖端的小鐵管，在皮鞋上輕輕刮著。他父親在煙炕上翻過身來，捏著一卷報紙，在他頸子上刷地敲了一下，喝道：「一雙手，閒著沒事幹，就會糟蹋東西！」他後母道：「去，去，去罷！到那邊去燒幾個煙泡。」

傳慶坐到牆角裏一隻小櫈上。就著矮茶几燒煙，他後母今天卻是特別的興致好，拿起描金小茶壺喝了一口茶，抿著嘴笑道：「傳慶，你在學校裏有女朋友沒有？」他父親道：「他呀，連男朋友都沒有，也配交女朋友！」他後母笑道：「傳慶，我問你，外面有人說，有個姓言的小姐，也是上海來的，在那兒追求你。有這話沒有？」傳慶紅了臉，道：「言丹朱——她的朋友多著呢！哪兒就會看上了我？」他父親道：「誰說她看上你來著？還不是看上了你的錢！看上你！就憑你？三分像人，七分像鬼——」傳慶想道：「我的錢？我的錢？」

總有一天罷，錢是他的，他可以任意地在支票簿上簽字。他從十二三歲起就那麼盼望著，並且他曾經提早練習過了，將他的名字歪歪斜斜，急如風雨地寫在一張作廢的支票上，左一個，右一個，「聶傳慶，聶傳慶，聶傳慶」，英俊地，雄赳赳地，「聶傳慶，聶傳慶。」可是他爸爸重重地打了他一個嘴巴子，劈手將支票奪了過來搓成團，向他臉上拋去。為什麼？因為那觸動了他爸爸暗藏著的恐懼。錢到了他手裏，他會發瘋似地胡花麼？這畏葸的陰沉的白癡似的孩子。他爸爸並不是有意把他訓練成這樣的一個人。現在他爸爸見了他，只感到憤怒與無可奈何，私下裏又有點怕。他爸爸說過的：「打了他，倒是不哭，就那麼瞪大了眼睛朝人看著。我就頂恨他朝人瞪著眼看——見了就有氣！」傳慶這時候，手裏燒著煙，忍不住又睜大了那惶恐的眼睛，呆瞪瞪望著他父親看。總有一天……那時候，是他的天下了，可是他已經被作踐得不像人。奇異的勝利！

煙籤上的鴉片淋到煙燈裏去。傳慶吃了一驚，只怕被他們瞧見了，幸而老媽子進來報說許家二姑太太來了，一混就混了過去。他爸爸向他說道：「你趁早給我出去罷！賊頭鬼腦的，一點丈夫氣也沒有，讓人家笑你，你不難為情，我還難為情呢！」他後母道：「這孩子，什麼病也沒有，就是骨瘦如柴，叫人家瞧著，還當我們虧待了他！成天也沒有見他少吃少喝！」

……

窗外的杜鵑花，窗裏的言丹朱……丹朱的父親是言子夜。那名字，他小時候，還不大識字，就見到了。在一本破舊的《早潮》雜誌封裏的空頁上，他曾經一個字一個字吃力地認著：「碧落女史清玩。言子夜贈。」他的母親的名字是馮碧落。

……

他的臥室的角落裏堆著一隻大籐箱，裏面全是破爛的書。他記得有一疊《早潮》雜誌在那兒。籐箱上面橫縛著一根皮帶，他太懶了，也不去褪掉它，就把箱子蓋的一頭撬了起來，把手伸進去，一陣亂掀亂翻。突然，他想了起來，《早潮》雜誌在他們搬家的時候早已散失了，一本也不剩。

他就讓兩隻手夾在箱子裏，被箱子蓋緊緊壓著。頭垂著，頸骨彷彿折斷了似的。藍夾袍的領子直豎著，太陽光暖烘烘的從領圈裏一直曬進去，曬到頸窩裏，可是他有一種奇異的感覺，好像天快黑了——已經黑了。他一人守在窗子跟前，他心裏的天也跟著黑下去。說不出來的昏暗的哀愁……像夢裏面似的，那守在窗子前面的人，先是他自己，一剎那間，他看清楚了，那是他母親。她的前瀏海長長地垂著，俯著頭，臉龐的尖尖的下半部只是一點白影子，至於那隱隱的眼與眉，那是像月亮裏的黑影。然而他肯定地知道那是他死去的母親馮碧落。

他四歲上就沒有了母親，但是他認識她，從她的照片上。她婚前的照片只有一張，她穿著古式的摹本緞襖，有著小小的蝙蝠的暗花。現在，窗子前面的人像漸漸明晰，他可以看見她的秋香色摹本緞襖上的蝙蝠。她在那裏等候一個人，一個消息。她明知道這消息是不會來的。她心裏的天，遲遲地黑了下去。……傳慶的身子痛苦地抽搐了一下。他不知道那究竟是他母親還是他自己。

至於那無名的磨人的憂鬱，他現在明白了，那就是愛——二十多年前的，絕望的愛。二十多年後，刀子生了銹了，然而還是刀。在他母親心裏的一把刀，又在他心裏絞動了。

傳慶費了大勁，方始抬起頭來。一切的幻像迅速地消滅了。剛才那一會兒，他彷彿是一個舊式的攝影師，鑽在黑布裏為人拍照片，在攝影機的鏡子裏瞥見了他母親。他從箱子蓋底下抽出他的手，把嘴湊上去，怔怔地吮著手背上的紅痕。

關於他母親，他知道得很少。他知道她沒有愛過他父親。就為了這個，他父親恨她。她死了，就遷怒到她的孩子身上。要不然，雖說有後母挑撥著，他父親對他不會這樣刻毒。他母親沒有愛過他父親——她愛過別人麼？……親戚圈中恍惚有這麼一個傳說。他後母嫁到聶家來，是親上加親，因此他後母也有所風聞。她當然不肯讓人們忘懷了這件事，當著傳慶的面她也議論過他母親。任何的話，到了她嘴裏就不大好聽。碧落的陪嫁的女傭劉媽就是為了不能忍耐她對於亡人的誣蔑，每每氣急敗壞地向其它的僕人辯白著。於是傳慶有機會聽到了一點他認為可靠的事實。

用現代的眼光看來，那一點事實是平淡得可憐。馮碧落結婚的那年是十八歲。在訂親以前，她曾經有一個時期渴望著進學校讀書。在馮家這樣的守舊的人家，那當然是不可能的。然而她還是和幾個表姊妹背地偷偷地計劃著。表妹們因為年紀小得多，父母又放縱些，終於如願以償了。她們決定投考中西女塾，請了一個遠房親戚來補課。言子夜輩分比她們小，年紀卻比她們長，在大學裏已經讀了兩年書。碧落一面艷羨著表妹們的幸運，一面對於進學校的夢依舊不甘放棄，因此對於她們投考的一切仍然是非常的關心。在表妹那兒她遇見了言子夜幾次。他們始終沒有單獨地談過話。

言家挽了人出來說親。碧落的母親還沒有開口回答，她祖父丟下的老姨娘坐在一旁吸水煙，先格吱一笑，插嘴道：「現在提這件事，可太早了一點！」那媒人陪笑道：「小姐年紀也不小了——」老姨娘笑道：「我倒不是指她的年紀！常熟言家再強些也是個生意人家。他們少爺若是讀書發達，再傳個兩三代，再到我們這兒來提親，那還有個商量的餘地。現在……可太早了！」媒人見不是話，只得去回掉了言家。言子夜輾轉聽到了馮家的答覆，這一氣非同小可，便將這事擱了下來。

然而此後他們似乎還會面過一次。那絕對不能夠是偶然的機緣，因為既經提過親，雙方都要避嫌疑了。最後的短短的會晤，大約是碧落的主動。碧落暗示子夜重新再託人在她父母跟前疏通，因為她父母並沒有過斬釘截鐵的拒絕的表示。但是子夜年少氣盛，不願意再三地被斥為「高攀」，使他的家庭蒙受更嚴重的侮辱。他告訴碧落，他不久就打算出國留學。她可以採取斷然的行動，他們兩個人一同走。可是碧落不能這樣做。傳慶回想到這一部分不能不恨他的母親，但是他也承認，她有她的不得已。二十年前是二十年前呵！她得顧全她的家聲，她得顧全子夜的前途。

子夜單身出國去了。他回來的時候，馮家早把碧落嫁給了聶介臣。子夜先後也有幾段羅曼史。至於他怎樣娶了丹朱的母親，一個南國女郎，近年來怎樣移家到香港，傳慶卻沒有聽見說過。

關於碧落的嫁後生涯，傳慶可不敢揣想。她不是籠子裏的鳥。籠子裏的鳥，開了籠，還會飛出來。她是綉在屏風上的鳥——悒鬱的紫色緞子屏風上，織金雲朵裏的一隻白鳥。年深月久了，羽毛暗了，霉了，給蟲蛀了，死也還死在屏風上。

她死了，她完了，可是還有傳慶呢？憑什麼傳慶要受這個罪？碧落嫁到聶家來，至少是清醒的犧牲。傳慶生在聶家，可是一點選擇的權利也沒有。屏風上又添上了一隻鳥，打死他也不能飛下屏風去。他跟著他父親二十年，已經給製造成了一個精神上的殘廢，即使給了他自由，他也跑不了。

跑不了！跑不了！索性完全沒有避免的希望，倒也死心塌地了。但是他現在初次把所有的零星的傳聞與揣測，聚集在一起，拼湊成一段故事，他方才知道：二十多年前，他還是沒有出世的時候，他有脫逃的希望。他母親有嫁給言子夜的可能性。差一點，他就是言子夜的孩子，言丹朱的哥哥。也許他就是言丹朱。有了他，就沒有她。

……

參・可以這樣讀

張愛玲四歲時，母親就出洋留學了，父母間惡劣的婚姻狀況，很難說不影響成人後張愛玲的婚戀觀。在缺乏母親角色的童年裏，懵懂間的孤獨，在古舊的大房子裏陰沉沉的生活，這種愛而不能的傷感可能已經在她的潛意識中根深蒂固。後母強勢進入家庭帶來的一系列爭吵，越來越將張愛玲推向孤寂的邊緣。從陳子善先生最新考證出張愛玲的處女作〈不幸的她〉，我們已經能感受到一種早熟的悲劇意識。對張愛玲生命軌跡影響最大的事件當屬被父親拘禁，期間她曾患重症，不斷地憤恨，抗爭，在沒有愛的世界裏達半年之久，她一生都在討伐這件事：「我希望有個炸彈掉在我家，就同他們死在一起我也願意。」所謂現代婚戀浪漫愛所衍生的家庭溫暖，父母之愛，手足之情，在張愛玲筆下往往不可得，甚至斥之虛偽與造作，〈花凋〉中極具象徵意味的大理石天使雕像就是對親情最大的諷刺。一切人類謂之偉大的情感在金錢面前都現了原型。就像張愛玲自敘所云，她為親情所遭受磨難，母親回國後對她的百般挑剔，言語嘲諷，以及在金錢上的斤斤計較，「那些瑣屑的難堪，一點點的毀了我的愛。」張愛玲敏感內省的氣質，冷漠的家庭氣氛對心靈的窒息，矛盾而糾葛的家族關係，在她性格成長過程中不斷惡性循環，直至練就世故的堅毅的心志來面對人間種種缺憾。〈茉莉香片〉乃是一篇呈現青少年內心苦悶滋味的小說，家庭如何傷人，又如何扭曲一個年少的心靈。

鏡像折射的殘缺主體

小說〈茉莉香片〉是張愛玲早期作品中勾勒其家世背景相當明顯的一篇，論者認為整篇小說背景傳遞沒落貴族的氛圍，而男主人公的原型隱約指涉弟弟張子靜。小說中的男主角聶傳慶是一位二十歲瘦弱、憂鬱，帶著陰柔氣質的青年，他跟隨父親與繼母從上海來到香港，在學校裏認識開朗活潑的女同學言丹朱，偶然得知文學史教授言子夜即是言丹朱的父親，而自己的親生母親馮碧落婚前曾與言子夜有一段前緣。這個發現嚴重扭曲著聶傳慶的心靈，他執著於當時母親若選擇言子夜作為他的父親，那麼現在的他是否會過得較順遂，是否父子之間的衝突得以緩和，甚至他強烈的妒嫉言丹朱，因為她有著美好的家庭，而這一切原本應該屬於自己，於是偏執的「王子復仇」悄然上演。

心理學家拉康著名的鏡象理論，即主體通過鏡中形象來認識自己，他認為自我的建構乃是通過了解他人（世界）從而認識自我。〈茉莉香片〉的主人公聶傳慶因周圍環境對他的壓迫，父親的嚴厲，繼母的鄙夷，以及大家族抽鴉片頹靡的生活，從而使他產生認同危機，現實充滿惶惑不安，此種壓迫既來自外在衝突（家庭），又來自於內在衝突（內心孤寂脆弱），在內外交迫下，最後聶傳慶扭曲的心靈瘋狂的鞭撻自我又尋找代罪羔羊，因此轉而攻擊言丹朱。聶傳慶在碩大的鏡子前，自己的身影疊印著身邊各種人物的折射，與自我彷佛有千絲萬縷關聯的馮碧落、聶介臣、言丹朱、言子夜。小說以聶傳慶的敘述視角，以其隱微秘密的心理意識流，刻劃多義歧出的人生機遇，陰暗扭曲的慾望暗流。

小說一開始在公車上，窗戶上的倒影與花與人相互疊印在一起，像是聶傳慶人生的隱喻，如同戀著自我倒影的水仙花，那倒影是理想的自我，卻永遠是鏡花水月，無法實現，他喜歡貼在玻璃上，喜歡在窗前看自己的影像，在倒影中幻想與迷失。「他在正中的紅木方桌邊坐下，伏在大理石桌面上。桌面冰涼的，像公共汽車上的玻璃窗。窗外的杜鵑花，窗裏的言丹朱。」聶傳慶像嬰兒般迷戀自我影像，把倒影當作愛戀傾慕的對象，令人驚異的是窗前的倒映卻是言丹朱！在倒映的幻想裏自戀的形象首先與言丹朱疊合在一起，後來他知曉其身世，更希望能取而代之，「差一點，他就是言子夜的孩子，言丹朱的哥哥。也許他就是言丹朱。有了他，就沒有她。」如果言子夜是他的父親，他必成為一個有為優秀的青年，必能擁有更理想的生活。這樣的想法折磨著聶傳慶，活潑漂亮的言丹朱擁有美好的父母，他羨慕她到心理要發瘋的地步，尤其兩相對照下，他那陰鬱的個性，破敗的家庭，更顯委瑣卑下。他甚至偏執的認定，言丹朱不該存在，她對他的善意示好是種無聲的炫耀，他原該是言子夜的孩子，那美滿的家原本應該是他的家，言丹朱的美好幸福剝奪原本應屬於他的一切。最後他喪失理智，對言丹朱拳打腳踢，情緒崩潰下報復這搶奪自己幸福的「凶手」。

家族的魔咒、繡屏上的鳥

小說透過庭院的描寫，呈現聶傳慶家破敗的氛圍，「滿院子的花木，沒兩三年的工夫，枯的枯，死的死，砍掉的砍掉，太陽光曬著，滿眼的荒涼。」荒涼的宅第，頹壞的精神世界，沉重壓迫聶傳慶，「屋子裏面，黑沉沉的穿堂，只看見那朱漆樓梯的扶手上，一線流光，迴環曲折，遠遠的上去了。」滿院陽光卻是舉目的荒涼，扶手上僅存的一線流光烘托主人公內在的心緒，指陳一個無愛而凋萎的家園，原是花木扶疏現今卻乏人照料，原是朱漆金燦如今卻暗淡無光。母親馮碧落雖在小說未正式出場，卻處處在場，舉足輕重。她與言子夜過往的情緣，使聶傳慶的幻想可能成真，「像夢裏面似的，那守在窗子前面的人，先是他自己，一剎那間，他看清楚了，那是他的母親。她的前瀏海長長地垂著，俯著頭，臉龐的尖尖的下半部只是一點白影子，至於那隱隱的眼與眉，那是像月亮裏的黑影。然而他肯定地知道那是死去的母親馮碧落。」在聶傳慶的幻境裏，先是他自己，卻在一剎那間成為他的母親，恍惚間他分不清鏡中人究竟是誰，「傳慶的身子痛苦地抽搐了一下。他不知道那究竟是他母親還是他自己。」

聶傳慶與親生母親既是血緣的羈絆，還有相同命運的悲涼感。嫁後的馮碧落彷彿是「繡在屏風上的鳥——悒鬱的紫色緞子屏風上，織金雲朵裏的一隻白鳥。年深日久了，羽毛暗了，霉了，給蟲蛀了，死也還死在屏風上。」這血緣的連繫與命運的同悲，使得聶傳慶對母親的感情複雜曲折，一方面他覺得自己理解同情母親絕望的愛情，封建禮教阻絕兩人結合的可能，「她得顧全她的家聲，她得顧全子夜的前途。」另一方面，怨恨母親，怨恨她的膽小與怯懦，怨恨她聽從家族安排，甚至造成自己的不幸，是她剝奪自己成為言子夜孩子的機會，也是她的早逝使自己遭受來自父親與繼母精神與肉體的雙重壓迫，喪失母

愛，過早承受家庭的桎梏。母親馮碧落彷彿是個恩重如山的暴君，既給他繡在屏風上的命運，似乎又給他逃脫牢籠的希望，他耽溺在差一點言子夜就是他的父親幻想中，無法自拔，一點一點被自己的心魔所吞噬。然而人生是沒有「如果」，無法重來，傳慶沒有一點選擇的權利，出生在聶家，如同他的母親，「於是屏風上又添上一隻鳥，打死他也不能飛下屏風去」，在聶家的二十年，聶傳慶已然成了個精神上的殘廢，即使給他自由，也惶惶不可終日，他跑不了，被永恆的釘在父權封建的禁錮裏。

理想之父與現實之父

在聶傳慶的心理幻境裏，言丹朱與馮碧落是他內心妒恨的心魔，而言子夜則是作為一個理想父親，青年導師的存在。言子夜身材修長，穿中式長袍，頗有種玉樹臨風的味道，雖膚色蒼白略微瘦削，富有傳統男子美的氣質，在大學殿堂授課，為羞怯內向的聶傳慶所渴望濡慕，他總帶著熱切的目光注視言子夜，反觀自身的缺憾與不幸，只有更加欽慕這個理想的有學識的大學教授，甚至幻想自己成為他的孩子，流淌著他的血液，承繼著他的一切。他認為：「如果他是子夜與碧落的孩子，他比起現在的丹朱，一定較為深沉，有理想」，他也美化了言子夜與馮碧落婚後的生活，「一個有愛情的家庭裏面的孩子，不論生活如何的不安定，仍舊是富於自信心與同情。」對比現今封建抽鴉片煙的父母，至少自己身心應能得到較健全的滋養。在此種渴慕心理趨動下，言子夜成為他理想化身與精神上的父親，他渴望獲得師長的認同與肯定，然而面對欽慕的對象，內心愈緊張愈是患得患失，課堂頻頻失神，回答問題結巴失誤，成績每況愈下。課堂上的一次衝突，同學的訕笑，言子夜的當眾訓斥，使得他流下不爭氣的眼淚，也對他產生致命性的打擊，「他輕輕的一句話就使他痛心疾首，死也不能忘記」，尤其將聶傳慶作為整個青年世代的頹廢荒唐無可救藥的代表，更使他徹底崩潰。言子夜對於聶傳慶而言是靈性上的精神上的父親，可以輕易的救贖他逃脫苦海，予以重生，也能瞬間將之推向萬劫不復的深淵。言子夜的訓斥，不認同他，使他身陷絕望的泥淖無法自拔，也形成兩人之間的鴻溝，聶傳慶精神的流浪找不到靈性的歸宿，漂泊之子無法得到精神之父的救贖與寬慰。

在尋找理想化身的認同之路上，言子夜是聶傳慶所追尋而求不得的理想典型，渴望他的肯定認同與讚美。而聶介臣則是躲避不了的醜惡現實之父，他是聶傳慶現實中所有痛苦的根源，親生父親常年的肢體暴力使他一隻耳朵已聾，經年累月的語言暴力又成為他的精神浩劫，使他變成心理扭曲精神上的殘廢。聶介臣及繼母就如同令人恐懼的封建禁錮，傳統勢力的囂張跋扈，無所不在，無所遁逃，民國雖已到來，家長制的威權，三綱五常的封建魅影時時突襲，現代理性無法達成傳統的除魅。聶傳慶只能在父親繼母面前唯唯諾諾，甚至擺出討好的嘴臉，為其燒製鴉片煙。此情節象徵意味濃厚，封建傳統就如同這燒製的大煙，如影隨形，聶傳慶雖厭惡這毒物，討厭沉悶窒息的家庭，卻無力逃脫，甚至親手奉上大煙，服膺傳統的規訓。

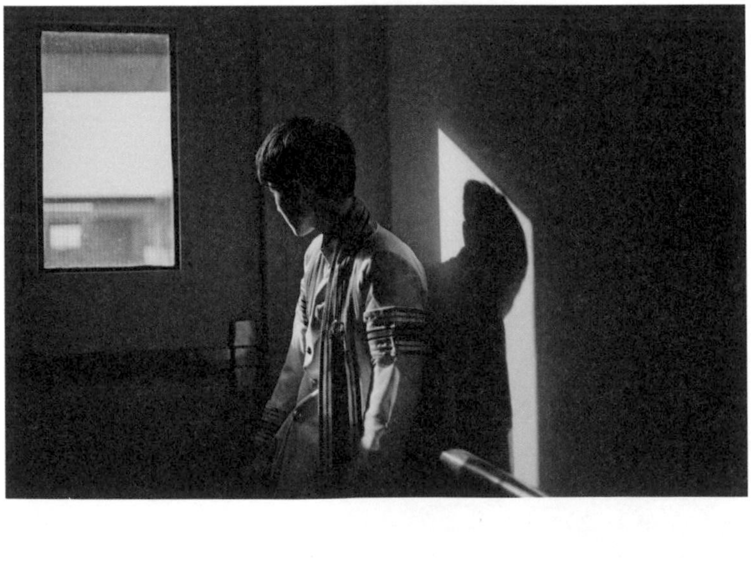

他不認同聶介臣是自己的父親，痛恨這剪不斷理還亂的倫理血緣關係，尤其「他發現他有好些地方酷肖他父親，不但是面部輪廓與五官四肢，連行步的姿態與種種小動作都像。」這種相似處他感到相當心驚。當言子夜訓斥時聶傳慶羞愧難當，自己親生父親的辱罵，說他是豬狗不如，是無用的廢物，他反而不在意，甚至「再罵得厲害些也不打緊，因為他根本看不起他父親。」他厭惡父親也連帶厭惡像父親的自己，「深惡痛嫉那存在於他自身內的聶介臣」，同時，更恨像極了父親的自己，「他有方法可以躲避他父親，但是他自己是永遠寸步不離地跟在身邊的。」如同佛洛伊德所說的戀母弒父情結，在此種父不父子不子的象徵衝突中，隱含的弒父情結深埋在聶傳慶內心，透過在支票薄上練習自己的簽名，一種象徵意涵上的取代父親，承繼家業的幻想，被父親的一記耳光羞辱打斷，甚至象徵性剝奪他身為兒子的繼承權，弒父不成，無法子承父業，反而造成身心殘廢，更加深聶傳慶的自我厭棄，也更無法逃脫這封建家庭的牢籠。精神弒父上的頹敗，理想典型的逝去，醜惡現實的壓迫，種種憾恨不停地潛伏積壓，只待噴薄。小說最終聶傳慶在不堪精神負荷下，言丹朱又將他陰性化的貶抑，因此他無法佔住陽性的位置，無法成為一個真正的男子，使他瞬間化身可怖的復仇者，向言丹朱發洩，暴力相向，聶傳慶需要為自身的悲劇找一個替罪羔羊，找一個祭品獻祭，傾洩心中的怨憤與不滿。聶傳慶困在己身主體的破碎，只能任由欲望的無謂反抗與掙扎，逃不出這封建父權與僵固體制，在黑夜裏如一縷蒼白的遊魂，漂浪在此失格人間。

肆・再做點補充

「張看」的香港書寫

在〈茉莉香片〉張愛玲開宗明義即言：「我將要說給您聽的一段香港傳奇，恐怕也是一樣的苦——香港是一個華美的但是悲哀的城。」張愛玲寫於一九四三年〈到底是上海人〉中，提及以「上海人的觀點」來察看香港，這第一本小說集《傳奇》即是為上海人所寫的香港傳奇，學者李歐梵曾云：「香港就是她（張愛玲）的「她者」（other），沒有這個異國情調的「她者」就不會顯示出張愛玲是如何的上海人。」從當時全面被英國殖民的香港回望上海，更顯出上海當時一半傳統中國，一半現代中國的狀態，而現代的一半尚脫離不了半殖民的買辦文化。張愛玲認為：上海人是傳統中國人加上近代高壓生活的產物，新舊文化種種畸型交流，或許不甚健康，但這其中有一種奇異的智慧。此種香港對照上海的手法，應和一種參差對照的寫作美學，香港在小說的敘事者眼中像一間豪華旅館，充滿著自製的東方主義，如同薩伊德所言，西方透過各種知識文化產製所形塑的東方，反而成為人人所認知而熟悉的東方符碼，此即「東方主義」。張愛玲說：「香港是一座華美但悲哀的城」，此種華美是創造出來的傳統中國，飽含東方色彩的異國情調。一九四二年因戰亂，張愛玲由香港回上海，首發是〈第一爐香〉、〈第二爐香〉及〈茉莉香片〉，她訴說著香港的城市故事，她要建立「傳說」模式的敘事腔調，作為一個為中國讀者講述異國情調的「說故事的人」，香港是一則被觀看，被敘說的殖民地傳奇。

此種「張看」是如何凝視，如何敘述殖民地香港，所借用的是「洋人看京戲」的目光，她帶著一種有距離的陌生化的觀察方法，如早年的〈洋人看京戲及其他〉到晚年〈談看書〉、〈談看書後記〉的觀看視角，她都帶著陌生化的窺探式的眼光觀察各地不同的風土民情，不同民族人種，在〈重訪邊城〉她觀看臺灣原住民族，臺灣民俗及廟宇，在許多作品中流露出她對殖民地的日本人、俄國人、印度人的好奇窺探，以及對於夏威夷少數民族，非洲小黑人的興趣，多少帶有殖民者凝視，西方人類學的觀察目光。以「洋人看京戲」的視角在早期小說中成為一種敘事聲腔，張愛玲於一九四六年《傳奇》增訂本曾解釋其封面：「借用晚清的一張時裝仕女圖，畫著個女人幽幽地在那裏弄骨牌，旁邊坐著奶媽，抱著孩子，彷彿是晚飯後家常的一幕。可是欄杆外，很突兀地，有個比例不對的人形，像鬼魂出現似的，那是現代人，非常好奇地孜孜往裏窺視。」此種好奇的、窺探式的眼光，帶有著現代性魅影，有興味地注視東方的傳統的民俗與文化，依靠著各種表像的再現，使東方可見可感。而香港則既東方又西方，亦中亦西，更突顯一種艷異的奇詭的美。

在〈第一爐香〉以細描般筆法述說梁太太在半山的房子：「山腰裏這座白房子是流線形的，幾何圖案式的構造，類似最摩登的電影院。然而屋頂上卻蓋了一層仿古的碧色琉璃瓦。玻璃窗也是綠的，配上雞油黃嵌一邊窄紅的框。窗上安著雕花鐵柵欄，噴上雞油黃的漆。屋子四周繞著寬闊的走廊，地下鋪著紅磚，古屋巍峨的兩三丈高一排白石圓柱，那卻是美國南部早期建築的遺風。從

走廊上的玻璃門裏進去是客室，裏面是立體化的西式佈置，但是也有幾件雅俗共賞的中國擺設。爐臺上陳列著翡翠鼻煙壺與象牙觀音像，沙發前圍著斑竹小屏風。」最摩登的西式建築卻有仿古的琉璃瓦，空間是美國南部早期風格卻搭配中國小擺設，仿若香港本身的中西合璧或者有些不中不西。葛薇龍在玻璃門瞥見自己的影子，發覺自己也是殖民地所特有東方色彩的一部份，「她穿著南英中學的別致的制服，翠藍竹布衫，長齊膝蓋，下面是窄袴腳管，還是滿清末年的款式；把女學生打扮得像賽金花模樣，那也是香港當局取悅於歐美遊客的種種設施之一。」張愛玲以一種嘲弄又調侃口吻，談現代女學生卻扮裝成賽金花模樣，就如香港的殖民地特有的東方色彩，甚至自我觀光化。

殖民地的自我東方化

張愛玲早期小說對於香港的描寫即帶有此種殖民者凝視，以及自我東方化的嘲諷。在〈連環套〉寫印度男子在香港開設的綢緞莊：「最下層的地窖子卻是兩家共用的，黑壓壓堆著些箱籠，自己熬製的成條的肥皂，南洋捎來的紅紙封著的榴槤糕。丈來長的麻繩上串著風乾的無花果，盤成老粗的一圈一圈，堆在洋油桶上。頭上吊著燻魚，臘肉，半乾的褂袴。影影綽綽的美孚油燈。」種種小物件在洋人眼中無非是新奇的東方特有的物產，如榴槤糕、無花果、燻魚、臘肉，突顯東方情調的原始、紛雜與神秘。強烈的視覺化描繪，使得小說充滿畫面感，也充滿一種殖民地的似中又西，形神乖離的魅惑，〈茉莉香片〉一開頭的場景，香港公共汽車上有人抱著一大捆杜鵑花那枝枝椏椏的杜鵑花伸到後面的玻璃窗外，紅成一片，男主角聶傳慶坐在公車上，窗上疊映著花與少年的身影，藍綢夾袍單薄的身子，淡眉毛，吊梢眼，襯著窗影粉霞緞一般的花光，很有幾分女性美，在殖民者的凝視裏，東方化的男子也陰性化了。

葛薇龍從姑姑的家出來，「太陽已經偏了西，山背後大紅大紫，金絲交錯，熱鬧非凡，倒像雪茄烟盒蓋上的商標畫。滿山的棕櫚，芭蕉，都被毒日頭烘焙得乾黃鬆鬈，像雪茄巢絲。南方的日落是快的，黃昏只是一剎那，這邊太陽還沒有下去，那邊，在山路的盡頭，烟樹迷離，青溶溶地，早有一撇月影兒。」葛薇龍越往東走，月亮越白，越晶亮，雪茄商標畫與溶溶月色，一中一西，中西交錯互融，原本西方巍巍的白房子，蓋著綠色琉璃瓦，卻有種古代皇陵的味道，葛薇龍覺得自己像是《聊齋誌異》的書生，上山探親之後，轉眼富麗豪宅已經化成一座大墳山，而葛薇龍是以現代女學生的目光，睜著眼走進那鬼氣森森世界。香港即是此種東方與西方目光注視交錯的一顆明珠，映射出西方異國情調的想像與東方自我異化的矛盾與詭譎。

香港的異國情調尚有一種原始的、衝突的、激烈的視覺奇觀，葛薇龍凝視著姑母家的花園，草坪一角的小小杜鵑花不過是應個景，誰知星星之火，可以燎原，「滿山轟轟烈烈開著野杜鵑，那灼灼的紅色，一路摧枯拉朽燒下山坡子去了。杜鵑花外面，就是那濃藍的海，海裏泊著白色的大船。這裏不單是色彩的強烈對照給予觀者一種眩暈的不真實的感覺——處處都是對照，各種不調和

的地方背景，時代氣氛，全是硬生生地給摻揉在一起，造成一種奇幻的境界。」香港也就是這麼一個既帶著東方異域熱帶風情，又移植西方都會文明的雜滙之處。此種琳琅滿目的艷異色彩，也表現在〈傾城之戀〉，白流蘇覺得這個刺激又誇張的城市，異常熱鬧，異常火辣辣，就是栽個跟斗，怕也比別處來個痛些！東方美學的大紅大紫，色彩的恣意流淌，彰顯在華美穠麗的文字修辭裏，「在海灣裏有這麼一個地方，有的是密密層層的人，密密層層的燈，密密層層的耀目的貨品——藍磁雙耳小花瓶，一捲捲葱綠堆金絲絨，玻璃紙袋著的巴島蝦片，琥珀色的熱帶產的榴槤糕，拖著大紅穗子的佛黃的香袋，烏銀小十字架，寶塔頂的涼帽。」密密層層人與物，處處過份擁擠，件件精巧奪目，誇張的視覺化描寫，所引發的不是西方殖民的快意，反而是過度緊密而黏稠的不快感，極度誇飾的錯彩鏤金的描寫，更突顯鏡花水月的幻象。

張愛玲香港書寫的窺探跳脫西方殖民者凝視的快感，打碎想像的愉悅，在描繪梁太太華美的大宅子之後立即加入冷眼批判：「可是這一點東方色彩的存在，顯然是看在外國朋友們的面上。英國人老遠的來看看中國，不能不給點中國他們瞧瞧。但是這裏的中國，是西方人心目中的中國，荒誕、精巧、滑稽。」這裏的營造出來的是一個不真實的奇幻的異世界，想像中的夢幻泡影，幻境背後存在著現實的醜惡與殘忍的世故，「然而在這燈與人與貨之外，還有那淒清的天與海——無邊的荒涼，無邊的恐怖。她的未來，也是如此——不能想，想起來只有無邊的恐怖。她沒有天長地久的計畫。只有在這眼前的瑣碎的小東西

裏，她的畏縮不安的心，能夠得到暫時的休息。」過份的熱鬧華麗的鋪陳之後，緊接著就是無邊的荒涼。張愛玲的文字揭露了不忍卒睹的荒誕與滑稽，東方主義視覺化下那蒼涼的手勢，華美長袍爬滿不堪的蚤子。

縱然香港是個不中不西的殖民地，處處充滿西方對東方趣味的想像與嘲弄，然而香港也借用此種觀光化的凝視，自我東方化的手段生存下來，在小說中，敘事者通過一個個與殖民地生活格格不入的外來者，可能是個更純粹中國人，如白流蘇是個道地中國女人，或更純粹的洋人，如羅傑是英國人，他們短暫寄居在香港，這些角色在原本的家鄉是個邊緣人，像白流蘇離異，不被娘家接受也不被婆家所接納。這些小說人物處在社會邊緣，親族血緣所屬的家國（中國、英國、上海）排斥他們存在，他們亦自我疏離於原來的親族與家鄉，然而這些人物往往離不開香港，像是聶傳慶說他跑不了，逃不出封建家庭的掌控，「丹朱沒有死，隔兩天開學了，他還得在學校裏見到她，他跑不了。」他像是繡屏上的翠鳥，早已精神殘廢，就連闖下禍事，也無自主能力離開。羅傑稱呼香港為一個陰濕、鬱熱、異邦人的小城，但「他知道它是他唯一的故鄉」。雖然還有母親在英國，但每隔四五年回去一趟，已經過不慣了。張愛玲以一貫諷刺的腔調冷眼觀看香港的自我東方化與西方殖民主義的合謀，如葛薇龍在香港三個月，已經對這裏的生活上了癮，那一場病或許是下意識裏不肯回去上海，有意拖延。甚且通過香港這座城達到自己的目的，如〈傾城之戀〉的整座城崩塌造就一場愛情，香港的陷落成就了白流蘇，那傾頹的牆也成就一段傳奇。

張愛玲在〈重訪邊城〉裏對形將消逝的殖民地色彩感到可惜，害怕那今昔之感勾起感傷，勾起那些感情上的奢侈，她回想起四十年代來到香港看中一匹紅花布而牽動浮想聯翩，撫觸著花布，她說：「當時我沒想到那麼多，就只感到狂喜，第一次觸摸到歷史的質地——暖厚黏重，不像洋布爽脆——而又不像一件古董，微涼光滑的，無法在上面留下個人的痕跡；它自有它完整的亙古的存在，你沒有份，愛撫它的時候也已經被抛棄了。」那種接觸的當下隨即被抛擲於歷史的洪流裏，重訪香港，已昨是今非，在〈茉莉香片〉、〈第一爐香〉重點描寫過的杜鵑花，早已砍光，不堪聞問，「其實花叢中原有的二層樓薑黃老洋房，門前洋臺上褪了漆的木柱欄杆，掩映在嫣紅的花海中，慘戚的有點刺目，但是配著碧海藍天的背景，也另有一種淒梗的韻味。」過往的大紅大紫東方式的中西交滙殖民色彩已淡去，只剩褪色的欄杆，淒涼的風味，新的香港正大量拆除舊房舍老街道，正努力抹去昔日陳跡。在張愛玲眼中，或許中西雜滙兼融並蓄的殖民地色彩早已成為香港文化的一部份，也是最令人懷念的一道風景。

「張學」的發展與影響

文學評論家夏志清於《中國現代小說史》中，以專章討論張愛玲，並予以高度肯定，將她譽為「今日中國最優秀、最重要的作家」，對張愛玲的創作才華推崇備至，在五四感時憂國敘事聲腔之外，開展另一個重要的個人細瑣政治的敘事美學，側面促成以探究張愛玲為核心的「張學」，後續王德威等學者更

將張愛玲冠上「張派祖師奶奶」，以指認在兩岸三地所影響的女作家系譜，稱之為「張腔張調」的敘寫風格。學者評價張愛玲擅用意象、感觸敏銳、文字富畫面感與色彩，比喻精巧奇詭，閱讀過程往往能帶來驚豔之感。此等特異文風，乃張愛玲對古典文學的承繼與創發。張愛玲曾於自序說道：「這兩部書（《紅樓夢》與《金瓶梅》）在我是一切的泉源，尤其是《紅樓夢》。」與之相彷的是視覺感官的描摹、物件擺設以及色彩搭配，種種堆疊下無疑營造了相襯的意境。然而在細緻精美的表象下，充盈其中的卻是悲涼底色，進而形構了綺麗卻陰鷙沉鬱的基調，使文字本身便飽含哀艷之美。

從地域文化的觀點而言，張愛玲的創作，主要以上海、南京、香港等地為背景。這些當代大城市有著新舊交融、中西兼具、浮華鋪張的共通點。「十里洋場」的華麗及頹靡，映襯著文中男女的空洞與荒涼，進而詮釋人性淡漠卻又求索欲望的世故樣態。縱然其作帶點尖刻，從現實尋得靈感或原型，讀者依然可察覺張愛玲在社會歷史脈絡及政治紛紛擾擾之際，她追索的母題更為永恆，探討人性的幽微處。比起歷史事件與宏大敘事，其創作更傾向由細節美學切入，藉情愛剖析人際與人性的糾葛與拉扯。她在語言上汲取和妙用了中國古典文學的典故與象徵，在母題追索道盡世故人情，遠溯傳統世情小說之一脈相承，延續著唐傳奇的情節撲朔迷離、《金瓶梅》尖銳的社會切片剖析，以及《紅樓夢》精雕細琢的文字美感，張愛玲可謂博採眾家之長，自成一格，因此她的作品「像銀灰色黏濡的蛛絲，織成一片輕柔的網，網住了整個世界」。（黃儀冠）◆

5 醉翁亭記

歐陽脩是北宋極具影響力的文學家、史學家及詩文革新運動的領袖。他不但具有多方面的文學才華，也有崇高的政治聲望，因此在古文運動中具有關鍵性地位，唐宋八大家有五位出自他的門下。他的記敘文以遊記最為出色，語言精練，構思巧妙，〈醉翁亭記〉就是其中最具代表性的作品，透過虛詞的反覆運用，有條不紊地把人物活動和青山綠水交融為遊興歡然的畫卷，令人心生嚮往。

壹．作者與出處

歐陽脩（西元一〇〇七～一〇七二），宋吉州廬陵（今江西省吉安縣）人。字永叔，號醉翁，六十三歲那年，寫了一篇〈六一居士傳〉自謂：「吾家藏書一萬卷，集錄三代以來金石遺文一千卷，有琴一張，有棋一局，而常置酒一壺，……以吾一老翁，老於此五者之間，是豈不為六一乎？」因號六一居士。熙寧五年卒，享年六十六歲，死後追贈太師，諡文忠。

宋仁宗天聖八年（一〇三九）進士及第後，為西京留守推官，與古文家尹洙、詩人梅堯臣等交遊，切磋古文、詩歌創作，聲名鵲起。為官剛直敢言，後為范仲淹觸怒宰相遭貶事鳴不平，連帶被貶為夷陵令。因支持范仲淹慶曆革新，失敗後一再遭受貶謫，到過滁州、揚州、潁州等地做地方官。晚年回到朝廷，官至樞密副使、參知政事（副宰相），以太子少師致仕（退休）。退居潁州，在西湖畔建六一堂，自稱「欲知潁水新居士，即是滁山舊醉翁。」經他治理過的地方都治績卓著，都有深厚的感情。

歐陽脩是北宋文學家、史學家、詩文革新運動的領袖。他的文學造詣是多方面的，四六文被吳子良推為宋代第一，高聞仙說：「永叔四六情韻俱佳，不肖藻麗，一出自然，遂聞宋代之體。」他的詩，《甌北詩話》說「英光四射」、「沉鬱深摯」；他的詞纏綿婉轉，音節諧美，往往從那些遺興的小詞中，傳達出一種人生的體驗和覺悟。至於古文，由於他在政治界、學術界地位崇高，自己有大量創作充實理論，成為文壇的盟主。不但與友朋輩互相切磋，還樂於指導青年，獎勵後進不遺餘力，加上曾鞏、王安石、蘇氏父子兄弟彼此推動，使古文的提倡，形成強而有力的風潮，因而宋代古文運動的成就，超過唐代的韓、柳。所謂唐宋八大家，宋代佔了六位，其中五位都出於他的門下。

他一生寫了一千二百多篇文章，眾體皆備，各盡其妙，大致可分為議論、記敘、抒情三大類。

他的議論文最重要的是政論，主要揭發時弊、宣揚改革，提出切實可行的主張。如〈朋黨論〉為反駁保守派對革新派的攻擊而作，據說仁宗讀後有所感悟；〈與高司諫書〉義憤填膺的批評諫官對范仲淹被貶落井下石，結果自己也被貶為夷陵令。史論是他以古鑑今，總結歷史經驗作為現實的參考，其《新五代史》常在議論中融入情韻，一唱三嘆，跌宕有致，茅坤說：「此等文章，千年絕調」。文論如〈蘇軾文集序〉、〈梅聖俞詩集序〉等見解深切，文筆嚴謹，委婉爽健，被譽為「序之最工者」。

他參與修纂《新唐書》、獨力完成《新五代史》，以第一流的史學家來寫碑誌傳記，更是出類拔萃，如〈瀧岡阡表〉全文以代言敘事，結構謹嚴，逐層相生，首尾連貫，不事藻飾，不尚鋪陳，懇摯的深情在質樸無華的語言中自然流露。〈范文正公神道碑〉只記述范仲淹與天下國家有關的重大事蹟，文字簡潔，有言有行，把這位社稷重臣的形象鮮明地凸顯出來。最別緻的是〈六一居士傳〉，通過「六一」之名大發感慨，宣洩晚年不滿現實政治又不願違心苟合的苦悶。

歐陽脩的記敘文，以遊記最出色，構思巧妙，語言精練，寫景狀物，生動簡潔，多有神來之筆，借景物抒發感慨和議論，〈醉翁亭記〉是最能體現他藝術成就的名篇。其他如〈豐樂亭記〉以抒情取勝，〈相州晝錦堂記〉以議論見長，〈真州東園記〉以想像寫景，都堪稱佳作。

他的抒情文，最典型的是〈祭石曼卿文〉，在對亡友深切的同情中，融入時代和自己身世之感，情調淒滄，風格沉鬱悲涼。〈秋聲賦〉以一系列精彩的比喻，把無形的秋聲寫得具體可感，膾炙人口不絕。

他所編的《歸田錄》屬於筆記文學，或敘遺聞軼事，或記典章名物，或述社會風習，都寫得短小精悍，風趣雋永，如〈賣油翁〉、〈養魚記〉等是。是宋代筆記文學發展的先聲。

總的說來，歐陽脩的文章風格流麗順暢，委婉自然，奠定宋代平易暢達的文風。有《歐陽文忠公集》行於世。

貳・選文與注釋

環滁[1]皆山也。其西南諸峰，林壑[2]尤美。望之蔚然[3]而深秀[4]者，琅邪[5]也。山行六七里，漸聞水聲潺潺[6]，而瀉出於兩峰之間者，釀泉[7]也。峰迴路轉[8]，有亭翼然[9]，臨於泉上者，醉翁亭也。作亭者誰？山之僧智僊[10]也。名之者誰？太守[11]自謂也。太守與客來飲於此，飲少輒醉[12]，而年又最高，故自號曰醉翁[13]也。醉翁之意不在酒，在乎山水之間也。山水之樂，得之心而寓之酒[14]也。

1 環滁：環繞著滁州。滁州，在今安徽省東部。

2 壑：山谷。

3 蔚然：草木茂盛的樣子。

4 深秀：幽深秀麗。

5 琅邪：音ㄌㄤˊ ㄧㄝˊ，同「瑯琊」，山名，在滁縣西南十里，東晉元帝為琅邪王時，曾遊居此山，故名。

6 潺潺：水流的聲音。

7 釀泉：水清冽可以釀酒，故名。

8 峰迴路轉：山勢回環曲折，山路也隨之轉彎。

9 有亭翼然：有個亭子四角翹起，猶如鳥兒張開翅膀欲飛的樣子。

10 智僊：琅邪山上琅邪寺中的僧人。僊：音ㄒㄧㄢ，同「仙」。

11 太守：古時地方最高行政長官，秦代稱郡守，漢代稱一郡的長官為太守，宋代以後改郡為府，稱知府為太守。

12 飲少輒醉：喝少量的酒就醉。輒：立即、總是。

13 自號曰醉翁：自己以醉翁為號。歐陽脩有〈贈沈遵〉詩：「我時四十猶彊力，自號醉翁聊戲客」。號：別號，人名字以外的別稱。

14 得之心而寓之酒：觀賞山水的樂趣，心裡領會，並寄託在飲酒之中。寓：寄託。

若夫日出而林霏開[15]，雲歸[16]而巖穴暝[17]，晦明變化[18]者，山間之朝暮也。野芳發而幽香[19]，嘉木秀而繁陰[20]，風霜高潔[21]，水落而石出者，山間之四時也。朝而往，暮而歸，四時之景不同，而樂亦無窮也。

15 林霏開：樹林裡的霧氣消散了。霏：霧氣。

16 雲歸：雲聚攏山間。古人以為雲是從山中出來的，如陶淵明〈歸去來辭〉：「雲無心而出岫」。所以雲聚山中說「雲歸」。

17 巖穴暝：山谷昏暗。暝：音ㄇㄧㄥˊ，幽暗。

18 晦明變化：光線或暗或明的變化。晦：音ㄏㄨㄟˋ，陰暗。

19 野芳發而幽香：野花開放，散發出清幽的香氣。芳：香草、花草。發：開放。

20 嘉木秀而繁陰：美好的樹木，枝繁葉茂，成為濃密的綠蔭。秀：植物開花、結實，這裡說樹木發榮滋長。繁陰：濃密的樹蔭。陰：音ㄧㄣˋ，通「蔭」。

21 風霜高潔：天高氣爽，霜色明淨。

至於負者歌於塗，行者休於樹，前者呼，後者應，傴僂[22]提攜[23]往來而不絕者，滁人遊也。臨谿而漁，谿深而魚肥；釀泉為酒，泉香而酒洌[24]；山肴野蔌[25]，雜然而前陳者，太守宴也。宴酣之樂，非絲非竹[26]，射者中[27]，弈者勝[28]，觥籌交錯[29]，起坐而諠譁者，眾賓懽也。蒼顏[30]白髮，頹然[31]乎其間者，太守醉也。

22 傴僂：音ㄩˇ ㄌㄡˊ，彎腰駝背，這裡指老年人。

23 提攜：攙扶帶領，這裡指兒童。

24 泉香而酒洌：釀泉清澈的水釀出來的酒，酒色清醇味甘甜。此處為錯綜用法，即「泉洌而酒香」。洌：音ㄌㄧㄝˋ，清澈。

25 山肴野蔌：山裡的野味和蔬菜。肴：葷菜。蔌：音ㄙㄨˋ，素菜。

26 非絲非竹：不用樂器伴奏。絲：琴、瑟之類的弦樂器。竹：簫、笛之類的管樂器。

27 射者中：投壺的投中了。古代宴飲時的一種遊戲，用箭投入壺中，以中否決勝負，投中者贏，投不中的罰酒。

28 弈者勝：下棋的人贏了。弈：音ㄧˋ，圍棋，這裡作動詞用，下圍棋的意思。

29 觥籌交錯：酒杯、酒籌交雜，形容宴飲熱鬧的場面。觥：音ㄍㄨㄥ，古時的酒杯。籌：音ㄔㄡˊ，酒籌，用來行酒令或飲酒時計算輸贏的籌碼。

30 蒼顏：蒼老的容顏。

31 頹然：本指精神萎靡不振的樣子，這裡形容醉態，因酒醉而昏昏然的樣子。

已而，夕陽在山，人影散亂，太守歸而賓客從也。樹木陰翳[32]，鳴聲上下，遊人去而禽鳥樂也。然而禽鳥知山林之樂，而不知人之樂；人知從太守遊而樂，而不知太守之樂其樂[33]也。醉能同其樂，醒能述以文者，太守也。太守謂誰？盧陵歐陽脩也。

32 陰翳：樹木的枝葉茂密成蔭。翳：音一ˋ，遮蔽。

33 樂其樂：樂居民所樂之事，第一個樂字用作動詞，第二個樂字是名詞。其：代名詞，指居民。

參．可以這樣讀

作者如何引領我們進入勝境

滁州位於皖東江淮之間，山青水秀，風景優美。自從歐陽脩擔任滁州太守，寫了膾炙人口的〈醉翁亭記〉以來，成為四海皆知的歷史名城。作者由於積極參加范仲淹的革新運動，提出不少建議，觸怒了當權者，慶曆五年新政失敗，被貶為滁州太守。到任第二年，寫了這篇文章，當時他才四十歲。

才四十歲就自稱「翁」，並非托大，他這樣稱呼自己的原因為：(一)古代社會情況跟現代不同。現代四十歲還是「青年」才俊呢！但是古代男性十八歲結婚，二十歲不到便升格為父親，如果兒子也是十八、二十結婚生子，四十歲已經是社會上「祖」字輩的人物，當然可以稱「翁」。(二)雖然他在文中說自己「蒼顏白髮」，「頹然乎」山水之間，其實他並不認老。後來在〈題滁州醉翁亭〉中說：「四十未為老，醉翁偶題篇。醉中遺萬物，豈復記吾年。」〈贈沈遵〉：「我時四十猶彊力，自號醉翁聊戲客。」賣老，是別有用心，應該是借以表達貶官後的心情。

本文一開始先交代醉翁亭的地理位置、建造者、題名者以及題名醉翁亭的用意。從深山裡的亭子往外望，視覺所及，興到神來，感覺是：「環滁皆山也」，我們不必去考證滁州是否四面有山。然後由整體到局部，逐步收縮視野，由群山轉入「林壑尤美」的「西南諸峰」，再轉入「蔚然深秀」的琅邪山，具體的

滁州位於皖東江淮之間，山青水秀，風景優美。

釀泉。幾經回環，才在「峰迴路轉」之後，把讀者引到文章的主體：玲瓏透剔的「醉翁亭」。「翼然」的描寫，使整個畫面靈動起來了。這樣由遠及近層層遞進，一路讀來有如身歷其境，挑起了讀者尋幽訪勝的興致。

接著概括了醉翁亭周遭山中朝、暮、四時景色不同變化的特色，精煉簡潔，一筆傳神。特別抓住最能代表四季特徵的野花、嘉木、風霜、水石的變化，點出山間四時樂趣所在，以鮮明的圖像表現出來，讓這六幅圖畫並列映襯，借景抒情。值得注意的是面對四時，他並不傷春、厭夏，秋天看到的是風高霜潔，不是無邊落木；冬天看到的是水落石出，不是寒風枯草。在這種秀美、恬靜、閒適的環境中，作者從自然造化的神秀中領略山光水色純淨之美，達到「樂亦無窮」的境地。

太守之樂，除了享受自然風景之美外，還有更高層次的人文之美。其中寫到滁州人民遊山之樂：「負者歌於途，行者休於樹」，前呼後應，扶老攜幼，不絕於途。這是在政通人和的盛世，人民才有的休閒活動。太守公餘之暇，與民同樂：山中溪深、魚肥、泉洌、酒香；宴上射奕騰歡，觥籌交錯，醉翁頹然其間，淋漓盡興。治下物阜民豐，身為父母官的歐公陶醉其中。

夕陽西下，太守與賓客興盡而歸。遊記至此可以結束了，但是作者又借「遊人去而禽鳥樂」引出本文的主旨：「禽鳥知山林之樂，而不知人之樂；人知從太守遊而樂，而不知太守之樂其樂也。」歐陽脩以秀美恬靜的山水為背景，描繪一幅與民同樂圖，抒發「得之心而寓於酒」難以言傳的深切感受。從居民歡

愉的遊樂中看到自己的治績，這是最大的精神享受，曲折表達「太守之樂其樂」的內涵。

《宋史・歐陽脩傳》說：「（歐陽脩）天資剛勁，見義勇為，雖機阱在前，觸發之不顧。放逐流離，至於再三，志氣自若也。」他在仕途重大失意，無法施展自己的政治抱負，不免感嘆「邇來憂患十年間，鬢髮未老憂先白。」、「顏摧鬢改真一翁，心以憂醉安知樂。」（〈贈沈博士歌〉）人世間不免有苦難，心胸寬廣的歐公，在挫傷屈辱的不幸中，不但寫了以「樂」字貫徹全篇的〈醉翁亭記〉，寫出人與自然、人與社會之間一片和諧秩序。在挫折面前，他並未消極頹唐，表現出從容紓徐的人生態度，以治國的才能治理地方，綽有餘裕。治內安和樂利，與民同樂，酒醒後還能把所樂寄諸文字，正可告慰同遭打擊的夥伴。在這同時，他還有三首〈豐樂亭遊春〉的詩，其中第二首是這樣說的：「春雲淡淡日輝輝，草惹行襟絮拂衣。行到亭西逢太守，籃輿酩酊插花歸。」喝醉的太守插花而歸，他懂得在苦難中自我遣玩，排解自己的憂傷，風采動人。

〈醉翁亭記〉的藝術特色

歐公為文，不厭修改，據說他「作文既畢，貼之牆壁，坐臥觀之，改正盡善，方出以示人。」甚至「不留本初一字」。朱熹《朱子語類》記載歐陽脩修改〈醉翁亭記〉首句的故事，在原稿上最初用了幾十個字來說明滁州四面皆山，最後改定為「環滁皆山也」，只有五個字，的確簡潔有力。反覆修改的當然不只是

文徵明寫〈醉翁亭記〉在一園區。

第一句，全文有條不紊的把人物活動和青山秀水放在一起，讓情景相生，讓山、泉、禽鳥、遊人、醉翁，融入一幅精美的畫卷中，精煉暢曉，言簡意賅，不經推敲，難以達成，只是不見斧鑿痕罷了。

本文歷來為人津津樂道的虛詞運用，就是經過歐公悉心的安排，成為創舉。文中用了二十四個「而」字，作句中的連接，使文氣舒緩從容，充分表現作者的悠閒自適，增強了抒情氣氛；「也」字在文中反覆出現，使每句話的意思更明確肯定，節奏明晰，讀來琅琅上口，產生如詩的韻味。不同於《中庸》：「修身也，尊賢也，敬大臣也，……」和《周易．雜卦》句末用「也」的例子，前無因襲，是歐公的匠心獨運。

文言文中「也」字表示肯定語氣，通常用於判斷句的句末。〈醉翁亭記〉是篇遊記，記體文是以敘寫事物為主，即事生情，兼抒懷抱，理應多用敘事句和描寫事物性質狀態的表態句才容易書寫暢達，曲盡情景之妙。但是〈醉翁亭記〉卻溢出常規，創新體格，密集的運用解釋性、申辯性強的判斷句，借助「……者……也」的句式，達成景色轉換與內容的推進，與一般記敘文迥異。

下筆第一句「環滁皆山也」就是判斷句的句式，自然比寫成「群山環繞滁州」來得精警有力。接著僅用一句表態句「其西南諸峰，林壑尤美」描寫西南諸峰之勝，而引出琅邪山，用的是判斷句：「望之蔚然而深秀者，琅邪也」；再在兩句敘事句之後，引出釀泉，用的仍然是判斷句：「瀉出於兩峰之間者，釀泉也」；其後僅用「峰迴路轉」兩句最簡單的表態句作一迂迴，便又用判斷

歐陽脩雕像。

句指出醉翁亭的位置：「有亭翼然於泉上者，醉翁亭也。」介紹建亭的人、命名的人固然應該用判斷句，最後敘事仍是用「山水之樂，得之心而寓之酒也」這個判斷句來結束這一段。

第二段用兩個判斷句來敘述山間景色早晚的不同和四時的變化。先用簡單的表態句，筆墨生動地描繪六幅圖畫，組合在一起：「日出而林霏開」、「雲歸而巖穴暝」、「野芳發而幽香」、「佳木秀而繁蔭」、「風霜高潔」、「水落而石出」，讓寫景的駢語穿插在散句中，使奇偶相生，句法整齊又富於變化，散發出自然和諧的節奏。語言淺顯，意境深遠，不僅悅目，而且賞心，具體而鮮明的說明這裡「山水之樂」，其樂無窮的深意。使各三個寫景的表態句，卻又收攝到判斷句的主語裡去，用「山間之朝暮」和「山間之四時」作斷語，簡潔有力的關聚對山間朝暮和四時所作繽紛的描寫。

第三段寫太守設宴的盛況。呈現出來的是百景紛陳，生動而熱鬧，卻又能井然有序，變繁華熱鬧的場面為興會淋漓的雅集，真是難能而可貴，而使龐雜的現象條理化的功臣，還是判斷句。

寫人，他說：「負者歌於途，行者休於樹，前者呼，後者應，傴僂提攜，往來而不絕者，滁人遊也。」是政通人和，昇平盛世的現象；寫物，他說：「臨溪而漁，溪深而魚肥；釀泉為酒，泉香而酒洌；山肴野蔌，雜然而前陳者，太守宴也。」是治內的物阜民豐，透露社會的安和樂利；寫事，他說：「宴酣之樂，非絲非竹，射者中，弈者勝；觥籌交錯，起坐而喧嘩者，眾賓懽也。」與會的

人都能痛快盡興。描述仍然繽紛豐富，其中還穿插了精警偶句，作者只讓它分別做三個判斷句的主語，這是使敘述條理有序的關鍵。最後突出太守與民同樂，淋漓盡興的形象，用的仍然是判斷句：「蒼顏白髮，頹然乎其間者，太守醉也」。

　末段寫宴終人散，他說：「夕陽在山，人影散亂，太守歸而賓客從也」；遊人散盡，醉翁亭畔仍然餘韻蕩漾：「樹林陰翳，鳴聲上下，遊人去而禽鳥樂也。」這兩個判斷句的「主語」，只由兩個簡單的表態句構成，第一句寫景致，第二句寫物情，而「斷語」用複合式造句結構，分別表現賓主、人禽之樂。而使這宇宙間的至樂，藉文字的傳播而永垂不朽的是太守，當然只能用判斷句：

張大千 1936 年作〈醉翁亭記圖〉。

「醉能同其樂，醒能述以文者，太守也。」如此可敬可愛的溫厚長者是誰呢？是歐公自己。末了仍用「太守為誰？廬陵歐陽脩也」兩個判斷句，簡明了當的結束全文。

這是一篇藝術結構完整的美文，如首段提出「山水之樂，得之心而寓之酒」，後幾段便分別寫太守遊山之樂、醉中之樂、與民同樂；首段寫太守「飲少輒醉」，下文便有太守「頹然其間」呼應，末段又以「太守謂誰？廬陵歐陽脩也」點明與民同樂，樂到醉倒，醒來還能執筆記述滁州百姓的歡樂的作者，結束全文。前呼後應，渾然一體，不但有氣勢，還餘波蕩漾，讓人回味無窮。篇中「樂」字多重意蘊，借話題的轉換，暗中轉換了「樂」字的意涵，表現了作者對「樂」的複雜體認。從「山水之樂」、「醉翁之樂」、「四時遊賞之樂」、「眾賓之樂」、「禽鳥之樂」，寫到太守樂民之樂意，「樂」字是貫串全篇龐雜內容的線索，不枝不蔓，環環相扣，以「潛氣內轉」的手法，傳達動人的神韻。

作者善於觀察自然環境和生活細節，抓住景物和人物的具體特徵，運用精煉的語言，選擇富有表現力的詞彙表情達意，例如：寫西南諸峰只用「林壑尤美」，寫琅邪山只用「蔚然深秀」；寫醉翁亭周圍的四季景色的變化：春用「花香」、夏用「木繁」、秋用「霜潔」、冬用「水落」；寫人物活動，負者是「歌於途」、行者是「休於樹」、前者是「呼」、後者是「應」、老人兒童是「傴僂提攜」等，寥寥數筆，就能傳神寫照，語言精煉，形象鮮明，概括力非比尋常。

有人認為歐文似韓愈，看來歐公只承繼了韓文雄肆開闔的風格，而濾去奇詭，蘇洵〈上歐陽內翰書〉就說：「執事之文，紆餘委備，往復百折，而條達疏暢，無所間斷；氣盡語極，急言竭論，而容與閒易，無艱難勞苦之態。」從〈醉翁亭記〉一文看來，沒有一個怪異之詞，也不用一句驚人之語，以二十多個判斷句，化複雜的結構為平易，在全篇起了區別層次的作用，使這篇散文，如詩般琅琅上口，在不斷的反複中，表達出作者不斷高漲的歡愉情緒；讀者從「也」字造成的從容與閒逸的氣氛中，聯想到作者自得其樂、天真而自信的動人情景。朱熹說：「歐公文字敷腴溫潤」，純化文字的確是歐公的特長。

歐公為文多能執簡御繁，餘味深遠；施政同樣是舉重若輕，游刃有餘，是第一流的政治家。宋仁宗慶曆五年，遭人排擠，貶為滁州太守，在短短兩年間，政事處理得井井有條，百廢俱興，民生安和樂利。他著眼於與民同樂，超脫勞形的案牘，放情山水，「人知從太守遊而樂，而不知太守之樂其樂也」，是何等的胸襟懷抱！

〈醉翁亭記〉通篇都是用宜於論斷和申辯的判斷句來分節，固然是化繁複為平易的筆法，文中表現了作者的從容不迫，悠遊自得的氣象，是由於平素治民有方，藹然仁者的素養，用一連串的判斷句說得那麼肯定，正表達了歐公必能領導人民樂居斯土的一份自信。

肆．再做點補充

宋代新古文運動

唐代的古文運動，經韓愈、柳宗元的努力，從理論到實踐，大致已經完成，但承繼者曲解了古文運動的目的，而朝兩個方向發展：一是不了解古文運動所標榜的「道」有新的內容與意義，誤把文與道割裂開來，將古文變成宣揚儒家孔孟之道的載體。二是片面發展古文運動提倡文學技巧（創新）的主張，一味追求奇異怪僻，使古文走上生僻艱澀的道路，遠離群眾的需求。加上在古文運動的衝擊下，駢文一方面向實用方面嘗試，如陸贄用駢文寫成的奏議，就是很好的政論文章；另一方面就更向形式唯美主義發展，如李商隱的四六體，文字更為穠麗，排偶的限制更為嚴格，後繼作家才華庸弱，他們的作品成為缺乏內容的文字遊戲。

唐末政治混亂，社會失序，一般知識份子前途茫茫，消極頹唐，追求享樂，生活墮落。不健康的社會風氣在文學上造成一股唯美逆流，形式華美、內容空虛的駢文重新氾濫起來。失去了群眾基礎的古文，無法抵抗這股逆流的襲擊而衰落了。在如此動亂和黑暗時代，古文沒能負起反映現實、批判現實的任務。幸而還有一些小品文作家起而代之，如皮日休、陸龜蒙、羅隱等，他們並未忘懷天下國家，把他們的感受寫入作品，對傳統道德尖銳的諷刺，對黑暗的現實鮮明的揭露，他們發展了韓柳古文運動對現實批判的方向，這是談唐宋古文運動過程中不能忽略的一環。

北宋王朝結束了晚唐五代的紛爭局面，建立起集權中央統一的王朝。在休養生息的政策下，生產增加，經濟發展，社會安定，文化生活也逐漸豐富起來了。大地主官僚們在朝廷默許下廣殖田產，過著奢侈豪華的生活。他們繼承了唐末五代浮華風氣，文學風尚是繼續發展唯美主義和形式主義，以李商隱的四六體為範式，形成了專寫華艷雕琢文字的「西崑派」。

西崑派是由十四個作家共同出了一本《西崑酬唱集》而得名，領袖是楊億、劉筠和錢惟演，他們公開宣稱自己的作品是「雕章麗句，膾炙人口」，寫作是為了「歷覽遺編，研味前作，挹其芳潤，發於希慕，更迭唱和，互相切劘（音ㄇㄛˊ磨礪）。」也就是說為了應酬唱和，而模仿前人，以為消遣。他們的作品只是文字遊戲，並非出於真情實感，毫無思想內容可言。可是「楊、劉風采，聳動天下」，這一派的作品稱為「時文」。寫作時文可以登科第，獲得名聲，何必寫作古文呢！

當時一群有識之士，不滿這種浮華不實的文風，發起新古文運動。由石介、柳開、孫復、穆修、尹洙等建設理論，歐陽脩、三蘇（蘇洵、蘇軾、蘇轍）、王安石、曾鞏等從事創作活動，他們目標一致認同唐代古文運動的主張。

首先釐清了道的含義與文的關係，掃清西崑體以形式主義籠罩文壇的濃霧。歐陽脩所說的「道」，與韓愈等所鼓吹的「道統」不同，也與道學家們宣揚的「道」有別，他在〈與張秀才第二書〉中說：「其道易知而可法」，就是「周公、孔子、孟軻之徒常履而行之者是也。」具體說，就是《尚書》中所記載的：「親

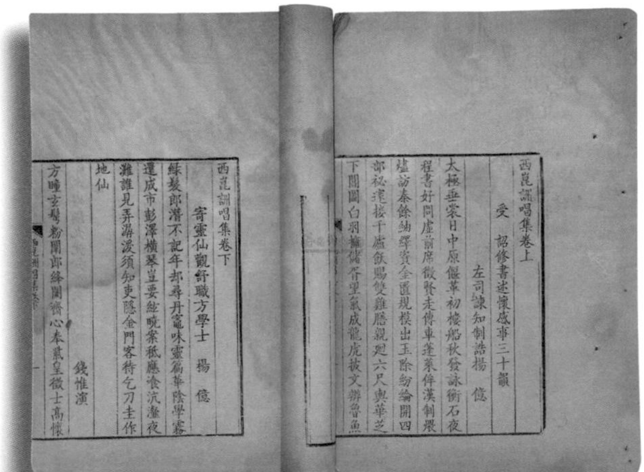

九族，平百姓，憂水患」，或是孟子「教人樹桑麻，畜雞豚，以謂養生送死為王道之本」等。在〈答吳充秀才書〉中叫學者不要棄而不關於心的「百事」，也就是古今現實生活中的君臣、上下、禮樂、刑法等事。關心「百事」這個「道」，對社會了解透徹，便能「道勝文至」，就會寫出好文章。

歐陽脩提出文道並重、道先文後的觀點，道是根，「唯當養其根，自然燁其華」，他認為「道勝者文不難而自至也」。有關人才的培養，他重視修身：「君子之言必誠，誠久必見。凡有諸中，未有不形於外者」，他還要求作品必須有各人的個性特色，也就是說藝術風格必須有獨創性，絕不能因襲模仿。

其次是如何承繼發展唐代古文運動的傳統，作為新古文運動的依據，作進一步的創造和發展。針對西崑派「句讀妍巧，對偶的當」、「雕鎪篆刻，浮文緣飾」，提出了尊韓、尊柳的主張以為應對。穆修說：「唐之文章，……至韓、柳氏起，然後能大吐古人之文，其言與仁義相華實而不雜，……辭嚴義偉，制述如經，能萃然聳唐德於盛漢之表。」蘇軾更明確指出韓愈「文起八代之衰，道濟天下之溺」的巨大功績，是百世之師。歐陽脩把沉沒已久的韓愈文集，補綴校定，刊印流傳，作為新古文運動作家的範本，確立了新古文運動努力的方向。

歐陽脩還發展了韓愈「不平則鳴」論，提出「窮而後工」論。這說明了文學與現實關係密切，新古文運動所提出的道，除了聖人之道外，還包括社會的功用。孫復說過文章的作用在於「正一時之得失」、「寫下民之憤嘆」、「述國家之安危」。

韓愈

柳宗元

再次是規定以平易通暢為創作的標準，這是唐代古文運動沒有徹底解決的問題。柳開給古文所下明確的定義是：「古文者，非在辭澀言苦，使人難讀誦之；在於古其理，高其意，隨言短長，應變作制，同古人之行事，是謂古文也。」歐陽脩曾告誡王安石說「創作應取其自然」，自然，是文字技巧嫻熟的標誌，是爐火純青的藝術境界。蘇軾借批評揚雄「好為艱深之辭，以文淺易之說」，故作艱深以掩飾思想淺薄，難被群眾接受。「文尚自然」的見解，把古文革新引上了順應文學發展趨勢的康莊大道。

參與宋代新古文運動的成員，在上述三個主張下統一了認識，步伐整齊地創作實踐，使古文成功地返回領導文壇的地位。

新古文運動的六大家

歐陽脩是北宋領導文壇的一代宗師，他以恢宏的氣度，團結同好，不遺餘力的獎掖後進，發揮群體的力量，導正文風。古文「唐宋八大家」，宋代就占了六位，其中五位都出於他的門下。

歐陽脩是這次運動的領袖，集史學家與文學家於一身，把史筆與文心結合起來，蘇軾評論他的文章說：「其言簡而明，信而通，引物連類，折之於至理，以服人心。」他的作品，其中的政論，幾乎全是參議政事的載體，表達了他進步的政治傾向；史論從總結歷史經驗教訓入手，引出不少發人深省的論斷；有些是為當時作家的詩文集所寫的序文，表達了他革新運動的文學思想；還有些

歐陽脩

記人、敘事、寫景、抒情的文章，熔敘事、議論、寫景、抒情為一爐，大都寫得明白暢曉，用筆簡約，質樸醇厚。蘇洵〈上歐陽內翰書〉，生動概括歐文風格的特徵：「執事之文，紆餘委備，往復百折，而條達疏暢，無所間斷；氣盡語極，急言竭論，而容與閒易。無艱難勞苦之態。」道盡歐陽脩記事、抒情文的特點。哀祭文情詞婉切，碑誌文選材謹嚴，文字簡潔，「不虛美，不溢惡」，不少墓誌碑銘被選入正史傳中。筆記文文筆活潑，情趣橫生，寫人狀物，維肖維妙，他的《歸田錄》開有宋一代筆記小說的先河。還有，他的《六一詩話》創造了自由談詩的新批評形式。

蘇軾以橫逸奔放的天才，開闢了古文創作嶄新的天地。歐陽脩死後，他順理成章繼為文壇的盟主。他的散文波瀾迭出，變化無窮，任何題材，在他筆下都變得新鮮妥貼，像行雲流水般自然而然又不同凡響。他說自己的文章：「如萬斛泉源，不擇地皆可出，……隨物賦形而不可知也。所可知者，常行於所當行，常止於不可不止，如是而已。」他的才思像奔泉一樣一瀉千里，根據不同的對象作不同的描寫，委婉曲折，各盡其妙。但有一個必須遵守的原則，就是：「行於所當行，止於不可不止」，根據不同的題材，作相應自然的處理。談史議政的論文，廣徵博引，常突發奇想，旁敲側擊，針貶時弊。行文雄辯滔滔，恣肆縱橫，善於騰挪變化，頗有《孟子》、《戰國策》的遺風。遊記在東坡散文中最具特色，自然流暢，夾敘夾議，手法多樣，常發前人所未發。他的序跋、題記、書信等雜文大都信手拈來，揮灑自如，跌宕多姿。以其富贍的才情，風流的文采，惠及後世，在我國文學史上地位輝煌。

歐、蘇二人首創以散文作賦，熔敘事、寫景、論理、抒情為一爐，打破了賦體嚴格的規律。如歐公的〈秋聲賦〉、東坡的前、後〈赤壁賦〉，寓理於情景中，使詩情、畫意與理趣和諧統一，標誌著賦體的新生。他倆兒經常在散文中，運用駢文的對偶句式，以加強文章的氣勢，使古文讀起來鏗鏘有力。

蘇洵文章風格縱橫捭闔，雄奇凌厲，其中最精彩的是論辯文，語言老練，結構謹嚴，筆力雄健，氣勢開闊，深得戰國縱橫家的旨趣。他曾說自己作文是「言當世之要」，是為了「施之於今」。面對積貧積弱、內外交困的局面，他以激憤的心情寫下借古諷今的〈六國論〉，提出「六國破滅，弊在賂秦」的觀點，抨擊朝廷屈辱求和、妥協投降的政策，這是走六國「以地事秦」、「抱薪救火」的老路，是自取滅亡的殷鑑。歐陽脩說他的論說文「雄辯宏偉」、「縱橫上下，出入馳驟，必造於深微而後止」。書信體散文如〈上歐陽內翰書〉，文筆婉轉紆徐，起伏跌宕，且深摯懇切，是篇上乘的干謁文章。記體散文亦不乏佳作。總的說來，他曾自我評論說：其文章「(兼得)詩人之優柔，騷人之清深，孟、韓之溫醇，遷、固之雄剛，孫、吳之簡切，投之所向，無不如意」，頗為中肯。

蘇轍文章體裁多樣，內容富贍，風格汪洋澹泊，深醇秀杰。其論說文縱橫議論，針貶時政，不務空言。如父子同題的〈六國論〉，各有不同的側重，蘇洵論其勢，蘇軾論其士，蘇轍從形勢上論六國面對強秦，後方四國不支援前方韓、魏，不團結抗秦，才「使天下受其禍」。影射宋朝廷前方受敵，後方歌舞

蘇洵

蘇軾

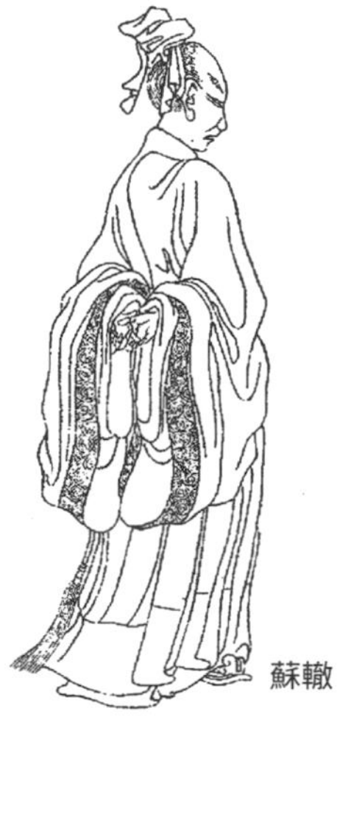
蘇轍

昇平、奢靡逸樂的事實，雄談博論，婉轉說理，很具說服力。書信體散文如〈上樞密韓太尉書〉，寫得婉轉流利，疏朗有生氣，雖是干謁求見，卻從為學與做人談起，內容充實，見解精闢，行文落落大方，不卑不亢。他一生在新舊黨爭的漩渦中顛沛浮沉，仕途失意，但由於襟懷超然曠達，處之泰然。抒情散文寫得更為出色，如膾炙人口的〈黃州快哉亭記〉和〈武昌九曲亭記〉，文章表現了超然物外、與世無爭的樂觀情懷。傳記散文如〈巢谷傳〉、〈孟德傳〉寫得曲折生動，形神兼備。賦體文章如〈墨竹賦〉，主要讚美文與可的墨竹畫藝爐火純青，他把竹子的情態寫得細膩逼真，充滿詩意。蘇轍沉靜淡薄、紆徐條暢的藝術風格自成一家，蘇軾說他的文章：「汪洋澹泊，有一唱三歎之聲，而其秀杰之氣，終不可沒。」誠然。

王安石以政治家、文學家聞名於世，其胸襟懷抱自然跟純文人不盡相同，他的政論文章最能顯現其政治家的識見和文學家的風采。論辯文的形式多樣，無論以書、奏、表、章、疏解出之，都能旗幟鮮明，說理透徹。有名的〈上仁宗皇帝言事書〉，整篇洋洋灑灑，以人才問題為主線，剖析「積貧積弱」，揭發時弊，闡明不改易更革無法扭轉頹勢。對培養「改易更革天下事」的人才，強調「教之、養之、取之、任之」都「有其道」，行文縝密，結構謹嚴，筆勢犀利，堪稱此類作品典範之作。讀史雜論和人物評傳也是王安石的專長，往往見識大膽新穎，言簡意賅。〈讀孟嘗君傳〉僅八十八字翻千古定案，「文短氣長」，成為「千古絕調」，被稱為「短章聖手」。記體文中或記遊、或寫亭台

王安石

廳壁，都各有特色。善於生發闡論，如〈遊褒禪山記〉借題寫己，「逸興滿眼，餘音不絕」，歷來膾炙人口。信札和最難工的書序，寫得靈活自由，變化多端。碑銘、哀祭文亦多佳作傳世，其中〈祭歐陽文忠公文〉，臨風想望，語語出自肺腑，情文並茂。在對歐公的弔慰致哀中頌揚其文章名世，學識淵博，道德氣節始終剛正不阿，借以寄託自己仰慕哀悼之情。流露於行文筆墨間激情如瀑，哀情如訴。文筆概括精鍊，迭出奇想，文勢豪健，在一片祭歐聲中，獨傳清音，世稱珍品。

曾鞏以「淵源聖賢，表裡經術」、「醇乎其醇」著稱於世，傳世作品各類文體皆備，卓然自成一家。尤長於議論文，往往借一事多議，說古勸今，或指斥時弊，或端正風俗，都能窮盡事理，剖析精微。記體文章揉合敘議，化裁自如，論述皆因事而發，傳誦不輟的〈墨池記〉，巧借王羲之墨池遺跡傳說，說明人的才能都是「以精力自致」，而「非天成」的道理。從書法進而論及治學，由治學引申到道德修養，推衍至「仁人壯士之遺風餘思」之「被於來世」，通篇即事生情，託物言志，窮盡事理，多方啟迪。行文古雅蘊藉，舒緩有致，經得起咀嚼回味。且結構精巧，入題自然貼切，結語警策，充分展現曾鞏散文平易流暢、醇厚謹嚴的風格，歷來享有盛譽。傳世的十幾篇目錄序，大多以辯議、駁議為主，林琴南說：「曾子固為目錄之序，至有條理。」書信文中以〈寄歐陽舍人書〉最負盛名，祭文碑銘亦有名篇。他的文章多以平和古雅見稱，行文委婉周詳，風格雍容典雅，含蓄雋永，自成風範。

曾鞏

延伸閱讀〈豐樂亭記〉、〈豐樂亭遊春〉三首

〈醉翁亭記〉還有一姐妹篇〈豐樂亭記〉，同是慶曆六年歐陽脩知滁州時所作，兩文都表達了作者被貶滁州後的心境和意趣。〈醉翁亭記〉重在抒寫景色優美和陶然自適的心情；〈豐樂亭記〉明白說出「宣上恩德，以與民同樂」。

醉翁亭是滁州本有而由歐公命名，豐樂亭是他到滁州後，親自在西南豐山谷中，因景建亭。他在〈與韓忠獻王書〉說：「山川窮絕，比乏水泉，昨夏秋之初，偶得一泉於州城（即滁州）之西南豐山之谷中，水味甘冷，因愛其山勢回抱，構小亭於泉側。」清泉味甘冷，位於聳然特立的豐山和杳然深藏的幽谷之間，「於是疏泉鑿石，闢地以為亭，而與滁人往遊其間」。

滁州是當年趙匡胤用後周的軍隊，在清流山下打敗南唐李璟的十五萬雄軍的地方，歐公遊玩其間，不免油然發思古之幽情，追述起滁州的歷史沿革來。他先強調在五代時滁州是個用武之地，有意查訪遺跡，終因年代久遠，天下承平已久而不可得。接著寫唐朝後期的大動亂：「海內分裂，豪傑並起而爭」，到了「宋受天命」，統一海內，才出現了太平之世。敘說歷史上數次動亂，更顯有宋以來百年昇平的可貴。滁地閉塞，居民不知外面的情況，只知道樂生送死，「孰知上之功德，休養生息，涵煦於百年之深也。」他們甚至不知慶幸趕上好時代，以為安和樂利的生活是天經地義的平常。

豐樂亭是歐陽脩到滁州後，親自在西南豐山谷中，因景建亭。

說古是為了頌今。如今自己可以「日與滁人仰而望山，俯而聽泉」，在這裡欣賞「幽芳」、「喬木」、「風霜」、「冰雪」等四時美景，在遊賞中向滁人述說山川的變遷，風俗的更替，「使民知所以安此豐年之樂者，幸生無事之時也。」說明為亭子命名「豐樂亭」的緣由是：「宣上恩德，以與民共樂」，那是一郡太守的職責。

〈醉翁亭記〉敘寫與民同樂中，曲折顯示作者自己治滁的政績，傳達「不以物喜，不以己悲」古仁人的境界；〈豐樂亭記〉表現了作者對社會安定、民生豐樂的讚美，展現「兼濟天下」的胸懷。

歐陽脩被貶官到滁州，還寫了〈豐樂亭遊春〉三首小詩：（其二已見前第參節引）

綠樹交加山鳥啼，晴風蕩漾落花飛。
鳥歌花舞太守醉，明日酒醒春已歸。（其一）
紅樹青山日欲斜，長郊草色綠無涯。
遊人不管春將老，來往亭前踏落花。（其三）

這是歐陽脩在挫折與苦難之中排遣憂傷的智慧與修養。欣賞大自然中美好的綠樹、晴風、鳥歌、花舞、春雲、草色、飛絮、青山、行樹等等，將自己融和在開闊的景色中，心情隨之開朗，心胸也會博大起來。

（何淑貞）◆

6 詞選三首之一・蘇幕遮

文武雙全，出將入相的范仲淹以「先天下之憂而憂，後天下之樂而樂」的仁者胸懷受到後世景仰。但從少數流傳的詞作中，我們還是可以看到他溫柔婉約的一面。這首膾炙人口的〈蘇幕遮〉，以麗語寫秋景，以健筆寫柔情，針縷綿密、氣脈貫串，就非常扣人心弦，也讓我們了解到他「變伶工之詞而為士大夫之詞」的貢獻。

壹・作者與出處

范仲淹（西元九八九～一〇五二），字希文。宋蘇州吳縣（今江蘇省吳縣）人，是北宋初年著名的政治家、軍事家、文學家。生於太宗端拱二年，卒於仁宗皇祐四年，享壽六十四歲，諡文正。

遠祖范滂是東漢時博士，因抑制豪強、反對十常侍（東漢靈帝時張讓等操縱朝政的宦官）知名於時，後死於黨錮之禍。他的裔孫履冰是唐睿宗第一次登基時的宰相。祖輩世居河內，至唐懿宗朝，中原戰亂，一支渡江南遷，流寓不歸，遂為江蘇吳縣人。

范仲淹進士及第後，歷任州縣長官，重視地方教育，培養人才，還捐出蘇州祖宅作為義莊，辦義學，對宋代文化發展頗有貢獻。率兵鎮守西北邊疆數年，安定邊防，深得軍民愛戴。邊境的百姓有歌謠紀實說：「軍中有一韓，西賊聞之心膽寒；軍中有一范，西賊聞之驚破膽。」羌人稱他「龍圖老子」（曾任龍圖閣直學士）；西夏人說他「小范老子，胸中自有數萬甲兵！」相約不敢入侵，德威遠震。

范仲淹在北宋王朝擔任過樞密副使（中央軍事機構的副長官）、參知政事（副宰相）。由於內憂外患接踵而至，國家財政困難，仁宗召集大臣議政，他寫了〈條陳十事〉，提出許多寶貴建議，推行革新措施，史稱「慶曆新政」。當時他已任官二十八年，從地方小吏到朝廷重臣，在地方上興利除弊，到西線疆場的禦夏壯舉，都可肯定他是個成熟的政治家，人們推崇他說：「朝廷無憂有范君，京師無事有希文。」他對當時社會的洞察亦相當深入，無論品質才能都是能勝任改革大業的人才，可惜新政招致保守勢力的反對而中道夭折。

說起范仲淹，自然會想起他「先天下之憂而憂，後天下之樂而樂」的仁者胸懷。他文武全才，出將入相，《四庫全書總目》說：「仲淹人品事業卓絕一時，本不借文章以傳。」他雖不以學術研究名世，但明究經術，深得奧旨，寫文章不尚空言，不重辭藻，是以傳道為己任，所論都能貫通經術，明達治道。在宋代學術史上，還是有舉

足輕重的地位。文章清麗順暢，以書寫懷抱為主，詞則豪放蒼涼，膾炙人口。清金聖嘆推崇他「以聖賢學問，發為才子文章。」有《范文正公集》行於世。

貳・選文與注釋

〈蘇幕遮[1]・懷舊〉

碧雲天，黃葉[2]地，秋色連波[3]，波上寒煙翠[4]。
山映斜陽天接水，芳草[5]無情，更在斜陽外。
黯鄉魂[6]，追旅思[7]，夜夜除非，好夢留人睡[8]。
明月樓高休獨倚。酒入愁腸，化作相思淚。

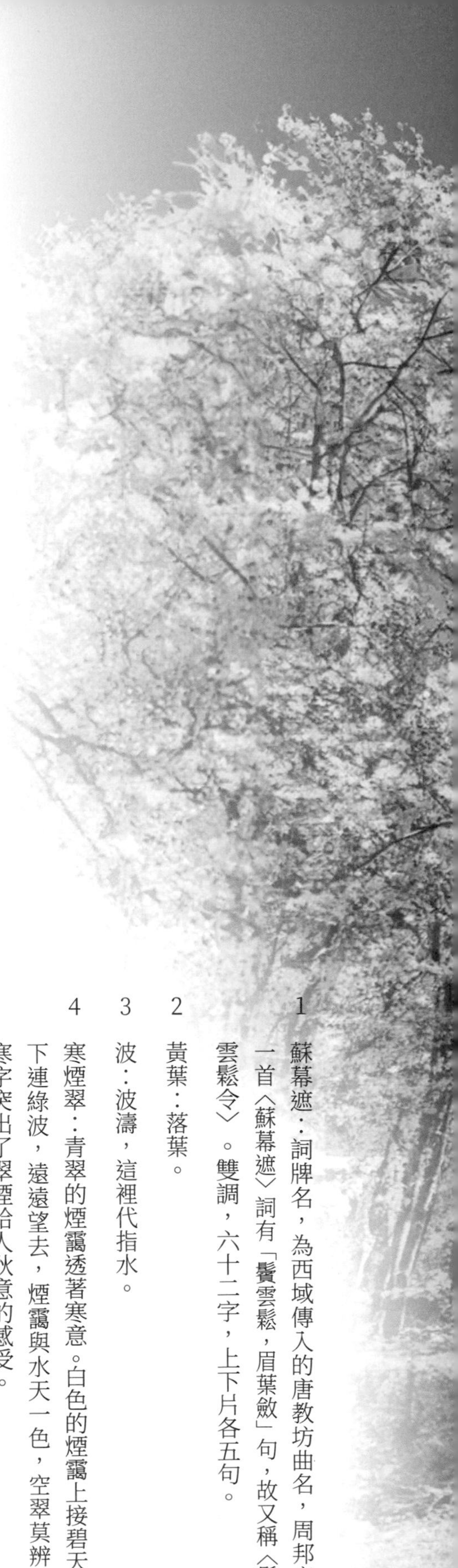

1 蘇幕遮：詞牌名，為西域傳入的唐教坊曲名，周邦彥一首〈蘇幕遮〉詞有「鬢雲鬆，眉葉斂」句，故又稱〈鬢雲鬆令〉。雙調，六十二字，上下片各五句。

2 黃葉：落葉。

3 波：波濤，這裡代指水。

4 寒煙翠：青翠的煙靄透著寒意。白色的煙靄上接碧天，下連綠波，遠遠望去，煙靄與水天一色，空翠莫辨。寒字突出了翠煙給人秋意的感受。

5 芳草：是文人筆下鄉思離情的意象。自從《楚辭・招隱士》寫出了「王孫遊兮不歸，春草生兮萋萋。」之後，「草」就成為誘發鄉思離情的觸媒。如〈飲馬長城窟行〉：「青青河畔草，綿綿思遠道。」白居易〈賦得古原草送別〉一詩，借古原草淋漓盡致發揮惜別之情的面面。李煜〈清平樂〉「離恨恰如春草，更行更遠還生。」等都是。

6 黯鄉魂：因懷念故鄉而心情憂傷。這裡化用江淹〈別賦〉：「黯然銷魂者，惟別而已矣。」黯：黯然，心情沮喪的樣子，形容極度悲傷。鄉魂：思鄉的心緒。

7 追旅思：羈旅的愁思縈繞心頭。追：跟隨，這裡可引申為糾纏。旅思：旅中的愁苦。

8 夜夜除非，好夢留人睡：每天夜裡，只有做回到故鄉的好夢，才能睡得安穩。

參．可以這樣讀

宋仁宗康定元年至慶曆三年間，范仲淹出任陝西四路宣撫使，主持防禦西夏的軍事。面對頻仍的戰事，蕭颯寥落的秋景，撩起了他陣陣羈旅鄉思，寫下這首膾炙人口的〈蘇幕遮〉詞。

以麗語寫秋景

起首以「碧雲天，黃葉地」點明季節。湛碧長空下，一片鋪滿金黃落葉的原野，那是詩人從高低兩個角度勾勒出一幅廣袤宏麗的秋景，這景色是通過詩人的心眼展現，情因景見，我們看到的不僅是典型的秋色，還有作者濃烈的感情。元代王實甫《西廂記》「哭宴」一折，長亭送別時崔鶯鶯唱的，就是化用這兩句衍為曲子，成為絕唱：「碧雲天，黃花地，西風緊，北雁南飛。曉來誰染霜林醉？總是離人淚。」景中之情就這樣流瀉出來。

「秋色連波，波上寒煙翠。」秋色向遠方延綿伸展，連接著天地盡頭的秋江。「波」字寫出了水的靈動態勢，形象生動，水面的景色是「寒煙翠」，空翠的煙靄籠罩水面透著寒意，迷濛淒清，境界遠大，意境深邃婉麗，秀逸空靈。走筆至此，寫就一幅寥廓絢麗的秋色圖，著一寒字，表現出作者對景物的主觀感受，加重了所描寫的秋景的感情色彩。

「山映斜陽天接水」，遠近的山峰反映落日的餘暉，一步步的把落日的餘光帶到更遙遠的地方，水波在極目的地平線上與天相接，天、地、山、水通過

斜陽渾融一體，境界闊遠宏大。無邊無際無情的芳草，組接到目力不及的天涯，遠連更在斜陽之外的故鄉，茫茫天地，極目難尋，逗引出倚樓遠望的詩人綿綿不絕的思鄉愁緒，轉入下片淋漓盡致的抒情。

以健筆寫柔情

過片承天涯芳草點出「鄉魂」、「旅思」。「鄉魂」，思鄉的情懷；「旅思」，羈旅的愁緒。「黯鄉魂」，化用江淹〈別賦〉：「黯然銷魂者，惟別而已矣。」加強了思鄉之情，是說自己思鄉的情懷極度悲悽。「追旅思」，「追」是跟隨之意，悲悽的思鄉情懷與羈旅的愁緒互相糾纏，縈繞心頭，揮之不去，以致長夜無法成眠。

「夜夜除非，好夢留人睡」，只有夢回故園，不知身是客，才會睡個安穩覺，可是這種好夢不多。「夜夜」是說經常的，欲尋好夢，好夢難成。

「明月樓高休獨倚」，獨倚高樓眺望，是從「山映斜陽」到「明月」高照，望中連天接水的秋色，更增添了悵惘之情，不由地發出「休獨倚」的警告。「休」，「不要」的意思，口吻堅定，說得多麼斬釘截鐵，說「休獨倚」之前，不是一直在這高樓上憑欄遠望嗎？在語言與行動的矛盾中，表露出多少的無奈，多少的痛苦掙扎！登望是我國古人常欲藉以紓悲解愁的行為，但往往使人悲上加悲、愁上增愁，「憑欄總是銷魂處」，詞人登高望遠所觸發的鄉愁，更不堪忍受。

無法排遣的愁思，借酒開解吧，結果是「酒入愁腸，化作相思淚。」正如他在〈御街行〉所說的：「愁腸已斷無由醉，酒未到，先成淚。」鬱積的鄉思旅愁，在客觀事物的激發下達到最高潮，似水柔情，如綿蜜意，在難以為懷的情緒中嘎然而止，意盡情未了，鄉愁旅思綿綿不盡。

讀畢本詞，作者倚樓的孤影、望鄉的夢魂、夢中的甜美、帶酒的淚痕，栩栩如在目前。

針縷綿密、氣脈貫串

本詞章法頗具特色。上片寫景，先由上而下，由近至遠，句法層遞高廣，從碧天廣野寫到遙接天地盡頭的淼淼秋水，這幅寥廓多彩的秋色圖，是通過水波、寒煙、芳草、夕陽等惹愁添憂的意象經營，層層深入，已暗暗透出滿懷鄉愁旅思，再由「芳草無情，更在斜陽外」一句，為下片抒情不著痕跡地作了自然的過渡，手法高妙。

過片承接上片芳草無情，直接點出縈繞心頭的鄉魂、旅思。鄉魂、旅思意義接近，對舉互用，強調作者羈泊異鄉時間之久、鄉思之深。「樓高獨倚」句，回筆點明上片景物都是登樓遠眺所見，一方面使上片寫景與下片抒情融為一體，另一方面避免了結構行文的平鋪直敘。由「斜陽」冉冉到「明月」高照，獨倚高樓之上，不但愁懷未釋，反而更甚，不由得發出「休獨倚」的慨嘆，更見詞人內心的無奈與掙扎，又多了一番曲折，多一番情致。

全篇意脈相通，環環相扣，情思在低迴婉轉中別有一股沉雄清剛之氣。范

仲淹正氣塞天地，他的言情，自有其風度氣格，完全是內心的真情流露，感情深沉，筆調婉轉，哀而不傷，清代詞評家譚獻說這首詞寫得「大筆振迅」，對後代詞的發展有相當的影響。

肆・再做點補充

范仲淹存詞只有五首，但史料記載，他的詞不只是這些。如魏泰《東軒筆錄》說：「范希文守邊日，作〈漁家傲〉樂歌數闋，皆以「塞下秋來」為首句，頗述邊鎮之勞苦。」如今僅存「衡陽雁去無留意」一闋。又如李治《敬齋古今黈（音ㄊㄡˇ，增益）》說：「范文正自前二府鎮穰下營百花洲，親製〈定風波〉五詞」，今僅存「羅綺滿城春欲暮」一首，可推想他有不少詞早已散軼。雖然只看到五首，也不難窺見其詞作的特色。

詞是唯美文學，寫作背景是由詩客寫給妙齡少女演唱的歌詞，大多以愛情為主題，寫傷春怨別，相思懷念之情。其功能是侑筵佐觴，達成娛賓遣興的效果。宋初出現在詞壇的作者，都是達官顯宦，劉大杰說：「他們的作品，大都有一種華貴雍容的風度，不卑俗，也不纖巧。言情雖纏綿而不輕薄，措辭雖華美而不淫艷。詞的形體與風格，還是繼承南唐的遺風。」詞人在香風畫閣，花前月下，把別情閨怨這兩種題材，發揮得淋漓盡致，成為詞作的傳統典範，好像任何題材的詞，都要以男女相思別離為外殼。李後主在亡國破家後所寫的〈破陣子・四十年來家國〉，主題明白直接是寫家國之痛、山河之戀、干戈之感、囚徒之困，最後還要轉換為「最是倉皇辭廟日，教坊猶奏別離歌，揮淚對宮娥！」的男女別情。其實後主遭遇家國之變後的作品，開始打破詞為艷科的藩籬，把伶工之詞變為士大夫之詞是從他開始的（王國維《人間詞話》如此說）。

范仲淹是繼李後主「變伶工之詞而為士大夫之詞」之後的第一位詞人。他的詞意蘊深廣，筆調哀婉，感情深厚，超越南唐，洗盡花間體淫靡卑弱的詞風，推動了從歌詠閨怨別情到歌詠人生的風會轉移，從本選文〈蘇幕遮〉就不難看出端倪。還可注意的是以往寫相思別情，所出現的景物，不外是閨閣庭院，香燈羅帳，而范仲淹寫鄉愁相思，注入眼中的是開闊高遠的秋景，詞中出現這種開闊博大的氣象開拓，不必等到浪跡天涯的柳永才寫出來，范仲淹已導乎先路。

從詞的發展來看，范仲淹的影響仍有跡可尋，婉約詞除〈蘇幕遮〉外，還有〈御街行．秋日懷舊〉：

紛紛墜葉飄香砌，夜寂靜，寒聲碎。
真珠簾卷玉樓空，天淡銀河垂地。年年今夜，月華如練，長是人千里。
愁腸已斷無由醉，酒未到，先成淚。
殘燈明滅枕頭敧，諳盡孤眠滋味。都來此事，眉間心上，無計相迴避。

這首詞寫離人在秋夜中，無法擺脫相思的纏繞。結尾三句寫相思之苦，真切生動，李清照〈一剪梅〉：「此情無計可消除，才下眉頭，卻上心頭。」不難看出就是從此詞脫胎而出的。

豪放詞如〈漁家傲．秋思〉：

塞下秋來風景異，衡陽雁去無留意。

四面邊聲連角起，千嶂裡，長煙落日孤城閉。

濁酒一杯家萬里，燕然未勒歸無計。

羌笛悠悠霜滿地，人不寐，將軍白髮征夫淚。

這是范仲淹鎮守西北邊防時所作。他在邊塞鎮守四年，對邊境的景色和守邊將士的辛苦有深刻的體會，所以真切寫出守邊將士禦敵衛國的英雄氣概，也反映了他們思念家鄉的悽苦心情。視野開闊，氣象蕭索，感情鬱勃，筆力遒勁，格調沉雄，超越了吟風弄月、兒女私情的藩籬，下開豪放詞的先河。

（何淑貞）◆

之二・天仙子

風流灑脫的張先是作詞的高手，雖然紅粉無數、縱情詩酒，他仍能體察大勢，及時脫離「詞為艷科」的傳統，有意識的將士大夫的日常生活、應酬唱和融入詞中，在傳承與創新間承先啟後，並開啟詞序與慢詞的先河。〈天仙子〉是非常優美動人的作品，引起無數的共鳴，其中「雲破月來花弄影」是千古名句，更讓他自得到自稱「張三影」。

壹・作者與出處

張先（西元九九〇～一〇七八），字子野，曾任安陸縣知縣，人稱張安陸。湖州烏程（浙江吳興）人，生於宋太宗淳化元年，卒於神宗元豐元年，享壽八十九歲。經歷太宗、真宗、仁宗、英宗、神宗五朝，是北宋最長壽的詞人。

祖父張任、父張維皆贈刑部尚書侍郎，家世平常。張維少年時因家貧失學，故對其子的教育分外用心。張先日後的文學成就，得力於其父的悉心栽培。

張先於仁宗天聖八年舉進士，且禮部試第一，時年四十一歲。仕途始於明道元年四十三歲，晏殊任命為宿州（安徽宿縣）掾（屬官），嘉祐四年六十歲以刑部尚書都官郎中致仕。一生仕途平順，雖無顯赫的官位，亦未曾遭受貶謫。歷任州縣地方官，有惠政，頗多建樹，深受居民愛戴。如任吳江縣令時擴建如歸亭，據《吳郡志》的記載：「如歸亭在吳江，張先子野撤而新之。蔡襄君謨〈題壁〉云：『蘇州吳江之瀕，有亭曰如歸者，隘壞不可居。康定元年，知縣事秘書丞張先始為大之云。』」章岷有〈如歸亭〉詩：「邑境人歌令尹賢，構亭裁址俯清漣」可見他的治績受到肯定。

張先個性樂觀自在，豁達淡泊，瀟脫快活，交結許多志同道合的朋友，如晏殊、歐陽脩、宋祁、蘇軾、王安石等都是他的好友，退休後優遊鄉里，仍然有極豐富的交遊活動；生活疏放，一生詩酒風流，無論廟庵尼姑、絕世名妓、紅塵歌妓、良家婦女，都樂於交往。詞集中不少贈妓、詠妓、思妓、悼妓之作。為追念與小尼姑的戀情所寫的〈一叢花令〉，以「沉恨細思，不如桃杏，猶解嫁東風。」重筆收束，語新意深，無理而妙，贏得「桃杏嫁東風郎中」的綽號。古代文人間惺惺相惜，切磋交流，往往以對方的警句作為綽號以為推崇，如蘇軾稱秦觀「山抹微雲君」，人稱柳永「曉風殘月柳三變」，張先稱宋祁為「紅杏枝頭春意鬧尚書」等，一般都是別人給的美稱，而「張三影」卻是張先自封的。當時人送他的綽號「張三中」（〈香杏子〉中有「心中事、眼中淚、意中人」句）他說：「何不曰『張三影』？『雲破月來花弄影、簾壓卷花影、墮風絮無影』，吾得意之句也。」

張先的文學成就，詞最顯赫，一般來說都認為他詞優於詩，但蘇軾不以為然，他說：「（張先）詩筆老妙，歌詞乃其餘技爾。」葉夢得《石林詩話》也說：「俚俗多喜傳詠先樂府，遂掩其詩聲，識者皆以為恨云。」其實他的詩風格清麗，在當時已享有盛名。他的作品現存詞一百七十二闋，詩二十五首，殘句四聯，及殘文一篇。

宋初詞作仍為花間詞的餘韻，張先處在北宋詞壇轉變的時期，是他開始自覺跳脫「詞為艷科」的傳統。他有意識全面地將士大夫的日常生活融入詞中，且以詞作為文人間酬贈的載體，開拓了詞的內容，賦與作品個人生命力，在傳承與創新中起了作用。當小令載不動豐富的內容時，是他開啟了詞序和慢詞的先河。張先在北宋詞的發展史中，不容忽視。

張先的詞是以工巧之筆表現一種朦朧之美，有如「鬧花點水」、「淡雲疏月」，優雅含蓄，情韻濃郁，有《張子野詞》傳世。

貳・選文與注釋

〈天仙子〉[1]時為嘉禾[2]小倅[3]，以病眠，不赴府會

〈水調〉[4]數聲持酒聽，午醉醒來愁未醒。送春春去幾時回？
臨晚鏡，傷流景[5]，往事後期[6]空記省[7]。
沙上並禽[8]池上暝[9]，雲破月來花弄影[10]。重重簾幕密遮燈，
風不定，人初靜，明日落紅[11]應滿徑。

1 天仙子：原為西域傳來的一首舞曲〈萬斯年〉，唐收入教坊曲中，並用作詞牌，又名萬斯年曲、秋江碧等，皇甫松用此詞牌作詞一首，其末句為「懊惱天仙應有以」，而改名〈天仙子〉。單調三十四字，六句五仄韻為正體。另有單調三十四字，六句四仄韻；單調三十四字，六句五平韻；雙調六十八字，前後段各六句五仄韻等變體，代表作品是張先的「〈水調〉數聲持酒聽」。

2 嘉禾：地名。今浙江紹興。

3 倅：音ㄘㄨㄟˋ，知州管文書的小吏。

4 水調：曲調名，唐杜牧〈揚州〉詩之一：「誰家唱〈水調〉，明月滿揚州。」自注：「煬帝鑿汴渠成，自造〈水調〉。」

5 流景：逝去的光陰。景：日光。唐代武平一〈妾薄命〉：「流景一何速？年華不可追。」

6 後期：今後的相約期許。

7 記省：思念省識。記：思念。省：音ㄒㄧㄥˇ，省悟。

8 並禽：成雙成對的鳥，這裡指鴛鴦。

9 暝：天黑，夜幕低垂。

10 弄影：花枝隨風晃動使影子跟著搖曳。弄：戲耍。

11 落紅：落花。

參・可以這樣讀

張先在〈天仙子〉詞調下有個短序：「時為嘉禾小倅，以病眠，不赴府會。」交代了作詞的時間（約在仁宗慶曆元年，詞人五十二歲）、地點、作者的身份（協助知州掌管文書的小吏），並表示意興闌珊，對府會熱鬧的場面不感興趣，稱病不赴。由於生性耿直，不喜攀附，五十二歲還屈居下僚。梅堯臣〈送簽判張秘丞赴秀州〉詩說：「嘉禾主人余久知，跡冗不擬強攀附。倘或無忘問姓名，為言懶拙皆如故。」可約略了解他當時的心情。

春歸時候，老來情味

本詞從持酒聽歌起筆，「〈水調〉數聲持酒聽」，對酒當歌本是古代文人生活的一部分，詞人躲開了府會的歡樂場面，在家百無聊賴中，還是以聽歌飲酒消遣。只是〈水調〉的旋律悲抑激切，據《碧雞漫志》載：「今曲〈水調歌〉為煬帝自製，……聲韻悲切。」勾起了沉埋心底執著的愁思，午醉雖醒，愁悶並未解。「送春春去幾時回」，從眼前景物擴展到整個人生的思考，引發對春光的低迴留戀，對時光飛逝的惆悵，有感性的嘆息，有理性的沉思。春去了還會再來，可是許多甜蜜或辛酸的往事，都隨春遠逝，逝去的青春，變更了的人事，是永無重返的機會，因而發出「幾時回」的嗟嘆。「臨晚鏡，傷流景」，向晚臨鏡自照，感傷年華不再。這個「晚」字，一方面指時間，詞人午醉醒來，倦臥半晌，此時已近黃昏；一方面隱指晚年。當臨鏡自照，驚覺「巾髮雪爭出，

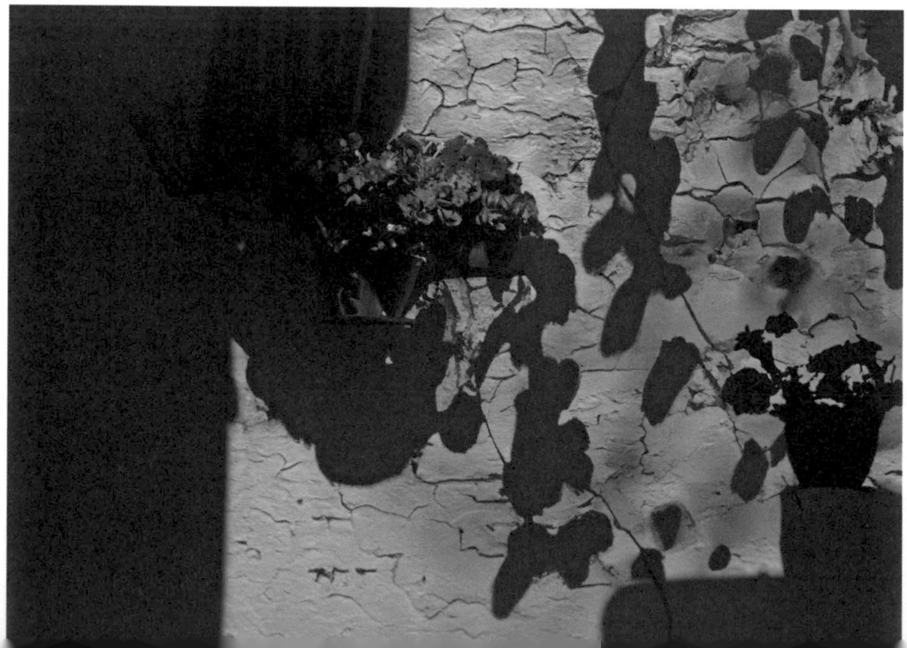

鏡顏朱早凋」（王安石〈壬辰寒食〉），攬鏡驚容，年華已逝，自然升起悵惘之情。詞人由於流光易逝，想到人事無常，往事不堪回首，瞻望未來，後期也是無憑，「往事後期空記省」，「記省」何益？接受孤寂之必然吧。

即景生情，傷春自傷

詞人為了排遣滯留在心中的愁苦，閑步小園。觸目所及是暮色逐漸籠罩大地，鴛鴦並眠在池邊沙岸上。鴛鴦本是一雄一雌，永遠成雙成對，雙宿雙飛，如果其中一隻先死，另一隻絕不苟且獨活。從唐代開始，就象徵美滿堅貞的愛情，盧照鄰〈長安古意〉：「得成比目何辭死，願作鴛鴦不羨仙」。「沙上並禽」反襯詞人形單影隻的孤寂。「雲破月來花弄影」，是千古傳誦的名句。當夜幕低垂，天上浮雲掩月，忽然一陣風吹破雲層，月兒從層雲的隙縫中露出臉來了，照明了園中一切。詞人意外發現花兒隨著春風的吹拂而搖曳生姿，落在池中的花影也跟著花兒婆娑起舞，敏感的詞人捕捉到這個瞬間富有美學情趣的畫面，用他的彩筆細緻生動、完美地表現出來。在雲「破」月「來」的情景下，加上風的助力，將殘的花，居然逗耍（弄）著影子，盡情表現它的豐姿神采。眼前出現了這頗富詩意的景色，品嘗到即將逝去的盎然春意，帶給詞人意外的欣慰，整日憂傷苦悶的愁緒一掃而空，通過他生動傳神的意象經營，也讓讀者分享到他的愉悅和美感經驗。沈際飛《草堂詩餘正集》說：「心與景會，落筆即是，著意即非，故當膾炙。」楊慎《詞品》說：「景物如畫，畫亦不能至此，

明人〈花下鴛鴦圖〉，國立故宮博物院藏。

絕倒絕倒！」陳廷焯《雲韶集》說：「繪影繪色，神來之筆，筆致爽直，亦芊綿，最是詞中高境。」無不讚譽有加。王國維說：「著一『弄』字而境界全出矣。」「弄」這連續動作，細緻生動地把月下的花寫活了。而張先自己最得意是「影」字。在他之前，已有不少詩詞出現「影」字，如：何遜〈夕望江橋〉：「風聲動密竹，水影漾長橋。」李白〈峨眉山月歌〉：「峨眉山月半輪秋，影入平羌江水流。」李煜〈浪淘沙〉：「想得玉樓瑤殿影，空照秦淮。」林逋〈山園小梅〉：「疏影橫斜水清淺，暗香浮動月黃昏。」等，但不像張先那樣著意反覆捕捉「影」字的美學境界，他的詞集中除了上述三句外，還有「浮萍破處見山影」、「隔牆送過鞦韆影」，共有五句之多，「倒影」是「象外之象」、「景外之景」，其美感作用分外迷人。胸中鬱悶已解除，詞人步入室中，第一件事是趕快拉上簾幕，嚴密地為燈焰擋風，因為「風不定」，「不定」兼指風越來越大、燈焰搖擺不定。夜深人靜，更覺風勢越來越猛烈，剛還在月下弄影的花，恐怕會片片飄落園中的小路上，正是「萬紫千紅一夜空」啊！末句惜花（包括惜春、憶往）的深情，呼應上片傷春情懷，使上情下景，水乳交融，渾然一體。

肆・再做點補充

張先在北宋詞史上的地位

陳廷焯在《白雨齋詞話》裡說：

張子野詞，古今一大轉移也。……。自子野後，一千年來，溫、韋之風不作矣，亦令我思子野不置。

陳氏簡明扼要地說明張先是宋初詞壇轉變的樞紐，作品承繼了五代的含蓄古意，後開北宋詞的發揚蹈厲，恰好呈現詞體轉變時期的多元面貌，肯定其承先啟後的地位。張先處於文壇革新時期，在他諸多具有開創意義的嘗試下，對詞作體式、題材、內容的擴展，功不可沒。

首先，在李煜、范仲淹「變伶工之詞為士大夫之詞」的啟發下，他有意識地以「詞言志」，全面的將士大夫的日常生活、郊遊趣味寫入詞中，將人生體驗自然而然的融進詞裡，書寫真實的自己，包括酬唱、唱和（依韻、次韻）、贈別等，不再讓詩歌專美。他是第一個運用詞作為文人間酬贈的人，提升了詞作在文人心中的地位。對舊有題材也有所擴充，如對歌妓的書寫，除描寫她們的姿容，更重視其技藝與抒發個人的觀感；縱然是寫傳統的相思別離，也從閨閣移至廣闊的社會和大自然中，不再侷限於庭中苑囿、亭臺樓閣，其詞作記錄了不少山光水色。這樣，詞無論題材或內容，都呈現出多元的視角，衝破了「詩

莊詞媚」的窠臼，擺脫了詞的寫作多是「男子作閨音」的代言體。

其次是在詞調下寫作題序。傳統詞作有調無題，填詞是依調詠事，就調發揮。往往出現作者無法找到符合要書寫之內容的詞調，就不得不依舊調言他事，詞意與詞調無關，於是有題序出現，以說明作者寫作的意圖和背景。張先第一篇題有詞序的就是本選文的〈天仙子〉，有了這小序，我們便理解張先借病逃避了一場宴飲聚會，獨自經歷了一番傷春自傷與自覺的歷程。

在詞調下附題序，並非始自張先，同時代的作家如晏殊詞集中有八首調下有題序，歐陽脩也有八首，范仲淹流傳的五首詞，首首都有題序，他們可說是詞調下附題序的先聲，但比率不高。張先一百七十二首詞中，就有六十首有題序的，其中有四十首可考繫年，比率相當高，是有意為之，解決了作者創作時詞意不合詞調的窘境，改變了傳統詞作有調無題的形制。他是大量使用散文化筆調寫詞序，少則兩三字，多則至三十八字。他用題序的詞作，以記遊、參加宴會、酬唱、送行為主要內容，清楚脫離了「詞為豔科」的傳統。

詞有題序一般以為始自蘇軾，其實是由晏、歐等開啟，經張先發揚，至蘇軾集其大成。

復次，張先在詞作上的特殊構思與寫作手法，亦多為人所稱道。陳廷焯《詞談叢話》說：「張子野詞，才不大而情有餘，別於秦、柳、晏、歐諸家，獨開妙境，詞壇中不可無此一家。」他是在新舊之間嘗試改變的過渡人物，在詞史中有繼往開來的地位。如由小令過渡到慢詞，不能略過張先。夏敬觀說：「子

明代高然暉 山水圖
東京國立博物館藏

野詞凝重古拙，有唐五代之遺音，慢詞亦多用小令作法，在北宋諸家中，可云獨樹一幟，比之於書，乃鍾繇之體也。」這是肯定其過渡地位。在書史上，楷書是由鍾繇至王羲之而集大成；在詞史上，慢詞是由張先至柳永而完備。柳永雖是慢詞的集大成者，但柳永行文平鋪直敘，用語俚俗淺近；張先以小令的手法作慢詞，在鋪敘中仍不失含蓄，正如陳廷焯說他：「規模雖隘，氣格卻近古。」近古，就是保持了傳統詞作的含蓄蘊藉，張先在創新中始終不失詞的本色。他開拓慢詞一片清新優雅的風格，影響後世慢詞講究韻味審美的特點。

直接受張先影響的是蘇軾。蘇軾至杭州任通判之時，正值張先主盟吳、越詞壇，兩人忘年相交（張先比蘇軾大三十多歲），相識相知，過從甚密，詩酒唱和。蘇軾到杭州後，開始大量創作詞，他肯定張先詞源於詩，在〈祭子野文〉中說：「微詞婉轉，蓋詩之裔。」這也表示了推尊詞體的詞學觀念。他很快就吸收張先將詩的功能運用到詞上的特點，以及勇於嘗試的創作精神，自覺的廣泛加以運用及發揮，大力革新，成功的將「以詩為詞」的精髓發展到高峰，提升了詞的藝術層面，樹立東坡詞的典型。吳梅說：「子野上結晏、歐之局，下開蘇、秦之先。」說得極為中肯。

自在瀟灑，風流韻事多

張先個性疏放，生活自在，淡然處世，終生詩酒風流，灑脫快活，頗多佳話，至老不衰。

他年輕時曾邂逅一小尼姑，相約幽會。但庵中規矩甚嚴，住持發現兩人私會，為了斷絕他們來往，便把小尼姑關到池中一個小島的閣樓上。張先趁夜深人靜時，划船過去，登梯翻牆進入，天將亮才悄悄離開。多日來都沒被發現。後來張先赶科考，不再赴約，從此杳無音訊，小尼姑憂鬱以終。張先十分懷念這段戀情，填了一闋〈一叢花令〉以寄意。這首挑戰當時道德的詞，居然傳誦一時。歐陽脩聽人傳唱這首詞後，很想結識他卻苦無機緣。後來張先主動拜訪，歐陽脩聽到門人通報，喜出望外，匆忙中倒穿著鞋子便出去迎接，邊奔邊笑著說：「原來是『桃杏嫁東風郎中』來了，請進請進！」留下了「倒屣相迎」的佳話。

到了八十歲高齡還娶了十八歲的妙齡少女為妾，婚宴中頗為得意的賦詩一首：「我年八十卿十八，卿是紅顏我白髮。與卿顛倒本同庚，只隔中間一花甲。」蘇軾便即興作了一首詩調侃道：「十八新娘八十郎，蒼蒼白髮對紅妝。鴛鴦被裡成雙夜，一樹梨花壓海棠。」後來這小妾八年中為他生了兩男兩女。他一生共生十子兩女，長子與么女相差一甲子。高壽風流，文學史上絕無僅有。

（何淑貞）◆

之三・青玉案

豪邁剛直，又精通音律，使得懷才不遇的顯貴公子賀鑄在詞曲風格上也是帶著豪邁、婉約並俱，「妖冶如攬嬙施之怯」、「悲壯如蘇李」的兩面性。此外，他還善於冶煉字面、融化前人成句，語意精新，用心良苦。在這首〈青玉案〉中，香草美人之思一發不可遏止，幾乎融合賀鑄主要的風格與心事，三疊答的「一川煙草，滿城飛絮，梅子黃時雨」則讓「賀梅子」和他的作品永被銘記。

壹・作者與出處

賀鑄（西元一〇五二～一一二五），生於宋仁宗皇祐四年，卒於徽宗宣和七年，享壽七十四歲。字方回，生在衛州共城（今河南輝縣），祖籍山陰（今浙江紹興），故自稱越人。自認是唐賀知章的後裔，因賀知章曾居住慶湖（慶湖即山陰的鏡湖），故晚年自號慶湖遺老。身高七尺，寡髮，面色青黑，貌奇醜，而眉目聳發（倒豎）有英氣，時人稱他「賀鬼頭」。

賀鑄才兼文武，是宋太祖孝惠皇后的五世族孫，又娶了宋宗室趙克彰之女為妻，本可富貴終身，但秉性剛直耿介，尚氣使酒，不阿權貴，因而一生屈居下僚。程俱在〈宋故朝奉郎賀公墓誌銘〉中說他「豪爽精悍」、「喜面刺人過，遇貴勢，不肯為從諛。」葉夢得〈賀鑄傳〉說他「喜劇談天下事，可否不略少假借；雖貴要權傾一時，少不中意（與己意見不合），極口詆無遺詞，故人以為近俠。」他自己也說：「鑄少有狂疾，且慕外監之為人，顧遷北已久，常以『北宗狂客』自況。」十七歲以恩蔭入仕，初為武職，做了二十多年低級侍衛武官，四十歲後改入文階。五十八歲以承議郎請老退休，晚年隱居蘇、常二州，潛心書史，以填詞自娛，至老不疲。

賀鑄少年時也勤於研讀經典，雅好文辭，博聞強記。及長，與黃庭堅、秦觀為友，互相切磋，黃庭堅對他〈青玉案〉一詞讚賞有加，揄揚該詞具有「謝朓清麗之風」。他喜歡用舊譜填新詞，改易調名，叫做「寓聲」。他的詞往往以穠麗精緻的語言寫閨情離思，嗟嘆人世滄桑，功名未就的感慨，亦有個人閒愁，縱酒狂放之作，措辭精新，張耒在《東山詞．序》中對賀鑄詞的特點評價很高，他說：「余友賀方回，博學業文，而樂府之詞，高絕一世。……夫其盛麗如遊金（金日磾。磾：音ㄉㄧ）、張（張安世）之堂，而妖冶如攬嬙（王昭君，名嬙，字昭君）、施（西施）之袪，幽潔如屈、宋，悲壯如蘇、李。賢者自知之，蓋有不可勝言者矣。」說他抒發情意「幽潔」、「悲壯」，感染力強；遣詞鍊字「盛麗」（金、張二人都是世代為官的高門世家，廳堂富麗）、「妖冶」（王嬙、西施都是風華絕代的美女，風姿綽約、神采飛揚），給人高度的視覺享受。他所用意象融情入景，優美穠豔，除自鑄語意清新的意象外，還常襲用古樂府和唐詩中現成的意象入詞，自豪地說：「吾筆端驅使李商隱、溫庭筠，常奔走不暇。」這種直接運用前人成句的習性，清劉體仁曾批評他「總拾人牙慧」，這樣「感他人之感，言他人之言」，重「真」的王國維就說他「華贍」而「少真味」。然而，瑕不掩瑜，賀鑄詞筆力精健，詞藻艷逸，在詞體革新上，還是看得到他的努力。

今傳世有《東山詞》一卷、《賀方回詞》二卷，共二百八十多闋。

貳・選文與注釋

〈青玉案〉[1]

凌波[2]不過[3]橫塘[4]路，但目送芳塵去[5]。

錦瑟華年[6]誰與度？月橋花院，

瑣窗朱戶[7]，祇有[8]春知處。

1 青玉案：詞牌名，為宋人首創，是北宋時期的時調新聲。調名來自東漢末張衡的〈四愁詩〉：「美人贈我錦繡緞，何以報之青玉案。」張衡借情詩的形式，寄託自己的抱負，抒發憂國憂民的情懷。該調本身就含有仕途上不得意，聲情迂迴曲折傳達溫婉悲涼的情思。賀鑄是採用該調的第一人。又因本詞第一句「凌波不過橫塘路」，故又稱〈橫塘路〉。

2 凌波：形容女子輕盈緩步的美姿。典出曹植〈洛神賦〉：「凌波微步，羅襪生塵。」是說穿著羅襪的宓妃緩步走在水上，腳邊濺起細小的水花。凌：越過。波：水波。塵：指如塵的細小水波。

3 過：蒞臨，拜訪。

4 橫塘：地名，在今江蘇吳縣西南十里，是吳中風景勝地，賀鑄晚年隱居所在。

5 但目送芳塵去：僅能目送美人翩然而去。但：僅、祇。芳塵：指代美人。

6 錦瑟華年：美好的青春歲月。語出李商隱〈錦瑟〉詩：「錦瑟無端五十絃，一絃一柱思華年。」以錦瑟之音繁，比喻青春歲月生活之豐盛。錦瑟：是有彩紋的瑟。

7 瑣窗朱戶：雕刻連鎖花紋的窗戶和硃紅色的大門，形容深閨的富麗。

8 祇有：同「只有」。祇：音ㄓˇ，恰、正、只。

碧雲冉冉[9]蘅皋[10]暮，彩筆[11]新題斷腸句。
試問閒愁都[12]幾許？一川[13]煙草，
滿城風絮，梅子黃時雨。

9 冉冉：音ㄖㄢˇ ㄖㄢˇ，濃密迷漫的樣子。

10 蘅皋：音ㄏㄥˊ ㄍㄠ，種植香草的沼澤高地。蘅：杜蘅，香草名。曹植〈洛神賦〉：「爾乃稅駕乎蘅皋，秣駟乎芝田。」曹植是命駕在蘅皋休息時夢見宓妃的。

11 彩筆：比喻寫作才華富贍。典出《南史．江淹傳》：江淹晚年，有一夜在冶亭獨宿，夢見一自稱郭璞的男子，對他說：「我有一枝彩筆在你那兒很多年了，請你還給我。」他就從懷中取出一枝五色筆，還給郭璞。此後，他再也寫不出好的詩句了，時人說「江郎才盡」。

12 都：總共。

13 一川：遍地。川：平原，杜甫〈樂遊園歌〉：「秦川對酒平如掌」中的「川」。

參・可以這樣讀

本詞據鍾振振考證，定於徽宗建中靖國元年，賀鑄為其仰慕的女子所作。一般認為本詞作於賀鑄晚年，他是通過與美人邂逅無果的情事託寓個人的懷抱，這是傳統借事抒懷的寫作手法。

話說賀鑄晚年隱居蘇州，曾遇見一位美妙動人的女郎，心生愛慕，卻始終未能親近，朝思暮想，就在蘇州盤門之南十餘里處（即橫塘），築「企鴻居」以寄情。「企」是「企盼」之意；「鴻」是曹植〈洛神賦〉裡隱喻宓妃「翩若驚鴻」的驚「鴻」。「企鴻居」是要迎接如驚鴻般的美人蒞臨的。美人不來，在悽寂的心境中寫下這首絕唱以寄意。

目送芳塵，難以為懷

起首兩句「淩波不過橫塘路，但目送芳塵去。」，是化用曹植〈洛神賦〉「淩波微步，羅襪生塵」句。美人輕盈緩步徑直前往，並未拜訪橫塘，自己也只是極目遙望她在一片芳塵中翩然離去。她沒來，自己也不能去，空虛寥落，情調淒迷，惆悵中充滿了遐思：她美好的青春歲月有誰陪伴呢？這裡引用了李商隱〈錦瑟〉詩句：「錦瑟無端五十弦，一絃一柱思華年」來帶出「誰與度」的提問，答案自是無人陪伴！深居在幽美的月橋花院、富麗的瑣窗朱戶中，除卻春光，還有誰到得了呢？春天真是個惱人的季節，萬物萌動，人的愁緒，彷彿也是春日撩起來的，惆悵中想像她深居獨處，韶光難留，青春易逝，滿腹難遣的落寞情懷驀然湧上心頭。他是以自己畢生無人知重的落寞，推想佳人的處境，發自心底的無限憐惜與感慨。

佳人不來，閑愁萬種

過片「碧雲冉冉蘅皋暮」是眼前實景，詞人在種滿杜蘅的澤畔徘徊已久，呆看碧雲舒捲，不意暮色已臨。「碧雲冉冉」，暗用江淹〈休上人怨別〉：「日暮碧雲合，佳人殊未來」句，補足上片首句「凌波不過橫塘路」之意；「蘅皋暮」又是用曹植〈洛神賦〉：「爾乃稅駕乎蘅皋，秣駟乎芝田。」補充上片未寫與佳人初次相遇的情節，曹植是命人駕車至香草田休息時夢見宓妃的。然而詞人久立澤畔，卻不見佳人蒞臨，想用彩筆賦詩以遣閒愁，無奈筆下成章，都是令人傷感的句子。這種幽怨究竟有多少呢？他以眼前春日景物「一川煙草，滿城風絮，梅子黃時雨。」回答上句的自問，以景結情，已見詞人的閒愁幽怨，如煙草、風絮、梅雨般瀰漫天地，層出不窮，使他無法逃遁，難以掙脫。

巧譬喻愁，興中有比

賀鑄這闋詞在內容上是借不遇伊人寫自己憂傷的情懷，與一般寫相思戀情的詞作差別不多，但意味雋永，在當時就膺負盛名。尤其是末三句，以精警誇張的比喻突出主旨，結束全篇，藻采穠麗秀雅，膾炙人口，因此時人稱他「賀梅子」。歷來詞評家對本詞結尾三句之好，多有所論及，羅大經說：「蓋以此

以景結情，表達詞人的閒愁幽怨。

三者比愁之多也，尤為新奇，兼興中有比，意味更長。」沈際飛說：「疊寫三句閒愁，真絕唱。」等。所謂「新奇」，是能發前人所未發。愁緒是抽象的，看不見、摸不著，無跡可尋，詞人以具體、鮮明、生動的景物表現出來，使讀者如見如聞。前人有以水比喻愁的，如李煜說：「問君能有幾多愁？恰似一江春水向東流。」秦少游說：「飛紅萬點愁如海。」有以山比喻愁的，如杜甫說：「憂端如山來，澒洞（指雲氣彌漫無涯際的樣子，澒：音ㄏㄨㄥ）不可掇。」趙嘏說：「夕陽樓上山重疊，未抵閒愁一倍多。」這些比喻已經真實的撼動人心，但是不管是如山或是似海，喻依都只是單純的景物，而賀鑄用的都是複合的景色：草是煙霧中的草，「一川煙草」，平原上一望無際如煙的草；絮是飛揚的花絮（韓翃〈寒食〉說：「春城無處不飛花。」本詞寫的時間正是春末夏初，飛揚的是花絮）；雨是梅子黃時、下個不停、如煙如霧的雨（寇準說：「杜鵑啼處血成花，梅子黃時雨如霧。」）而且疊用三個複合景色來比況他的愁緒鋪天蓋地，詞人深陷其中而無可迴避。創意十足，前無古人，所以羅大經說「新奇」；後無來者，沈氏評為「真絕唱！」。

為何說它「興中有比」呢？賀鑄所用三個意象比喻愁懷，都趕上草長絮飛、梅霖綿綿的時節，眼看春天就要結束，韶華也隨春去了，不覺興起功名未就，身世滄桑的感慨。陳廷焯說：「方回詞，胸中眼中，另有一種傷心說不出處，全得力於楚騷，而運以變化，允推神品」，以眼前複合具體的景色比喻愁懷，興發年華虛度、壯志落空的惆悵，的確頗具巧思，但稱作神品有點過譽，畢竟

賀鑄遺詞造句多有承襲，如本詞就有多處承襲前人成句，不過筆力雄健，妙合變化，自出新意，不見湊泊之病。

在秦觀離世後，黃庭堅〈寄賀方回〉詩說：「少游醉臥古藤下，誰與愁眉唱一杯？解作江南斷腸句，祇今惟有賀方回。」把賀鑄與體情寫物細密稱著的秦觀相提並論，也就是說當今詞手只有賀鑄了，這是至高無上的讚賞。

肆．再做點補充

賀鑄是詞壇轉變的推手

詞兼具表演文學與音樂文學的特質，其題材多是男歡女愛，傷春怨別，主要是合樂應歌，淺斟低唱，達成娛賓遣興的娛樂功能。詞不必載道，也無需言志，將盛唐詩歌的馬上功業、世間情懷，換作了閨房情思，婉轉閒愁。

北宋前期染指填詞的大多為名臣顯宦，他們抱著遊戲的心態著手替當時流行的曲調填寫歌詞，並沒有書寫自己情志的用心，詞壇總體的趨勢仍是傳承晚唐五代的遺風，趨於婉麗綺靡。然而詞落入士子文人手中之後，由於是在歌筵酒席中即興而作的遊戲筆墨，心情輕鬆自在。當他們以清麗的筆觸，即景寓情時，不再受載道、言志等傳統倫理道德的拘束，筆下不經意的流露了個人的思想情意與學養特質，在寫傷春怨別的詞中，含有一種深情遠韻，耐人尋繹，引起讀者豐富的聯想，所謂「語盡而意不盡，意盡而情不盡」，自有一種「語簡

宋代李嵩〈聽阮圖〉（局部）
國立故宮博物院藏。

而意深」，含蘊深遠之美。這時期，詞人意識到「詞」不僅「俾歌者以絲竹而歌之」以「娛賓而遣興」，還可以成為「吟詠性情」的載體。隨著文人士大夫觀念的改變，詞的本質也起了變化，他們有意無意在詞中帶進自己真實的思想感情，因此，詞不但辭麗可賞，更有可供玩味的深思。

北宋中期詩文革新運動逐漸深入，詞的創作也不遑多讓，呈現提高傳統詞藝和別出創作蹊徑兩種趨勢。賀鑄生在這個文壇正在變革創新的時期，在開拓詞體堂廡上闊步奮進，著意擴展詞境，提升詞格，在詞雅化的進程中，注入了新的思致，功不可沒。他的詞有深婉麗密之作，如本選文〈青玉案〉，是婉約詞的正宗；也有悲壯激越的長調，上承蘇軾豪放的詞風。

賀鑄自幼就有戍邊衛國、以「金印錦衣耀閭里」的雄心壯志，可惜不為世用，半生淪落。以戎馬禦敵為主調的〈六州歌頭〉，堪稱他壓卷之作：

少年俠氣，交結五都雄。肝膽洞，毛髮聳。立談中，死生同。一諾千金重。推翹勇，矜豪縱。輕蓋擁，聯飛鞚，鬥城東。轟飲酒壚，春色浮寒甕，吸海垂虹。間呼鷹嗾犬，白羽摘雕弓，狡穴俄空，樂匆匆。

似黃粱夢，辭丹鳳，明月共，漾孤蓬。官冗從，懷倥傯，落塵籠，簿書叢，鶡弁如雲眾，供粗用，忽奇功。笳鼓動，漁陽弄，思悲翁。不請長纓，繫取天驕種，劍吼西風。恨登山臨水，手寄七弦桐，目送歸鴻。

全詞慷慨頓挫，淋漓盡致的表達了請纓無路、壯志牢落無成的悲憤。氣格蒼勁，筆勢雄健飛揚，富於節奏感和音樂美。措辭真是「雄姿壯采，不可一世」，這種以戎馬報國為內容的詞章，是南宋愛國詞的先聲。夏承燾〈瞿髯論詞絕句〉說：「鐵面剛棱古俠儔，肯拈梅子說春愁。燕山胡角樊樓酒，臨逝同誰拍六州。」肯定了賀鑄兼擅婉約、豪放兩派的詞風。

賀鑄對聲律的經營以及語句雕琢的新巧，分外用心，他曾說：「化工著意呈新巧，翦刻朝霞飣露盤。」他的婉約詞多不失精緻婉媚的本色，影響了南宋詞人，周之琦《十六家詞錄》說：「雕瓊鏤玉出新裁，屈宋嬙施眾妙該。他日四明（吳文英，浙江四明人）工琢句，瓣香應自慶湖來。」我們來看吳文英如何發揮他的雕琢手法。

賀鑄有一首寫相思別離的〈國門東〉（本名〈好女兒〉，賀鑄根據詞意改調名），末三句「但頻占鏡鵲，悔分釵燕，長望書鴻」，是嚴守格律的鼎足對句，以遊子身分懸想閨中人「獨守空床」時的心緒動作。細細體味，真是匠心獨運，藝術手法相當別緻新奇，精彩絕倫。「鏡鵲」：古代銅鏡的背面，多鑄有飛鵲之形，名為鵲鏡，思婦常用來占卜行者的歸期。釵燕：古代女子髮飾有雕成飛燕形的稱燕釵。情人別時，女方往往折而為二，一股贈給男方作為信物。書鴻：即鴻書，鴻雁帶來遠行人的書信，古詩詞往往以鴻雁作為傳遞書信的使者。「鵲、燕、鴻」本已物化成為「鏡、釵、書」的形容，經他顛倒運用，又重新活過來了，使這個敘述思婦盼望遊子歸期、後悔輕別、企盼對方消息的鼎足句，變得活潑而富有生氣。南宋吳文英一首追悼愛妾的〈鶯啼序〉：「嚲（ㄉㄨㄛˇ）鳳迷歸，

「鏡鵲」：
古代銅鏡的背面，
多鑄有飛鵲之形，思婦常用來
占卜行者的歸期。

釵燕：古代女子髮飾
有雕成飛燕形的稱燕釵。
情人別時，女方往往折而為二，
一股贈給男方作為信物。

破鸞慵舞」，將已分之釵、半面之鏡代指自己；垂翅的孤鳳、無依的孤鸞。連鏡、釵二字都省略了，顯然在賀詞煉句的基礎上再進一步提升運用。

賀鑄由於個性耿介，又有不合時宜的疏狂，因此仕宦四十年，一直沉淪下僚，無法建功立業，實現雄心壯志，悒悒不得意地度過一生。他的詞，有寫春花秋月的閒愁，對愛情或志業的追戀，有對民間疾苦的關懷，對黑暗政治的譴責，更多的是或隱或顯的抒發個人仕途坎坷、曲折潦倒不幸的人生和落寞的情懷。

賀鑄的軼聞趣事

◎任俠使氣

個性疏狂耿介的賀鑄，縱然是面對達官顯貴，只要被他逮到不法的行為，也絕不容情。

據說賀鑄在太原為官時，當地一位貴公子，貪贓枉法，仗勢欺人，無惡不作。於是他把其人不法之事調查清楚，然後關至密室，嚴加拷問，不容狡辯，狠狠告誡一番。讓人恨怕交加，卻又莫奈他何。

◎愁思固結不解

賀鑄雖貌寢，相傳一位愛才遺貌的多情歌妓，因仰慕他的才華而相戀相歡。然聚散無常，結果不得不黯然而別。別後歌妓曾寄詩一首：「獨倚危欄淚滿襟，小園春色懶追尋。深恩縱似丁香結，難展芭蕉一片心。」以寄難忘舊情的痛苦。賀鑄讀後，往日二人的情誼又縈繞心頭，填了〈石州引〉一詞以答：

薄雨收寒，斜照弄晴，春意空闊。長亭柳色纔黃，倚馬何人先折？煙橫水漫，映帶幾點歸鴻，東風消盡龍荒雪。猶記出關來，恰如今時節。將發。畫樓芳酒，紅淚清歌，便成輕別。回首經年，杳杳音塵都絕。欲知方寸，共有幾許新愁，芭蕉不展丁香結。憔悴一天涯，兩厭厭風月。

恰當的回應贈詩的內容，陳述自身的處境，別離的無奈，以及相思的惆悵。他們都用了「丁香結」這個意象，寫固結不解相思。由於丁香花蕾結而不綻，這意象，在我國文學傳統是象徵愁思不解，如牛嶠：「自從南浦別，愁見丁香結」、李商隱：「芭蕉不展丁香結，同向春風各自愁」、李璟：「青鳥不傳雲外信，丁香空結雨中愁」等句。賀鑄直接用了李商隱的成句，現代詩人戴望舒的〈雨巷〉詩，則是承李璟詩意對丁香結這意象的擴展。

（何淑貞）◆

丁香花蕾結而不綻，
這意象在我國文學傳統
是象徵愁思不解。

7 家書 節選

晚清名臣曾國藩極可能是在「立德、立功、立言」上均有所成就的最後一個典範人物，既有許多功業和事蹟可以流傳，在時代變遷的危局也出現一些爭議。但在文學史上，他就是古典時代最後一個重要的文人，也是最接近古典理想人格的代表。彙整成「修身」、「勸學」、「治家」等七編的《家書》，便詳實而具體地表現出他終身奉行的儒家理念，與律人律己的道德修養。他的豐富著作，可以說是我們了解古代心靈最接近的橋樑。

壹．作者與出處

曾國藩（西元一八一一～一八七二），字伯涵，號滌生，湖南湘鄉人，生於清朝長沙，諡名傳豫，晚清時期的重臣、平定太平天國的功臣，「湘軍」的創始人和領袖，也是中國近代重要政治家、軍事家、理學家、思想家與文學家，與晚清另一位重臣李鴻章有師徒關係，也與李鴻章、左宗棠、張之洞等三人並稱「晚清四大名臣」。

曾國藩五歲啓蒙，次年入家塾。道光六年（一八二六），曾國藩十五歲時應長沙府童子試，名列第七名；二十三歲時，進入長沙著名的嶽麓書院研習；二十七歲中試，殿試位列三甲第四十二名，賜同進士出身。後任四川鄉試正考官、翰林院侍講學士、內閣學士等，擢禮部右侍郎、歷署兵、吏部侍郎等官職。

在與太平天國的戰役裡，曾國藩率軍攻破太平天國都城「天京」（即南京）。由於戰事慘烈，曾國藩在軍事處理亦遭人詬病，南京人怨恨湘軍，關於此事，曾國藩曾於家書裡回應其弟曾國荃：「自以殺賊為志」，由此可見，曾國藩之家書寫作動機，除了與父母兄弟問候勸勉，亦頗有自我表述之意義；同治九年（一八七〇），法國領事因向天津知縣開槍，導致遭暴民毆斃，部分天津民眾還焚毀法、英、美、俄、西教堂及法領事署，史稱「天津教案」；次年（一八七一），曾國藩奉旨處理天津教案，將天津知府和知縣革職充軍，處死禍首水火會十六人，充軍二十五人，賠款修建教堂，清廷並向法國道歉。此事讓曾國藩遭時人唾罵，他也因天津教案積勞成疾；翌年（一八七二）三月病逝於南京，享年六十一歲，諡文正。一般稱之為「曾公」或「曾文正公」。

雖然曾國藩在歷史與政治上功過並陳，然而文學史將曾公視為桐城派之中興者，湘鄉派之祖，強調義理、辭章、經濟、考據兼顧，堪稱清末最後的古文家。曾國藩之《家書》，乃按照時間順序編排、每篇並無特定主題，今人輯錄時具其內容，分為「修身」、「勸學」、「治家」、「理財」、「交友」、「為政」以及「用人」等七編，其大旨若非向父母稟報行蹤、身體健康，即是與其弟、子姪分享其修身、讀書、治家、交友等日常體會。大抵來說，都秉持正道、言之諄諄。當然，歷史對曾國藩其人或許有正反不同之評價，但至少在《家書》裡，我們看到多半為教忠教孝、勸學讀書、格物致知等勵志格言。確實能發覺到曾國藩嚴以律人律己，時時勤勉不懈怠之精神與思維內涵。譬如在〈修身篇〉裡，曾公提到：「凡人作事，便須全副精神注在此一事，首尾不懈，不可見異思遷」；在〈勸學篇〉則提到：「蓋世人讀書，第一要有志，第二要有識，第三要有恆」；在〈理財篇〉則曰：「教兒女輩，惟以勤儉謙三字為主」。直到今日來讀，這些格言對我們仍頗有教育意義與啟發價值。

貳・選文與注釋

其一

諸位賢弟足下：十月廿一，接九弟在長沙所發信，內途中日記六頁，外藥子一包。廿二接九月初二日家信，欣悉以慰。……苟能發奮自立，則家塾可讀書，即曠野之地，熱鬧之場，亦可讀書，負薪牧豕[1]，皆可讀書。苟不能發奮自立，則家塾不宜讀書，即清淨之鄉，神仙之境，皆不能讀書。何必擇地，何必擇時，但自問立志之真不真耳。……

蓋人不讀書則已，亦既自名曰讀書人，則必從事於《大學》。《大學》之綱領有三，明德親民止至善，皆我分內事也。昔讀書不能體貼到身上去，謂

1 負薪牧豕：揹著柴火，放養著豬，形容讀書環境的惡劣。

此三項，與我身毫不相涉，則讀書何用？雖使能文能詩，博雅自詡，亦只算識字之牧豬奴耳，豈不謂之明理有用之人也？朝廷以制藝取士[2]，亦謂其能代聖賢立言，必能明聖賢之理，行聖賢之行，可以居官蒞民[3]，整躬率物[4]也。若以明德親民為分外事，則雖能文能詩，而於修己治人之道，實茫然不講，朝廷用此等人作官，與用牧豬奴作官，何以異哉？

然則既自名為讀書人，則《大學》之綱領皆己立身切要之事明矣。其修目有八，自我觀之，其致功之處，則僅二者而已，曰格物，曰誠意。格物，致知之事也。誠意，力行之事也。物者何？即所謂本末之物也。身心意知家國天下，皆物也。天地萬物，皆物也。

2 制藝取士：指敷陳經義，選擇人才的方式。制藝：又稱「制義」。指科舉考試時，應試者據《四書》以敷陳經義，有如代聖賢立言。後「制藝」一詞又被當成「八股文」的別稱。

3 居官蒞民：到職後治理百姓。居官：到職。蒞民：治理百姓。

4 整躬率物：整飭自身言行儀態，成為部屬或人民的表率。

日用常行之事，皆物也。格者，即格物而窮其理也。如事親定省，物也。究其所以當定省之理，即格物也。事兄隨行，物也。究其所以當定省之理，即格物也。吾心，物也。究其存心之理，又博究[5]其省察涵養以存心之理，即格物也。吾身，物也。究其敬身之理，又博究其立齊坐尸[6]以敬身之理，即格物也。每日所看之書，句句皆物也。切己體察，窮其理，即格物也。知一句便行一句，此力行之事也。此二者並進，下學在此，上達亦在此。……近事大略如此，容再讀書。國藩手具。

（道光二十二年十月二十六日）

5 博究：廣泛深入的查考研究。

6 立齊坐尸：指行為準則與禮俗合。齊：音ㄓㄞ，同「齋」，齋戒。

其二

溫甫六弟[7]左右：……弟三月之信，所定功課太多，多則必不能專，萬萬不可。後信言已向陳季牧[8]借《史記》，此不可不看之書；爾既看《史記》，則斷不可看他書。功課無一定呆法，但須專耳。余從前教諸弟，常限以功課，近來覺限人以課程，往往強人以所難；苟其不願，雖日日遵照限程，亦復無益，故近來教弟，但有一專字耳。專字之外，又有數語教弟，茲待將冷金箋[9]寫出，弟可貼之座右，時時省覽，並抄一付，寄家中三弟。

香海[10]言時文須查《東萊博議》[11]，甚是，弟先

7 溫甫六弟：即曾國華（一八二二～一八五八），諱名傳謙，字溫甫，號深齋，晚清湘軍將領，入《清史列傳》忠義傳。

8 陳季牧：曾國藩友輩，生卒不詳。

9 冷金箋：即冷金紙。箋紙上泥金稱「冷金」，分有紋、無紋兩種，紋有布紋、羅紋區別。冷金箋唐時已有，宋、明以來，蘇州、四川都有生產。

10 香海：為曾國華之友輩，生卒不詳。

11 《東萊博議》：南宋大儒呂祖謙所著。

須用筆圈點一遍，然後自選幾篇讀熟，即不讀亦可。無論何書，總須從首至尾，通看一遍；不然，亂翻幾頁，摘抄幾篇，而此書之大局精處，茫然不知也，學詩從《中州集》[12]人亦好，然吾意讀總集，不如讀專集，此事人人意見各殊，嗜好不同，吾之嗜好，於五古則喜讀《文選》[13]，於七古則喜讀《昌黎集》[14]，於五律則喜讀《杜集》[15]，七律亦最喜《杜詩》，而苦不能步趨，故兼讀《元遺山集》[16]。

吾作詩最短於七律，他體皆有心得，惜京都無人可與暢語者。弟要學詩，先須看一家集，不要東翻兩閱，先須學一體，不可各體同學，蓋明一體，則皆明也。凌笛舟[17]最善為詩律，若在省，弟可就之求救。習字臨

12 《中州集》：又稱《翰苑英華中州集》、《中州鼓吹翰苑英華集》，金元好問編，共十卷，附樂府一卷。

13 《文選》：全稱《昭明文選》，是中國現存的最早一部詩文總集，由南朝梁武帝的長子太子蕭統組織文人共同編選。

14 《昌黎集》：韓愈作品集。韓愈，字退之，自謂郡望昌黎，世稱韓昌黎。

15 《杜集》：杜甫詩集。

16 《元遺山集》：元好問詩集。元好問，字裕之，號遺山，世稱遺山先生。金朝末年至大蒙古國時期文學家、歷史學家。

17 凌笛舟：曾國藩友輩，生卒年不詳。

千字文亦可，但須有恆，每日臨一百字，萬萬無間斷，則數年必成書家矣，陳季牧多喜談字，且深思善悟，吾見其寄岱雲[18]信，實能知寫字之法，可愛可畏！弟可以從切磋，此等發學之友，愈多愈好。……京華[19]現在無便可寄，總在秋間寄回，若無筆寫，暫向陳季牧借一技，後日還他可也；國藩手草。

（道光二十三年六月初六日）

18 岱雲：指陳源兗（?～一八五三），字岱雲，與曾國藩為同科進士，兩人友誼甚篤、過從甚密。

19 京華：指京城，即今日的北京。

參．可以這樣讀

傳統家書家訓的發展

家庭是社會的基石，我國素有一套「父子有親，君臣有義，夫婦有別，長幼有序。」的人倫秩序，由家庭中的父祖兄長從教育上督勉，使精確落實執行，保證個人與家庭的良性發展，進而促進社會安定，國家富強。我國是非常重視家庭教育的國家。

據《論語》的記載：一日，孔鯉過庭，孔子問他：「學詩乎？」、「學禮乎？」還告誡他：「不學詩，無以言。」、「不學禮，無以立。」那是孔子對其子的家庭教育活動，後人說是家訓（庭訓）的源頭。著諸文字的如漢代馬援〈誡兄子嚴敦書〉，諸葛亮〈誡子書〉、〈誡外甥書〉等。第一部以家訓命名的專著是北齊顏之推的《顏氏家訓》，顏氏以其人生歷練所體會的經驗，以及生存智慧，成書二十篇，以「整齊門內（齊家治家），提撕子孫（道德訓導）。」為宗旨，確立了「家訓」的基本內容，作為規範家人的行為，處理家庭事務的準則。南宋晁公武說：「（《顏氏家訓》）述立身治家之法，辯正時俗之謬，以訓諸子孫。」其內容豐富，涉及面廣，以家庭整體為對象，頗受後人的重視。

家訓著作至北宋大盛，代表作如司馬光的《家範》，南宋的朱熹、陸游，明代的方孝孺、傅山，清代的曾國藩、焦循等都有家訓著作傳世。家訓是中華道德文化傳承的一種方式，軌物範世的生動教材，許多家訓文本，經歷數百年

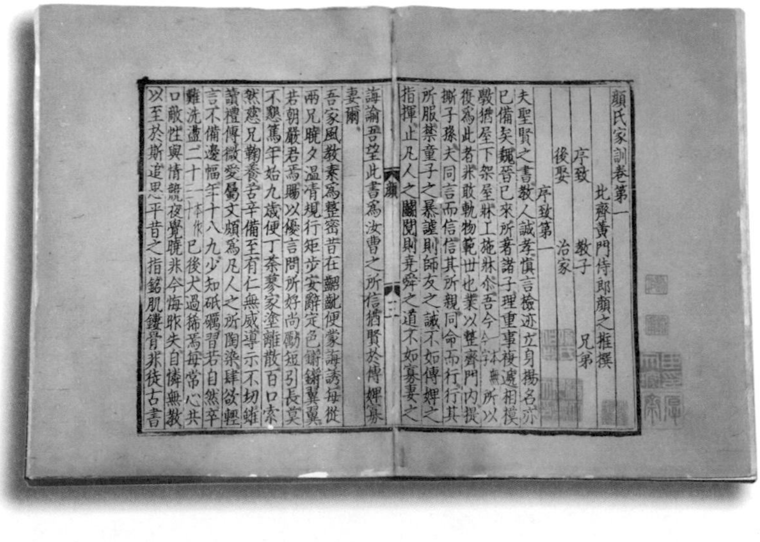

顏氏家訓卷第一

北齊黃門侍郎顏之推撰

序致　教子　兄弟

後娶　治家

序致第一

夫聖賢之書教人誠孝慎言檢迹立身揚名亦已備矣魏晉已來所著諸子理重事複遞相模斅猶屋下架屋牀上施牀耳吾今（今字一本無）所以復為此者非敢軌物範世也業以整齊門內提撕子孫夫同言而信信其所親同命而行行其所服禁童子之暴謔則師友之誡不如傅婢之指揮止凡人之鬬鬩則堯舜之道不如寡妻之誨諭吾望此書為汝曹之所信猶賢於傅婢寡妻爾

吾家風教素為整密昔在齠齔便蒙誘誨每從兩兄曉夕溫凊規行矩步安辭定色鏘鏘翼翼若朝嚴君焉賜以優言問所好尚勵短引長莫不懇篤年始九歲便丁荼蓼家塗離散百口索然慈兄鞠養苦辛備至有仁無威導示不切雖讀禮傳微愛屬文頗為凡人之所陶染肆欲輕言不備邊幅年十八九少知砥礪習若自然卒難洗盪二十（一本作二十一）已後大過稀為每常心共口敵性與情競夜覺曉非今悔昨失自憐無教以至於斯追思平昔之指銘肌鏤骨非徒古書

第一部以家訓命名的專著是北齊顏之推的《顏氏家訓》。

的考驗，仍然被奉為治家處事的圭臬。其書寫形式多樣，有：家訓、家書、家範、家規、家約、家禮、家儀、家誡、家箴、家誥、家教、家法、家訓集、家書集、家訓詩集、治家格言等。要之，皆以儒家文化為主軸，重視推崇孝悌忠信、尊尚禮義廉恥等基本道德，以讀書、睦鄰、睦族為要求。然並不故步自封，必與時俱進。晚清幾經世變，家訓內容也隨著順時應世創新發展，如強化貞烈觀念，重視個人節操，增加社會教化的內容，糾正子弟不良行為的戒律增多，加強宗規族訓的懲戒，大量增加女子的訓誡，由於擇業觀念的改變，商賈家訓也同步發展，民族氣節的教育，養生方法的提示等，都列入家訓的範疇。

傳統家訓文獻，對維持家族內外和睦，推行社會教化，都起過重要的作用。尤其對青少年的成長，意義更重大。明末清初的朱柏廬《治家格言》，由於以儷辭韻語闡述儒家為人處世、治家修身之道，通俗流暢，富含哲理，文約義豐，讀來琅琅上口，被選為童蒙讀物之一，更是家喻戶曉，膾炙人口。至今民間家居客廳，往往懸掛朱柏廬治家格言書法，以示醇厚家風。至今無論社會制度如何優渥周到，孝悌忠信等道德觀念、人生經驗和生存智慧，仍然是我們不可輕忽捨棄的。

曾國藩家書的啟示

「書」在古代有「書信」的意思。在《文心雕龍・書記》裡，是這樣闡釋書信體的：「三代政暇，文翰頗疏。春秋聘繁，書介彌盛。繞朝贈士會以策，子家與趙宣以書，巫臣之遺子反，子產之諫范宣，詳觀四書，辭若對面」，三代的時候書信體還沒有完備，而到了春秋時代，書信體開始蔚為大觀。繞朝、子家、巫臣、子產，都有知名的書札，讀之辭如面對面聞其言。爾後來到「七國獻書，詭麗輻輳；漢來筆札，辭氣紛紜」的時代：戰國時期因為縱橫家之說橫行，故書體也「詭麗輻輳」，有辭賦化的趨向；漢代則辭氣壯闊，如司馬遷的〈報任安書〉，東方朔的〈謁公孫書〉……，基本上都是「杼軸乎尺素，抑揚乎寸心」，雖然短小的尺素之軸，但卻把方寸內心的抑揚感受，闡述得很明確。

劉勰總括書信體，稱「詳總書體，本在盡言，言所以散郁陶，託風采，故宜條暢以任氣，優柔以懌懷；文明從容，亦心聲之獻酬也」。書信體本來就是用來溝通，所以當然要盡其所言，但言論又必須有感染力，託言於風采，若要說理，就要優柔暢達；若要闡明情義，就要將心聲明確傳達，這就是書信的核心價值。這些道理與特質，我們在曾國藩之〈家書〉裡，都可以窺見其一二。

前述我們提到，曾國藩家書可分「修身」、「勸學」、「治家」、「理財」、「交友」、「為政」以及「用人」等七大類，然而治家、理財、交友等部份，篇幅較有限，且絮叨家事，未必得見曾公自律律人之格局，故本篇所選兩則，一則論讀書與修身養性，與理學之格物致知相關；另一則談讀書的方法與次第，展現其桐城派鑽研章法義理之工夫，一則見其思想，一則見其文章，且篇幅較長、結構較完整，相較其他零散隻言片語，較有可讀性。在告誡諸弟讀書致用的家書裡，曾國藩特別強調四書中的《大學》，他卻又非死讀書、讀死書而已，誠如其所言：「昔讀書不能體貼到身上去，謂此三項（即明明德、親民、止於至善），

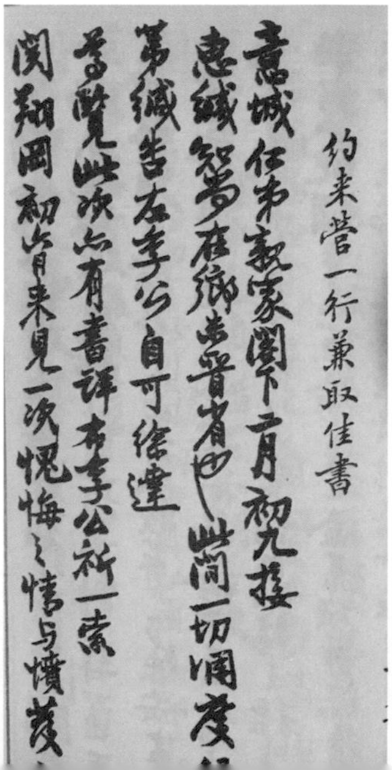

曾國藩家書

與我身毫不相涉，則讀書何用」。讀書背誦而不知應用，不知如何經世濟民、不知所謂的「居官蒞民，整躬率物」，治理教化百姓，而只是如畜牧之統御百姓，那麼「朝廷用此等人作官，與用牧豬奴作官」有又什麼差別呢？

我們可以很明確看到，曾國藩一方面恪守儒家教育、朱子格物致知的理學思維，另一方面則重視理學致用的實用與事功，將「讀書」與「救國」或「報國」結合成為一個整體。其後談格物致知，雖然是程朱理學的老套路，但在曾國藩日後親身履歷之中，頗有自我體貼與示範的意義：「身心意知家國天下，皆物也。天地萬物，皆物也。日用常行之事，皆物也」。格「物」之物從書籍、知識、古人之糟粕裡解放出來，進一步「即格物而窮其理也」；將本心體貼此些人情事物，進而省察涵養、存心之理，即此為「格物」；「吾身，物也……每日所看之書，句句皆物也」，然而體察身體坐臥的感受，切己體察、窮其物理，此即為格物。這些體會雖然未必出於程朱學派之思考範疇，但將「格物致知」與現實有了更緊密的結合。從心學、事功之學、新理學一路而下，在曾國藩的家書裡，我們看到理學思想與現實政治格局之緊密關係。

至於曾國藩勸告六弟讀書之法，至今讀來仍頗為受用。譬如他提到：「弟先須用筆圈點一遍，然後自選幾篇讀熟，即不讀亦可。無論何書，總須從首至尾，通看一遍；不然，亂翻幾頁，摘抄幾篇，而此書之大局精處，茫然不知也」。我們今日讀書有時求速成，僅看結尾結論，或為了便於摘抄，忽略全書之大局結構，以至於茫然而不知，此確實為弊病。曾國藩也提到其喜歡讀的作品，如

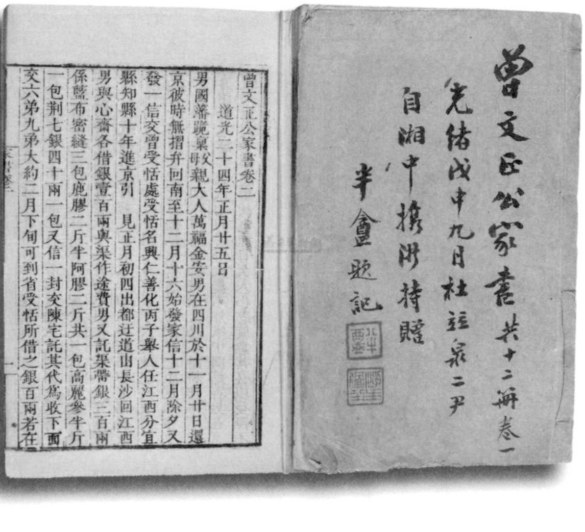

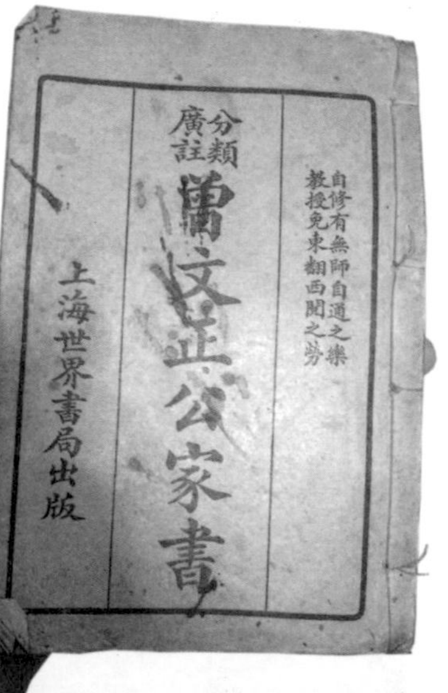

五言古詩自《文選》來；七古則從韓愈集中來，五律與七律皆喜讀杜甫詩，杜甫自然是第一流大家，學詩所不能及者，他亦兼讀《元遺山集》（元好問，字遺山），或許較盛唐、中唐詩來得更為容易。

他謙虛自謂自己七律並不擅長，於其他文集輒有所得，且勉勵六弟學作詩時：「弟要學詩，先須看一家集，不要東翻兩閱，先須學一體，不可各體同學，蓋明一體，則皆明也」。這也頗符合我們今日初學習寫作者之創作之法，即先臨摹一家，再進行通變，試圖雜揉以成自身風格。若各體兼學，彼此混淆，風格矛盾。關於這點，我們也可以讀出他對於讀書、寫作、習詩都有其自身獨到見解。

曾國藩《家書》與《顏氏家訓》的對照

「家書」的源頭可以上溯至北齊的顏之推的《顏氏家訓》，雖然當時寫給與兄弟的書信不少，但譬如像蕭綱〈與湘東王書〉，寫信對象雖為皇弟蕭繹，但內容大多論述自身對文學趨勢觀察，較沒有如曾國藩《家書》般的教育子弟之意味，而顏之推在《顏氏家訓》不少持家、教誨、生活體會，以及自身讀書經歷的文字，可與曾國藩家書相互對照。再加上顏之推獨特的經歷——他曾經身仕三朝，處於南北朝動盪的時局，經歷侯景之亂、江陵城破、梁朝覆滅等國家之悲痛，所以《顏氏家訓》這本書，也被網友戲稱為「六朝一位父親的求生指南」。

一、對待親人及教育子女的方法與態度

在曾國藩《家書》裡有許多篇章在告誡子弟，在過去長兄如父的思維裡，

兄長對於其弟之教育猶如父母之教子女。至於對教育子女，顏之推是這樣闡述的：「當及嬰稚識人顏色、知人喜怒，便加教誨，使為則為，使止則止，比及數歲，可省笞罰。父母威嚴而有慈，則子女畏慎而生孝矣」。教育子弟，不能因為其年紀小，就不以責罰，要讓他識人顏色、知人喜怒，知道什麼可以作，什麼不能作。到了一定的年紀，就不必再用笞打體罰了，父母必須威嚴有慈，讓子女一方面敬畏，另一方面知道孝順。

同時顏之推也對於過度溺愛兒女的父母，提出告誡：「吾見世間無教而有愛，每不能然，飲食運為，恣其所欲，宜誡翻獎，應呵反笑，至有識知，謂法當爾。」因為寵溺子女，所以要吃什麼，要玩什麼，隨意獎勵他們，這樣的結果會讓小孩「驕慢已習」，日後若再體罰，「捶撻至死而無威，忿怒日隆而增怨」，等到他們長大之後，終將成為一個道德敗壞之人。當然，從今日教學與親子教養來說，一千五百年前顏之推的教育理念或許未必能完全適用於今日，但他對於人性與孩童心理的理解，仍然相當有見地。

曾國藩家書有幾篇他與其弟的書信，道理與《顏氏家訓》的〈兄弟〉篇所說相同，顏之推提到：「二親既歿，兄弟相顧，當如形之與影，聲之與響；愛先人之遺體，惜己身之分氣，非兄弟何念哉？」意思就是雙親若不在了，就只剩下兄弟相互照應，應當如形之於影、聲之於響那般緊密，不應該有所爭執。然而顏之推也頗理解，人生在世，人情消磨，難免會有兄弟鬩牆、家族分歧分產的可能：「兄弟之際，異於他人，望深則易怨，地親則易弭。譬猶居室，一

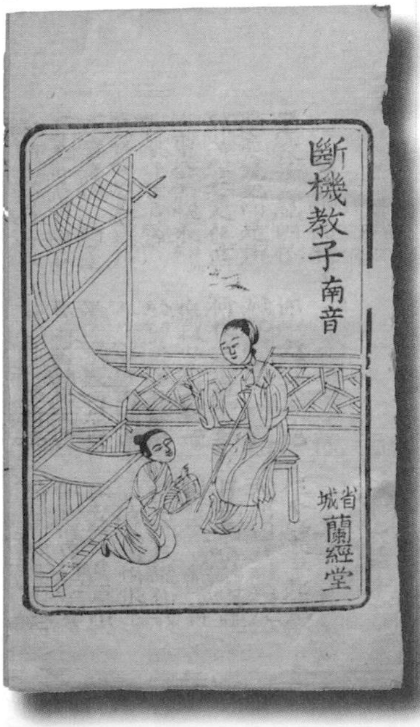

穴則塞之，一隙則塗之，則無頹毀之慮；如雀鼠之不卹，風雨之不防，壁陷楹淪，無可救矣。僕妾之爲雀鼠，妻子之爲風雨，甚哉」，兄弟就像一間房子一樣，當有雀鼠來侵擾，有風雨來摧折時，牆壁會癱陷，屋梁最陷落，那麼就無藥可救了。然而誰是「雀鼠」與「風雨」呢？包括僕妾、妻子，都是可能讓兄弟失和的關鍵原因，因為僕妾牽涉到財產的分均，妻子可能會有嫌隙。

但即便如此，顏之推仍然提醒晚輩，千萬不要走向兄弟失和的結局：「兄弟不睦，則子侄不愛；子侄不愛，則羣從疏薄；羣從疏薄，則僮僕爲讎敵矣。如此，則行路皆踖其面而蹈其心，誰救之哉？」「行路」就是所謂陌生人，當自己的子姪、僮僕這樣與己有關之人，都已經感到疏薄、視為仇敵的情況下，其他的陌生人又有誰願意伸出援手呢？對於兄弟紛爭之起源、影響，造成的後果，有這樣深切的理解，可見顏之推對晚輩的諄諄教誨。

二、「治家」與「治學」

對傳統讀書人而言，修身、齊家與治國是一個必經的歷程，也因此，談及家庭問題，雖然細碎繁瑣，但也可以見家書作者的心思與主張。既有論兄弟、僕妾與妻子，自然也會論及內室，這也是古人在家書裡，頗為關注的內容。一方面來說，古代社會男尊女卑，女性眷屬被視為男性以及父權體制的屬物；另外一方面，作為家庭的核心，女子又有著重要的功能。曾國藩家書提到女眷的部分，譬如〈道光二十二年十二月二十日〉之家書云：「諸位賢弟足下：九弟到家，偏走各親戚

清代畫家任薰繪〈寶燕山教子圖〉
蘇州博物館藏

家、必各有一番景況，何不詳以音我？四妹小產，以後生育頗難，然此事最大，斷不可以人力勉強，勸渠家只須聽其自然，不可過於矜持。又聞四妹起最晏，往往其姑反服侍他；此反常之事，最足折福，天下未有不悌之婦而可得好處者，諸弟必須時勸導之，曉之以大義。」一方面提及四妹小產，不可勉強其生育，聽其自然；然批評四妹懶惰晚起，反而其婆婆服侍，此為不孝不悌。

除曾國藩〈家書〉外，《顏氏家訓》亦非常重視家庭或家族的經營，甚至書中有專門的〈治家〉一篇來討論如何建立家庭倫理、確立家族秩序等和治家有關的部分。他提倡由上自下地進行感化教育，「風化者，自上而行於下者也，自先而施於後者也」，從年長者或位高者遵從家規，影響並讓年幼者或位卑者一起遵從，共同維護家族內部的穩定及和諧。並透過制定規範，給予適當的賞罰，所以「刑罰不中，則民無所措手足，治家之寬猛，亦猶國焉」，將治家的重要性再次地強調了出來。此外該書中還提到了許多治家時要注意的項目，如應當勤儉持家、節約度日的同時，卻不吝於施捨；夫婦間內外的分工合作，亦要相互配合，同為家族著想；重書好道、不偏寵徇私、不迷信等等。這些都是一般的「家之常弊」，但《顏氏家訓》希望能夠在掌管、經營家族的時候，都能夠警而誡之，不要因「治家失度」而使得家這個避風港都出現問題。

至於「治學」，顏之推數次談到所謂讀書、學習的功效，譬如《顏氏家訓》稱：「夫所以讀書學問，本欲開心明目，利於行耳」，讀聖賢書並非是自我滿足，更有實際的公用，譬如「未知養親者，欲其觀古人之先意承顏，怡聲下氣，不憚劬

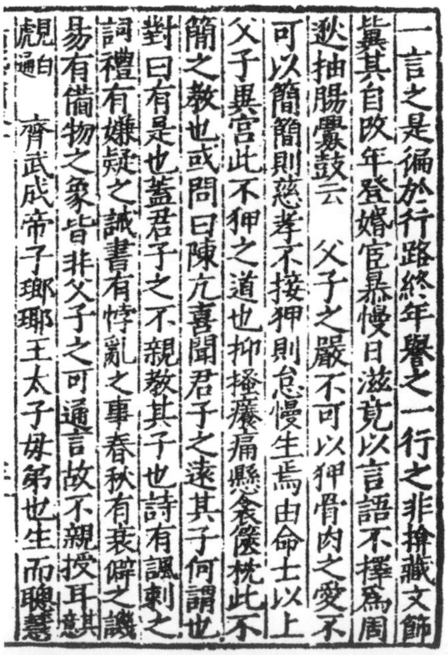
一言之是徧於行路終年譽之一行之非揜藏文飾
冀其自改年登婚宦暴慢日滋竟以言語不擇為周
逖抽腸釁鼓云　父子之嚴不可以狎骨肉之愛不
可以簡簡則慈孝不接狎則怠慢生焉由命士以上
父子異宮此不狎之道也抑搔癢痛懸衾篋枕此不
簡之教也或問曰陳亢喜聞君子之遠其子何謂也
對曰有是也蓋君子之不親教其子也詩有諷刺之
詞禮有嫌疑之誡書有悖亂之事春秋有衺僻之譏
易有備物之象皆非父子之可通言故不親授耳
齊武成帝子瑯琊王太子母弟也生而聰慧

「家書」的源頭可以上溯至北齊的顏之推的《顏氏家訓》。

勞，以致甘嫩，惕然慚懼，起而行之也」，如一個不知道要孝順的人，觀古人對父母之孝道，則知道要效仿；「未知事君者，欲其觀古人之守職無侵，見危授命，不忘誠諫，以利社稷，惻然自念，思欲效之也」，不知道要忠君愛國的人，看到古人見危授命、報效國家，也會思而效法；「素驕奢者，欲其觀古人之恭儉節用，卑以自牧，禮為教本」，素來太浪費的人，讀書可以知道古人節儉的好處；「素鄙吝者，欲其觀古人之貴義輕財，少私寡慾，忌盈惡滿，賙窮卹匱，赧然悔恥」，太吝嗇的人，可以在讀書時學到古人貴義輕財、少私寡慾的道理；「素怯懦者，欲其觀古人之達生委命，彊毅正直，立言必信，求福不回」，就連向來懦弱的人，也能學到古人達生委命，堅毅而正直的行為。因此不同性格的人，讀了聖賢書之後，都可以補足自己的性格缺失，這就是讀書與學習的意義。

再者，讀書最重要的意義，在於己立立人、經世濟民：「古之學者為己，以補不足也；今之學者為人，但能說之也。古之學者為人，行道以利世也；今之學者為己，脩身以求進也」。古人讀書學習，在於補自己之不足，今之學者為人讀書，為了與人交流。然而顏之推認為，讀書真正的意義，還是在於「行道以利世」、「脩身以求進」，無論古今皆應當以此為目標。

此外，顏之推也勸勉其子姪輩，讀書要趁早。這點從我們現代來看，還是頗有意義，即便今日醫學發達、對人類的壽命已經有長遠的突破，然而記憶力與學習力最強的時候，仍然是幼年時期至青少年時期這一段其間。顏之推舉自身誦書默背的經驗：「人生小幼，精神專利，長成已後，思慮散逸，固須早教，勿失機也。吾七歲時，誦靈光殿賦，至於今日，十年一理，猶不遺忘；二十之外，所誦經書，一月廢置，便至荒蕪矣。然人有坎壈，失於盛年，猶當晚學，不可自棄」。或許對今日教學來說，我們已經沒有那麼重視默寫、背誦之功，然而由顏之推的例證我們還是可以看到，他七歲時背誦了〈魯靈光殿賦〉，這篇長賦他至今不忘，但到了二十歲之後，所背誦的經書，只要一個月沒有回想、練習，即刻就荒廢了。而讀書的意義究竟為何呢？曾國藩在〈道光二十二年九月十八日〉家書提到：

進德之身，難於盡言，至於修業以衛身，吾請言之。衛身莫大如謀食，農工商勞力以求食者也，士勞心以求食者也。故或食祿於朝，教授於鄉，或為傳食之客，或為入幕之賓，皆須計其所業，足以得食而無愧。科名，食祿之階也，亦須計吾所業，將來不至尸位素餐，而後得科名而無愧，食之得不得，究通由天作主，予奪由人作主，業之精不精，由我作主。

意思就是農商工皆以勞力換取生存，那麼士大夫既然屬於勞心階級，無論是在朝中任官、在鄉里教書，為食客或幕僚，都必須「計其所業，足以得食而無愧」，以不至於尸位素餐，無愧於自己的科考資格。就這一點來說，曾國藩與顏之推想法是吻合的。顏之推在〈勸學篇〉也說：「人生在世，會當有業：農民則計量耕稼，商賈則討論貨賄，工巧則致精器用，伎藝則沉思法術，武夫則慣習弓馬，文士則講議經書」，既然身為知識分子，最重要就是「講議經書」，然而在當時，他眼見士大夫：「多見士大夫恥涉農商，差務工伎，射則不能穿札，筆則纔記姓名，飽食醉酒，忽忽無事，以此銷日，以此終年」，既看不起農工的技藝，卻又飽食終日，飲酒失調，躺平無事。「及有吉凶大事，議論得失，蒙然張口，如坐雲霧；公私宴集，談古賦詩，塞默低頭，欠伸而已」，當問他時事評論時，懵然張口說不出話，公宴私宴聚餐時，要談古文、寫詩賦，他只知道低頭靜默，打哈欠而已。這種士大夫基本上已經有愧於自己的身分了。

所以我們也可以說家書體例裡，是有很濃厚的治家、治學與教育的意義，但同時也展現出知識分子的社會責任與自我認知。「家書」有其對應的時代性，無論是曾國藩《家書》或《顏氏家訓》，都能適當反應出為父為兄者，對子弟做人處事與為學的殷殷教導的誠摯。

肆．再做點補充

其他歷史上重要的書信

一、懷念朋友最深情的一封信：〈與吳質書〉

在三國歷史裡，曹丕因與曹植爭立太子，並在筆記小說裡留下「七步成詩」等事蹟迫害其弟，故評價不甚高，然而若論書信體而言，曹丕收錄於《文選》的〈與吳質書〉，可見其重情重義，對師友僚臣的緬懷之情。曹丕開頭提到，自己與吳質已經四年不見，《詩經．東山》曰「自我不見，于今三年。我徂東山，

悒悒不歸」，更何況自己與吳質分別已超過了三年之期。

接著算是全信卻真情流露之處，曹丕感嘆昔年之疾疫（即建安二十二年北方爆發的瘟疫）造成建安七子裡的四人：徐幹、陳琳、應瑒、劉楨，都在此疫情裡病逝。他念起昔日同遊的場景，不勝感慨：

> 昔年疾疫，親故多離其災，徐陳應劉，一時俱逝，痛可言邪？昔日遊處，行則連輿，止則接席，何曾須臾相失。每至觴酌流行，絲竹並奏，酒酣耳熱，仰而賦詩，當此之時，忽然不自知樂也。謂百年己分，可長共相保。何圖數年之間，零落略盡，言之傷心！頃撰其遺文，都為一集。觀其姓名，已為鬼錄。追思昔遊，猶在心目，而此諸子，化為糞壤，可復道哉！

從「昔日遊處，行則連輿，止則接席，何曾須臾相失」以及「每至觴酌流行，絲竹並奏，酒酣耳熱，仰而賦詩」，我們也能一窺漢魏六朝時期文學活動之「曲水流觴」、「同題共作」的實錄。通常貴遊的成員，到了佳節，就會車駕相連、座席相接，坐在水邊，聽著絲竹演奏，且酒酣而熱，即席賦詩。曹丕感慨當時之樂，不知來日無多，誰料數年之間，建安七子都已零落殆盡，這些才子所賦，收錄為一集，然作者皆已登簿鬼錄，諸子皆已化為塵土，其悲傷可復道哉？

其後曹丕向吳質感嘆：「昔伯牙絕絃於鍾期，仲尼覆醢於子路」。伯牙摔琴悼念鍾子期這樣的知音，仲尼聽到子路受刑，故不再食用肉醬，這是對知音難遇、門人莫逮的遺憾。最末曹丕感慨自己年歲逐漸衰老：

明代仇英《人物故事圖冊》之〈竹院品古〉，北京故宮博物院藏。

行年已長大，所懷萬端，時有所慮，至乃通夕不瞑。何時復類昔日。已成老翁，但未白頭耳。光武言『年三十餘，在兵中十歲，所更非一』，吾德雖不及之，年與之齊矣。以犬羊之質，服虎豹之文，無眾星之明，假日月之光，動見觀瞻，何時易邪？恐永不復得為昔日游也。

在北方瘟疫的隔年，即建安二十三年（二一八），曹丕才三十二歲，「已成老翁，但未白頭耳」，其後曹丕引用漢光武帝說的：「年三十餘，在兵中十歲，所更非一」，說自己已經超過三十歲，在軍旅生涯待了超過十年，所見的事情太多了難以細數。曹丕自謙自己和光武帝相比，德雖不及，但年齡與之相仿，所謂的「以犬羊之質，服虎豹之文，無眾星之明，假日月之光」，指自己在父親曹操的庇蔭裡，雖無眾星之明，但能假日月之光而輝亮。在寫這封信的兩年之後，曹丕篡漢即位，是為魏文帝。但即位才短短六年，西元二二六年，四十歲的曹丕遽然逝世。因此「已成老翁，但未白頭」形象已成為他往後生命的某種諭示。

在後世的評價裡，常將曹植過分推重，稱之才高八斗云云。然而曹丕寫了《典論》，如今尚存〈論文〉一篇，是中國文學批評史第一篇文論專篇。此外曹丕還寫了〈燕歌行〉，被認為是第一首確定為著名文人所作的七言詩。此前雖有漢武帝時期之柏梁臺聯句，但真偽尚未辨明。因此，《文心雕龍》稱曹丕乃「位尊而減價」，實不誣也。在〈與吳質書〉裡，讀到曹丕對於昔日僚臣的深情與緬懷，似乎也能讓我們更全方面地認識曹丕這樣一個人。

二、以優美文采留名的勸降信：〈與陳伯之書〉

丘遲，字希範，是南北朝時期，齊梁之際的文人，後投入蕭衍幕中，為其重用。他在天監四年（五〇五）隨蕭宏北伐，擔任諮議參軍（參謀）與記室（機要秘書）工作，當時南朝梁和北魏正處戰爭膠著階段，丘遲為了突破僵局，選定陳伯之這位曾在南朝梁受重視的將領進行招安。該信的收件對象陳伯之，與丘遲二人曾經同朝為官，他在南朝梁時期官拜鎮南將軍、江州刺史，但在政爭失敗下背叛梁朝，不得不投奔北魏。因此，在這樣的背景之下，丘遲〈與陳伯之書〉這樣一封能夠切中陳伯之內心，能夠「動之以情、說之以理」的勸降信，便在書信史上留下濃重的一筆。

這封信的一開頭，丘遲便提到梁武帝篡齊後，陳伯之「棄燕雀之小志，慕鴻鵠以高翔」，因機緣之變化，得以遭遇明主，「立功立事，開國稱孤。朱輪華轂，擁旄萬里，何其壯也」，「朱輪華轂，擁旄萬里」既是形容陳伯之出入車駕之壯盛，同時也是形容陳伯之在梁代地位尊爵的崇高。然而轉眼之間，卻成「奔亡之虜」，並「聞鳴鏑而股戰，對穹廬以屈膝」——從原本的出入豪奢的達官顯要，轉眼變成了一個聽到響箭則雙腿觳觫，對著北朝朝廷屈膝下跪、苟且偷生的小卒，其優劣不是不見自明嗎？

但話雖如此，丘遲仍站在陳伯之的立場上，幫他找理由開脫：「尋君去就之際，非有他故，直以不能內審諸己，外受流言，沉迷猖蹶，以至於此」，換

梁武帝半身像，
國立故宮博物院藏。

句話說，就是陳伯之被外面的流言蜚語影響，而自己又沒有反省能力，導致了進一步沉淪的後果。但君主「赦罪責功，棄瑕錄用」，並在信中強調「將軍松柏不剪，親戚安居，高臺未傾，愛妾尚在」，所以「悠悠爾心，亦何可言」，君主的寬宏大量、不計前嫌，都應該不言而喻。

因此可以發現，從一開始陳伯之得遇明主卻叛逃北疆的行為，成功激起他的羞恥心；爾後丘遲換位思考，同理陳伯之的行為，提供一個下臺階的機會，並告訴陳伯之他的家庭完好無缺，過去家中的房舍、愛妾都保留原樣，未曾遭毀，可見梁朝君主不念舊惡，沒有因為陳伯之叛變的事件，而遷怒於他的家庭。假若他回到南朝，便能如同過往一般地享天倫之樂，不需要像現在一樣，對異族忍辱、屈膝下跪。文字間巧妙地前後呼應，並挑起陳伯之的情感，這便是該信「動之以情」的部分。

然而下面一段話鋒一轉，不僅寫到北朝內部的矛盾，更以理性分析的態度，談論陳伯之可能遭受到的慘烈下場：

> 夫以慕容超之強，身送東市；姚泓之盛，面縛西都。故知霜露所均，不育異類；姬漢舊邦，無取雜種。北虜僭盜中原，多歷年所，惡積禍盈，理至燋爛。況偽孽昏狡，自相夷戮，部落攜離，酋豪猜貳。方當繫頸蠻邸，懸首藁街，而將軍魚遊於沸鼎之中，燕巢於飛幕之上，不亦惑乎？

縱使是南燕王慕容超，或後秦皇帝姚泓這樣驍壯強盛的軍容，都不免於身送東市、面縛西都的悲慘下場，在「非我族類，其心必異」的情況下，丘遲提醒陳伯之北魏非屬華夏禮儀之邦，而是由鮮卑人所建立，文化、種族等都不同的情況下，陳伯之的處境無疑像「魚遊於沸鼎之中，燕巢於飛幕之上」，可謂危在旦夕了。丘遲最後的一句「不亦惑乎」，透過旁觀者提問的方式，提醒著陳伯之應當好好思考，不要如前面一樣受其他人的蠱惑而做了錯誤的決策。

末段丘遲再度「動之以情」，談到江南之風光，這也是這篇文章最著名、寫景最生動巧妙的一段：

> 暮春三月，江南草長，雜花生樹，羣鶯亂飛。見故國之旗鼓，感平生於疇日，撫弦登陴，豈不愴悢？所以廉公之思趙將，吳子之泣西河，人之情也，將軍獨無情哉？想早勵良規，自求多福。

時值暮春三月，正是江南春和景明，最美好的時節。雜花繽紛、鶯燕啼鳴，此時陳伯之難道不會從故國的旌旗與戰鼓聲中，想到自己前半生富貴且優渥的江南生活嗎？比起危殆不安的北朝，面對著江南，這個陳伯之自己的故鄉，難道竟如此無情，不會如當年的離開趙國的將軍廉頗、離開魏國的吳起般思念自己的故國嗎？言盡於此，激昂的說詞，丘遲不再增加話語的強度，留下空白和思考空間，只雲淡風輕地寫下一句「早勵良規，自求多福」，是給陳伯之最後的懇勸和祝福。而收到這封書信之後，陳伯之也確實受到打動，最終他率領了八千人，在壽陽（今安徽省壽縣）歸降，重新回到南朝的懷抱中。

可以說，丘遲的〈與陳伯之書〉，除了有六朝時期駢文的藻飾工麗、對偶精妍外，更具有典故淵博、筆力雄健的特性。從美學性上來看，不僅文質並茂，更將六四體的儷辭，鋪排到了爐火純青的地步。除此之外，該信亦敘明利害關係，從一開始動之以情，闡發陳伯之與梁朝的舊恩陳怨，站在他的立場代為解釋，並點明君主的寬宏大量，未曾將他在江南的家庭和房舍毀去；到後面說之以理，一方面敘述和異族打交道的危險，縱然再強盛的軍容，都隨時可能傾覆；另一方面則點出江南風光，呼應前面他在梁朝的豪奢富足，和君主的寬容，兩相對照後對陳伯之懇切地呼告：「若遂不改，方思僕言。聊布往懷，君其詳之」。在〈與陳伯之書〉這封勸降信中，不僅敘述完整、層次分明，更在文章裡動之以情、說之以理，最終達到招安陳伯之的目的，堪稱是書信的典範作品。

因此我們可說，無論是曹丕〈與吳質書〉中的深情流瀉，又或是〈與陳伯之書〉的美感與功能兼具，都可視為傳統書信中的代表作品。時至今日，書信已漸漸被一則則蒼白短促的訊息取代，人們似乎因通訊軟體的誕生，變得難以有邏輯、有結構並情采並茂地表達，如同產生了嚴重的失語症。但通過本文所選的曾國藩《家書》，補充的《顏氏家訓》、〈與吳質書〉及〈與陳伯之書〉，可發現如何寫好一封書信、如何透過書信中的文字，含蓄卻有效地傳遞出如此多豐富的目的與訊息，是如此重要的一件事情，值得今日的我們好好去學習與省思。

（祁立峰）◆

8 二十世紀現代文學巨擘——馬賽爾・普魯斯特《追憶似水年華》

二十世紀初，法國最偉大的現代小說家普魯斯特出版了一部長達兩百四十萬字的小說《追憶似水年華》。這部人物眾多，細節繁瑣，描寫幾乎沒有重點的文學作品，很快就風靡文壇，並深刻地影響了喬艾斯、吳爾芙、艾略特等重要作家。這部小說以特殊的風格描述過往的個人際遇、家族記憶與豪門興衰，可說是現代歐洲版的《紅樓夢》，讓許多讀者讀完後身陷其中，很難脫離書裡的情境。

他的書寫方式不是以可迅速辨識或理解的故事情節為單位，沒有鮮明的節奏起伏，極少概念化的簡化或歸納，像一條沒有間斷、不被明確觀點標記的河流，意圖在時間流逝的每個片刻如實銘記那些印象深刻的記憶，讓讀者不由自主投射其中，進入作者的內心意識。因此《追憶似水年華》也是我們了解意識流書寫極為重要的作品。

壹、馬賽爾・普魯斯特

馬賽爾・普魯斯特（Valentin-Louis-Georges-Eugène-Marcel Proust，西元一八七一～一九二二），一八七一年七月十日出生於巴黎郊區奧特伊（Auteuil），父親是一名醫生，在衛生防疫上有傑出的成就，是法國當時頗為知名的醫學院教授。母親是猶太人，出生於富裕的中產階級。普魯斯特出生時值普法戰爭結束，巴黎正處於物資極度缺乏的狀態，導致他體弱多病。一八八一年他從森林散步回家，首度哮喘發作，疾病導致他無法像一般健康的孩子正常生活，他曾自述：「一位自出生以來從未注意呼吸，也未曾感到空氣竟如此甜美湧入胸口的孩子，從不明瞭空氣對生命如此重要」。常人覺得再容易不過的呼吸，對普魯斯特而言竟是與生命搏鬥的歷程。

一八八二年，普魯斯特進入康多塞中學就讀，學習希臘文、拉丁文與各種自然科學、哲學，並與同學共同出版文學雜誌。他喜歡文學閱讀，對於巴爾札克（Honoré de Balzac）、福樓拜（Gustave Flaubert）與羅斯金（John Ruskin）等人的作品都相當熟悉。一八八九年，普魯斯特曾經短暫參加軍隊的志願服務役，但因天性傾向多愁善感，對軍旅生涯始終覺得格格不入。他曾與母親坦承自身的困擾，母親只能寫信安慰他，要把痛苦的歲月當成巧克力細細品味。之後他進入巴黎知名的科學政治自由學院研讀政治，求學期間經常出入巴黎貴族名流沙龍聚會，結交藝文界的優秀名家，諸如法國象徵派詩人馬拉美（Etienne

托爾斯泰

Mallarmé）、畫家賈克・艾米爾・布蘭詩（Jacques-Émile Blanche）、作曲家雷納多・阿恩（Reynaldo Hahn）等。他頻繁出入貴族社交圈，考究他們的家世譜系與奢華生活，並非為了爭取社交界高貴的身分，而是以敏銳的觀察者自居，時時留心可以作為寫作素材的人物與故事。普魯斯特經常在宴會結束後私下探詢僕役們，請他們詳述宴會賓客種種趣聞或言行，給予他們慷慨的小費，為的是下一次可以獲得更多的故事題材。

因為健康緣故，普魯斯特一生始終都沒有正式的工作，完成學業後，為了順從父母的心意，普魯斯特一度在馬札林圖書館擔任「不支薪館員」，但是他的出勤紀錄不佳，時常請病假，最終遭到解雇。普魯斯特從此開始了專職寫作，一八九六年出版第一本小說《歡樂與時日》（Les plaisirs et les jours），這本小說被當時知名小說家安那朵・法朗士（Anatole France）譽為「靈巧的蘭花在溫室中的氣味」。一八九七年到一八九九年，普魯斯特專心於《尚・桑德伊》（Jean Santeuil）的寫作，但這部作品最終因為感情與健康因素而放棄。他將注意力轉向閱讀，開始翻譯英國美學家羅金斯的作品。有趣的是，普魯斯特本人並不會閱讀英文，都是依賴母親和一名年輕的英國女子瑪麗・諾林格先將文字翻譯成法文，再由普魯斯特改寫成優美的法文，他還撰寫了許多關於羅斯金的研究文章，至今仍為法國文藝界重視。

普魯斯特一生中許多時光被迫在病床上度過。隨著年歲增長，他的病況更加惡化，日常也極少出門，只有在午夜過後，空氣清新時，普魯斯特才會外出。

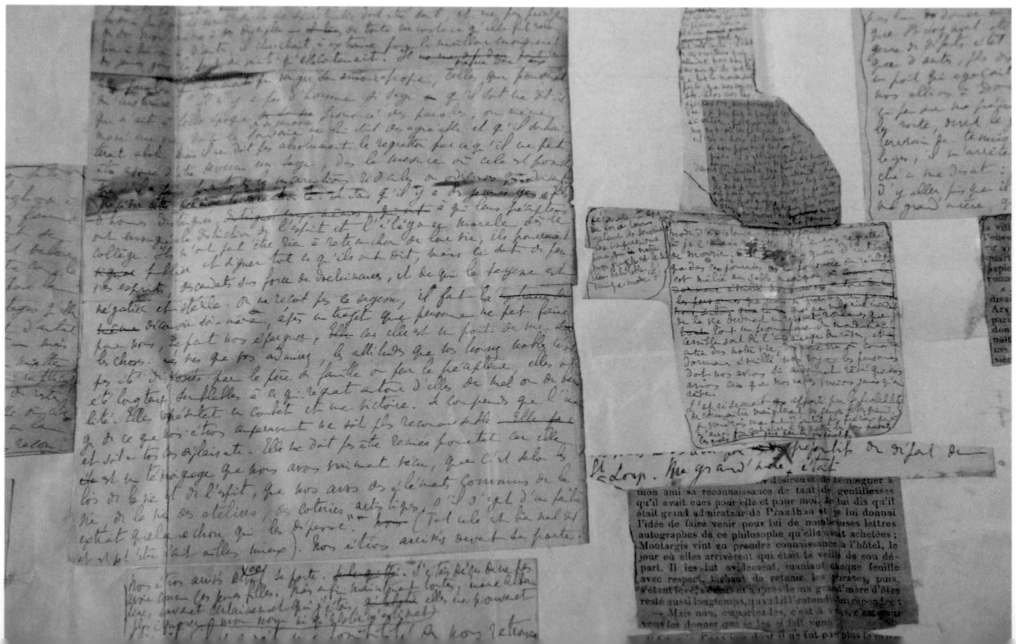

一九〇三年到一九〇五年，普魯斯特的父母相繼去世，母親的死對他造成嚴重的打擊，他曾經寫道「我的生命失去了唯一的目標、唯一的甜美、唯一的愛、唯一的慰藉。」多數論者認為，他對母親的憶念或許正是驅使他開始構思長篇鉅作《追憶逝水年華》（À la recherche du temps perdu）的重要寫作動機。《追憶逝水年華》第一卷《在斯萬家那邊》描寫童年與母親相處的愉悅時光，以及第六卷《女逃犯》與母親同遊威尼斯的場景，都寄託了現實世界中他對母親的特殊情感與無限追憶。

一九〇六年，普魯斯特搬進位於巴黎的歐斯曼大道（Boulevard Haussmann）公寓，他將臥房改成適合寫作的居所，在牆上塞滿軟木塞隔音，又將室內窗戶掛上厚重的窗簾，謝絕一切打擾，專心致力於《追憶逝水年華》的撰述。初期因為健康不佳，寫作的過程並不順利，直到一九一〇年，才在速記員的協助下，初步完成第一卷《在斯萬家那邊》（Du Côté de chez Swann）與第三卷《蓋爾芒特家那邊》（Le Côté de Guermantes）。一九二二年以後，陸續完成《重現的時光》（Le Temps Retrouvé）、《在少女們身旁》（À l ombre des jeunes filles en fleurs）、《所多瑪與蛾摩拉》（Sodome et Gomorrhe）、《女逃犯》（La Fugitive）《女囚》（La Prisonnière）。

《追憶逝水年華》共分七卷，全文近乎兩百四十萬字，堪稱是耗盡普魯斯特畢生心力之作，但出版的過程並不順利，剛開始他將書稿寄給巴黎出版商法斯凱特，不幸遭到拒絕，又轉而投稿當時著名的文學雜誌《法蘭西斯評論》出版社（即後世知名的法國加利瑪出版社），同樣遭到拒絕。有趣的是，當時的出版評審委員還包括知名作家紀德（André Paul Guillaume Gide）。儘管事後紀德頗為懊悔，並曾去信向普魯斯特致歉，但寫作的初期普魯斯特只能選擇再將書籍轉交給奧倫多夫出版社，同樣收到了退稿信，這封退稿信是由出版社老闆親自回覆：「我無法理解一位紳士如何能用三十頁的篇幅來形容他在入睡前如何躺在床上輾轉反側的景象」。最終普魯斯特向友人伯納·格拉塞提出自費出版的想法，《追憶逝水年華》第一卷《在斯萬家那邊》終於在一九一三年順利發行。

《在斯萬家那邊》為普魯斯特奠定了重要的名聲，但受限於戰爭時期與種種商業版權因素，後續幾卷的小說當時並未全數出版，一直等到一九二七年才由加利瑪出版社完成出版。普魯斯特在世前最後的日子，對《追憶似水年華》的改寫仍不遺餘力，協助他的打字員必須有極佳的眼力，才能辨識出他黏貼在原稿上增加篇幅敘述的潦草字跡，一九二二年的春天，他因健康迅速惡化，肺炎導致高燒不退，最終與世長辭。

普魯斯特以豐富的學識與深刻的人生體悟，創作出《追憶似水年華》，這部小說的完成，標誌了法國現代文學史重要成就，作品以意識流的文學手法，呈現細緻感官經驗，建構出一部偉大的心靈史詩。該書影響後世無數作者，英國知名作家葛拉罕·葛林（Graham Greene）認為普魯斯特是二十世紀最偉大的小說家，足以和十九世紀的托爾斯泰齊名，曾經一度拒絕他出版的紀德後來懊悔不已，也在日記中留下這一段知名的文字：「我在普魯斯特的文章風格中尋找

作家紀德。

缺點而不可得。」其他諸如貝克特（Samuel Beckett）、吳爾芙（Virginia Woolf）等知名作者，都曾對普魯斯特表示推崇，並將《追憶似水年華》視為此生不可不讀的經典。該書以近乎詩篇的獨白娓娓訴說，深刻反映法國中產階級與貴族的社交與日常生活，書中的意識流寫作手法，更成為文學史不可忽視的重要典範，普魯斯特也因此被譽為二十世紀最偉大的文學家之一。《追憶似水年華》被翻譯多達三十五種語言出版，甚至改編成漫畫與電影，各種插圖珍藏版或袖珍版發行量亦十分可觀，從一九一九年到二〇二〇為止，銷售總計達六百九十多萬冊，由此可見這部長河小說在世界各地文學愛好者心目中的重要地位。

貳、傳說中最難讀完的世界文學名著：普魯斯特的《追憶似水年華》

假如開放網路虛擬世界匿名問卷調查「二十世紀最難讀完的一部世界文學名著是甚麼？」相信普魯斯特的《追憶似水年華》絕對榜上有名，因為這部兩百多萬字的意識流小說，若真要讀完，可得花費不少時間與功夫。《追憶似水年華》向來被視為二十世紀法國最重要的文學經典代表之一，普魯斯特本人也被許多知名作家推崇，女作家吳爾芙在讀完《追憶似水年華》後掩卷長嘆，認為自己幾乎再也無法寫作，因為世上所有的事都已被普魯斯特寫完。不只風靡文壇，普魯斯特的書迷遍及全球，一九八八年美國紐約成立了「普魯斯特學會」，這個研究學會每年都會慶祝作家的生日，會議聚餐時成員們甚至會享用

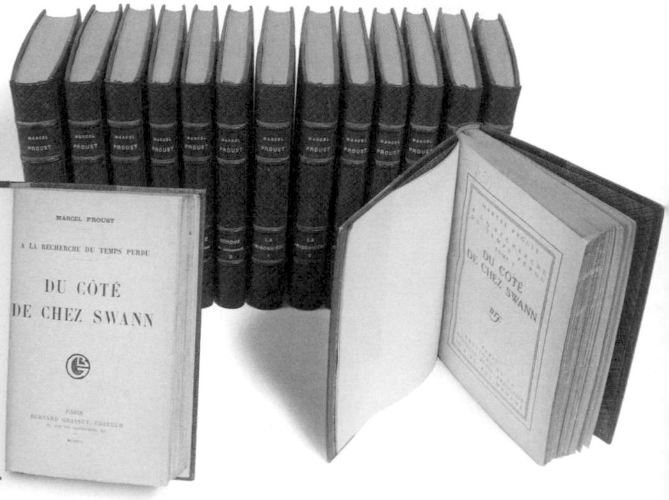

《追憶似水年華》出現過的菜餚，諸如乳酪舒芙雷、青豆沙拉、杏仁鱒魚、葡萄乾蛋糕……等，作為向普魯斯特致敬的一種方式。

《追憶似水年華》究竟有何迷人之處呢？這部宏偉的作品一共分為七卷，故事登場的人物超過兩千位，時間跨幅長達四十年，普魯斯特挑戰傾向寫實作品的客觀描寫技法，轉以極其緩慢的意識流敘事，呈現十九世紀末到二十世紀初期，法國上流階層社會的人性剖面。全書以主角馬賽爾第一人稱敘事觀點「我」為核心，從馬賽爾描述自己在失眠的夜裡回憶貢布雷的往事開始。

第一卷《在斯萬家那邊》由「貢布雷」與「斯萬之戀」、「地名：那個姓氏」三個章節組成。年幼的馬賽爾總是在不想睡的時刻被迫回到房間，父母為了安撫他無聊的夜晚，為他準備幻燈機的傳奇故事，一張張的幻燈片被放映出來，如同失眠的夜裡一幕幕穿梭在眼前的回憶。童年的往事充滿了奇趣，晚餐時親戚們的閒談大會、身體微恙卻老愛偷喝酒的祖父、喜歡偷偷違背父親禁令帶著孫子散步的外祖母，以及每晚因期待母親陪伴而失眠的自己，往事如潮，使得馬賽爾睡意全消，又想起貢布雷比鄰而居的斯萬先生，由此開展出斯萬與奧黛特的戀愛故事。

第二卷《在少女們身旁》，馬賽爾因為戀慕斯萬之女希爾貝特，經常登門拜訪，並在斯萬家中結識作家貝戈特，立志寫作。一日他與希爾貝特的友誼突生嫌隙，起因於希爾貝特被邀請參加聚會，必須獨自前往，但母親奧黛特卻堅持希爾貝特必須留下陪伴馬賽爾，希爾貝特自此開始冷落馬賽爾。馬賽爾與外祖母前往巴爾貝克海灘度假，認識了畫家埃爾斯蒂爾、貴族羅貝爾．聖盧，也邂逅了少女阿爾貝蒂娜，為小說後來的發展埋下複雜的愛情故事伏筆。

第三卷《蓋爾芒特家那邊》，馬賽爾與家人遷入蓋爾芒特公爵夫人在巴黎的宅邸旁，對貴族的生活充滿好奇心，也因聖盧介紹結識了蓋爾芒特公爵夫人，馬賽爾仔細觀察上流社交圈與藝文沙龍種種生活細節，得知貴族們並非一般人想像的優渥富裕，華麗的外表下往往藏著不為人知的秘辛：親友相互私下攻訐、靠婚嫁擺脫負債窘境、種種不可告人的私情，才是貌似虛華的貴族世家真實處境。

第四卷《索多姆和戈摩爾》源自《聖經》的典故，普魯斯特以聖經中罪惡與敗德之城隱喻同性情事，因為當時的法國社會風氣仍相當保守，故事中的夏呂斯男爵與絮比安、聖盧與莫雷爾等人都是同性戀者，被禁錮在禁忌之愛的痛苦深淵中。馬賽爾與阿爾貝蒂娜的感情發展日深，但他同時也疑心她是同性戀者，因為阿爾貝蒂娜經常為了去見女性友人而撒謊，偶爾行蹤也交代不清。出於一種佔有慾的情感補償，馬賽爾雖然對阿爾貝蒂娜的同性戀傾向始終心懷芥蒂，但另一方面不顧家人反對，希望娶她為妻。

第五卷《女囚》主要探討愛情的主題：瘋狂的忌妒與佔有。馬賽爾尚未與阿爾貝蒂娜結婚，卻將她帶到了巴黎，想盡一切方法阻絕她與女性友人見面，他將阿爾貝蒂娜囚禁在家中，並試圖嚴密的監控她。兩人的關係逐漸形同陌路，在一次劇烈的爭吵後，痛苦的馬賽爾下定決心與之分手，阿爾貝蒂娜也傷心的回返邦當夫人處。

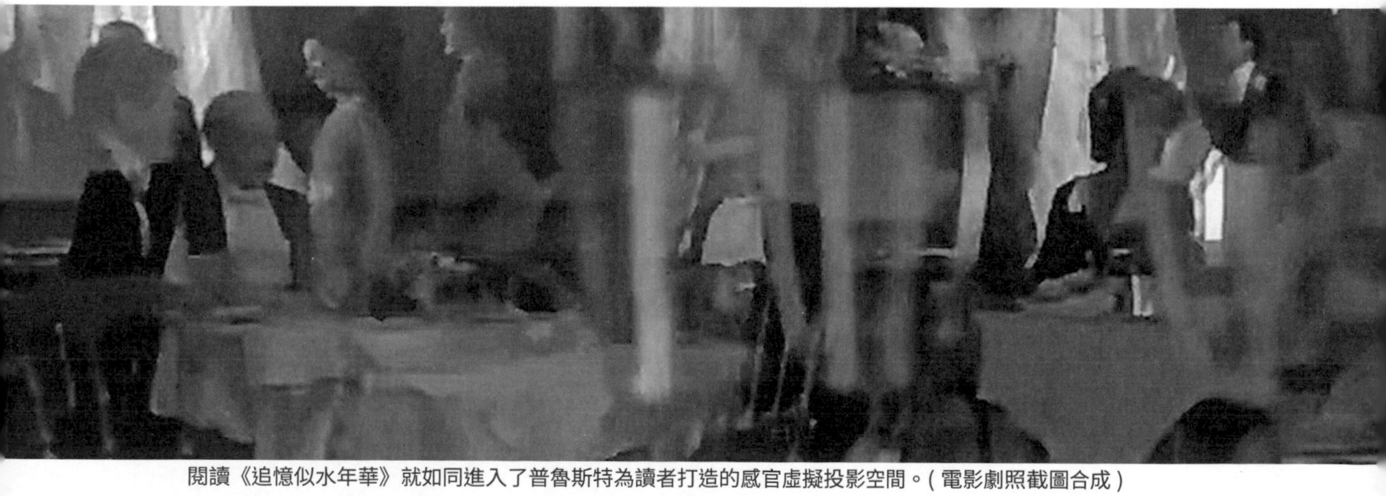

閱讀《追憶似水年華》就如同進入了普魯斯特為讀者打造的感官虛擬投影空間。(電影劇照截圖合成)

第六卷《女逃亡者》講述阿爾貝蒂娜離去後，馬賽爾便拍電報請求她回來，就在阿爾貝蒂娜回心轉意欲返巴黎，卻不幸意外墜馬身亡。傷心欲絕的馬賽爾開始思考愛情的意義，他時而讓自己陷入瘋狂忌妒的回憶，時而派人訪查阿爾貝蒂娜生前的私密情事。馬賽爾終於意識到無論如何痛苦，他與阿爾貝蒂娜的愛情終將隨著時光的流逝而結束。他決定與母親一同前往威尼斯散心，流連在水城美麗運河的波光中，逐漸忘卻愛情的傷痛。

第七卷《重現的時光》是整部《追憶似水年華》最重要的篇章，也是故事的尾聲，往昔的時光悠悠，馬賽爾已然老去，在最後一次參與的社交場合上驚訝發現眾人的衰朽面貌：無論是蓋爾芒特夫人，或是已改嫁成為德·福什維爾的奧黛特，以及他曾戀慕過的希爾貝特，都已衰老成另一個世界的人。人生是值得活的，但被時間之手輕拂過的人事物，最終都必走向衰亡，馬賽爾頓時體驗到若要追回逝去的時光，只能用文字使之永恆。因為唯有在心靈的時光中，他所經歷的一切，才不致灰飛煙滅。馬賽爾決定提筆開始寫作，因為他終於明白時間和回憶帶給他的生命意義。

整部《追憶似水年華》故事起於失眠的夜晚，最終結束於馬賽爾提筆寫作，然而主角筆下各式意識流敘寫與追憶回顧，早已在閱讀過程中來回翻湧，只要讀過《追憶似水年華》，就無法忘懷普魯斯特以文字藝術建構的奇景，以及屢屢出格打破世界紀錄、驚天地泣鬼神的「超級長句」：《索多姆和戈摩爾》出現過最長多達九百三十一個字的句子，這些近乎七寶塔的鬼斧神工與文字精

全書洋洋灑灑的斑斕回憶與生活細節。(電影劇照截圖)

雕：諸如瑪德蓮蛋糕與椴花茶喚起的童年回憶，與阿爾貝蒂娜在貪睡的早晨聆聽小販的叫賣聲、凡德伊奏鳴曲勾起的絕望哀嘆、貢布雷的聖伊萊爾鐘樓、與母親和外祖母度過的童年時光，皆須讀者親自領會。不僅是超高的文字技巧，普魯斯特對藝術、文學、音樂、法國歷史與社會政治，甚至是醫藥學、植物學等淵博知識也令人嘆為觀止。閱讀《追憶似水年華》就如同進入了普魯斯特為讀者打造的感官虛擬投影空間，從一杯茶的滋味到貢布雷的山楂花小徑，再到巴黎金碧輝煌的貴族沙龍，甚至是巴爾貝克的夏日海灘，生活即景歷歷在目，令人心神搖蕩。小說近乎以「下戰帖」的方式挑戰讀者的閱讀慣性，既沒有戲劇化的情節橋段，也不在乎故事應當如何製造「驚奇」，全書洋洋灑灑的斑斕回憶與生活細節，全都出自「我」正打算出版一本書籍的當下片刻。

參、法國文學史上最著名的點心：瑪德蓮小蛋糕

《追憶似水年華》中大量充斥感官經驗與意識流描寫，最著名的就是「瑪德蓮蛋糕」，這段知名的味覺感官體驗屢屢被文評家讚嘆不已，一度被譽為「普魯斯特的瑪德蓮蛋糕現象」。普魯斯特花了許多篇幅寫主角馬賽爾一邊喝著茶，一邊將一塊小蛋糕浸到茶裡再送入口中，當茶匙碰到上顎那刻，頓時渾身震顫，馬賽爾忽然感受到前所未有的身心變化：「一種舒坦的快感傳遍全身，我感到超塵脫俗，卻不知出自何因。只覺人生一世，榮辱得失都清淡如水，背時遭劫亦無甚大礙，所謂人生短促，不管是一時幻覺；那情形好比戀愛發生的作用，

它以一種可貴的精神充實了我。也許，這感覺並非來自外界，它本就是我自己。我不再感到平庸、猥瑣、凡俗。這股強烈的快感是從哪裡湧出來的？我感到它同茶水和點心滋味有關，但它超出滋味，肯定同味覺的性質不一樣。」一小口瑪德蓮蛋糕竟能使人如同搭乘時光穿梭機回到過去貢布雷時光，與早已過世的萊奧妮姨媽相遇，因為童年時期她曾為馬賽爾準備這種點心，令小客人感受到無比的幸福。扇貝形狀的瑪德蓮蛋糕鑲著一絲不苟的摺痕，微微的焦香與奶甜味，此刻無端喚起了整座回憶的大廈。普魯斯特形容咬一口瑪德蓮蛋糕的感覺，就像是看著七彩的紙團被放入水缸，彩紙瞬間幻化成各色形狀小物，鮮花與閣樓，甚至是五官清晰可辨的小人兒，模樣生動，千姿百態，一口沾著茶的瑪德蓮蛋糕可以折射出貢布雷的街景與花園，以及與之相關的童年人事物，全都是因為感官的觸動。

法國文學史上最著名的點心：
瑪德蓮小蛋糕。

肆、「失眠」也可以很浪漫

如果覺得關於瑪德蓮蛋糕味覺體驗還不過癮，可以再試試第一卷《在斯萬家那邊》一連六頁關於失眠的形容，見識一下普魯斯特將日常片刻化為「永恆的一瞬」功力。普魯斯特怎樣描述失眠呢：「在很長一段時期裡，我都是早就躺下了。有時候，蠟燭才滅，我的眼皮隨即闔上，都來不及咕噥一句：『我要睡著了。』半小時之後，我才想到應該睡覺：這一想，我反倒清醒過來。我打算把自以為還捏在手裡的書放好，吹燈火。睡著的那會兒，我一直在思考剛才的那本書，只是思路有點特別；我總覺得書裡說的事兒，什麼教堂呀，四重奏呀，弗朗索瓦一世和查理五世爭強鬥勝呀，全都同我直接有關。這種念頭直到我醒後還延續了好幾秒鐘；它倒與我的理性不很相悖，只是像眼罩似的蒙住我的眼睛使我一時覺察不到火早已熄滅。……我不知道那時幾點鐘了，我聽到火車鳴笛的聲音，忽遠忽近，就像林中鳥兒的鳴，標明距離的遠近。汽笛聲中，我彷彿看到一片空的田野，匆匆的旅人趕往附近的車站；他走過的小路將在他的心頭留下難以磨滅的回憶；因為陌生的環境，不尋常的行止，不久前的交談，以及在這靜謐之夜仍縈繞在他耳畔的異鄉燈下的話別，還有回家後即將享受到的溫暖，這一切使他心緒激盪……。」

《追憶似水年華》的內容包羅萬象，見證法國社會貴族士紳、文學與藝術、音樂、甚至是僕傭雜役的生活。

上述《追憶似水年華》關於「失眠」的文字節錄只是一小段，還有許多精彩描述，諸如：在睜眼的黑暗中凝望光影變化、半夢半醒間的迷濛意識，彷彿如同亞當自肋叉間生出夏娃、進入睡眠的人就如同一尊神祇：「周圍縈繞著時間的游絲，歲歲年年，日月星辰，有序地排列在他的身邊」。一句「我失眠了」在普魯斯特筆下竟如此千變萬化，如同經歷一場奇妙的旅程，勾連童年時期母親與外祖母們挖空心思為之準備的「打發睡前無聊時光禮物」：臥室裡的故事幻燈片、《棄兒弗朗莎》的床邊故事、母親額頭的親吻，鋪陳出巧妙的精彩故事，不得不令讀者感到佩服，普魯斯特先生的「法式失眠」果然十分讓人驚嘆，原來日常普通的「失眠」經驗，在文學大師筆下，竟然成為如此浪漫的事。

伍、貴族士紳的美麗與哀愁——法國上層社會的沙龍顯影

除了精彩的感官文字描寫，《追憶似水年華》之所以能成為不朽經典，與作品本身涵蓋的豐富性息息相關。《追憶似水年華》的內容包羅萬象，得以見證法國社會貴族士紳、文學與藝術、音樂、甚至是僕傭雜役的生活，主角馬賽爾的父親屬於法國社會中產階級，由此所開展的故事人際網絡，如馬賽爾的母親與祖父母等親友、斯萬先生等，十分豐富。《追憶似水年華》描繪法國士紳的生活面貌，聚會中談論的人物與文學藝術，以及日常如何料理吃食：細心剝開拿來涼拌或煮湯的朝鮮薊、用肥美的火雞燉煮骨髓薊菜湯、把羊腿子烤到骨脫肉酥、以及凝聚著廚娘全部才智，如同一首詩的巧克力冰淇淋，不同的食物也能隱喻人生四季更

《追憶似水年華》呈現當時法國中產階級的政治批判主張與文化教養。此外，小說對當時貴族日常生活亦有深刻描寫。(電影劇照截圖)

迭，飲食男女，人之大欲，感官味蕾也是日常生活的一頁歷史。

關於斯萬先生的描寫也精彩絕倫，斯萬先生是上流社會的士紳，對藝術有著非凡的品味，他與貴族蓋爾芒特公爵和夏呂斯男爵都有交情，他的風雅與教養很受到貴族階層的喜愛，但他卻一心追逐愛情，完全不在乎世人眼光，最終與地位不高的交際花奧黛特陷入熱戀，並且娶她為妻，奧黛特因為斯萬的地位財富晉身巴黎社交界，生下女兒希爾貝特，這名女子後來成為馬賽爾情竇初開的對象，兩人的故事也在第三章「地名：那個姓氏」開展。

除了斯萬與奧黛特矛盾糾葛的戀愛史，普魯斯特的音樂和藝術的造詣也令人印象深刻。小說寫他在維爾迪蘭夫人家聆聽凡德伊鋼琴奏鳴曲時敏銳的感受，琴聲悠揚，音樂在腦海中化成激盪的流水，絢麗多彩如同被月色環抱的海洋蕩漾。斯萬獨自拜訪奧黛特，帶了一幅佛羅倫斯畫派風格版畫，而他之所以對奧黛特動情，是因為他從自己對美的鑑賞中忽然領會眼前女子的萬種風情，在坡提切利的畫中，斯萬將奧黛特與畫中人物合而為一，虛實不分，愛情萌芽本質上就是美感的心理投射，與任何藝術或音樂鑑賞相同。愛情就是個人的感性品味，如同對一幅作品傾心欣賞。將音樂、繪畫藝術與愛情的隱喻彼此勾連，不免令人驚嘆作者豐沛的想像力與感受。

不僅如此，小說深刻反映當時社會局勢與政治，作品詳述當時法國著名的德雷福斯將軍案（Affaire Dryfus，又譯屈里弗斯案），彰顯出法國中產階級社會與貴族勢力的種種政治矛盾。一八九四年法國一名猶太裔軍官阿弗列·德雷福斯被

奧黛特因為斯萬的地位財富晉身巴黎社交界。（電影劇照截圖）

誤判叛國罪，在當時反猶風氣較盛的法國引起了很的大的爭論，德雷福斯將軍最終獲判無罪，連帶引起的社會改革運動也如火如荼。《追憶似水年華》藉斯萬與布洛克、蓋爾芒特公爵等不同人物立場提出對德雷福斯案的觀點激辯，深刻對比當時貴族的保守立場與中產階級追求革新的政治傾向。

《追憶似水年華》彰顯了普魯斯特本人的音樂藝術鑑賞力與政治哲學觀點，也間接呈現當時法國中產階級的政治批判主張與文化教養。此外，小說對當時貴族日常生活亦有深刻描寫。第三卷《蓋爾芒特家那邊》描寫蓋爾芒特親王夫人穿著華服前往歌劇院包廂聆聽女伶貝拉貝馬的演出：「一朵碩大的白花，毛絨絨的像翅膀，從親王夫人的額頭沿著臉頰的一邊垂下，似羽毛，似花冠，又似海花，妖豔，輕柔，生機勃勃，情意綿綿，隨臉頰的曲線波動，遮住了半個臉蛋，像一枚肉色的翠鳥蛋，藏在柔軟的窩裡。」小說藉馬賽爾鄰座的人指點評論道：「要是我有這麼多珠寶，我絕不會像她那樣擺闊。」貴族闊綽的風雅，是令平凡人吃味羨慕的顯赫身家。再如文中描寫馬賽爾前往蓋爾芒特伯爵家中作客，種種奢華用度，華麗鋪張，堪稱令人瞠目結舌。馬賽爾在蓋爾芒特府邸見證近似宮廷的社交禮儀、以及出入皆是貴客的沙龍，各國的親王或殿下，大使首長與政商名流，餐桌上擺滿了時新菜色，水果裝飾的花環擺盤、飯廳裡有風度翩翩的膳食總管鞠躬招呼，眾多僕人在餐桌旁左右一字排開，為客人拉開座椅服侍，光是吃飯，都像一場豪華表演，使人感受到如同木偶戲巧製機關的整齊劃一。

然而，士紳貴族的生活果真完美無瑕嗎？事實上，無論是斯萬先生或是蓋爾

人人各取所需，個個心懷鬼胎，
所謂巴黎社交界的輝煌盛世，
不過是繁花一夢，轉眼成空。

芒特家族成員，都充滿了個人生命的困境。蓋爾芒特家族儘管聲名顯赫，社會地位崇高，但卻隱伏了重重危機。美麗的蓋爾芒特伯爵夫人出入歌劇廳的高級包廂，她衣著華麗，雲鬢香影，言談機敏博學，每每成為社交界人人羨慕的沙龍女主人，卻始終得不到丈夫的歡心。丈夫將無數的情人帶回她精心策畫的晚宴聚會，與情人耳鬢廝磨，偶爾因愧意而施捨她珠寶首飾，但言語間卻經常伺機羞辱，所謂的貴族仕女，精神上卻充滿空虛與失寵的寂寞。蓋爾芒特家族的生活入不敷出，表

印象派畫家貝勞德（Jean Béraud）筆下的巴黎街景。

面上人人光鮮亮麗，實際上不得不處心積慮結識富豪士紳，為的就是能繼續維持華麗的表象。還有許多不為人知的隱情，如同陽光無法覆蓋的角落陰影，蓋爾芒特伯爵的弟弟夏呂斯伯爵與裁縫絮比安發展同性戀情，卻不為世人所接受，小說寫夏呂斯伯爵屢屢在追求年輕男性的過程中遭受恥笑或羞辱。至於蓋爾芒特伯爵夫人的姪子聖盧，雖然貴為名門之後，在世人眼中年輕英俊，如天之驕子，但也必須被迫接受家族利益考量的聯姻，為了得到萬貫家財迎娶他不愛的對象。再如人品低劣的維爾迪蘭夫人，因得到兩任丈夫的遺產風光再嫁蓋爾芒特親王，斯萬夫人奧黛特也靠再嫁德·福什維爾先生洗刷自己社交花的浪蕩名聲，甚至她的女兒希爾貝特，也靠著財產與貴族聖盧結親。這些女子透過豐厚的嫁妝進入上流社會，不過是出於利益考量，為了博取名聲，渴望求得貴族世冑響亮的姓氏名號。但她們真的能獲得幸福嗎？小說中她們的婚姻多半有名無實，恩薄愛寡，如同被關入金絲籠的雀鳥，徹底失去自由。人人各取所需，個個心懷鬼胎，所謂巴黎社交界的輝煌盛世，不過是繁花一夢，轉眼成空。

陸、山楂花之戀——馬賽爾的愛情故事

再者，現實中的普魯斯特也曾經歷摯愛驟逝的悲痛，他以自身經驗投射在創作之中，將人性為愛瘋魔的難堪化為《追憶似水年華》第五卷《女囚》與第六卷《女逃亡者》的愛情思索。小說另外重要的兩條敘事主線，斯萬之戀與馬賽爾、阿爾貝蒂娜的愛情故事，令人聯想到《追憶似水年華》關於山楂花的隱喻。

書中出現關於山楂花的回憶，每每與主角和希爾貝特相遇的童稚印象勾連。

山楂花又稱作「聖木」，相傳這種花有驅邪的功能，耶穌受難時頭上所帶的花冠，就是由山楂花的樹枝編織而成。不只如此，山楂花時而帶著特殊甘苦氣味，枝枒往往多刺，經常被用來當作防盜用的圍牆籬笆，層層疊綴樹間的花朵，或紅或白，香氣迷人，親近時卻得小心翼翼。普魯斯特在貢布雷的回憶花了許多篇幅描寫山楂花：「疏籬像一排教堂被堆積的繁花覆蓋得密密匝匝，成了一座巨大的迎聖台；繁花下面，陽光像透過彩繪玻璃窗似的把一方光明照到地上；如膠似漆的芳香縈繞著繁花組成的聖台，我的感覺就如跪在供奉聖母的祭台前一樣。」普魯斯特形容山楂花就如同盛裝的少女，若無其事地捧出一束束熠熠生輝的雄蕊；纖細的花蕊輻射開，如同教堂屋頂的斗拱為祭廊增添光彩，綻放的花蕊則如草莓花小巧潔白。書中出現關於山楂花的回憶，每每與主角和希爾貝特相遇的童稚印象勾連，這女孩也是第一次帶給小馬賽爾心靈衝擊的愛戀對象。

倘若希爾貝特的存在，如同粉紅山楂花嬌媚多刺，小說中的阿爾貝蒂娜則像是白色的山楂花，成為馬賽爾生命祭壇上天人永隔的摯愛。馬賽爾初與阿爾貝蒂娜相遇時，是在巴爾貝克的夏日海灘，阿爾貝蒂娜少女式的狂野與青春，一度使馬賽爾覺得可以輕易的靠近這位女孩。但她不假辭色拒絕了馬賽爾，一直要到許久以後，兩人共飲一杯橘子水，阿爾貝蒂娜才真正接受了他的情感。馬賽爾的愛情一如山楂花之戀，這些為他生命帶來成長巨變的女性，也如祭壇上的山楂花般具有儀式意義，童年的馬賽爾站在山楂花前，領受凝視花朵帶給他的神祕體驗，看似彷彿伸手即可觸及的花朵，在他心中喚起的情感如此微妙：

「儘管我用手擋住周圍的東西，只給眼前留下山楂花的倩影，但花朵在我內心所喚起的感情卻依然晦暗不清，渾渾噩噩，苦於無法脫穎而出，去與花朵結合。」

馬賽爾愛戀的女子也如山楂花芬芳馥郁，多刺繾綣，但愛情的面貌何其多變，愛有多美好，往往就有多傷人，愛到深處的戀人，亦如困在山楂花圍籬下，獨自品嘗花朵特殊甘苦的氣味的斷腸人，深情款款，凝視花瓣在風中墜落凋零，化作春泥。理想的愛情是相互理解與包容，是穿越表象的心靈交流。但有時候，愛情的真實面目也充滿了醜陋與不堪，一如火宅焚身，瘋狂占有，忌妒折磨，終究成了求之不得的苦路，人們在愛中妄想追尋永恆，卻往往事與願違，最終在顛狂的妒恨中任由自己化為灰燼。馬賽爾與阿爾貝蒂娜關係確定後，他將她帶往巴黎同居，阿爾貝蒂娜幾乎淪為「囚徒」，馬賽爾給她最好的物質生活，為她買高級的仕女帽與衣服，他的愛如同癌症般一發不可收拾，卻無可避免走向「禁錮」，他派馬車夫監視阿爾貝蒂娜，經常處心積慮盤問她，患得患失，無名怒火，費盡心機的追求所愛，反過來也「禁錮」了自己。阿爾貝蒂娜將自己獻給了馬賽爾，極盡可能為他斷絕曖昧的同性女友關係，但馬賽爾要的還不夠，在一次激烈的爭吵後，馬賽爾將阿爾貝蒂娜趕出自己的寓所。他明知這個身世可憐的姑娘無父無母，只有姨媽邦當夫人私心謀劃，想方設法要利用她大賺一筆嫁妝。阿爾貝蒂娜墜馬死後，馬賽爾支付大筆旅費讓僕役前往巴爾貝克調查阿爾貝蒂娜少女時期與親密女伴的種種情事，企圖讓自己陷入更癲狂的忌妒與扭曲，彷彿要以此忘懷斯人，徹底背叛與推翻自己過去的愛情。情到深處，

人們在愛中妄想追尋永恆，卻往往事與願違，最終在顛狂的妒恨中任由自己化為灰燼。

愛恨纏縛，這是馬賽爾壯烈決絕的感情觀，即使幽冥兩隔也不可阻斷糾纏。棄盟毀約，離合聚散，終究只能靠時間治癒一切。在時間之前，人們不再頑強抵抗，刻在靈魂深處的情愛印記逐漸模糊變淡，最終成為遺忘的空白。普魯斯特說，在愛情中，永恆並不存在，哪怕愛如烈火，也不敵終須一別的熄滅消散。

對普魯斯特而言，《追憶似水年華》最重要的從來不是說故事，因為我們就是故事，生活經歷的一切都住在我們的感官之中，逝者如斯，再多的眼淚或哀嘆也留不住美好時光。人有離散，史有循環，沒有人能躲得過「時間」，無論是斯萬或馬賽爾的愛情殞落，甚至是蓋爾芒特家族的興衰更迭，樓起樓塌，循環往復，這就是時間為我們揭示的真相。普魯斯特說，我們都是時間和慾望的囚徒，過往經歷的美好時刻已無可回返，哪怕回憶中仍鮮活燦爛的人事物，只能在肉身被時間摧折的暮年，成為臨別之際的感傷回眸。但這也無礙，因為人們至少還有藝術與文學，小說的結尾馬賽爾凝視雞皮鶴髮的蓋爾芒特公爵，突然驚訝自己有一天也會與他一樣，消失在時間的洪流之中。他決定提筆完成遲遲未完成的作品，因為唯有文字才能寫下永恆，再現記憶中的吉光片羽，在肉身枯朽之前，帶領人們自由穿越，尋回時光，親手攫住那幾乎被遺忘的過往：生如夏花，似水年華。

（江江明）◆

9 陳情表

孝道自古以來就是國人最為重視的品德，對父母長輩的深厚情感不但最能獲得共鳴與欽敬，也會讓人信賴其敦厚、善良的品行，而願意與之共事或委以重任。李密在蜀漢任職的時候，已經以孝心和表達能力聞名，當新掌權的晉武帝提出「以孝治天下」徵召他時，更以動人的文筆，和祖母相依為命的至孝之情寫下了〈陳情表〉，不但緩除了朝廷催逼、猜疑的處境，更感動了後世無數為人子女的讀者。它和〈出師表〉、〈祭十二郎文〉都是我們感受古人至情至性最重要的作品。

壹・作者與出處

李密（西元二二四～二八七），字令伯，一名虔。晉朝犍（音ㄑㄧㄢˊ）為郡武陽縣（今四川眉山市彭山）人。《華陽國志》記載李密年少時雖體弱多病，卻非常好學，師事譙周，博覽群經，尤善《左傳》，為人機警辯捷。李密曾在三國時期的蜀漢任職尚書郎、大將軍主薄、太子洗馬等職，也曾屢次奉命出使東吳，頗有才辯，令人激賞。

出使東吳時，吳主孫權為探蜀國虛實，曾問他：蜀國有多少兵馬？他回答：「官用有餘，人間自足」回答得不卑不亢，非常得體，令吳主非常欽佩。又有一次，吳主與群臣泛論道義問題，問大家如果可以選擇，願為兄長或為弟弟？大家都說願為弟弟，只有李密回答說，願為兄長。人問其故？他說：因為兄長侍奉父母的時間較長。他的回答，令在場者非常讚賞，稱許他有辯才而且有孝心。

李密任職蜀漢時，魏元帝的大將司馬昭於景元四年（二六三）滅蜀漢。其後，司馬昭之子司馬炎又迫使魏元帝於魏咸熙二年（二六五）禪讓帝位。曹魏政權被司馬炎篡奪，國號為晉，是為晉武帝。

蜀漢被滅、曹魏被司馬家篡位，三國鼎立的局勢已破，只剩東吳尚未歸順。泰始三年（二六七）晉武帝為籠絡天下名士，推出「以孝治天下」的策略廣召天下賢才。據魯迅所言，晉武帝以臣篡位，若以忠為號召，立場不穩，遂以孝治天下，冀能安撫舊臣，穩定政局。李密為人機辯有才，曾出任蜀漢尚書郎，也曾出使東吳，名氣與聲望非常高，故而也是被羈縻的對象之一。晉武帝先後徵辟李密，他以奉養祖母為由，上〈陳情表〉堅辭赴任，武帝准其所請，喪服期滿，再出仕，〈陳情表〉即寫於此時。入晉之後，先後任職為溫縣令、漢中太守。

李密在擔任河南溫縣時，政令嚴明，治績顯著，深獲人民愛戴。當時的中山諸王每次經過溫縣時，必定向人民索求無度。李密為杜絕此風，寫信給中山諸王，並且引用漢高祖返回沛縣時的態度：「賓禮老幼，桑梓之供，一無煩擾」，說明漢高祖衣錦還鄉時，對待鄉里故舊老幼，不僅彬彬有禮，而且不造成鄉民的困擾，如此據理以爭，方為人民免除大患，從此中山諸王不敢再向溫縣百姓任意求索財物。

才華卓越的李密，在晉朝為官時，先後任職皆為地方官，他希望有機會能從地方官內轉朝廷，可惜朝中無人奧援，後來有一次參與盛宴賦詩，詩中強力表述：「人亦有言，有因有緣。官無中人，不如歸田。明明在上，斯語豈然！」武帝一見該詩，忿而將其免職，讓他「歸田」，最終李密果真老死於家中。

《晉書．列傳》第五十八卷的〈孝友傳〉首列李密，開宗明義以「大矣哉，孝之為德也！」昭揭「孝」是至高無上的美德。而李密何以能列首呢？他以〈陳情表〉一表而成為我國「孝」的楷模，千古以來皆奉為典範。傳中記載祖母劉氏生病，他常涕泣陪侍在側，衣帶不解，侍奉飲膳、湯藥一定先嘗而後進，侍親至孝。

〈陳情表〉寫於西晉武帝泰始三年（二六七），是李密接到武帝徵召為太子洗馬時，向皇上陳表說明祖母劉氏已九十六歲，希望能奉養終年的奏書。

攸關這篇〈陳情表〉，南宋趙與時（一一七二～一二二八）《賓退錄》第九卷曾引用青城山隱士安子順（一一五八～一二二七）之言：「讀諸葛孔明〈出師表〉而不墮淚者，其人必不忠；讀李令伯〈陳情表〉而不墮淚者，其人必不孝；讀韓退之〈祭十二郎文〉而不墮淚者，其人必不友。」昭揭〈出師表〉、〈陳情表〉、〈祭十二郎文〉是三篇千古至情至性的奇文，若讀此三篇不墮淚者，必不忠、不孝、不友。

元代陶宗儀也曾在《輟耕錄》卷九的〈文章宗旨〉，指出兩晉文章以陶淵明〈歸去來辭〉、李密〈陳情表〉、王羲之〈蘭亭集序〉三篇為最優秀。

那麼，〈陳情表〉究竟如何向晉武帝陳情，被後世視為孝道的典範，且成為歷代文人不斷地模仿書寫的名篇？

貳・選文與注釋

臣密言[1]：臣以險釁[2]，夙遭閔凶[3]。生孩六月[4]，慈父見背[5]；行年四歲，舅奪母志[6]。祖母劉愍臣孤弱[7]，躬親撫養。臣少多疾病，九歲不行[8]，零丁孤苦，至於成立。既無伯叔，終鮮兄弟，門衰祚薄[9]，晚有兒息。外無期功強近之親[10]，內無應門五尺之僮[11]，煢煢子立[12]，形影相弔[13]。而劉夙嬰疾病[14]，常在床蓐[15]，臣侍湯藥，未曾廢離[16]。

1 言：陳述、陳說，是古代奏疏開頭語。
2 險釁：指命運坎坷險惡。釁：災禍。
3 夙遭閔凶：幼年遭遇不幸之事。夙：早年，幼年。閔：同憫，憂傷。
4 生孩六月：出生六個月。
5 慈父見背：父親去世。見背：相背而去，指死亡。
6 舅奪母志：舅父強迫母親改嫁。
7 愍臣孤弱：憐憫我孤苦幼弱。
8 九歲不行：指身體瘦弱，到了九歲還不能行走。
9 門衰祚薄：家門衰微，福澤淺薄。祚：福澤。
10 外無期功強近之親：指在外無親密往來的親戚。期功：古代喪服名，「期」是服喪一年；「功」有大、小功，大功服喪九月，小功服喪五月，此指能服喪一年或九月或五月的親人。強近：勉強親近。
11 內無應門五尺之僮：指家中無應答開門的小孩僮僕。
12 煢煢子立：孤單地活在世上。煢煢：音ㄑㄩㄥˊ ㄑㄩㄥˊ，孤獨無依貌。子：音ㄐㄧㄝˊ，孤單的。
13 形影相弔：指孤身一人，只有身、影相互慰問，極力形容無依無靠，非常孤單。
14 夙嬰疾病：早年纏上疾病。嬰：纏繞。

逮奉聖朝[17]，沐浴清化[18]。前太守臣逵，察臣孝廉[19]；後刺史臣榮，舉臣秀才[20]。臣以供養無主[21]，辭不赴命。詔書特下，拜臣郎中，尋蒙國恩[22]，除臣洗馬[23]。猥以微賤[24]，當侍東宮[25]，非臣隕首[26]所能上報。臣具以表聞，辭不就職。詔書切峻[27]，責臣逋慢[28]；郡縣逼迫，催臣上道；州司臨門，急於星火[29]。臣欲奉詔奔馳，則劉病日篤，欲苟順私情，則告訴不許。臣之進退，實為狼狽[30]。

15 常在床蓐：常常臥病在床。蓐：床席。

16 未曾廢離：不曾棄置離開。

17 逮奉聖朝：到了晉朝。逮：等到，及至。

18 沐浴清化：生活在清明教化之中。沐浴：代指生活。

19 察臣孝廉：選拔我為孝廉。孝廉：漢武帝時令郡國推舉善事父母，品行方正之人為孝廉，晉代沿用此制。

20 舉臣秀才：推舉我為優異才人。秀才：指各州府推薦的人才。

21 供養無主：沒有奉養祖母之人。

22 尋蒙國恩：不久又蒙受國家恩寵。尋：不久。

23 除臣洗馬：任命我為太子侍從官。除：音ㄔㄨˊ，指除舊官，授新官。洗馬：為太子掌圖籍、講經典，出行則為先驅的官職。洗：音ㄒㄧㄢˇ。

24 猥以微賤：我出身寒微。猥：謙稱自己。

25 當侍東宮：擔任侍奉東宮太子之職。東宮：指太子。

26 隕首：指殺身。隕：墜落。

27 詔書切峻：詔書急切嚴厲。

28 責臣逋慢：責備我怠慢，輕視詔命。逋：拖欠。

29 急於星火：指催逼緊急，比流星墜落還要急迫。

30 狼狽：指進退兩難。

伏惟[31]聖朝以孝治天下，凡在故老，猶蒙矜育[32]，況臣孤苦，特為尤甚。且臣少仕偽朝[33]，歷職郎署[34]，本圖宦達[35]，不矜名節[36]。今臣亡國賤俘[37]，至微至陋，過蒙拔擢[38]，寵命優渥[39]，豈敢盤桓[40]，有所希冀！但以劉日薄西山[41]，氣息奄奄，人命危淺，朝不慮夕。臣無祖母，無以至今日，祖母無臣，無以終餘年。母孫二人，更相為命，是以區區不能廢遠[42]。

31 伏惟：伏表思維，是下對上之敬詞用法。
32 猶蒙矜育：尚且蒙受恩惠供養。矜：憐憫。
33 少仕偽朝：指自己曾在蜀漢做過官。
34 歷職郎署：指擔任郎署的官職。
35 本圖宦達：本來希望做官顯達亨通。
36 不矜名節：不以名節自誇。
37 亡國賤俘：我是亡國卑賤的人。
38 過蒙拔擢：過度蒙受皇恩提拔。
39 寵命優渥：指恩寵優厚，擔任太子侍從官。
40 豈敢盤桓：哪會故意拖延不肯就職。盤桓：徘徊不進的樣子。
41 日薄西山：指祖母劉氏壽命將終了，猶如太陽西下。薄：迫近。
42 區區不能廢遠：指自己私情，不能停止奉養祖母而遠離。區區：孝養的私衷。

臣密今年四十有四，祖母今年九十有六，是臣盡節於陛下之日長，報養劉之日短也。烏鳥私情[43]，願乞終養。臣之辛苦，非獨蜀之人士及二州牧伯所見明知，皇天后土，實所共鑒[44]。願陛下矜憫愚誠，聽臣微志，庶劉僥倖，保卒餘年[45]。臣生當隕首[46]，死當結草[47]。臣不勝犬馬怖懼[48]之情，謹拜表以聞[49]。

43 烏鳥私情：原指烏鴉有反哺之情，此指奉養的孝心。
44 皇天后土，實所共鑒：天地神明也能審察我的孝養真心。
45 庶劉僥倖，保卒餘年：希望祖母能幸運安度餘年。庶：希望或推測的語詞。
46 生當隕首：指自己活著也會殺身效忠國家。
47 死當結草：此指自己就算是死亡也會報恩。結草：典故出自《左傳》，指死後報恩。
48 犬馬怖懼之情：此指臣子謙稱自己如同犬馬一樣，充滿戒慎恐懼的心情。
49 謹拜表以聞：謹慎恭敬，上表奏聞於君王。

參．可以這樣讀

表，是下對上的公文

「陳情表」是古代公文的一種。

公文，就是處理公共事務的文書，有固定的書寫範式、用語及程序。首先，從行文系統觀之，有上行文、平行文、下行文三種，須確定行文類型，不可弄錯，否則會貽笑大方；其次，有書寫者及受文者，須確立書寫對象，才能正確使用稱謂用語及表述的立場與態度；最後，有固定的書寫範式與內容目的。不同質性的公文，書寫範式與內容目的亦有殊異。

我國古代公文名稱依據性質，有很多不同的異稱及內涵。劉勰《文心雕龍．章表篇》揭示漢朝訂定朝廷往來的公文有章、奏、表、議四品，各有其功能：「章以謝恩，奏以按劾，表以陳情，議以執異。」說明「表」是用來「陳情」的文書；又接著說「表者，標也。」是用來陳述事理、說明清楚的公文。以上，是劉勰對「表」的定義。

題為任昉的《文章緣起》也說：「下言於上，曰表。表，明也，標也，標著事略，明告乎上也」揭示「表」是下對上用來說明事情的公文。

徐師曾統合劉勰和任昉二人的說法，在《文體明辨．表》指出：「表者，標也，明也，標著事緒使之明白以告乎上也。」意思是說「表」是下用來對上，說明事情，使條理清楚的一種公文。

根據以上所言，「表」就是古代奏章之一，是上行文，也就是一種下對上、陳情之用的公文，是臣子對君王直諫、陳事、規勸的一種文體，通常採「動之以情」的手法來寫，將所要表述的事情陳述明白。

李密的〈陳情表〉就是公文的一種，從「行文系統」來看，是上行文，也就是下對上的奏章。「下」是指卑微的臣子，「上」是指崇高無上的皇帝，既然是「下對上」的「陳情」，有懇請同意的態勢，姿態就要放低。李密是蜀漢舊臣，晉滅蜀漢之後，身份位階非常特殊，因此他謙稱自己是「亡國賤俘，至微至陋」，不僅先表述自己是蜀漢降臣，身份低下，而且還承受武帝「過蒙拔擢，寵命優渥」的待遇，面對如此恩寵「豈敢盤桓，有所希冀」，接著，再稱許新建朝廷是「逮奉聖朝，沐浴清化」，以聖朝稱許晉朝，如此反差的身份意識，必能削減晉武帝的疑慮。

從「書寫者及受文者」來看，〈陳情表〉書寫者是臣子李密，讀者是皇上，那麼，他應當具備什麼態度表述內容，讓皇上理解書寫內容進行有效閱讀？李密在敘寫〈陳情表〉時，必須用什麼樣的立場，向晉武帝表述不卑不亢的堅定立場說服對方，讓身為閱讀者的晉武帝歡快而欣然接受？由於李密是蜀漢舊臣，為了釋放晉武帝對自己拒不出仕的疑慮，用「聖朝」、「偽朝」來對比。晉是聖朝，蜀漢是偽朝，如此一對比，可知正統所在，釋放帝王猜疑之心。再者，全文用「陛下」、「臣」作對稱，大有奉晉朝為正統的意圖，也是要釋放對李密降臣的疑慮。而「臣」字凡用了二十九次，除了二次是用來指稱太守及刺史二人，

唐代畫家閻立本所繪〈列代帝王圖〉之晉武帝司馬炎，波士頓博物館所藏。

其餘皆用來指稱李密自己，以臣自稱，自然是歸順於晉朝而能讓晉武帝釋疑。

從「寫作目的」而言，既是公文，必有行文欲達至的目的。也就是李密為何寫此表給晉武帝？訴求是什麼？要達到什麼樣的效能？這是李密書寫〈陳情表〉必有的目的。他以「願乞終養」為軸線，必須巧構情理，才能觸動武帝的心。

從「公文範式」來看，〈陳情表〉因是上行文，向武帝上表陳述事情，依據書寫公文的規範，表頭以「臣密言」說出自己的稱謂是「臣」，奏表者是「密」，即是李密簡稱；最後以「謹拜表以聞」，以「謹」表述謙卑的敬意，是對皇上致上至高的敬意。

李密充分掌握上行公文、書寫者身份、寫作目的、公文範式等項進行書寫，然而他亦自知蜀漢舊臣對晉代新朝抗詔懇辭赴任，難免令人多一份猜忌懷疑。對李密而言，究竟是懷念故國保持名節而抗拒新朝的徵詔？抑果真是「願乞終養」侍奉九十六歲的老祖母？對新朝的晉武帝而言，初掌天下大勢，意氣風發，欲籠絡賢士奇才，面對亡國故臣不肯受詔之人，難免會有所猜忌，又當如何處置？是以，李密應當如何表述，可讓晉武帝司馬炎卸下心防，而又能堅定自己陳情的立場，此時，〈陳情表〉成為書寫者輸誠表態與閱讀者欣然接受的重要表述工具。

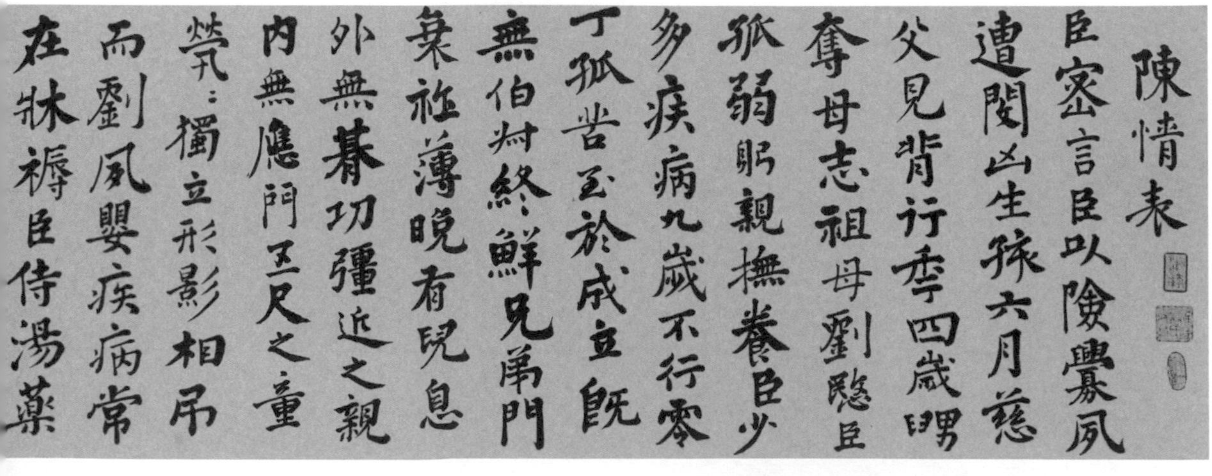
陳情表
臣密言臣以險釁夙
遭閔凶生孩六月慈
父見背行年四歲舅
奪母志祖母劉愍臣
孤弱躬親撫養臣少
多疾病九歲不行零
丁孤苦至於成立既
無伯叔終鮮兄弟門
衰祚薄晚有兒息
外無期功彊近之親
內無應門五尺之童
煢煢獨立形影相弔
而劉夙嬰疾病常
在牀蓐臣侍湯藥

門衰祚薄：自述家族不幸

〈陳情表〉全文結構共分作四大段落，而每一段落的承接，綿密細膩，是李密精心巧構之作。

第一段採用敘事的手法，陳述「門衰祚薄」的家族史。雖是採用敘事，然而寓情於敘事之中，讓讀者能夠感同身受。

家族史，是一連串的不幸：「臣以險釁，夙遭閔凶」以第一人稱敘寫，先敘說自己成長的過程，生下來六個月父親去世；四歲時母親改嫁，「祖母劉愍臣孤弱，躬親撫養」從此撫養重責就落在祖母劉氏身上，親自照顧這個父死母嫁的可憐孫子，不僅必須將小孩拉拔長大，這其間更辛苦的是「臣少多疾病，九歲不行」。要撫養照料一個常常生病的小孩不容易，更不容易的是，到了九歲還不能行走，深切道出祖母照顧撫育自己過程的辛勤與艱苦，也是他永生銘刻在心，不能或忘的往事。

接著再寫家族孤弱，「既無伯叔，終鮮兄弟」，直到晚年才有兒子。由於整個家族沒有親近的族人，也沒有看守門戶的童僕，真可用「煢煢獨立，形影相弔」來形容。而這樣地鋪陳門丁單薄，是為了訴說照顧祖母重責是落在自己的身上。是以，接著敘寫祖母「劉夙嬰疾病，常在牀蓐」因為家族孤弱，當祖母長年臥病在床時，照顧祖母的重責，自然就落在李密肩上，他也沒有回避：「臣侍湯藥，未曾廢離」，以親侍湯藥來回報祖母養育之恩。這種真心照顧的

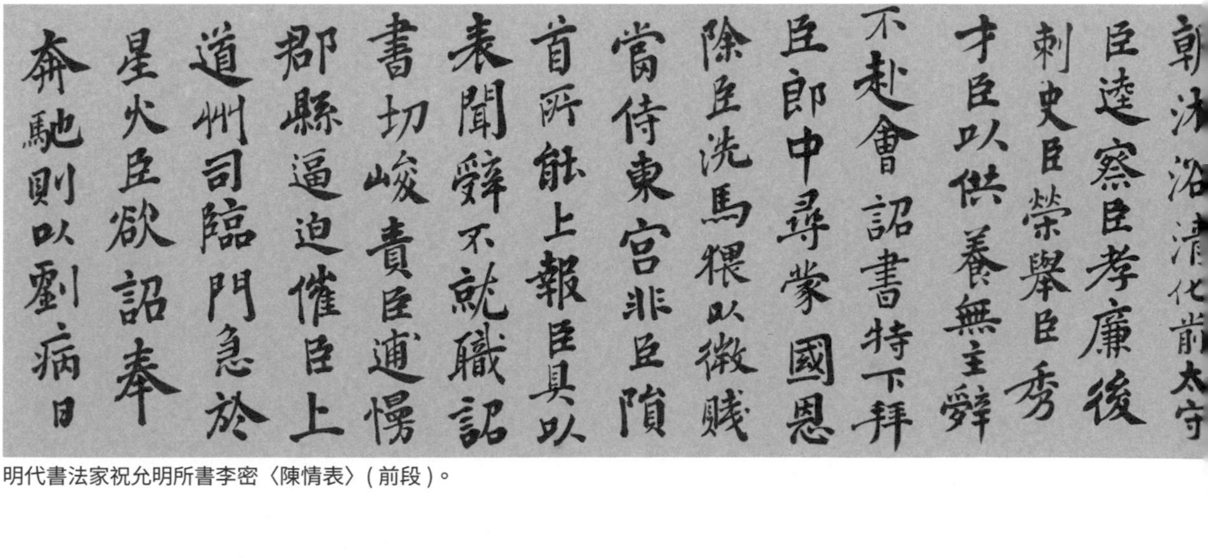

明代書法家祝允明所書李密〈陳情表〉（前段）。

情狀，寫出李密和祖母相依為命的情景，而目前可以照料祖母者唯有自己一人，益顯得李密侍疾不能遠離的重要。

第一段採用敘事手法來書寫家族史的「門衰祚薄」，就是要博取同情，由於家族門丁單薄，再加上祖母生病，無人可照顧，自己不能遠離的處境，是任何人皆可感受的。李密將自身的遭遇和處境一一表述出來，可讓人生發同情與憐憫之心。接著再續寫祖母長年臥病，自己才有「辭不赴命」的理由。娓娓道來，讓人讀之油然生發悲憫情懷。

採用回憶家族史的方式博取同情，是實情也是策略。而文字洗練精賅，運用駢文「生孩六月，慈父見背。行年四歲，舅奪母志」的排比手法，寫出父死母嫁的慘況；再用「外無期功強近之親，內無應門五尺之僮」寫出門丁單薄的處境；這些駢儷排比字句的運用，強化了讀者的閱讀感受。

詔書切峻：辭不赴命

第二段，先採用敘事再轉向抒情的手法，說明辭不赴命的前因後果，再說明處境進退維谷，帶出私己情感企圖說服晉武帝。

首先以「逮奉聖朝，沐浴清化」來稱頌當朝，提高個人對晉武帝的恭敬之心，並且強力表述在這麼好的時代，應是出仕的最佳時機，然而，面對朝廷屢次徵召，讓自己受寵若驚，而自己卻一而再，再而三的辭不赴命。

第一次，太守提舉為「孝廉」。什麼是「孝廉」呢？此一制度是漢武帝創立，

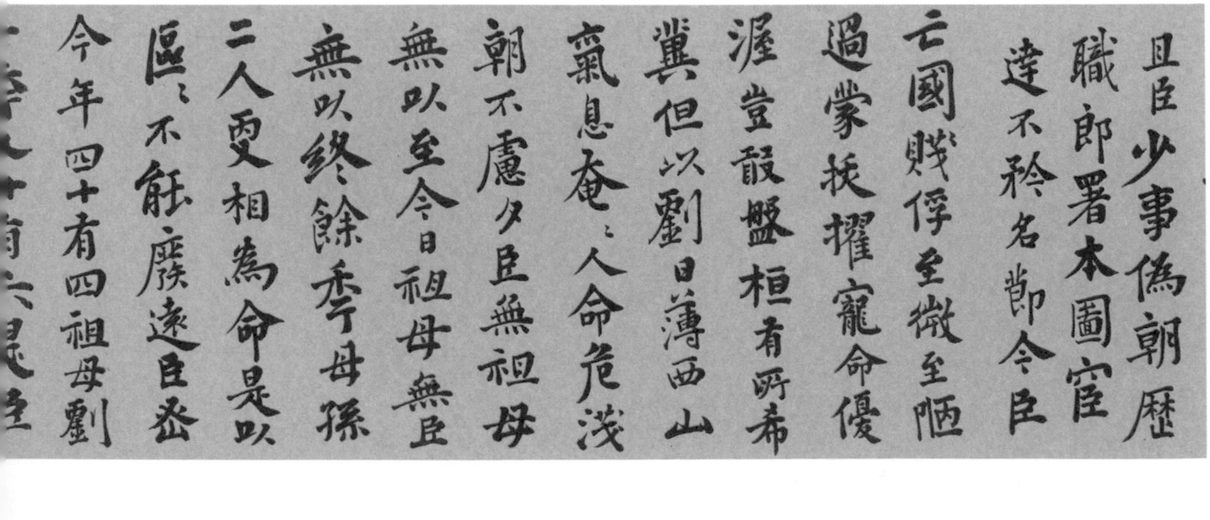
且臣少事偽朝歷
職郎署本圖宦
達不矜名節今臣
亡國賤俘至微至陋
過蒙拔擢寵命優
渥豈敢盤桓有所希
冀但以劉日薄西山
氣息奄奄人命危淺
朝不慮夕臣無祖母
無以至今日祖母無臣
無以終餘年母孫
二人更相為命是以
區區不能廢遠臣密
今年四十有四祖母劉

用以薦舉孝廉之士，魏晉時期仍然延用。第二次，刺史舉報為「秀才」，「秀才」又是什麼呢？此一制度亦是漢代推選人才的一種方式，由州政府推舉優秀人才，故稱為「秀才」。無論是「孝廉」或「秀才」皆是肯定李密的道德修養，足為楷模，是人所共知。推舉的目的，一方面彰顯李密品行，一方面也用來彰顯朝廷清明有為，使野無遺才。

第三次，詔書又下來，提舉為郎中，這是相當於部長級的官職，也是實際任命為官員，不同於前二次的「孝廉」、「秀才」僅是道德表彰。第四次，又再蒙受恩寵，辟舉擔任「太子洗馬」。這又是什麼職務呢？就是太子侍從官，擔任太子的前導侍官，專門輔佐、教導太子文理、政事的職務。為何晉武帝要徵召李密為太子洗馬之職呢？這就是晉武帝懷柔政策，因為李密在蜀漢時亦曾擔任此職，若以此職徵召李密，以見新朝之器重；同時，帝王最重血脈，以此重任託付李密，其被看重，可見一斑。

李密經由二次推選舉薦為孝廉與秀才，二次親被皇上徵召為郎中與太子洗馬等職，一次比一次更重要的職位，足見李密是晉武帝強力拉攏的人才，也可藉此宣揚國朝聖恩。

然而，對李密而言，四次臨門催逼上任，這種進退維谷的處境「實為狼狽」；對晉武帝而言，前朝故臣居然連續四次拒絕出仕，有什麼理由可以讓人信服呢？這就是相對立場的對峙，那麼，李密該如何敘說理由呢？

對於屢次徵召不赴任的窘境，李密細說個人進退維谷的處境，也特別表述

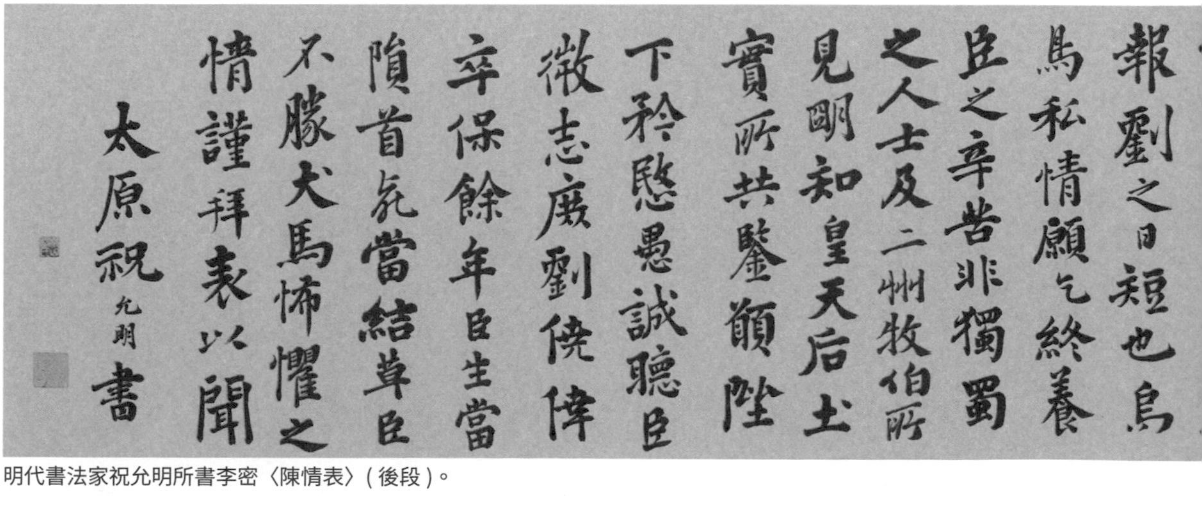

明代書法家祝允明所書李密〈陳情表〉（後段）。

三次徵辟之急切，再巧用「詔書切峻，責臣逋慢」、「郡縣逼迫，催臣上道」、「州司臨門，急於星火」三組排比來譬況詔書來得急切，任命之峻切，在這樣的鋪陳之下，讓人強力感受李密被催逼的狼狽。

以上，先說明「辭不就職」的經過，接著再說「欲奉詔奔馳，則劉病日篤，欲苟循私情，則告訴不許」。說明自己在詔書催迫之下，未能赴任的原因，如果要奉詔奔馳，而祖母病情日益嚴重；如果要留下來照顧祖母，被告知不被允許；在這種進退兩難的情形之下，向皇上呈表，說明自己處境維艱：一方面是「詔書切峻」、「急於星火」；一方面是「劉病日篤」在此兩難之下，真是「臣之進退，實為狼狽」

第一段極寫個人之卑弱孤苦與門衰祚薄，而第二段則極寫聖朝崇偉與沐浴清化，兩相對照，更有對比的意味，個人孤弱低下與聖朝之偉大崇高，益顯李密之謙卑與帝王之高高在上，而四次不赴任的進退狼狽情形也一件件清晰表述，繼而說明「劉病日篤」，讓武帝不起猜忌之心。

聖朝以孝治天下：烏鳥私情，願乞終養

第三段採用的手法是先說理再轉為抒情，寓情於理中。先說明聖朝以孝治天下，再用祖母高齡必須有人照顧來說服武帝，冀能感動人心，進而能因侍疾而拒仕。

首先，端出聖朝以孝治天下，凡是故老皆蒙矜育，何況是自己孤苦更受帝

王照顧。李密自言早年曾在蜀漢為官，擔任郎署的官職，本來就希望在宦途有所發展，並非自矜名節，這樣卑微的身份，承蒙皇上過度拔擢，不敢有非份希求，因而必定勇於出任。然而面對高齡且臥病在床的老祖母，有不得不懇辭的理由與堅定的立場。

既然聖朝以「孝」治天下，那麼，李密說出「辭不赴任」也是應和「孝道」的具體表現，因為侍奉祖母未能赴任，就是孝道的具體實踐。接著再說明「本圖宦達，不矜名節」來表述自己追求名利宦達之心，以釋放武帝對自己懷念故國及不仕二主的疑慮；再以「亡國賤俘，至微至陋」猶承受聖朝「寵命優渥」來表述自己有知遇之恩，而不敢盤桓，另有所求，來消解武帝的疑慮。李密曾為蜀漢秘書郎，出使吳國，吳國亦對其機辯稱讚不已，是以，蜀漢與吳國皆知這號人物，甫建立新朝廷的晉武帝該如何籠絡蜀漢舊臣呢？李密成為重要的代表人物，若李密接受徵召，可為晉武帝政權樹立懷柔蜀漢舊臣及強化天下名士的認同感。

接著，再動之以情，文中以「日薄西山，氣息奄奄，人命危淺，朝不慮夕」極寫祖母風燭殘年的景況，意象鮮明地映現祖母命在旦夕的危急情況。再推進一層說明：「臣無祖母，無以至今日，祖母無臣，無以終餘年。」寫出祖孫二人互相扶持，互相需求的情境。自幼孤苦伶仃是祖母扶養成長，沒有祖母，就沒有我；而祖母沒有我，就無法終餘年，祖孫二人相依為命。所以用「區區不能廢遠」強化二人的依存關係。

漢孝文帝，母病在床。
三載侍疾，湯藥親嘗。

李密巧用「聖朝以孝治天下」作為拒仕的前提，而自己辭不就職是要實踐「孝道」，以此來說服皇上，更具說服力。

全段敘寫，一層推進一層，既敘事、說理，又動之以情，環環相扣，寫出悃懇真誠的奉養侍疾之情，讓讀者能真實感受其處境。

天地共鑒：生當隕首，死當結草

第四段以「皇天后土，實所共鑑」坦蕩蕩的磊落胸懷寫下這封陳情表的心境，也藉由天地共鑑來表述真誠無偽之心。

首先，昭揭：「臣密今年四十有四，祖母劉今年九十有六，是臣盡節於陛下之日長，報劉之日短也。」具體訴說祖母已經是九十六歲高齡之人了，而自己才四十四歲，要回報陛下恩典，是來日方長，而照顧祖母是時日無多了，所以用「烏鳥私情，願乞終養」說出了李密心中最深的依戀不捨。易言之，九十六歲的人還能活多久，且讓個人略盡養生送死的責任吧！

接著，再說明自己侍奉湯藥的辛苦不僅是鄉里人知道，連梁州、益州二州長官也很能理解。這份孝養之情皇天后土也能鑒察，希望皇上能允許孝養祖母，讓祖母能僥倖安度餘年。在這樣的情況之下，考慮再三，深切委婉地說出：「庶劉僥倖，保卒餘年」的乞求。

對於聖朝皇恩，李密深有感受，這份恩寵無以回報，以個人出身微賤，雖粉身碎骨亦無以回報皇上如此的榮寵。是以，用「生當隕首，死當結草」向武

用「烏鳥私情，願乞終養」
說出了李密心中最深的依戀不捨。

帝致上最深刻的誓言保證。最後再用「不勝犬馬怖懼之情」說明心懷戒慎恐懼心情，恭敬上呈這份陳情表，希望陛下能夠諒察這份微小奉養祖母的心志。

第四段是來龍結穴之處。李密寫〈陳情表〉的用意只有一個，就是祖母已是風燭殘年了，自己必須孝養祖母而辭去晉武帝徵召為太子洗馬之職，這就是為「侍疾」而「拒仕」的原因，也就是「願乞終養」遂「辭不就職」的陳情書。李密以婉轉動人，深具說服力的情理兼具，才能讓晉武帝接受，這就是說服人的策略，必須：言之以理，動之以情。

全文四段，凡四七五字，以「陳情」為軸線，首段陳述早年險凶及養育之情的處境；二段敘寫欲辭不允、欲官不能的進退兩難之情；第三段寫祖母日薄西山不忍廢離的請求；再寫報國盡忠之日長，而烏鴉反哺之情短，來說明祖母命在旦夕，侍親時日短少；末段以結草報恩寫盡孝、盡忠先後順序，可兩全其美。復次，文章巧用強烈的身分意識，先將自己置於低下微賤的地位「亡國賤俘」、「至微至陋」；將聖朝及帝王置於高處「逮奉聖朝，沐浴清化」，形成高下相形相對照，而拉開了君與臣的對比。「過蒙拔擢，寵命優渥」是對帝王提攜之恩的感念，以此敘寫，必能惻動晉武帝之心，而不起疑心。

全文以孝為核心，以侍疾為重，目的即是為懇辭不仕而敘寫，層層鋪陳「辭不赴命」是為了「願乞終養」。全文敘事、說理、抒情咸能表現真摯的情感，扣人心弦。一層層推進，讓武帝感受李密辭不就職的窘迫，是因為祖母命在淺危，侍疾成為最迫切。

李密的〈陳情表〉能夠感動人，固然是他文筆的懇切真摰，然而真誠的孝心，才是最根本的底蘊。《孝經》指出：「夫孝，德之本也，教之所由生也。」昭揭孝順是所有道德的根本，一個人若能孝順父母，必定能夠被教育、感化的。既然晉武帝以孝治天下，當然不能與此相悖而行。

最後晉武帝被其孝心感動：「晉武覽表，嘉其誠款，賜奴婢二人，使郡縣供祖母奉膳」。不僅獲得武帝肯定，還賜奴婢二人、命令郡縣給膳食。李密上呈〈陳情表〉一年之後，其祖母過世，守喪二年，再出仕。

李密所處的時代流行駢儷之文，他也精心構作駢偶對仗的句子，展現典雅豐贍的書寫能力，以應和當時的審美風尚。然而，這樣的書寫手法，並無用典過多形成堆砌之累，反而讓我們感受精賅文字之要妙，從中讀出孝養祖母的深情款款。

《文心雕龍》的〈知音篇〉說：「綴文者，情動而辭發，觀文者，披文以入情」揭示創作者與閱讀者的情感是雙向進行的，創作者是因為情感觸動而有不得不寫的情意必須表述而創作；閱讀者是從文字閱讀去體察創作者的情緒起伏。是以，李密因為強烈「侍親」的需求，而有「情動辭發」不得不寫且必須表述堅定的立場，因而向晉武帝上表寫下〈陳情表〉，我們則因為〈陳情表〉而能「披文入情」了解李密的老祖母命在旦夕，須要親人孝養照顧的處境。

孝，是百德之始，具體行為是：「孝者，始於事親，中於事君，終於立身。」孝順是以事親為根本，而李密不僅達致事親、忠君，而且也以這篇〈陳情表〉千古留名，成為孝道的典範，將孝道宣闡到最高的極致。

肆・再做點補充

以孝治國的堯舜

孝，是我國優良的美德之一。早在《論語・學而》孔子說：「弟子入則孝，出則悌，謹而信，泛愛眾，而親仁，行有餘力，則以學文。」明白的告訴大家「入則孝」是首要之務，家庭是個人生活與成長的場域，在家能夠孝順父母，就是最基本的美德，才能將這份愛心推擴及人。

我國最早有關孝順的故事是舜的事蹟，這些故事被記載在許多典籍之中，包括《尚書》、《孟子》、《荀子》、《韓非子》等。在司馬遷《史記》的〈五帝本紀〉裡也記錄了這一個故事。內容敘寫上古五帝之一的堯，在位七十年，年事已高，問眾臣能否推薦適當的繼任人選，大家推薦一位瞎子的兒子是最佳人選：「盲者子。父頑，母嚚（同囂），弟傲，能和以孝，烝烝治，不至姦。」這個人到底是誰呢？他就是舜，他的父親冥頑不化，母親跋扈囂張，而弟弟象又是位心氣高傲不服人者，他都能以孝悌的態度對待，讓人非常佩服，堯帝為了試驗他是否足以擔當大任，將娥皇、女英二位女兒嫁給他，考驗他的能力，果真能夠將家庭治理得非常好，堯遂將帝位傳給舜。

孝順，最難的是和顏悅色，舜在面對最親近的父、母、弟皆能「和以孝」，具有這種美好德行，故而被天下人稱讚，也被堯帝稱許。所以《禮記・祭義》也說：「孝子之有深愛者，必有和氣，有和氣者，必有愉色，有愉色者，必有

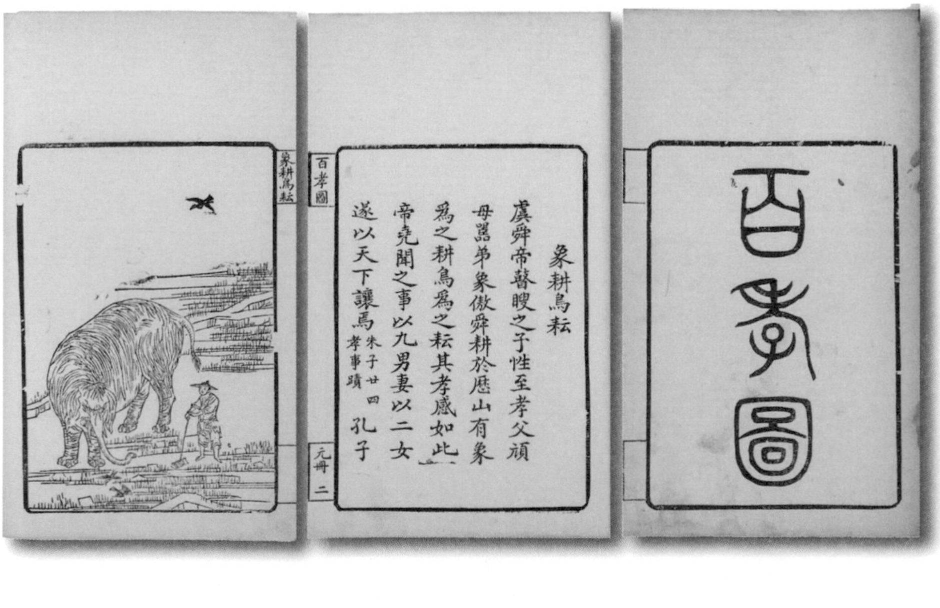
百孝圖
百孝圖
象耕鳥耘
虞舜帝瞽瞍之子性至孝父頑母嚚弟象傲舜耕於歷山有象為之耕鳥為之耘其孝感如此帝堯聞之事以九男妻以二女遂以天下讓焉
元冊 二
象耕鳥耘

婉容。」文中層層推衍，說明孝子深愛父母，必定和氣、愉色、婉容。因為「深愛」而能持續和顏悅色是最難的，家人是每天要面對的，而生活是每天要度過的，無法遁逃，能夠持續有和氣、愉色而不虛偽，是最難能可貴的。我國對於孝道的表現，是由近而遠、由內而外逐漸推廣出去的，所以《孝經》云：「身體髮膚，受之父母，不敢毀傷，孝之始也。立身行道，揚名於後世，以顯父母，孝之終也。」很清楚的告訴世人，孝順是所有美德根本，最基本就是不敢毀傷身體髮膚，而最高的行孝就是能夠顯揚父母，將「孝」的要義發揮的淋漓盡致。

是以舜能夠獲得堯帝的稱許，其根柢就是他的孝心，在堯帝的認知裡，一個能具備孝心的人，必然也能用這樣的態度處理天下大事，所以敢將國家大任重託於舜。

這個故事在孟子〈離婁〉上篇，更將孝道與治理天下的能力綰結：「舜盡事親之道而瞽（音ㄍㄨˇ，瞎眼之人）瞍厎豫（厎豫，得以歡樂），瞽瞍厎豫而天下化，瞽瞍厎豫而天下之為父子者定，此之謂大孝。」意思大抵是說舜非常孝順他的父親，讓他的父親生活得愉悅快樂，用這樣的態度治理天下，則天下得以教化，因此被稱許為大孝。這樣的舜，非常符合我國「孝道」美德的踐履，也是對孝道的具體推廣，遂能泛愛眾，而親仁，將這種美德推廣至他人，也就可以治國。是以，《孝經》揭示孝道是始於事親，中於事君，最終可以立身，是層層相綰結的，能治國是孝道的極致表現，更是顯揚父母的方式之一。

歷代文人對〈陳情表〉的仿擬

自古以來，傳世的名篇佳作，常有文人競相模仿，例如屈原有〈離騷〉、揚雄就有〈廣騷〉、〈反離騷〉；陳叔寶、楊廣皆有〈春江花月夜〉，張若虛也用這美麗題目寫下曠古絕今的〈春江花月夜〉，而成為孤篇橫絕，無人可追的名詩。

仿擬有幾種類型：從題目來看，有仿擬相同或類似的題目而作，例如前述的〈春江花月夜〉是同題仿擬；從內容來看，因為情境相近，模仿其內容、情意而作，例如揚雄的〈廣騷〉；從形式結構來看，是模仿其體例、章法結構或是字句而作，例如揚雄有《法言》，就是模仿《論語》語錄形式而作。

李密〈陳情表〉，寫得至情至性，不僅晉武帝讀後被其感動，賜奴婢二人，令郡縣供給奉膳，同時，也被宋代的安子順稱美為讀之不流淚者不孝，被元代的陶宗儀稱為兩晉文章的代表。是以，這篇千古奇文，自然也會成為後世文人仿擬的佳篇雋構。

歷代文人仿擬〈陳情表〉之作甚多，類型也更多元繁複了，大抵有下列幾種：其一，從題目觀之，大都是相同的題目，名為〈陳情表〉，或略改為〈請歸養表〉、〈乞終養疏〉等。其二，從形式結構來看，皆是上行公文，是寫給皇上的陳情表。其三，從書寫者觀之，有自陳或代陳二種類型，為自己寫陳情表者，例如有沈炯〈請歸養表〉、海瑞〈乞終養疏〉等；有代他人書寫陳情表者，例如陳子昂有〈為人陳情表〉、柳宗元有〈為戶部王叔文陳情表〉、吳少微有

張若虛〈春江花月夜〉

〈為任虛白陳情表〉等。其四，從書寫內容觀之，有門祚單薄須侍親而陳情者；有久宦他鄉，希望能返鄉祭拜父母者；有陳情須將客死異鄉的親人扶柩歸鄉者，凡此等等，是為奉親、侍疾、送終等表達孝心等事項而陳情，與李密〈陳情表〉的情境大抵相同或相似。這些情事雖然不盡相同，然而侍親、安養、送終的孝心可感，其情理則同一。

南朝陳代的沈炯有〈陳情表〉，又名〈請歸養表〉，他的故事比起李密更曲折。《陳書．沈炯傳》記載他的一生非常多舛。在南朝梁朝任職時，因荊州被西魏攻陷，他被擄到北方，魏人非常禮遇他，授以三司之職，他則因為母親在江東，非常思念老母，想回歸梁朝，又恐西魏愛惜他的文才，強將他留下來，於是閉門謝客，不和別人交遊往來，凡寫下來的文章也立即棄毀，不讓文章流傳出去。有一次獨自登上漢武帝的通天台，寫下想回歸梁朝的奏表，其後，果真被放東歸，回到梁朝。

後來，陳霸先受禪建立陳代，是為高祖，沈炯仍擔任原職的御史中丞，加散騎常侍。因為母老，奏表請求歸養，時當高祖初受禪，不允許，因為「軍國大政，多預謀謨」。文帝繼位，亦非常欣賞他的才華，「欲寵貴之」，沈炯又上表寫歸養表：「兩家侍養，餘臣一人」，內容敘寫母親劉氏八十一歲、叔母七十五歲，家族弟侄無人，兩家僅餘他一人可奉養，仍然未獲准。後來是因為王琳侵犯大雷，文帝為讓沈炯立功，遣還鄉里，收合部眾，才有機會返鄉，卻因病，死於吳中。全文敘寫方式亦同於李密〈陳情表〉，皆因門祚單薄，請求歸養老母。

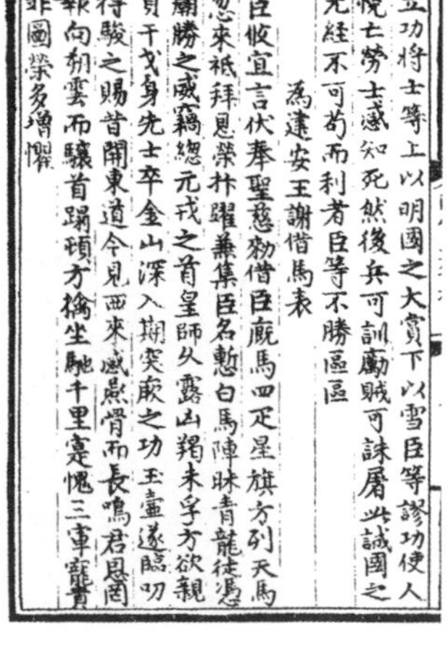
立功將士等上以明國之大賞下以雪臣等謬功使人
悅士勞士感知死然後兵可訓勵賊可誅屠此誠國之
元經不可苟而利者臣等不勝區區
為建安王謝借馬表
臣攸宜言伏奉聖慈勅借臣廄馬四疋星旗方列天馬
忽來祗拜恩榮忭躍兼集臣名驄白馬陣林青龍徒憑
廟勝之威竊總元戎之首皇師久露山羯未孚方欲親
負干戈身先士卒金山深入瀚突敵之功玉壘遙臨叨
得駿之賜昔聞東道今見西來感鼎骨而長鳴君恩罔
報向朔雲而驤首蹋頓方擒坐馳千里寔愧三軍寵賚
非圖榮多增懼

陳子昂

唐代的陳子昂也有〈為人陳情表〉，是替出征者寫的陳情表。內容也敘寫門族單薄，僅老母及自己二人，因征戰在外，「母亡客居，未歸舊土」心裡非常感傷，乞求皇上允許返家上墳祭拜老母。這種常年仕宦在外，不能侍親於側，俟老母親死亡之後，才有機會乞求盡最後孝道，填補這種生前未能恪盡養生送死之憾，只求歸鄉祭拜的幽微心境，恐是死者與生者最大的遺憾。

柳宗元有〈為戶部王叔文陳情表〉一文。因王叔文的母親中風，遂替王叔文乞求歸養老母的陳情表：「臣惟一身，更無兄弟，侍疾嘗藥，難闕須臾」這又是門衰祚薄的一個例證，為了打動皇上，又寫下：「況忠孝同道，臣子之心，許國誠切於死生，報恩忍忘於顧復！」說明忠孝同道，為國盡忠而死與報答父母之恩都是重要的。王叔文與柳宗元皆因永貞事件而貶謫遠荒，遂能同情共感體會遠離親人之悲苦與思念，為王叔文代寫陳情表。「父母在，不遠遊」即是一種孝親的表現，然而宦海浮沉，誰能夠脫逸而出呢？是以，柳宗元懇切地代替王叔文寫下乞求歸養中風不良於行之老母的陳情表。

初唐的吳少微（六六三～七四九）有〈為任虛白陳情表〉一文，是吳少微替任虛白陳情的文章，為任氏一家抱不平。文中用對比方式指出朝廷中有李氏深得皇上恩寵，雖死亦蒙贈官，李某之子不肖又能榮登官職，令人不平；相反的，任氏一家卻是：「惟臣一門之內，存亡俱不霑恩」，努力為國盡忠，活著不霑恩，連死後亦不霑恩，甚至有：「父終嶺外，喪在關中。」寫得非常悲絕，父親終身盡忠為國戍守邊關，最後死在嶺外，而母親死於關中，作為子息者，隱忍而

吳少微

未死，是希望能夠在有生之年完成將兩柩雙魂安厝之事。這篇代人而寫的陳情表，讀之令人非常感傷，除了訴說皇恩不公允之外，還傾訴父子生前各在一方不得相見，而今父親喪命在外，只能乞求皇上允許扶柩歸鄉，使能落葉歸根了。這種生前不能盡孝道的遺憾，寫來絲絲入扣。

唐代的張說總共寫了三份〈讓起復黃門侍郎〉的陳情表，說明自己「私門凶咎，喪紀未終」，在母喪期間被任命為黃門侍郎，乞求皇上能讓自己服完母喪之後，再出任黃門侍郎的官職。「黃門侍郎」是什麼樣的官職呢？「黃門」就是宮門，在秦漢時期是宮中接近皇上的近侍，可傳達詔書；到了唐代，改為門下侍郎，是宰相之一，這麼被皇上器重的官職，張說三次辭退，可見得在他心中，做官之日隨時皆有，然而盡孝之日有時而盡，何況老母已死，唯一能盡孝的只剩下能夠服滿喪期了，所以連續上表三次，強力表達辭退黃門侍郎之官。第一表先說明自己早年喪父，是寡母一手帶大：「臣弱年早孤，母氏訓立，得紹基構」，然而「從宦歷年，晨昏多闕，播遷遠裔，離別又苦」為了仕宦遠別母親，未能定省晨昏，是為思念離別之苦。第二表又陳情：「況臣生年多故，違隔私庭，終堂之日，身限公事」，說明自身因公而未能承歡膝下的感傷；第三表又說：「追憶生平，倍增摧慕。侍養日少，違離日多。」感慨生前未能盡孝，而今老母已死，唯一懇求的是希望服滿喪期之後再出任黃門侍郎一職。張說一共寫了三份陳情表，可知其乞求之殷切，毫不眷戀高官，文辭之懇切動人，纏綿悱惻，令人動容。

張說

明代的陳獻章〈乞終養疏〉陳述自己應詔上京途中，得知母親病危，乞求憲宗恩准返家侍母，不要讓老母仍然記掛在異鄉為官的他，否則愈憂愈病，文中寫出：「殷憂成疾，老而彌劇，使臣遠客異鄉，臣母之憂臣日甚，愈憂愈病，愈病愈憂，憂病相仍，理難長久」，希望皇上恩准返鄉親侍母親，不因遠離而讓老母憂病更劇。

海瑞也有〈乞終養疏〉，說明母親七十八歲，自己五十四歲，報國之日長，而盡孝之日短：「長者可以補酬，短者不容子多得」，乞求皇上恩准返鄉侍母。以上各種陳情與乞求，希望在父母有生之年略盡「侍親」孝養之責；若是已亡故，希望能服喪期滿再出任官職；甚至是親人廢死異鄉，冀能扶棺返鄉，使能落葉歸根。這些陳情表皆隱藏了不為人知的辛酸故事於其中，令人讀之油然生悲。

歷史上無論是何人的陳情表或是終養疏，所要表現的是我國的孝道，在忠孝不能兩全時，希望能先完成孝道，再求盡忠。因侍養親人有時而盡，而盡忠之日則綿長可待。這樣的典範始自李密的〈陳情表〉的「盡節之日長，報劉之日短」，為我們樹立了「願乞終養」的千古楷模。

孝，是我國傳統文化的重要內涵，其具體的實踐包括：敬親、奉養、侍疾、立身、諫諍、善終等項。李密的〈陳情表〉就是「侍疾」的具體表現。而在歷代文人的仿擬之中，有「奉養」、「侍疾」之孝者，也有「善終」之孝者，這些皆具體而微地實踐孝道，背後也帶出一則則曲折幽微、悱惻動人的孝順故事，演繹成我國孝道中一篇篇傳世的千古名作。

（林淑貞）◆

海瑞

陳獻章

10 新詩二首

之一・因爲風的緣故

半個世紀以來，洛夫一直是台灣詩壇最具影響力的前輩詩人，從六零年代到去世前，創作力也未見消沉。他在作品中持續表現的：豐盛離奇的意象、桀驁不馴的語法、孤絕冷冽的心靈探索，另闢蹊徑的書寫充滿了撼人心智的魔力，也激發了許多年輕的創作者，因此被稱為「詩魔」。但是知性、高蹈的詩人寫不寫情詩呢？這首〈因為風的緣故〉就是他的回答。

壹・作者與出處

洛夫（西元一九二八～二〇一八），本姓莫，生於湖南。一九五四年與張默、瘂弦共同創辦《創世紀》詩刊，歷任總編輯數十載。《創世紀》與《現代詩》、《藍星》、《笠》被視為台灣一九五〇、六〇年代創辦的四大現代詩刊，迄今仍持續出刊者僅有《創世紀》與一九六四年由詹冰、陳千武、林亨泰等人創辦的《笠》。洛夫著作甚豐，寫作文類以詩為主，次及散文、評論與翻譯，曾出版詩集《時間之傷》等廿

二部，散文集《一朵午荷》等四部，評論集《詩人之鏡》等四部，譯著《雨果傳》等八部。其創作對台灣現代詩影響深遠，作品被譯成英、法、日、韓、荷蘭、瑞典等多國文字。洛夫廿一歲時隨軍隊東渡來台，之後輾轉駐防左營、金門、越南等地。他在金門戰地經歷砲擊，遂催生詩篇〈石室之死亡〉；他也擔任過駐越南軍事顧問團的英文秘書，乃有系列作《西貢詩鈔》。洛夫返台就讀淡江文理學院（今淡江大學）英文系，畢業後從軍職退役轉為教師，曾任教於東吳大學外文系。正因其詩作意象繁複，語言奇詭，加上表現手法近乎魔幻，現代詩壇只要說到「超現實主義」五字，幾乎都會跟「洛夫」二字畫上等號，讓他在詩壇享有「詩魔」美譽。

一九九六年詩人移民加拿大溫哥華，自謂為「二度流放」。復於二〇一四年返台定居，直至病故。步入人生「晚境」的他，依舊維持著強大的創造力，出版了《雪落無聲》、《漂木》、《背向大海》、《唐詩解構》、《昨日之蛇》等詩集，與多部簡、繁體詩選集。其中尤以二〇〇一年出版的《漂木》最為重要，這是一首長達三千行的長詩，以「形而上的漂泊與形而下的漂泊」講述民族與個人悲劇意識、文化與宗教情懷，並涉及時代、親人、鄉土的變化與消逝。洛夫用了整整一年時間創作的這首長詩，從自身漂泊流浪的經驗出發，發表後引起了當代詩壇罕見之迴響，可謂準確地反映出海外華人的心靈狀態。

洛夫的創作與生活，曾被拍成紀錄片《無岸之河》，收錄在文學大師系列電影《他們在島嶼寫作》中。該片讓攝影鏡頭隨詩人重訪金門坑道石室、湖南衡陽故鄉，與記錄他晚年移民加國後的生活家常。其實在溫哥華居住的「雪樓」歲月，是洛夫身體上離中國與台灣最遙遠，心靈上卻跟中華文化傳統最接近的時刻。對於像他這種年少因國共內戰奔逃來台，一九五〇、六〇年代崛起文壇的外省籍作家來說，晚年決定遷居離台，移居外語異音的陌生國度，這一切對中文寫作者無疑是巨大的挑戰。所以他們會比任何人都亟欲以創作實踐來確認文化身分，進一步召喚古典風華與擺脫認同危機。半生漂泊的他不認為自己「無根」，而是喜好援用流亡美國的德國作家托馬斯．曼（Paul Thomas Mann，一八七五～一九五五）所言，將之改為：「我在哪裡，中國文化就在哪裡。」

洛夫長期致力於詩的突破及創新，擅長融合個人體悟、歷史意識、時代精神於一，更有企圖降服語言之雄心。就像他在詩集《魔歌》序文所言：「『真我』，也許就是一個詩人終生孜孜矻矻，在意象的經營中，在跟語言的搏鬥中唯一追求的目標。在此一探索過程中，語言既是詩人的敵人，也是詩人憑藉的武器，因為詩人最大的企圖是要將語言降服，而使其化為一切事物和人類經驗的本身。」洛夫每部詩集都致力於開拓創作的新疆界，在長年被貼上的「超現實主義」標籤之外，詩人既能冥想感應，亦擅諷刺現實，不時又可見後現代主義的嬉戲趣味，且多能取得不凡成績。台灣文學界從一九七七年起，曾辦過三次「十大詩人」選拔，洛夫皆榜上有名，足見其創作地位與影響皆廣受肯定。最後一次是二〇〇五年，由台北教育大學與學術期刊《當代詩學》合辦之「台灣當代十大詩人」記名票選。洛夫在老將與新秀同場競逐中得到最高票，名列台灣當代十大詩人之首。

在台灣新詩史上影響力最大的三位詩人中，洛夫雖不像余光中手握「璀璨的五采筆」（學者黃維樑指余光中手握五色之筆：用紫色筆來寫詩，用金色筆來寫散文，用黑色筆來寫評論，用紅色筆來編輯，用藍色筆來翻譯），也非如同楊牧可「一人即成學」（楊宗翰說楊牧在各類文體創作、評論與翻譯上的成績，足以稱為「一人即成學」）；不過就詩創作而論，唯有洛夫在不同時期都繳出了代表作，就連過世前兩個月還出版一部《昨日之蛇：洛夫動物詩集》，彷彿從未有筆力衰竭之刻。可惜余光中、洛夫、楊牧三位大詩人分別於二〇一七、二〇一八與二〇二〇年仙逝，彷彿象徵著現代詩的黃金年代已然翻頁。

本選文〈因為風的緣故〉寫於一九八一年一月八日，後收錄於洛夫個人詩集《時間之傷》，時報出版公司，一九八一年六月。

貳・選文與注釋

昨日我沿著河岸
漫步到
蘆葦彎腰喝水的地方
順便請煙囪
在天空為我寫一封長長的信
潦是潦草了些
而我的心意
則明亮亦如你窗前的燭光
稍有曖昧之處
勢所難免
因為風的緣故

此信你能否看懂並不重要
重要的是
你務必在雛菊尚未全部凋零之前
趕快發怒，或者發笑
趕快從箱子裏找出我那件薄衫子
趕快對鏡梳你那又黑又柔的嫵媚
然後以整生的愛
點燃一盞燈
我是火
隨時可能熄滅
因為風的緣故

參・可以這樣讀

洛夫創作生涯的第一個高峰，是「一九五九年八月寫於金門，時值兩岸砲戰，我在砲彈嗖嗖聲中寫下第一行」的《石室之死亡》。此作前兩句為「祇偶然昂首向鄰居的甬道，我便怔住／在清晨，那人以裸體去背叛死」，詩人說就在他字斟句酌修改之時，坑道外響起砲彈的猛烈爆炸聲，震得坑道內一陣搖晃。對坐的上尉軍官嚇得趕緊遁入辦公桌底下，詩人在死亡威脅前卻只顧低頭寫詩。誕生於碉堡內的這一系列作品，晦澀難懂處著實不少，發表後曾引起兩極評價與論爭，但並無礙其於詩史中的經典地位。一九七四年詩人第五部詩集《魔歌》出版，可以視為洛夫詩風的重大轉折，不單在思想上開始探索莊子與禪宗，乃有「物我同一」觀念之生成；語言風格上與《石室之死亡》時期相較，《魔歌》諸篇多屬生活語言，趨向明朗清爽，且能夠將粗糙的日常口語，鍛鍊為可讀可誦的詩歌語言。這首〈因為風的緣故〉便是延著詩集《魔歌》以降的道路，在創作手法及語言風格上皆迥異於早期的《石室之死亡》，而且還多了幾分情趣與幽默。

一九五九年，擔任部隊翻譯官的洛夫與時任小學教師的陳瓊芳女士於金門相識。在《愛的旋律：洛夫情書選》中可讀到兩人初識時，洛夫如何將文采表現在情書上：「盼望著妳，像盼望著春天一樣！」、「我的手因久不接觸妳的手而麻木，我的唇因久不接觸妳的唇而無味……」。及至女友變成太太，結婚

洛夫、陳瓊芳伉儷。

後的廿多年間，洛夫都未曾再寫情詩給她。在一九八一年詩人生日的前兩天，太太終於忍不住開口，提了一個要求：「你再不給我一首詩，我就不給你過生日。」詩人想到過不過生日無所謂，但「妻債不能欠」，於是當晚便開始在書房苦思。豈料這時突然停電，洛夫只好點起蠟燭，但又因為室內炎熱，故順手打開了窗戶。這時一陣風吹來把蠟燭吹熄，室內又變得一片黑暗。詩人此時反倒靈感驟發，筆下遂有這一首〈因為風的緣故〉。此詩後來又被知名樂團「凡人二重唱」成員之一、洛夫公子莫凡譜曲，搖身一變成了首動人的情歌。

全詩分為兩段，各有十一行。在形式排列上，第十一行又比前面的一到十行略低一格，且俱為「因為風的緣故」，當可視為在替前十行作出解釋。首段開篇先標明時間與地點，接著再呈現敘述者眼中所見。先說昨日沿著河岸漫步，畫面再轉到蘆葦彎腰喝水處，以及請煙囪在天空寫信。後兩者都是詩人藉想像力替實物增添色彩，讓蘆薈生長跟煙囪排放分別與「彎腰喝水」、「寫一封長長的信」連結，既頗富趣味，也引人好奇。接著把「寫信」這個傳達情感的動作，跟「字跡」相繫，遂有「潦是潦草了些」這句。所謂潦草字跡，又跟排煙痕跡可以連結，讀者可能會想到：為什麼從煙囪排出來的煙，會被吹散成如此「潦草」？看看題目，答案浮現。敘述者的另一個暗示藏在這裡：「而我的心意／則明亮亦如你窗前的燭光／稍有曖昧之處／勢所難免」。窗前燭光代表著「我」對「你」的心意明亮，情感堅定；那為何要說「稍有曖昧之處」呢？這又跟題目有關，當風吹來時必會對燭光造成影響，也跟天空上的排煙痕跡一樣，風來

〈因為風的緣故〉此詩被知名樂團「凡人二重唱」成員之一、洛夫公子莫凡譜曲，搖身一變成了首動人的情歌。

時改變「勢所難免」。蘆葦所以彎腰，煙痕所以潦草，表達所以曖昧，其實都是因為風的緣故。此「風」可視為夫妻或情人相處時，或因環境、或因距離、或因經歷造成的衝擊。在愛情或婚姻中，此「風」必然存在。無人能預測它何時出現，亦無人能拒絕它突然造訪——或許這才是愛的挑戰，也是愛的實況。

次段承接首段「信」之意象，信件既代表傳情，也象徵承諾。敘述者更明言「此信你能否看懂並不重要」，因為重要的不是深入理解，而是收到「你」的反應。「雛菊尚未全部凋零之前」暗示著生命短暫且無常，故得請求對方「趕快發怒，或者發笑」，繼而喚起兩人間的生活細節——找出薄衫子是為了添衣，梳又黑又柔的嫵媚是為了順髮，彰顯出自在相處下的自發情趣。最後總結到「以整生的愛／點燃一盞燈」，這「以愛點燈」並非像是什麼「用愛發電」般的口號，而是以「整生」對應「一盞」，可謂已經窮盡全力、賭上自己，不可諱言地帶有幾分悲劇英雄色彩。此段連用三次「趕快」，更顯現出一種因時間而生的焦慮感，並欲藉以對抗倒數第二句中那刺眼、逼人的「隨時」。何以致之？因為敘述者「我」已然體會：自己就是因「你」而生的火，在「風」造成的衝擊下，隨時可能熄滅。

肆．再做點補充

晦澀、西化、超現實……這些標籤常與「洛夫」兩字相連，讓這位詩人長期以來蒙受了不少誤解。前已指出，當詩人走出早年《石室之死亡》時期後，詩作多採提煉過的生活語言，整體趨向明朗清爽，可讀可誦。他自一九七〇年

代起陸續出版的詩集《魔歌》、《眾荷喧嘩》、《時間之傷》、《釀酒的石頭》等，更可見到另一特點：以詩擁抱「古典意識」。之所以會有這樣的「古典意識」，來自於詩人欲以創作反思五〇年代詩壇提倡「橫的移植」以降之侷限。但其所求，既非仿古、更非復古，而是想從中國古典文學之典故、意象、體裁、題目、技巧、節奏、聲韻、詞彙乃至抒情方式中汲取資源，再鑄新詩。譬如洛夫自七〇年代起的代表作中，就有〈隨雨聲入山而不見雨〉、〈床前明月光〉、〈李白傳奇〉、〈與李賀共飲〉、〈水祭〉、〈蒹葭蒼蒼〉、〈愛的辯證〉、〈我在長城上〉、〈猿之哀歌〉等詩篇，或翻古詩為新詞，或詠古人以抒懷，或引古籍而開篇，其筆下思維與情感卻無疑十分「現代」，在在都是現代詩書寫如何內蘊或展現「古典意識」之佳例。譬如〈與李賀共飲〉一詩首段，如此寫道：

石破
天驚
秋雨嚇得驟然凝在半空
這時，我乍見窗外
有客騎驢自長安來
背了一布袋的
駭人的意象

清 任伯年《騎驢鍾馗》

前三句顯然來自被稱為「詩鬼」的唐人李賀，其〈李憑箜篌引〉中有云：「女媧煉石補天處，石破天驚逗秋雨」。今人洛夫易「逗」為「嚇」，意涵與背景遂見轉折，也暗示著那位騎驢而來的客人絕非等閒之輩。相傳李賀常騎著瘦驢，背著書囊就出門，一遇到有靈感，就馬上記下來放入囊中。洛夫則以詩把騎驢覓句的李賀請到當代，而「駭人的意象」其實常見於他人早年對洛夫的評價。此處或在暗示「詩鬼」李賀和「詩魔」洛夫有同樣處境，難怪後者想力邀前者同席共飲了。

在這樣的「古典意識」下，洛夫晚年還為自己新闢了一條創作路徑：亟欲喚醒傳統文化積累的古詩新鑄。他以二十五位唐代詩人的五十首作品為對象（幾乎都出自《唐詩三百首》，且選錄二首以上者達十一位），在保留原作意境前提下，拆散既有格律及形式，重新賦予現代的詩語言，並據此完成詩集《唐詩解構》。書中有許多轉換唐詩而成之新詩改寫，譬如這首〈回鄉偶書〉：

你問我從哪裡來
風裡雨裡
茅店雞鳴裡，寒窗下的燈火裡
從丟了魂的天涯
從比我還老的歲月裡
有時，也從淺淺的杯盞裡

孩子，別說不認識我
這鄉音
就是我守護了一輩子的胎記

原作來自賀知章〈回鄉偶書〉：「少小離家老大回，鄉音無改鬢毛摧。兒童相見不相識，笑問客從何處來。」洛夫的改作將原作最末「笑問客從何處來」改至篇首，而三個「從」字所帶出的（從……從……也從……），皆非原詩內文所有，而是現代詩人一己之感慨（丟了魂的天涯、比我還老的歲月裡、淺淺的的杯盞）。天涯、歲月與作為酒之代稱的杯盞，都得到了中壯年甚至老年才能深切體會。洛夫確實也藉助於此，更加深掘出唐人賀知章原作所闕。新作中最精彩的改寫，當屬把原作的「鄉音」以隱喻連結至敘述者「我守護了一輩子的胎記」。因為「胎記」乃是先天，而「守護了一輩子」的「鄉音」雖是後天，惟兩者同樣屬於既長且久，一世相隨。可見無論再怎麼流浪、得離鄉多遠，它們都是詩中敘述者捨命也得捍衛的根源，絲毫不容商量。

洛夫晚年沉潛於書法之探索，長於魏碑漢隸，尤精於行草，曾多次應邀辦理書法展。二〇一四年出版之詩集《唐詩解構：洛夫的唐韻新鑄藝術》，便是以三種形式呈現，分別為唐詩原作、解構新作與書法。書法包含了原作書法、解構新作書法，以及洛夫獨創的「詩意水墨畫」，三者穿插編排，成功跨越不同藝術形式藩籬，饒富特色。而且此書竟出自一位八十六歲詩人之手，可謂是替「詩魔」傳奇，再添新篇。

（楊宗翰）◆

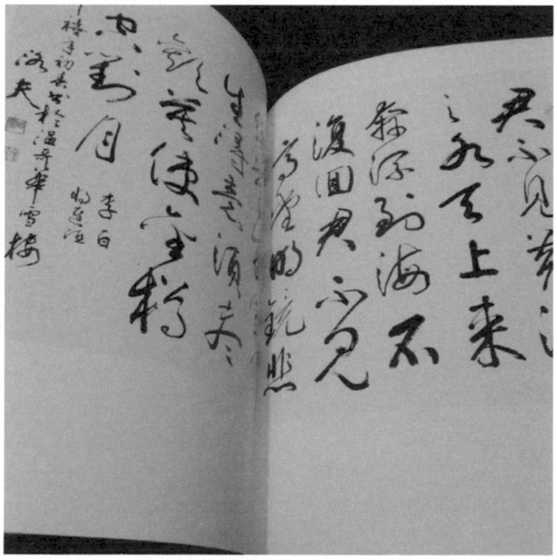

之二・傘

蓉子是台灣現代詩壇最老牌的女詩人，一九五〇年就開始發表作品，一九五三年出版了台灣女性詩人的第一本詩集。由於信仰的關係，她的作品始終洋溢著對真善美的追求，溫柔敦厚。隨著時代的變遷，現代主義的影響，書寫的題材也越加廣闊，對現實生活著墨愈多，例如對女性的形象刻劃、對社會議題的反思，但都保持著優美的文字、細膩的觀察與一份雍容自得。這篇〈傘〉是她流傳最廣的代表作之一，也呈現出她最熟悉的創作手法與人生觀。

壹・作者與出處

蓉子（西元一九二二～二〇二一），本名王蓉芷，藍星詩社詩人，江蘇人，父親為牧師，母親是教師，在教會學校獲得教育滋養，深受基督教聖歌與中國古詩的薰陶。早期作品洋溢著對生命的熱愛與溫厚的意境，也透露著莊嚴與真善美的氣息，在希伯來民歌與聖樂的薰陶下，她的詩作較具音樂性。求學時便喜愛讀詩，並開始嘗試作詩文，特別喜愛冰心諸如《春水》、《繁星》等作，同時也喜歡徐志摩、何其芳、馮至等人的作品，逐漸奠定創作的基礎。當時的作品得到初中老師的

讚許，更在同學間獲得「冰心第二」的稱號。從那時開始，蓉子對成為作家的夢想也逐漸萌芽，奠定了她未來的人生道路。

畢業後曾任教師、教堂風琴手，後在南京國際電台任職，一九四九年被調往臺灣工作，一九五〇年寫出代表作品〈青鳥〉，開啟了在臺灣的寫作人生；一九五一年正式踏足詩壇，以「蓉子」為筆名創作並發表作品，由於目睹時代的動盪與變遷，在創作初期，將內心的鬱結與對家鄉的思念，化為抒情的文字展現在作品中，除了描寫居住在臺灣後所看見的風光，也有許多以懷鄉與自我追尋為題材；一九五三年出版第一本詩集《青鳥集》，為臺灣光復後第一本女詩人專集。

一九五五年與羅門結為夫妻，因婚後生活與現代主義風潮盛行，曾停筆一段時間，再次復出後，作品風格也隨之產生轉變，開始著重刻劃現實光景，關懷普羅大眾，一九六一年出版了與過去風格相異的第二本詩集《七月的南方》。參與許多詩文活動，如於一九六九年的「世界詩人大會」，並和羅門獲得第一屆詩人大會「大會傑出文學伉儷獎」。一九五四年受邀加入藍星詩社，積極於文壇展露其寫作及編輯的才幹，曾於一九六四年創刊《藍星一九六四》，出版詩集《七月的南方》、《蓉子詩抄》等作。七十年代之後蓉子詩作從內容到形式明顯回歸東方，無論是形塑自我的〈一朵青蓮〉，傳統的古典意象，還是借十二月令圖表現華夏民俗風情的〈歡樂年年〉，寄託山水花木傳達鄉土情懷，或訪問韓國的域外詩作，亦是借東方民族的榮辱，澆一己胸中文化鄉愁塊壘。蓉子無論創作實踐或詩刊編輯，皆有豐碩成果，後於二〇〇一年以詩社同仁身分榮獲中國詩歌藝術學會第六屆詩歌藝術貢獻獎。

丈夫羅門同為現代詩人，二人詩觀不完全相同，風格也各自有其特色，寫作上彼此精神獨立完整，互相扶持相互提供養份。大體而言，羅門的詩走剛猛一路，時露淒厲壯烈之音，而蓉子則敦厚嫻雅，於溫柔中見韌性，賢伉儷被譽為詩壇的「伯朗寧夫婦」。除了活躍於參訪及講座等文藝活動外，其創作熱情更使筆下作品受到大眾喜愛並獲得國際讚譽，著名作品除了詩集為眾人所稱譽，尚有童詩《童話城》、散文集《千泉之聲》等，兒童詩集《童話集》被列為台灣首本兒童詩集，童話城是個「愛的城，夢的城，遊玩的城」，以優雅的詩句，真摯的童心，使人陶然忘我，回到童年純真美善的桃花源。

蓉子一生創作不輟，於詩界及文學界享負盛名，可謂是臺灣最早成名、創作持續時間最久，且是臺灣新詩史上重要的女性詩人，不僅先後出版了十多本詩集，更有不少作品收入國際各類選集，被譯為英、法、韓、日等國文字，獲得許多學者及評論家的肯定，因此有「現代李清照」、「不凋的青蓮」等稱號。覃子豪認為「她尋覓人性的完美，她讚美嬰兒甜睡的酒窩，初戀女子深深的眼眸，老人淨潔的白髮，她認為這是至真、至善、至美的境界。」名家余光中讚賞蓉子為「詩壇上開得最久的菊花」，亦享有詩壇上「永遠的青鳥」之譽，在臺灣戰後女性詩歌發展史上，蓉子既是最初的青鳥，為女性詩歌初試啼聲，承續東方傳統，典雅含蓄之抒情，亦是開拓現代詩情與女性意識的先鋒，提供一代女性詩人審察自我與觀察社會的獨特視角。

本文〈傘〉收錄於蓉子《天堂鳥》詩集，道聲出版，一九七七年十二月。

貳・選文與注釋

〈傘〉

鳥翅初撲
幅幅相連　以蝙蝠弧形的雙翼
連成一個無懈可擊的圓

一把綠色小傘是一頂荷蓋
紅色朝暾[1]　黑色晚雲
各種顏色的傘是載花的樹
而且能夠行走……

一柄頂天
頂著艷陽　頂著雨
頂著單純兒歌的透明音符
自在自適的小小世界
一傘在握　開闔自如
闔則為竿為杖　開則為花為亭
亭中藏一個寧靜的我

1 朝暾：形容初升的太陽，陽光明亮溫暖，亦指早晨的陽光。暾：音ㄊㄨㄣ。

參．可以這樣讀

〈傘〉一詩為蓉子經典的代表作品，時常被收錄語文教材中，在詩壇也享有盛名。詩中藉由譬喻、轉化、象徵等手法，對「傘」各種樣態進行細緻描繪，從傘的外觀、功能，再到它的運作，最後連結作者本身，進而闡述深遠的內心情感與人生哲理，更反映了蓉子的人生觀與生活態度。

全詩共分四段，首段採層遞寫法，透過連續的譬喻「鳥翅」、「蝙蝠弧形的雙翼」及「無懈可擊的圓」分別刻劃傘的初開、半開及全開，「初撲」透出起始且有力的動態描寫，展現傘剛被開啟時的響聲與氣力。再用「蝙蝠弧形的雙翼」連接「無懈可擊的圓」使傘被完全打開，敘述流暢，節奏分明，將「傘之開啟」這個本來簡單的動作，以豐富的文字描繪得生動活潑。其中「無懈可擊的圓」除了描繪傘的樣態，也可看出作者從容自得的心境，對生命圓融的肯定。

次段藉大量色彩摹寫及譬喻手法，將單色的傘形容為「荷蓋」、「朝暾」、「晚雲」，「紅色朝暾　黑色晚雲」一行簡潔有力，音節鏗鏘，語句精鍊兼有古典意象。描寫單色傘之後，展開各色花傘的行旅，以此營造出傘美麗繽紛的樣態，就如同多元繁華的世界般，各式各樣的傘象徵著不同的持傘者，「各種顏色的傘是載花的樹」更是將這個意象推至高峰，象徵社會龐大群體的繽紛世界，「能夠行走」也透過轉化的手法形容眾多持傘行走的人們，從此開始，傘的意象也開始與人的意識結合，引出下文作者對生活價值觀的闡述。

三段則以動寫靜，透過傘的功用和動作引申至筆者閒適自得的心境，由五彩繽紛的繁華景象回到個體，「一柄頂天」開始進入作者自我的內心，他的傘能夠「頂著艷陽」、「頂著雨」、「頂著單純兒歌的透明音符」，一傘在手，提供遮蔭及掩護，得以在艷陽天與陰雨天都自由暢行，雨滴則猶如透明音符，伴隨著一個小小自在自適的天地。「艷陽」、「雨」暗喻生活的順境及逆境，「單純兒歌的透明音符」清新自然的童趣意象，正是持傘者（我）怡然的心情寫照。對持傘者（我）來說，傘既頂開了外界的紛擾與吵雜，同時又因為傘掌握在持傘者（我）手中，可以自由操控著傘所頂著的任何事物，呈現出持傘者（我）悠然自得的心靈，因而形成「自在自適的小小世界」。並引出下段「一傘在握，開闔自如」，不論艷陽或風雨，音符皆透過持者傘（我）的傘譜出輕快悠然的旋律，也呼應了首段「無懈可擊的圓」，作者營造了一個屬於自己的寧靜世界，不僅可以淡泊於人世的繁雜，還能反過來以此自娛自樂，遊走於天地之中，真可謂「無懈可擊」。

末段呼應前文，由傘走向對「自我」的詮釋，以傘的妙用所形成的「寧靜」世界，「一傘在握，開闔自如」、反映「傘」掌握在「我」的手中，「我」的任何行為皆能改變其樣貌，「闔則為竿為杖」使傘成為「我」用以支撐與守護的武器，「開則為花為亭」使傘成為「我」紓解心靈的祕密花園，讓「我」可以身處其中，享受萬物靜謐的閒適安寧，形成了「寧靜的我」的意象。最後扣合詩旨進行總結，反映作者不受外界干擾、淡泊名利的人生觀，無論處在如何喧囂的環境下，皆能保持怡然自得的心靈。全詩環環相扣，層次分明，渾然一體，創造了鮮明的文字世界。

蓉子細膩的心思及優美的意象，以一柄傘鋪敘女性追求一個自在自適的小小天地，從容面對世界的紛擾，自主地掌握，開闔自如，而且無懈可擊的圓則象徵女性的包容圓融，同時也是動靜自如，既擁有實踐的行動力（能夠行走），傘內藏著「寧靜的我」，又有份寧靜致遠的雍容大度。蓉子對「閒適寧靜」的生活追求，可能與其宗教背景有關，自小便生在基督教文化的環境中，讀《聖經》、就讀基督學校，聖歌也成為蓉子早期接觸詩歌的來源之一，而這些讚詞的內容多帶有莊嚴、激勵的氛圍，這也深刻地影響了蓉子的創作風格。學者曾剖析蓉子《天堂鳥》的詩風，非屬現代主義的以「情意我」世界為中心，如強調「孤獨」、「自我的表現」、「遁世」，或顯示焦慮意識的格調。她的作品是表達仁愛的精神，正切合倫理和美的特質，是健康的建設性的，她的詩心正如其人，以溫柔敦厚的傳統美為本質。蓉子的詩作大多帶有對生命的期許，婉約中散發鮮活的生命力，以及對精神世界的安和渴望，洋溢著宗教般安寧祥和的氛圍。〈傘〉便完全彰顯了蓉子這方面的特色，再由「我」掌握的傘下，創作了一個只屬於自己的、寧靜安適的小小世界，就如同聖職者在喧囂的人間，試圖啟發其中的「真善美」。

寫作上蓉子擅長觀察周遭的人、事、物，以小事喻大理，以小物觀大界，任何生活中的一切皆可為描寫對象，女詩人鍾玲認為蓉子的詩有多面化的特色。

包括描寫現代女性的內心世界，抨擊都市文明，歌頌大自然，還有旅遊詩，詠物詩，對時事或新聞人物之感懷等等。在體裁上，她最突出的成就在以下兩方面：（一）她的詩塑造了現代婦女的新形象，（二）她表現了充滿生命力的大自然及豐盈的人生觀。鍾玲云：「在臺灣諸女詩人中，以蓉子處理的題材最多面，視野最廣。她處理的主題包括哲思、親情、大自然的讚頌、女性的形象、旅遊、詠物、以詩論詩、社會現實素材、都市文明之批判、環境保護主義、名人事跡有感等等。」在眾多詩作中透過意象經營內在的抒情，比如透過各種花朵訴說情感的〈海棠紅〉、〈我有兩支夢花〉等；透過身體部位抒發人生感悟的〈髮優〉、〈紅塵〉等；透過動物具現心靈期許的〈紅男綠女——花藝之九〉、〈金閣寺〉等，以及她早期的經典名作〈青鳥〉；透過器物比喻生命哲理的〈塑膠玫瑰〉、〈老〉等，以及本篇所討論的〈傘〉。

蓉子曾說：「我以為一首詩總得先掌握了那急於『成形』的精神內涵，然後才能賦予這份內涵以應有的形式。」可見蓉子在寫作時對精神層面的堅持，豐滿華美的詞藻下飽含著充沛的情感，與對生活生命的思考。從〈傘〉便可清晰顯示，把開傘動作與飛鳥蝙蝠相提並論，接著把各色各樣打開的傘比喻自然界的現象，或朝霞或暮雲，或荷葉或花樹，曲盡傘之外在形象。對傘的刻劃由內而外、由遠而近、由形到靈，皆是深刻反映了蓉子的創作理念，看似對生活小物的趣味紀錄，實則隱含了深遠的人生思考。對傘「美」的刻劃轉為人與傘之間的關係，連結自己對於美好世界的希冀，形形色色、遮風擋雨，並完全可

掌握在持傘者手中的特徵，期許在傳統框架下，或許很難突破父權，然女性握住一柄傘，如同主掌一方小小天地，超脫於俗事的喧鬧，懷抱著歌唱自我的音符，創造了不被繁雜週遭干擾的內心世界，而這一切，皆操之在「我」。此處傘不再只是其本身，而是成為了構築心靈的支柱，由實際的物體，轉為抽象的情感意念，鮮明的意象，深刻的轉化，體現了蓉子的詩作風采。

寫作技巧上，蓉子對文字表現的能力尤為精湛，而〈傘〉將她的技巧發揮得淋漓盡致，首段便採用了層遞結合譬喻的手法，逐漸描寫傘的型貌樣態，且透過「鳥翅」到「蝙翼」再到「圓」的描寫，更是巧妙的用靜態的事物展現動態的傘之開闔，銜接和諧，靜態中混合著動感，實屬精妙。二段則透過視覺摹寫配合意象的連結，將「綠色」和「荷蓋」、「紅色」和「朝暾」、「黑色」和「晚雲」建立聯繫，將大自然的景物搭配藝術性的提煉，以文字繪畫出絢爛的光彩。這也是蓉子創作的特質，擅長用客觀的視覺景象，映照出強烈的氛圍與情感，由具體鮮明的事物描寫傘的外觀，再延伸至每人的內心世界，由具體編織抽象，再透過轉化使傘能夠「行走」，將意象化的概念構築成蓉子所欲傳達的人生哲思，形形色色的傘即是眾生，他們於人世間行走著，創了許多美麗獨特的個人世界。三、四段則在使用譬喻和轉化，將傘與自我進行融合，由龐大的生命群系轉為以我為中心的思想，傘從具體的頂著豔陽與雨，到頂著抽象的音符，最後形成「自在自適的小小世界」，再到末句「亭中藏著一個寧靜的我」，無一不是透露著蓉子貫穿全篇的濃烈情感，具體的「傘」到此已透過細

膩且豐富的寫作手法，轉化為廣闊悠遠的精神意象。

作品能反映出作家的身影，文字技巧能反映出作家的創作路程，情節內容能反映出作家的情感與思想，〈傘〉正好完整得體現了蓉子對文學、對詩詞、對藝術，乃至對生命的信念的聚合體。她對於環境的關懷，對人生的體悟，對心靈的思考，皆透過她對周遭一切的深入觀察，透過她的作品，透過她的文字，譜寫出溫婉卻熱情的生命篇章。

肆．再做點補充

縱觀蓉子詩作早期詩風清新浪漫，後續擴大寫作的題材及視野，溫柔敦厚的抒情傳統與優雅閒適的曠遠情致則是不變的主旋律，透過詩人之眼所看到世情，總有種淡淡的暈光，或惆悵心緒，或戀物懷人，縱然批判社會及女性地位，仍帶著溫婉的本色。她的詩作從創作題材區分，大致可分為以下三類：（一）歌詠青春、讚頌人生，富智慧的哲思。（二）大自然中的景物帶來的心靈觸動，借以抒發潛隱的情感。（三）旅遊感受及對時代的滄桑變化後的鄉愁與生活變遷中的種種感悟。多數為抒情詩，含有濃厚的宗教氛圍與對自然的歌頌，題材眾多，除許多旅遊及詠物作品，也有對女性的形象刻劃、對社會議題的反思與呈現，字詞繽紛，節奏清晰，情感綿密，富有哲理及廣闊的胸懷，蘊含著性靈之美。根據學者的研究，從其創作不同階段的詩集：《青鳥集》、《七月的南方》、《蓉子詩抄》、《維納麗沙組曲》、《這一站不到神話》可看出其詩風特色及變化的軌跡。早期詩作偏抒情雋永、單純含蓄，後期則較追求知性與真實之美，關注現實，透過藝術將精神世界與現實世界進行連結，展現作者對於身邊事物的親和與慈愛。

蓉子也積極推廣新詩，曾任中國婦女寫作協會常務理事、青年寫作協會常務理事兼詩研究委員會主任委員及詩社編輯等職，並應聘擔任各公司文化教育機構文學獎評審委員，及「文建會」與東海大學合辦之「文藝創作研習班」詩組主任。一九七五年在《青年戰士報》副刊，連載以「詩創作理論」為主題的文章。並於同年在文復會主辦之「中國文學研究班」進行詩的講授。一九八二年參加「中、日、韓現代詩人會議」。一九八三年，蓉子與洛夫、吳宏一同受邀參加第一屆「國際華文文藝營」，該會議在當時被稱為「八方風雨匯星」。一九八八年與羅門一同接受菲華文協之邀，赴馬尼拉進行四場詩相關的講座。二〇〇一年蓉子與詩人余光中、張默，一同在南京參與「江蘇籍台灣作家訪鄉采風活動」。除了各大訪談活動與進行文化交流外，眾人也赴南京東南大學參加詩歌座談會，將新詩創作的心得相互分享。一九八八年以詩集《這一站不到神話》獲國家文藝獎。一九九二年和羅門受邀美國愛荷華大學主辦之「國際寫作計畫」，獲 I.W.P 榮譽研究員名銜。同年於中國青年寫作協會榮獲第一屆金鑰文學成就家。二〇〇九年獲頒國際莎士比亞獎優秀證書。

她早在一九五一年即發表〈為什麼向我索取形象〉於《新詩週刊》，她說：「歡笑是我的容貌／寂寞是我的影子／白雪是我的蹤跡／更不必留下別的形象！」此種堅毅的精神使她的詩有種剛柔並濟的面貌，反駁刻板性別成規的語調，跳脫傳統「閨閣詩人」，並傳達社會性別與自我心聲袒露之間的拉扯。她善以自然物象貫穿自我形象，如：「我是一棵獨立的樹／不是藤蘿」，發出女性自主的心聲，她談及現代新女性平凡的願望：「不甘於做奴婢／也不擬做女神。／附庸／太侮蔑；／至尊／太寂寞」。婚後的蓉子生活在都會繁忙緊張步調中，感受到現代社會對女性的諸多限制，時時反思，寫下〈我的妝鏡是一隻弓背的貓〉：「不住地變換它底眼瞳／致令我的形象變異如水流。」此類女性自覺意識強烈的詩作，通過妝鏡所映射的貓的形象，比喻女性被凝視與被定型的形象，「我的妝鏡是一隻命運的貓／如限制的臉容　鎖我的豐美於／它底單調　我的靜寂／於它底粗糙　步態遂倦慵了／慵困如長夏」又云：「捨棄它有韻律的步履　在此困居／我的妝鏡是一隻蹲踞的貓／我的貓是一迷離的夢無光　無影／也從未正確的反映我的形象。」此首詩巧妙運用鏡子意象，穿插貓的形態動作，以陰柔化意象談女性的自我限制，鏡子所製造的幻象，反轉為自覺省思的象徵，映照出女性的困境，自我的主體自我的形象究竟如何「正確」反映，詩人尋尋覓覓，上下求索認真扣問。《蓉子詩抄》序文談及：「作為一個生活在現代的婦女，生活面是多元而且匆迫的。生活與現實上的一切往往用千手來牽妳扯妳，要求妳的注意……在家務與職業的雙重壓力之餘試問我們能有多少『閒暇』。」她在生活的艱困努力開出詩歌的花朵，以新的感覺面對世界，余光中以自焚新生的「火鳳凰」形容她，並以「古典女子的靜含蓄，職業婦女

的繁忙，家庭主婦的責任感，加上日趨尖銳的現代詩的敏感，此四者加起來，形成了女詩人蓉子。」

《七十年代詩選》介紹蓉子的詩風：「她早期的作品頗流露著哲思與智慧的光輝，青鳥時期，她活潑玲瓏的句法，音響輕柔的節奏，單純明澈的意象，嚴整穩妥的結構，以及含蓄的抒情風貌，在在使人低迴不已。之後，《七月的南方》與《蓉子詩抄》相繼出版，蓉子的詩風便有了極顯著的轉變，在現代新審美觀與新的觀物態度的影響下，她逐漸更換自我的坐姿，逐漸遠離了青鳥時期那單純雋永與可愛的抒情世界，也像其他的現代詩人，強調深入的思考與知性，向內把握住事物的真實性，追求精神活動的交感作用。」以下延伸《七十年代詩選》的創作分期，將其代表詩作概述：

（一）少女情懷與青鳥：一九五〇年至一九五五年，為蓉子創作開端至《青鳥集》出版期間，作為早期成名作，《青鳥集》可以窺探她最初的詩作風格與特色，包括對生命的感觸與理想、蘊含宗教氛圍的至善至美、對感情的刻畫與希冀、對自然與民族的歌頌，以及來臺後對家鄉的思念等等。而過去她所接觸過的其他作家對她產生的影響也較大，諸如冰心詩中的愛與智慧、徐志摩詩中的韻律感、何其芳詩中的意象，新月派追求的格律節奏等等。加上幼年所接觸的宗教薰陶，作品中常可見虔誠的信仰，追求屬靈的心，除對生命與自然的關懷，融入許多積極的哲理與啟示。且這項特色不僅限於本時期的作品，也一直延續到後續的創作中。本時期蓉子的作品體現出濃厚的少女情懷，向外展現對

人生的追求與嚮往，向內探尋靈性的精神世界，句法明快，用字真誠，頌揚青春、生命、風光與純粹的理想，將心靈世界的意象真摯的呈現於作品中。

（二）婚後批判與風信雞：在一九五六年至一九六一年時，蓉子婚後風格轉型，代表作品為詩集《七月的南方》。蓉子與羅門結婚後曾短暫停筆兩、三年，再次動筆時也慢慢接受當時蔚為風潮的現代主義，作品較前一時期更注重現實與社會反映，相較於過去對自然光景的歌頌與對都市喧囂的迴避，蓉子開始接觸都市題材，真實呈現城市風貌，如〈城市生活〉等作，同時仍在創作中抒發自己對大自然的愛與關懷，以及深沉的鄉愁。余光中也曾形容此時期的蓉子像是象徵理想的青鳥飛入了現實世界，成為「風信雞」。蓉子用溫和的筆觸批判與反思當代的都市社會，用質疑與探究的眼光挖掘都市文明，伴隨著對自然流失的嘆息，試圖找尋人類與自然的共處之道，如〈七月的南方〉透過對自然世界的想像與讚頌，抒發自身對理想生活的追求，隱含對現代都市急切的步調，疏離的人心，委婉的批判。

（三）控訴社會與困頓感：一九六二年到一九六五年為詩集《蓉子詩抄》創作並出版的期間，根據詩抄的分輯可將本時期的詩作題材分為五類，分別為「對大自然的禮讚」、「生活紀錄隨想」、「以海為場景的創作」、「對都市生活的感受」、「蓉子生活中的心靈訴說」。本時期蓉子對生命經驗與社會、藝術的認知較前一時期又更加豐富，在題材選擇上加寬廣，嘗試了許多的風格與元素，比如第三輯「海語」則以較為壯闊的筆調書寫，在都市社會的批判上，

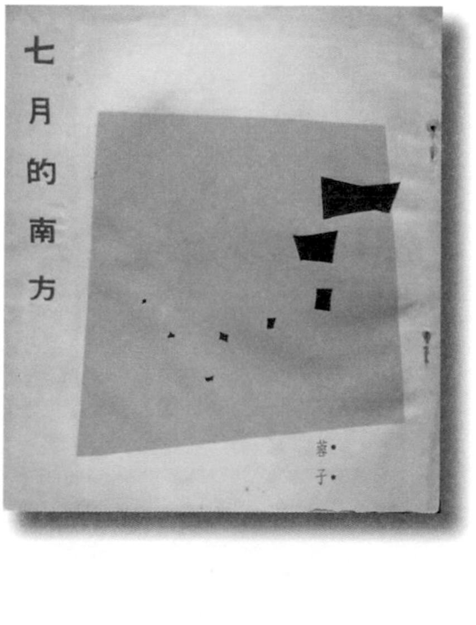

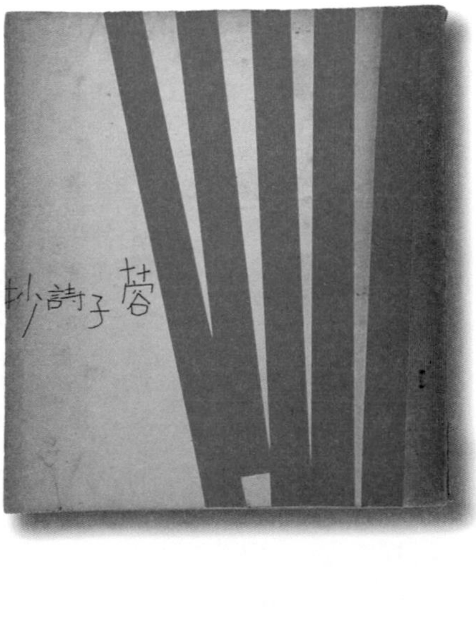

相比於過去展現出的溫和與哀婉，本時期的態度較為嚴厲，對於當今充盈的社會議題進行控訴，並顯現對現實困境的感受與關懷。本時期的蓉子突破以往的擅長元素，嘗試從各種不同的方向進行創作，在生活視角擴張的同時，也將作品呈現包羅萬象的榮景。

（四）生活反思與維納麗沙：一九六五年至一九七七年，《維納麗沙組曲》、《橫笛與豎笛的晌午》、《天堂鳥》出版。本時期重在對生活的反思，從前幾階段對都市刻劃的累積，更加貼近社會的現實議題，小至自我生涯的體悟，大至對文明的關懷，將心靈的理想逐漸與真實世界接軌。她自述作為一個平凡公務員，朝夕為了生活而奔波，「夢想的花朵，已一瓣瓣凋落在僵硬的現實石板路上了。」而現實給予詩人的，是「人海無休的浪濤衝擊，善美人性的淪喪，物慾的囂張。」詩作內容經常為此社會現象憂心，內心為此感到窒息痛苦與孤寂，對於生活的這一份憧憬，一份抑鬱及憂憤，使詩人不自禁要創作。擺脫傳統女詩人攬鏡獨消瘦的閨秀風，或者自怨自憐的閨怨，她的筆下常流露剛毅的英氣，所創的女子維納麗沙以此姿態昂然自立，認清生命的形態與面貌，「維納麗沙／你不是一株喧嘩的樹／不需用彩帶裝飾自己」、「讓浮動的眼神將你遺落／你完成自己於無邊的寂靜之中。」這個想像的人物在現實擾攘的生活中，物質欲望與精神生活失調，道德價值重估，維納麗沙必須堅強勇敢，不受外界喧嚷的壓迫與誘惑，強化自我的聲音，在沉著寧靜之中，不須自我炫耀，或借他人來烘托自己，從自我肯定中去完成自己的塑造。

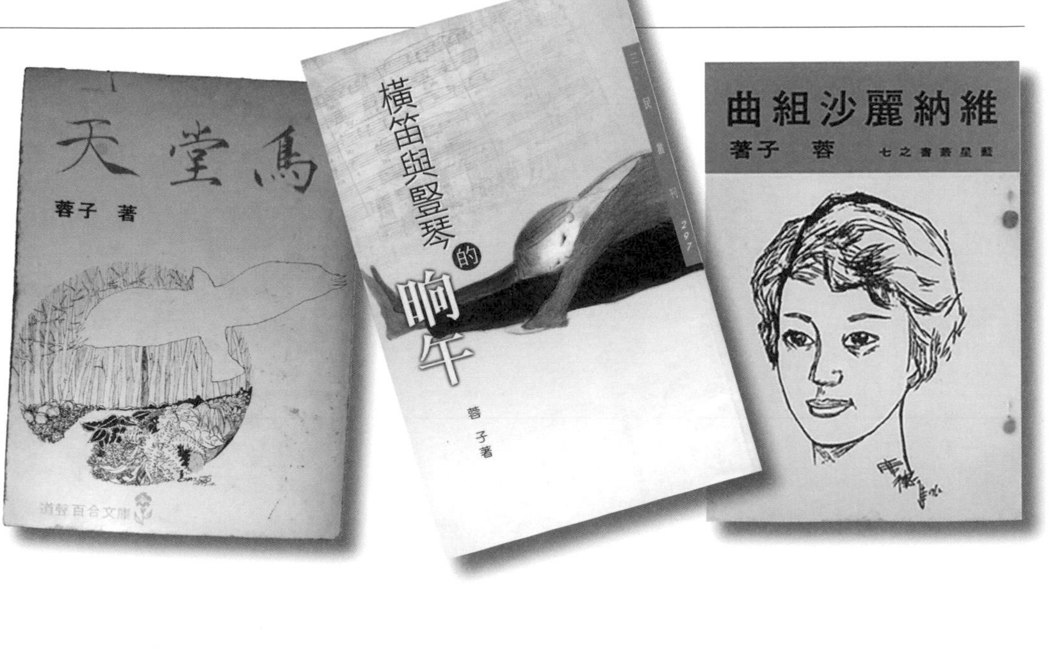

（五）直面生命與縱情大化：一九七八年至二〇〇二年間《這一站不到神話》、《黑海上的晨曦》出版，可謂蓉子創作經驗累積的成熟期。此時的作品相較早期的唯美浪漫，更加貼近於現實人生，走出了虛幻的理想世界，直面過去不喜的都市文明，時間的列車已將詩人帶到一個更高的境界，心靈的透視力，已穿越「青鳥」時期的夢想神話，「維納麗沙」的孤高自絕，而今縱情大化，放眼世界，關懷芸芸眾生，萬事萬物莫不蘊藏詩意。代表名作〈祇要我們有根〉，以堅定不屈的語調，迎向危難，發揮「振人心，揚鬥志」的積極奮戰。以妙筆書寫現實，不再限於心靈的抒發，而是深入社會，對真正存在的議題與困境進行省思，雖然在創作題材的轉變較大，蓉子的筆觸並沒有變得辛辣，而是保有早期的敦厚特色。總言之，蓉子的詩，充滿多變的意象，靈動的巧思，對人性與生命的禮讚，豐富多產的作品使她成為詩壇的一棵長青樹，一朵不凋的青蓮。

（黃儀冠）◆

11 沉思錄 節選

羅馬帝國皇帝馬可斯・奧理略是「五賢帝時期」最後一位雄才大略的君主，也是最早開啟「沉思錄」書寫的哲學家，更可能是最接近西方「哲學家皇帝」或東方「聖王」理想的人。馬可斯繼承了斯多噶學派的思想，相信人的內心和宇宙有一種自然的連結，理性是宇宙法則的顯現，也是人類必須去順應的現實，因此非常重視理性與反省。閱讀《沉思錄》，我們會發現這位統治著帝國，四處平叛的皇帝有著非常優美的心靈，他相信宇宙的安排，一心向善，時時反省，並聆聽內在的寧靜，同時充滿了待人處事、克己復禮的智慧，也讓我們親切地聯想到「天人合一」、「盡人事以聽天命」的傳統人生觀。

壹・作者與出處

馬可斯・奧理略（Marcus Aurelius，西元一二一～一八〇），全名為馬可斯・奧理略・安東尼努斯・奧古斯都，於一六一年至一八〇年在位，是羅馬帝國在「五賢帝」時代（有「仁帝」涅爾瓦（Nerva）、「勇帝」圖拉真（Trajan）、「智帝」哈德良（Hadrian）、「忠帝」安敦尼（Antoninus

Pius）、「哲帝」奧理略）的最後一個皇帝，擁有凱撒（Imperator Caesar）稱號，後人也稱他為「哲學家皇帝」、「哲帝」。

他生於羅馬，出自很有政治勢力以及富有的安尼亞氏族，從小在西里歐山（Mons Caelius，是羅馬七座山丘之一）的家中成長，曾祖父安尼烏斯一世是一名元老並曾擔任過羅馬民選官，祖父安尼烏斯二世是一名羅馬貴族，祖母魯比莉婭・奧理略，也是安敦尼王朝的一員。三歲時奧理略的父親去世，由他的祖父維魯斯二世，和外祖父塞維魯撫養，後來被當時羅馬皇帝哈德良（七六～一三八，於一一七～一三八在位，是羅馬帝國安敦寧王朝五賢帝中的第三位，有「智帝」之稱）注意到，因此奧理略六歲即升為騎士，七歲入學於羅馬的薩利聖學院，受到各種菁英式的教育。後來他和其他貴族子弟一樣，在家中受教育，包含受到他的繪畫家庭教師迪奧涅圖斯（Diognetus）的影響，穿著粗糙的希臘斗篷和在地板睡眠；而後又受到亞歷山大的影響，提示奧理略應該要強調物質本身，而非風格和謹慎的措辭；此外也受荷馬《史詩》的思想刺激，以上種種都讓他開始有哲學的生活方式，對他未來登基皇位的作為，和構思《沉思錄》的內容，都有著高度的啟發。

奧理略在十七歲時，就被奧勒留・安敦尼收為養子，於此同時奧勒留・安敦尼也被當時皇帝哈德良收為養子，作為繼位者和隔代繼位者進行培養。一六一年時，四十歲的奧理略與其義弟盧基烏斯・維魯斯一同繼承皇位，是羅馬帝國首度出現兩帝共治。在位期間雖然取得了對安息帝國的戰役的勝利，但維魯斯後來卻因病，在一六九年死於返回羅馬的途中。他成功地把日爾曼人游掠部族趕出羅馬領土，但因為戰爭頻仍導致國庫空虛，在生活拮据和戰爭動亂交迫下，最終在北方戰爭爆發時與世長辭。

羅馬帝國皇帝奧理略之所以強大，不在於他的權謀與軍隊，關鍵是他能夠作為一個不斷與自己對話的宇宙之子。宇宙是無限的來源與力量，而奧理略相信人的內在為宇宙所賦予，是以與自己對話就是與宇宙對話；與宇宙對話也就能夠獲得宇宙的力量、成為在現實世界間充滿能量的好人。而他與自己對話的方式便是書寫，將自己面對的一切書寫成一條一條的劄記，並將這本屬於自己的劄記定名為「反省錄：自我生命的思索」，可以說那就是奧理略與宇宙鏈結的筆記本，也是只屬於他自己的奧理略使用手冊。

他的偉大，不僅是身為羅馬帝國最偉大的皇帝之一，也是斯多葛（Stoic）學派的重要哲學家，本屬於他自我的「反省錄」得以流傳下來，成為今日所熟知的《沉思錄》（Meditations）——這是一位君主與自我的對話與省思，對世人而言便是一位哲人的沉思。奧理略透過自我的對話獲取宇宙的力量以心懷善意、面對命運、看透生死、賦予勇氣，讓世人了解到一個人之所以偉大，不在於其功業，而在於他的心靈；心靈若是美善，功業自然開展。而《沉思錄》則讓世人在沉思中沉思、在對話中對話，以奧理略為師，獲取宇宙的力量。（《沉思錄》五・八）

在自我對話中偉大的《沉思錄》，正是因為這樣的自我安頓，使得奧理略在面對日耳曼人的入侵、戰爭中的逆境、羅馬將軍的反叛、人們對王后的流言蜚語，有著溫暖卻堅定的信念去面對一切，因為他相信：「一個人的本性無法承擔的事，就不會發生在自己身上。」歷史的形成或許有其偶然，但其所遭遇的一切對其自身而言都是必然；那不是一種逆來順受的無奈，而是相信世界良善的本質、相信宇宙自有其秩序的信念，是以他對敵人展現勇猛而無懼、對叛將選擇原諒而無怨、對愛妻表示信任而無疑，一切困頓都在宇宙的理性中化解。

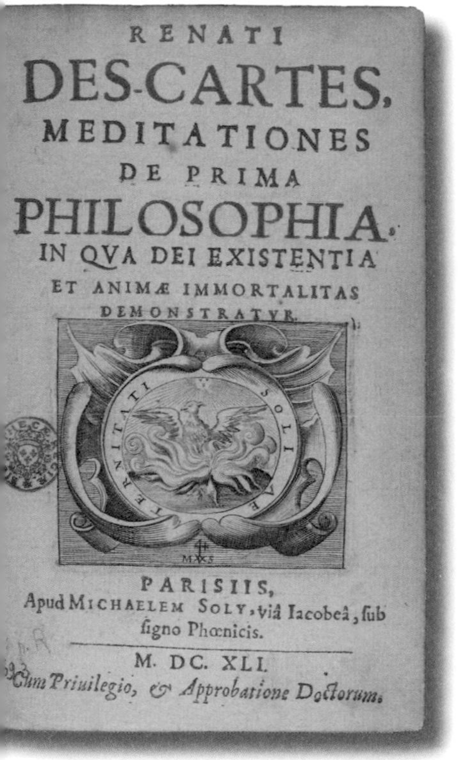

貳・選文與注釋

（一）宇宙的安排

人喜歡找個僻靜之地隱居，像是鄉間、海邊、山林；你也不例外，你同樣非常渴望在這些地方定居。不過，這是凡夫俗子才會有的念頭。其實，不管你走到哪裡，只要你想隱居，就有能力隱居；因為，除了潛入靈魂深處，再沒有更能讓人心緒寧靜、毫無牽掛的隱居地了，尤其，當一個人浮現了這種念頭，同時好好凝視這樣的思緒，就能讓自己瞬間進入無比寧靜的狀態。

我想強調，所謂的寧靜，和內心井然有序正是同一件事。所以，就讓自己潛入靈魂深處，重新煥發能量吧。讓自己守住一些簡潔的根本原則，當這些原則浮上心頭，就足以滌淨你的靈魂，讓你不再對任何事感到不滿，你為了什麼事感到不滿？為了人類的惡性嗎？那麼，請你回想下面這些原則：理性動物是為了彼此而存在，忍耐是正義的一部分，人所犯的錯都是不自覺的。

想一想，多少人曾經彼此敵對、猜忌、憎恨、鬥毆，最後依舊喪命，化為灰燼；然後，讓你的心寧靜下來。不過，你可能是對宇宙分配給你的東西不滿。要是如此，請你回想底下兩種選擇：這一切不是神的意旨，就是原子的組合（即偶然同時出現的事物）；或者，請回想一下人們如何論述，如何證明世界就是一種政治共同體，然後，讓你的心寧靜下來。

儘管如此，肉身還是可能繼續控制著你。那麼，請你再多想一想，當心擺脫了肉身的控制、察覺了自己的力量，無論生命氣息是柔是猛，心都不會與之糾纏不清。再想一想，你對於苦樂有哪些見聞和想法，然後，讓你的心寧靜下來。但就算如此，你對虛名的眷戀還是可能折磨著你。

那麼，請看看萬事如何轉眼被人遺忘，再朝當下的兩側望去，看看無垠時間多麼深不見底，再看看掌聲背後多麼虛無、假意讚美的人多麼善變且不智，讚美框出的空間多麼狹窄。然後，讓你的心寧靜下來。整個世間就是一個點，你的居所何其窄小，會讚美你的人少之又少，這些人又有何來頭？

現在，你只要記得一件事就好：務必潛入你內心的小小角落，無論如何，都不要讓自己三心二意、操勞過頭；務必過得自由自在，像個男人、像個人類、像個公民、像個生命有限的凡人一樣看待世事。但是，值得你時時放在心上的事，其實就兩件而已：首先請記得，事物不會與靈魂接觸，因為前者處於後者之外，始終不可動搖；人會惶惑不安，純粹是受到內心想法左右。再來請記得，眼前的萬事萬物說變就變，轉瞬即逝，別忘了，你這一生目睹過的變化實在太多。宇宙即變化，人生即念頭。

（二）人生的處方

既然我們會說，愛斯庫拉庇烏斯[1]給病人開了練習騎馬、泡冷水澡或赤足行走的處方，我們同樣可以說，宇宙本性給人開了生病、殘疾、喪親或類似的處方。第一種情況裡的處方，指的是能促進病人健康的事物；至於第二種情況裡的處方，指的則是發生在每個人身上（或適合每個人）的事，某種程度上都是合於當事人命運的安排。

這裡要表達的概念，跟我們說「某些東西適合我們」的時候是一樣的，或者像是建築工人把方形石頭嵌進牆壁或金字塔，讓石頭連成某種形狀的時候，會說「這些石頭很合」一樣。這時，事物結合成了一個和諧的整體。宇宙間不同的個體，會拼出一個共同的整體；同樣地，必然性（或命運）中包含的各個成因，也會組成一個共同的成因。再怎麼愚昧無知的人，也能明白我的意思，因為他們會說：「這個人會這樣，都是命中註定的。」

也就是說，這個人所經歷的遭遇，正是命運替他開的處方。那麼，就讓我們接受這些事物，以及愛斯庫拉庇烏斯開的處方吧。他的處方雖然常常令人不悅，但為了改善健康，我們還是接受了。凡是共同本性認為善的事，你就視之為自己的身體健康，不斷琢磨到完美的境界吧。就算命運的處方再令人不悅，你還是不妨衷心接受，因為這些事物能使宇宙強健昌盛，也能讓宙斯（即宇宙）繁榮喜樂。

1 愛斯庫拉庇烏斯：愛斯庫拉庇烏斯（Aesculapius），又譯為阿斯克勒庇俄斯（Asclepius）、亞希彼斯，是古希臘神話中的醫神。

要是宙斯[2]替人安排的事物對整體無益，他就不會這樣安排了。而任何事物的本性，都不曾讓違背本性目標的事情發生。你應該要安於發生在自己身上的事，原因有二：第一，這些事情都是因你而生，是專為你開的處方，更是來自你的命運絲線織出的最初成因，與你密切相連；第二，即使是單獨發生在每個人身上的事，都是能使掌管宇宙的力量喜樂圓滿、甚至能使其永續存在的成因啊！

無論就構成整體的組織或創造整體的成因而言，要是你切斷了其中一段連貫性，就曾破壞整體的完整性。一旦你開始怨東怨西，就會切掉這段由你掌控的連貫性，而且你這麼做，等於是想讓這段連貫性消失。

2 宙斯：宙斯（Zeus）是希臘神話中的眾神之王，以及天空和雷電之神。

參．可以這樣讀

何謂「斯多葛學派」？

雖然奧理略在心靈探索中立功，但他並沒有因醉心於哲學而失去了作為皇帝的職責，因為對一個作為斯多葛學派繼承者的他而言，倫理學包含了道德哲學與政治學，兩者是一體兩面的；或者更明確地說，邏輯學、倫理學、政治學、物理學與神學，構成了哲學整體。是以奧理略的哲學思維，來自於其政治上的體悟與實踐，而非一種單純地內在探求；加上他對於法律與羅馬軍紀實務上的鑽研，使得其哲學能夠在生活中見哲理、於世俗中現神聖。

是以奧理略雖然多談神性與內在心性，卻又絕非「無事袖手談心性」的哲學空談；他不僅是斯多葛學派的重要學者，更是古羅馬帝國「五賢帝時期」（Five Good Emperors）最後一位雄才大略的皇帝——平息叛變、鞏固疆域、穩定內政。在戰場上他是個驍勇善戰的將軍、在政治上他是個魄力十足的君主、在宇宙間他是充滿智慧的哲人，在中國哲學的脈絡中便是所謂的盡倫盡制、因聖而王的「聖王」；但東西方的聖王多作為一種理想型態去敘述，奧理略卻是人類歷史時代真實的存在且還留有著作的難得瑰寶。

奧理略

也因為奧理略有著來自哲思的智慧，使得他先成為一個「人」，然後才成為一個皇帝。他不斷地提醒自己：「你擅長什麼？『當個好人』。」唯有先掌握了這樣的意念，政治上的目標才能夠達成。是以他不眷戀權力，獨排眾議執意與兄弟共享政權，開創了聯合執政的盛世——作為一個好人，該考慮的是對羅馬繁榮、對宇宙有益的抉擇，而非自我滿足與欲望。也因為如此，即便他並不渴望成為皇帝，但在斯多葛主義順應自然的思維中，他告訴自己「心甘情願接受命運女神克羅索的安排，讓她隨心所欲織出你的命運絲線吧！」（四・三）

一、人與自我：在自我對話中聽見內在宇宙的聲音

◎心靈便是宇宙本性的具現

人的心靈就是宇宙的一部分，是以只要讓自己的心靈健全，勇敢地面對一切遭遇，便能解決任何境遇，因為宇宙不會安排與自身相悖或是遭致自身毀滅的情境，是以無論我們面對什麼，都必然不會是壞的，而是在成就宇宙整體完善的一個過程。對於奧理略來說，探索心靈就是探索宇宙，是藉由作為「宇宙部分」的心靈去回應「宇宙整體」的安排；這樣的思維與《孟子・盡心上》所謂：「盡其心者，知其性也。知其性，則知天矣。存其心，養其性，所以事天也」有其相似性，都有著以心性與世界根源連結的思維，亦即奧理略所說的連貫性。

只是在論述上，奧理略將此世界的根源稱為「宇宙」、稱為「神」、稱為「宙斯」，而在中國哲學的脈絡中稱為「天」、「天道」或「天理」，但在哲理上那

是可置換的一種信念與信仰，我們只要了解到那是一種無限且純善的根源與現實，它可以抽象、可以具體，可以或抽象或具體，總之那是賦予自我價值的一種來源、一種信念，是我們在最脆弱時心中所見的那個聲音，是我們在大挫折時內在湧現的那股力量。心中所念，會使宇宙成不同型態樣貌，但終究是同一個宇宙。

而讓心靈與宇宙產生連貫性關鍵便是與自我對話，因為心靈為宇宙所賦予，是以和自我對話便是和宇宙對話，只要能夠藉由自我的探索讓心靈與宇宙的連貫性暢通，便能夠獲得宇宙的力量——無私、無憂、無懼；這也就類似於《孟子・告子上》所說：「學問之道無他，求其放心而已矣」——人心及宇宙的貫通性一直都在，只是我們被肉體與慾望閉塞了靈性的通道，只要在自我對話中找到放失的宇宙之心，則一切豁然貫通。

◎哲學就是在自我對話獲取宇宙的力量

但如何與自己對話往往是個難以掌握要領的難題，無論是靜坐或冥想對許多人來說感到茫然，因為我們的思緒通常處於混亂的狀態，尤其在面對困境與挫折的當下，更是難以靜思其間。是以奧理略展現了一種自我對話的方法——以書寫作為對話。《沉思錄》與大部分語錄體、論理文章的哲學典籍不同，而是一本自我反省的哲思筆記——一本奧理略只寫給自己看的個人生命準則。因為書寫，讓沉思不僅只是一種空洞的名號而能夠具體釐清脈絡；因為私密，讓反省不只是一種官樣文章的作品而能夠真正面對自我。

正如美國文人娜妲莉・高柏（Natalie Goldberg）所指出：紊亂的思緒需要出口、自我的想法需要被認可而成為人生的一部分，而書寫正可以滿足這樣的需求，找到真正的秘密。是以在《沉思錄》中可以見到奧理略不斷地用「你」作為句首的祈使句，便是一種自我對話、自我確認，與自己的內在他者宣示：你的堅持、你的包容、你的節制、你的忍耐是對的，並同時藉此把「你」作為一種對世界上所有人說的普遍真理去建構，由此建構宇宙理則，讓自我心靈與宇宙產生連貫性，由此來達到安頓自己徬徨的心之目的。而這樣與自我內在對話、尋找心靈與宇宙最初連貫性通道的過程與理念，便是奧理略所謂的「哲學」，這也是整本《沉思錄》在各個層面所展現出的核心意識。奧理略便明確地告訴自己：

> 什麼東西才能作為人的嚮導？只有一樣，那就是哲學。所謂哲學，能使人的內在神性不受摧殘毀傷，超越痛苦與愉悅，不做漫無目的之事，不虛偽造作，不去在意他人行動或不行動時的心思；另外，還要接受所有事件及命運安排。

「哲學」不是複雜的邏輯論證也不是晦澀的哲思理論，而是找回並保存心靈的宇宙力量的歷程，亦即追尋奧理略此處稱之為「神性」的動力——發掘心靈內在源自於宇宙的無限性與純善性，也是人之所以為人的關鍵所在。而人既然作為宇宙的一部分，那麼唯有能夠和宇宙一齊永恆的才是人真正的本質。奧理略便指出「宇宙本性幾乎將自身的所有力量都賜給了理性生命體，因此，我

們也獲得了這股力量」（八・三五）——人類應該都具有追求那與天地同壽的本質與理性，哲學的作用便是讓我們找回這樣的理性並持續實踐它。

◎理性是宇宙間唯一永恆的東西

是以眷戀權力、貪慕名利、縱情慾望、仇恨敵人、逃避痛苦、追求逸樂都是不理性的，因為世俗人們所追逐與眷戀的肉體與慾望都是短暫且容易消逝腐朽的；想想今日所獲得的金錢名利、淫慾飽暖、聲名地位，數十年後還在嗎？千百年後還能擁有嗎？如果我們將一生的經歷都在追求這些終究會消逝的東西，一輩子都在害怕失去這些從來不屬於我們的東西，那不就是悖反了宇宙本性、是一種極度不理性的作為嗎？因為本就屬於我們的東西，是不會丟失的。是以奧理略在自省中體悟到：

人經歷的時間只是一個點，我們的實體飄忽不定，感知遲鈍麻木，肉身必然腐朽，靈魂永無寧日，命運實難預料，名聲荒誕不經。前述種種，一言以蔽之：歸屬於身體的，好比江水流逝；歸屬於靈魂的，皆如夢幻泡影。

他認為人們追逐慾望、守護名利，就如同企圖握住流水、珍藏泡沫一樣愚蠢而不理性。人唯一擁有的只有當下，而宇宙中永恆的僅有理性，如何在當下去積極實踐理性、呼應宇宙本性，才是我們終其一生應該追求的，因為理性下所作為的一切，都將成就世界的善、是為永恆。如同今日我們認識奧理略是因其《沉思錄》而非其人、其名、其功；而我們認知《沉思錄》在於其是為理性的符碼與能量，這便是經典的意義與價值——那是奧理略在自我對話中成就的理性。

二、人與宇宙：在宇宙安排中堅定迎戰一切的勇氣

◎宇宙不會讓我們遭遇生命無法承受的遭遇

作為一個對權力沒有欲望的帝王而言，奧理略面臨敵軍的不斷進犯、政敵的不斷攻訐、內亂的不斷觸發、親友的不斷背叛，他必然有種不如歸去的感慨、意欲隱居的想望；但他並沒有逃避命運，而是心甘情願地讓命運女神在他的生命中「隨心所欲織出命運絲線」。因為他認為，命運來自於宇宙的整體，而人作為整體的一部分，必然是與其他部分緊密相連的——是以「不管整體賜給我什麼，我都會欣然接受，因為對整體有益的事物，也不會對各部分造成損害」（十・六）——這是奧理略順應自然、隨順命運的堅定信念。

奧理略接受命運不是一種消極，而是相信我們必然只會遭遇我們能夠承擔的人事物，那是一種積極的信念，堅信宇宙必然有其秩序，是以「世上發生的一切都是合理的」（四・十），如果否定我們所遭遇的一切，便是否認這個世界、否認宇宙的意義，那麼身為宇宙一部分的我們，也就毫無意義。假使此時當下我們感到不合理，那麼代表一切還在進行中；正如法國俗諺所說：「所有事情都會有好的結局，如果不是，說明那一切還沒到結束」——而我們便是讓一切成為好的結局之關鍵。

◎身為人沒有資格逃避現實

也就是說，遭遇挫折、詆毀、攻訐等負面情境的我們，沒有資格逃避，而是應該讓這樣的不合理轉化為合理，去開展其中的公平正義。奧理略認為，那些否定命運、逃避遭遇的人「是塊宇宙膿瘡，對各種發生的事埋怨不已，於是他退縮避世，與人類共同本性中的理性劃清界線」（四・二九），因為他們沒有盡到作為宇宙整體一部分的責任，他們否定了自我的可能性、也否定了宇宙的意義，成為讓整個世界無法依照秩序開展的無用之人。這是作為羅馬帝國皇帝的奧理略，在承擔來自治理國家的巨大壓力中，賦予自我的警醒與能量。

在《沉思錄》中所體現的，便是一種積極地迎戰命運的信念，那樣的信念來自於斯多葛主義相信宇宙有其規範與秩序的認知，假如我們否認了宇宙的意義，那身為宇宙一部分的我們又有何意義？是以在人短暫的生命中，不能逃避任何遭遇，而應該相信我們必然承繼了宇宙的力量，能夠面對宇宙間的一切人事物。對奧理略來說，隱居從來不該是一種行動，而應是一種心境。這樣的觀念類似中國古代「小隱隱陵藪，大隱隱朝市」（東晉・王康琚〈反招隱詩〉）的思維，但無疑奧理略的定義更加嚴格——身而為人便不該在塵世現實中隱蔽自我。

◎所有遭遇都是宇宙賦予我們的處方

奧理略堅定地認為，生命中所遭遇的疾病、災禍、衝突與背叛等——我們認為不順遂、不公平、不合理、不正義的一切，都是宇宙所賦予每個人的人生

處方，是讓我們生命更加豐富飽滿、使我們心靈更加健全完備的療癒之路。也就是生命中所面對的挫折與衝擊，看似對於我們是一種毀滅，事實上那是一種藥引，引導與觸發我們邁向更完美的生命歷程。就如同醫師告訴我們：要每天運動、要控制飲食、要限制坐姿、要定時服藥、要定期復健，這種種對我們的身體來說是一種不便、不悅與不滿足，但只要有活下去動力的人們、有想要健康未來的人們，不會逃避醫囑、反抗治療——但為何我們的心靈要抗拒宇宙給予我們的處方呢？

我們接受身心的醫囑處方，但我們卻逃避靈性的宇宙處方，這對生命而言是本末倒置的；奧理略體認到，身心靈的平衡必須藉由靈性的引導才能夠達成，過度聚焦於有限的肉體身心是一種錯誤的生命態度，錯誤地將命運中的挫折與不公當作需要逃避的厄運。這或許可以華人文化中源於《淮南子‧人間訓》中「塞翁失馬，焉知非福」的理念來理解，以及老子《道德經》裏所謂「禍兮福之所倚，福兮禍之所伏。孰知其極？」來思考，不過奧理略的哲理中更帶了一絲信念與正念，在其所服膺的宇宙下，相信就整體而言，一切都必將是福、是好的；只要「記得自己是整體的一部分，就能安心接受一切發生的事物。」（十‧六）

◎生命的歷程都必然成為有意義的印記

亦即一切的命運都是專屬於我們生命的處方，宇宙所賦予的一切遭遇讓自我成長完滿，使每個人成為真正的自我；這些生命中的境遇，只要少了任何一部分，今日的我就不再是今日的我。就像奧理略所說的：逃避了生命中的任何一個境遇，便如同造金字塔時抽掉一塊石頭，那抽掉的不只是石塊，而是整座金字塔；因為作為整體的金字塔之所以能夠屹立，關鍵在於作為整體中一部分的每個石塊都在其恰當的位置，失去了任何一個部分，整體就不再是整體，金字塔也必然倒塌。而我們的人生也是如此，逃避了任何一個遭遇，都將使生命崩解。

這如同孔子所說：「吾少也賤，故多能鄙事。君子多乎哉？不多也。」（《論語·子罕》）假使仲尼的生命中沒有少年時期的困窘，仍然生在貴族之家，中國哲學史上或許就沒有所謂的至聖先師了！又或者孔子沒有不見用於諸侯、厄於陳蔡的生命境遇，或許也就沒有那些在深刻體悟中所思索出的哲理，進而影響孔門弟子的人格心智，也就沒有後來的儒學傳承、無有作為華人主流意識型態的儒學系統了。宇宙賦予每個人的命運不只是個人的命運，而是宇宙整體的一部分；失去了任何一個部分，整體都不再是整體。而奧理略所要強調的便是每個人都應該做好身為整體中部分的那個部分——宇宙所賦予我們的部分。

三、人與他者：在他者交鋒中創建和諧群體的善意

◎他者是我們與宇宙建立連貫性的關鍵

既然我們作為宇宙的一部分，並且承繼了宇宙本性，使人成為理性生命體，那麼人與宇宙便有著連貫性，這意味著我們從來不只是為了自己而活，對宇宙而言，沒有人是局外人；藉由宇宙賦予我們的命運，我們所遭遇的一切，將自我與無數他者連繫起來。是以理性驅動我們去與無數的他者去共同創造善的世界，而不該排斥任何人、奴役任何人、傷害任何人，因為每一個他者都是宇宙的部分，其在境遇中的存在與作為，必然有其當下的意義與任務，假使你只想到你自己，你便沒有資格稱為「人」——因為你並沒有繼承宇宙本性中的善、那麼你就不屬於宇宙。

奧理略認為宇宙的本性賦予個人本性一種內在的道德直覺，只要我們探求內心，「以社會性為依據」、「不被肉體指揮」（七・五五），便能夠在自己生命的理性中看見應盡的職責。那麼要如何看見宇宙所賦予我們的生命責任？關鍵即在於讓理性主宰我們，盡可能地「避免犯錯、誤入歧途」（七・五五）。這如同《孟子・公孫丑上》所說：「夫志，氣之帥也；氣，體之充也。夫志至焉，氣次焉。故曰：『持其志，無暴其氣』」——慾望充滿了肉體，產生了巨大的能量之氣驅動著我們；但是這樣的慾望必須由心志去調節與節制，不能任由慾望流動。所謂的「志」就是宇宙所賦予我們的理性，而這是每個人天生就擁有的本能，孟子與奧理略都深刻地指出這個關鍵。

◎理性，讓你不只想到你自己

奧理略便以此指謫羅馬帝國的獨裁者凱撒（Gaius Iulius Caesar，西元前一〇〇～西元前四四）之流為了自己的權力慾望去摧毀無數城市、斬殺數以萬計的兵士，將自我的滿足凌駕於理性之上，在失去理性下造成與宇宙連貫性的斷裂，進而成為侵害他者的暴君。奧理略深刻地提醒道：「不要讓自己淪為凱撒之流，不要染上這類人的色彩」（六・三十），而應該保持純樸善良、愛好公義而為人民、為羅馬服務的良善之人；用哲學，亦即理性去活成宇宙的形狀，讓自己擁有宇宙之心。

只要在理性中開展正念與寬廣的心胸，我們便會「盡己所能造福群體」；這不是意味著我們要犧牲自己去利他，而是在理性中善待他者，「生活自然會幸福快樂，就像一位不斷替大眾服務的公民，只要他樂意執行國家指派的任務，自然會過得幸福愉快。」（十・六）亦即我們會在善待他者中成就自我的愉悅。快樂未必來自於慾望的滿足，理性的自我實踐同樣會得到道德的愉悅感；如同《論語・雍也》所述：「一簞食，一瓢飲，在陋巷。人不堪其憂，回也不改其樂」之孔顏樂處的境界，即顯示出有一種快樂並不是來自於肉體與慾望的滿足。

羅馬帝國的獨裁者凱撒

◎理性，回應內心的安與不安

奧理略這樣在利他中成就自我的理念，乍看之下或許會被認為是難以達至的理想，其實那是每個人都具有的一種宇宙本能。想想當我們把自己一部分的所得捐助給需要幫助的人，雖然我們獲得的物質滿足少了，但是我們卻會因為助人而感到一種沒來由發自內心的愉悅感，這是每個人都具有的一種本能，一種行善而釋放的腦內啡。這是人人皆由宇宙賦予的道德直覺，如《論語・陽貨》中孔子對宰我不行三年之喪之議時說：「女安則為之！」——這意味著你真的過得了心裡那一關嗎？

父母作為我們生命中最親密的他者，假使我們不願意以最崇敬與感恩的態度去面對他們，心中必然會有一種不安的感覺；嘴上藉由經濟等面向的考量或許可以說大可不必服喪三年，但在心靈的情感上就過不了自己那一關了！也就是說奧理略所謂的源自宇宙本性的理性並不是個深奧難解的理論，也就是個內心「安」與「不安」的感覺罷了！只要順從內心，道德直覺必然會有所顯現；這也正是奧理略所說的：「望向內心。你的內心藏著善的泉源，只要你願意挖掘，泉水便會汩汩湧出。」（七・五九）

這與《孟子・公孫丑上》：「凡有四端於我者，知皆擴而充之矣，若火之始然，泉之始達」有著異曲同工之妙。奧理略不斷地書寫與自我對話的關鍵，便是要逼顯出自我內在道德直覺，以讓宇宙本性的連貫性被打通；因為當我們因為慾望而傷害他者，即便在現實中可以用各種冠冕堂皇的理由欺騙別人，但我們絕對無法欺騙自己。深切地自我反省與對話，正可以檢視自己內心理性是否真正湧現，最真實地去面對自我的安與不安。

是以奧理略強調：只要身而為人，「就不能做出不合群的行為」（十・六），因為宇宙賦予人的本質便是群體性的發展，他認為人與人之間必然聚合為「政治共同體」——在彼此的自我認同中交流、交鋒而達到最後的交融。每個個人都是群體關鍵的一部分，但又不應該因為個人的私慾去毀滅群體的整全性，在群體中和諧是宇宙賦予我們的終極目標。這點與《荀子・王制》所謂「人生不能無群」有著類似的概念——世界的理想狀態便應該是「以相群居，以相持養，以相藩飾，以相安固邪」（《荀子・榮辱》），因為個人不可能在混亂的群體世界中幸福。

◎帶有惡意的他者將成為我們生命歷程中意義的一環

那麼我們或許會由此產生疑問：並非所有生命中遭遇的他者都是友善的，有些他者甚至不斷地詆毀我們、傷害我們、甚至企圖毀滅我們，難道我們也要安於這些他者的欺凌嗎？當然，作為羅馬帝國皇帝、身處政治場域核心的奧理略所面臨的這些狀況絕對不會比你我所遭遇的少，但是他相信宇宙，相信我們所遭遇的一切他者，都是宇宙最好的安排——生命中的他者，無論好的、壞的、善的、惡的，在宇宙間必然有其定位與意義；我們唯一能做也必須做的，便是固守自己的理性去面對這些他者，而不與之攪和成為混亂的一部分。

奧理略強調：只要身而為人，「就不能做出不合群的行為」。

奧理略便說：「報復他人最好的方式，就是不要讓自己變得像對方一樣。」（六・六）如果我們怨恨別人的背叛、心機與手段，便以同樣的下流態度去應對世間一切，那麼我們豈不變成自己最厭惡的那種他者嗎？況且對於那些充滿惡意的他者，他們的心態通常是別人的失敗就是他最大的快樂，那麼為何要在他者逞凶鬥狠去傷害我們的時候，讓自己悲傷、痛苦、憤恨而一蹶不振呢？當我們因為他者而自怨自艾，這不是敵人最大的勝利，什麼才是敵人最大的勝利？

況且宇宙間一切不理性的東西都非永恆，不需要將焦點放置於不屬於這個宇宙的東西——奧理略便激昂地自我呼喚道：那些如凱撒之流當初不可一世的獨裁者，今天又在哪裡呢？哪個不是早已灰飛煙滅！是以，面對他者，事實上便是面對自我，自我的思維會形塑他者在我們生命中的意義；與世間的一切他者互動最關鍵的不是與之對話，而是先與自我對話——傾聽自己內在宇宙的聲音，然後我們會知道如何和不同的他者做出最好的對話。

肆、再做點補充

在《理想國》裡，希臘三哲人中的柏拉圖（Plato）曾提出「哲學家的皇帝」（Philosopher - King）這樣的理想，雖然身處於皇帝的大位上，卻仍富有哲學家的智慧與清晰的邏輯，這看似不可能出現的「哲學家的皇帝」，在馬可斯・奧理略身上實踐了。他既是古羅馬帝國的皇帝，同時也是睿智的哲學家，他雖然作為帝國統治者，但卻提醒自己：「什麼東西

希臘三哲人中的柏拉圖

才能作為人的嚮導？只有一樣，那就是哲學。」他認為政治的名利終遭淡忘、肉體的逸樂終將腐朽，只有哲思的理性才能引領自我走向正確的道路。

在沉思中沉思：西方文明史上三部《沉思錄》的超越性意義

「沉思」是一種自我的追尋，讓自己深沉地專注在真理的探尋上，也只專注在此單一的終極目的之中——無論是信仰的意義、理性的可能或是宇宙的真實，都是對於無限的探索。

也就是說，「思考」是在世間性中求索，其目的在於回應他者、解決可見、具體與當下的問題。即便「思考」始終是一個人的行動，但在思索過後，其終究是要回到與他者及世間的連結，企圖在現實中產生影響力或是獲得理解與承認。如同我們思考科學的原理，在於深化對於這個世界的認知與生活的品質；我們思考人生的進路，在於回應這個世界賦予我們的意義以及開展自我在群體中的定位——思考有其目的性。

相對而言，「沉思」自身即是其目的，它的重點不在於回應當下的這個世

羅丹雕刻的沉思者。

界、不在於與他者對話與獲得承認；更重要的是：其專注在自我信仰的單一事物之上、在自我的追求與對話之中。是以「沉思」為名的書寫，皆是一種對於超越性的追求、都是一種自我信念的追求，以深刻而真實——因為與傳統文化以追求太史公所言「究天人之際，通古今之變，成一家之言」那傳諸後世的理念不同；更與張載所謂「為天地立心，為生民立命，為往聖繼絕學，為萬世開太平」的宏大學術志向不類。

所謂的「沉思」就是一個人的思辨旅程，而西方文明史上，便有著三部重要而對人類思維方式與自我定位產生重大影響的《沉思錄》——西元二世紀羅馬皇帝奧理略之《沉思錄》、西元十七世紀法國哲學家笛卡兒（René Descartes，一五九六～一六五〇）之《沉思錄》以及法國神學家巴斯卡（Blaise Pascal，一六二三～一六六二）之《沉思錄》。奧理略沉思宇宙的真理、笛卡兒沉思自我的本質，而巴斯卡則沉思信仰的必要，他們同樣追求著各自關注的超越性——宇宙所賦予人類心靈的超越性、思考所賦予人類存有的超越性、上帝所賦予有限個體的超越性。

奧理略、笛卡兒與巴斯卡的自我沉思，在文明的集體性心靈中賦予了我們理性的三個超越性——宇宙理性、思維理性與信仰理性。也正因為他們在書寫的當下全神貫注於超越性的追求，他們不為得到他者的認同、不為獲得普遍他者的承認，而只是在自我的追尋中建構了真理、顯露了超越性。也就是說，人類文明史上的三本《沉思錄》有著類似的特點：

第一，撰寫之時都沒有預期他者的閱讀，或者期望普遍地得到觀覽與評述。一如奧理略的書寫只是自我的對話與對宇宙理性的探求，或者僅是期望將這樣的理性傳遞給自己的兒子；或如笛卡兒所說：

> 我既不想得到一般人的什麼好評，也不希望很多人讀我的書。相反，除了願意和我一起進行嚴肅認真的沉思並且能夠脫離感官的干擾、完全從各種成見中擺脫出來的人（這樣的人不多）以外，我絕不勸人讀我的書。
>
> （《沉思錄・前言》）

而巴斯卡的《沉思錄》更是在一段沉靜的時期中思考的筆記與手稿。正因為他們沒有預期他者的觀看、或者說並不將這樣的書寫當作一種著書立說，而是藉由書寫去探索超越性的意義、去療癒自我的心靈之過程，是以他們可以真實、可以深刻、可以無保留地去探索真理、闡釋理性、書寫自我。也正因為如此，能夠在人類文明中所有人沉思的沉思。

第二個貫穿三本《沉思錄》的特點則在於片段與散論。亦即除了笛卡兒的著作是有意識地撰作與書寫外，奧理略與巴斯卡所謂的《沉思錄》原先都只是個人沉思的筆記、思辨的劄記，零散、片段而並非結構完整的鉅著，經後人收錄編纂後才成為今日所得見之經典。然而即便其形式上是為語錄式的短語微篇所形成，但也正因為一字一句皆直指理性、皆是追尋超越性的符碼，是以觸動著人類共同的心靈，可說是微篇鉅著——一如《論語》雖僅是孔子語錄的匯集，

巴斯卡的《沉思錄》手稿。

但在文字敘事中卻充滿了理性的力量；不同的是《論語》在與他者的對話中建構，而《沉思錄》則是自我的對話。

即便如笛卡兒的《沉思錄》是有意識地書寫，但他仍然是由「六個沉思」、六組反駁為核心所組成的獨立篇章，每個沉思也都是自我的對話，可以說是篇幅較長的片段與散論。是以《沉思錄》的篇章沒有完整的書籍起承轉合之結構，看似微言絮語或是劄記論證，但絕非凌亂而無章法的斷碎書簡；《沉思錄》的每個片段篇章，雖皆可獨立而觀，但卻又彼此貫穿、相互呼應，我們所閱讀的不只是文字，而是在理性的追求中所透顯出的超越性。在閱讀的當下，即藉由沉思而沉思，讓我們的心靈得到療癒以及獲得超越性的力量。

我思故我在：笛卡兒及其《沉思錄》的自我論證

十七世紀法國哲學家笛卡兒被視為近代物理學之父與主體哲學之祖，其所以能夠在人類文明史上有如此崇高的地位，與其所謂「我思故我在」的論述密不可分。「我思故我在」是我們所熟知的一句話，但常常被作為一種格言或金句來理解，並作為砥礪人無時無刻都不應該放棄思考的話語。然而「我思故我在」在笛卡兒的體系中，從來都不是一句心靈雞湯式的格言，而是一種哲學論證的宣稱。

也就是說，「我思故我在」並非指稱「思考是人之所以為人的核心」、亦非「人只有不斷地思考才能是個人」，我們不能逕直將「我思故我在」理解為「我

法國哲學家笛卡兒

思考是以我才存在」——否則在邏輯上就會變成：當我們休息放空時便會消失不見而不存在的推論，這不合理，在現實中也不曾發生，是以這樣格言式的詮釋是一種誤解。笛卡兒所謂的「我思故我在」是一個哲學論證的結論，是一個證明我們作為人、作為一個思想的主體是真實的存在而非虛幻的；亦即這個論證成就了笛卡兒作為主體哲學始祖的關鍵，那是作為主體思考之可能與正當性的基石——較準確地說，「我思故我在」應該被理解為：「我在思考，所以可以證明我真實存在。」

為什麼「我在思考」這件事可以證明我的存在是真實的而不是虛假的呢？關鍵在於笛卡兒期望建構知識的絕對穩固的根基——我們憑什麼說我們現在的知識系統是真實且可靠的？正如笛卡兒在其《沉思錄》中所指出：

> 自從幼年我便把一大堆錯誤的見解當做真實接受過來，從那以後我根據那些靠不住的原則建立起來的觀念都是十分可疑、十分不可靠的，因此我認為，如果我想要在科學上建立起某種堅定可靠、經久不變的事物的話，我就非在有生之日認真的把我歷來信以為真的一切見解統統清除出去，再從根本上重新開始不可。
>
> （〈第一個沉思〉）

幼年時父母告訴我們：孩子的出生是送子鳥帶給父母的恩典，我們深信不疑，然而長大後我們了解那個關於孕育生命的知識系統全然不是事實。幼時的

我思故我在

知識來自於長輩的觀念所賦予的系統，同樣地，我們有思辨能力後所得到的知識，不也是來自於人類的傳承，以及自我與他者的互動經驗中所建構嗎？那我們要如何確定我們現時所得到的知識，並非如同幼時一樣被蒙蔽呢？

又我們在科學經驗中藉由觀察所建構的知識系統，來自於感官所形塑的經驗，並理所當然地在見到某一對象便根據經驗做出知識的判斷——如看見「火」便將之與「燙」的屬性連結，然而亦有低溫火可觸之而不灼熱。笛卡兒要說的是：感官經驗並不可靠。我們眼中的海是藍色的，但作為物體的海本身卻不是藍色的，所謂的藍海只是光線的反射所形塑在人眼中的形象。也就是我們心靈中所認知的海是藍的，但是作為自然界物體的海卻不是，感官經驗（心）與外在物體（物）之間沒有絕對的對應關係，這也就是「心物二元論」的理念來源。

在科學驗證前，人類的知識系統都覺得海是藍的，那麼我們又如何知道當下的知識系統有多少處於這個我們以為為真，事實上卻錯誤的狀態呢？笛卡兒在〈第二個沉思〉中便指出：我們的心靈與感官尚且不能區分何為夢境？何為真實？又要如何肯定我們當前的知識系統呢？是以一切的知識都必須且可以懷疑，笛卡兒認為，我們應該假定整個世界有一個惡魔，這個惡魔的「狡詐和欺騙手段不亞於他本領的強大，他用盡全部機智來騙我」，是以我們必須有著世間一切都可能是虛假的態度來面對這個世界。

既然如此，世間的一切都可能是虛假的，我們的理性推論也可能受到惡魔蒙蔽而是假的，那我們在這世界上的意義是什麼？我是真實的存在嗎？笛卡兒

便由此論證：即便我們所認知的所有物體都可能是假的，是以我們懷疑世間的一切，當我懷疑時，我便是在思考；假使我不存在，又怎麼可能得以思考、又如何能夠懷疑？由此可以得證：世界的一切都可以懷疑，而只有「我正在懷疑這個世界」這件事不可否定——假使沒有「我」，又如何可能產生懷疑？假使沒有「我」，惡魔又如何可能有欺騙的對象？這便是笛卡兒的理性以及他的《沉思錄》所帶給人類的自我主體的真實意義，以及探索這個世界的方法與視野，脫離了古代感官直覺的知識系統，讓人類文明朝著更高層次邁進。

信仰的賭注：巴斯卡及其《沉思錄》的上帝論證

生於十七世紀的巴斯卡短短三十九年的生命卻無比精彩而絢爛，他在每個領域都如此傑出與專注，是以可以說他是數學家、物理學家、流體力學家、氣象學家、神學家、也是哲學家。正因為他的內向害羞與體弱多病，使得他專注在自我的探索、真理的追求與信念的建立，他在研究與寫作中沉思。在沉思中的書寫，他只關注真理而不需取悅他者，故他得以撰作出無數經典——無論是巴斯卡三角形（Pascal Triangle）的函數理論貢獻、或是對於真空概念的釐清、還是機率論的系統建構乃至影響當代社會科學的發展，都可以見得其在沉思中的所創造的精彩。

青少年時期的巴斯卡是醉心於科學的，不僅更精通歐幾里得幾何原理，更在十一歲時撰寫了物理學論文。但他的病痛始終折磨著他，使得他「沒有一天

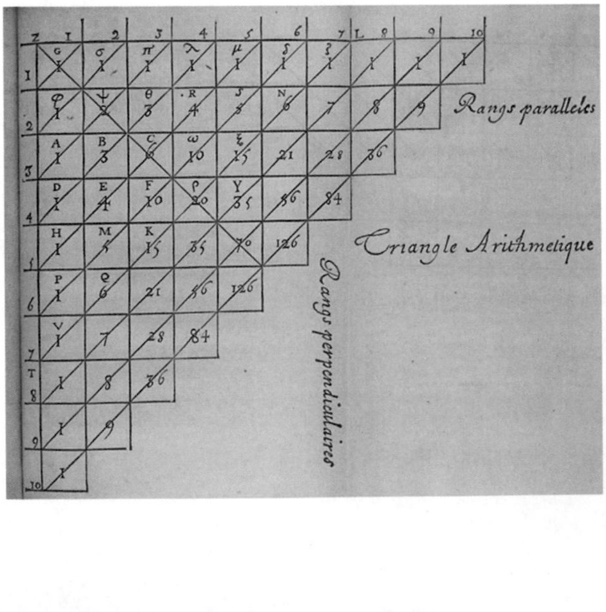

巴斯卡撰作的巴斯卡三角形
(Pascal Triangle)
是函數理論的經典。

不是痛苦的」，這使巴斯卡從物理、流體轉向關注身體與心靈。他在病痛中思索著生命的意義，在父親的疾病得到教會的治癒中得到信仰、在燃燒之夜（Night of Fire）的天啓中得到生命之悸動。宗教信仰由此成為巴斯卡生命的核心，一切的外在世界的知識真理，都必須建立在上帝信仰之中；可以說宗教的信仰成為巴斯卡的救贖，是他生命安定的基石。

是以他會為了自己信奉的宗派辯護，而毫無保留地以化名蒙達德（Louis de Montalte）寫信給無何有鄉村朋友的系列信，溫和而幽默地批判了他者教派對中世紀神學權威的玄想，這系列充滿文采以及對宗教有深刻體悟的信件，也就是後來在法國極具影響的《鄉村書簡》（The Provincial Letters），這樣的宗教論辯作品，至少在一六五六年出版後，於基督宗教場域中暢銷了兩個世紀；甚至被大文豪伏爾泰（Voltaire，一六九四～一七七八）讚許為「雄辯及詼諧的最好範本……百年之後的今日，仍然無一句話需要被改動」，足見巴斯卡深刻的宗教體悟所帶給人類文明之超越性力量。

在這樣的信仰中所體現的超越性裡，作為科學家的他甚至批判笛卡兒的理性與邏輯太過理性，利用了上帝又拋棄了上帝乃至凌駕了上帝——這是一個神學家的科學理性。儘管笛卡兒也在其《沉思錄》中論證上帝的存在，作為一種超越性存在的科學基礎，這對於巴斯卡而言，並不是一種真正的信仰。正是這樣的情懷，使得巴斯卡亟欲證成宗教之必要與信仰上帝之真實，而其《沉思錄》（Pensées）正是在沉思中挺立信仰的隨筆與劄記——其中巴斯卡便自我提醒道：

伏爾泰

「寫一封信，激勵對上帝之尋求／然後讓人們在哲學家們，懷疑者們，教條主義們之間去尋求上帝──這些人只能將請教他們的人弄得心神不寧」──似乎便是在笛卡兒這類的懷疑論者面前的自我辯駁。

但巴斯卡極度虔誠的上帝信仰，並非一種迷信以及在宗教信念中攻訐異端，而是因為他認為宗教就是一種社會秩序的超越性根源，以及人類心靈中善的種子；他在零碎的文字絮語中提到：「秩序──人們卑視宗教；他們恨他，又怕它是真的」，但「我們必須使它可愛，使得善良的人希望它是真的；最後，我們必須證明它是真的。」這也正是其《沉思錄》的核心，亦是他著名之「巴斯卡的賭注」(Pascal's Wager) 的思維來源──為何我們應該相信上帝存在？

巴斯卡指出「上帝不存在，這不可解；上帝存在，亦不可解」，在這個問題上，「理性絲毫不能為我們決定」，因為以我們身為人的有限性，在這個問題上永遠只能處於無限的渾沌中，無法論證。是以信仰上帝不需要論證，而只需要賭──賭上帝存在或者不存在。而人有著避免錯誤與不幸的天性，順這個天性，我們理所當然應該賭上帝存在。因為我們的賭注是「放棄有限的人生歷程中之縱慾、揮霍與享樂作為」，一旦我們賭贏了──上帝存在，我們將藉由有限的賭注贏得無限，亦即永生；即便我們賭輸了──上帝不存在，我們失去的也只是有限。

巴斯卡認為，信仰上帝是以有限去賭無限，是「沒有猶豫的餘地」而「必須全部賭下去」！他說：「當一場賭博中，贏和輸的機會相等」──都是二分

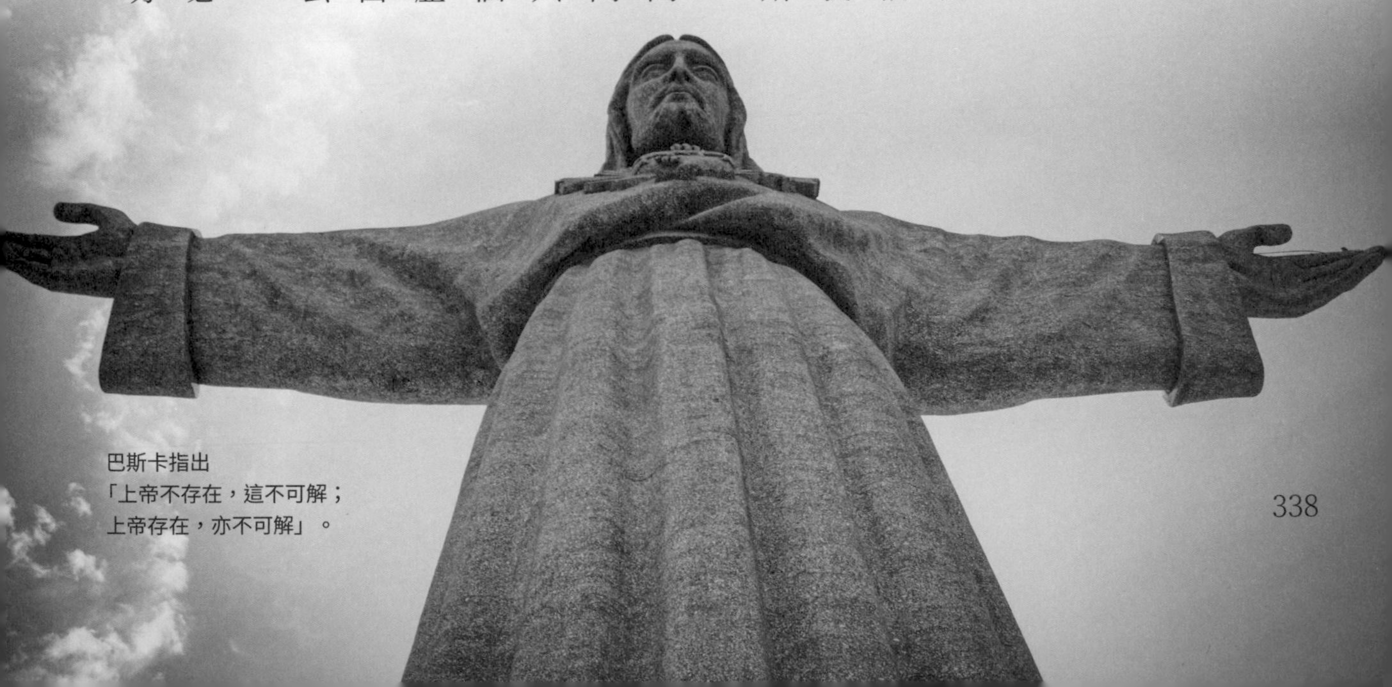

巴斯卡指出
「上帝不存在，這不可解；
上帝存在，亦不可解」。

之一的機率；「而贏卻可得無限」——「1/2×∞」（贏）永恆無限大於「1/2乘以任何數」（輸），那麼「必須信仰上帝」這個命題就具有無限的力量，也就是信仰的真理。他告訴我們「你賭贏的確定性是如此之大，你下的賭注是如此之小」，我們不過放棄了在有限人生中的幾十年縱情享樂，卻有極大的機率獲得永恆的幸福，這又有什麼好猶豫的呢？我們活著的時候縱慾揮霍，卻懼怕地獄，那麼快樂不也就被抵銷了嗎？

巴斯卡堅定地告訴自我與世人：「如果你放棄享樂，你將立刻獲得信仰。」

（曾暐傑）◆

12 奇萊前書 節選

臺灣文學標竿的前輩詩人楊牧有三個創作巔峰，分別是北美見聞、古典新創與花蓮書寫。其中花蓮書寫的影響力之大，引領出年輕一代競相以花東地區自然、人文景觀為主題的書寫風潮。而豐富的大山大海、森林生態與原住民意象，也幾乎重塑了臺灣的象徵。編織個人童年記憶與國族記憶，記錄幽微心靈成長與外在世界變換，優美如詩的自傳散文集《山風海雨》（後稱《奇萊前書》）就是其中較早和最完整的代表作品。

壹・作者與出處

楊牧（西元一九四〇～二〇二〇），本名王靖獻，臺灣花蓮人。他是文學家，也是學者、師者，亦跨足出版業。原就讀東海大學歷史系，後因興趣抉擇，轉到了外文系，一九六四年則受到保羅・安格爾（Paul Engle）與聶華苓的邀請，到了美國愛荷華大學完成創作碩士，而後又進入柏克萊加州大學取得比較文學博士。楊牧受業於徐復觀、陳世驤、牟宗三，他曾作過《詩經》、〈文賦〉等相關研究。這樣的學習歷程，促使楊牧常以中西比較的宏觀視野，進行翻譯、

創作與研究。畢業後他擔任過麻州大學助理教授、西雅圖華盛頓大學教授，一九八三年返臺在臺大外文系擔任客座教授之際，也曾啟迪過詩人陳義芝、羅智成、楊澤等人。他創建許多學術機構，例如中央研究院中國文哲研究所、香港科技大學人文社會科學學院，以及東華大學人文社會科學學院。

楊牧在花蓮中學高級部時期便開始嶄露鋒芒，他推崇覃子豪，也與余光中、瘂弦時有往來。當時他的筆名是葉珊，第一本詩集《水之湄》（一九六〇）就是由藍星詩社所出版；一九七二年之後，他改筆名為楊牧，首次發表署名在〈年輪〉。「葉珊」與「楊牧」之更迭，揭示了創作風格之改變，從浪漫唯美進入抽象、暗示性，更自覺地將古典題材與戲劇性敘事融入詩的實驗中。楊牧時常取材自古典文本，長期創作「一個人正在做甚麼動作」的敘事詩，名作有〈延陵季子掛劍〉、〈馬羅飲酒〉、〈妙玉坐禪〉、〈鄭玄寤夢〉、〈林沖夜奔〉等。楊牧自己回憶「在一種戲劇性的獨白體式裡一方面建立故事情節，促成其中的戲劇效果，一方面於細部絕不放鬆，期能將言志抒情的動機在特定的環境背景（包括時間，場域，和人際互動的關係）表達無遺」，例如〈延陵季子掛劍〉，添加了戲劇情節，轉換為「一介遲遲不返的儒者」姿態，或在〈林沖夜奔〉，構想一個寂寞受苦的生命。

一九七〇年至一九七五年之際，楊牧與林哲雄（筆名林衡哲）也共同主編志文出版社的新潮叢書，譯介許多海外知名學者與作家，將西方新思潮帶入臺灣；一九七六年，楊牧又與花蓮中學同學葉步榮、詩人瘂弦、生化學家沈燕士共同創辦了「洪範書店」，至今出版了許多優秀的純文學作品，蔚然成為臺灣重要的出版社。楊牧曾自述在洪範四十年，百分之九十八的書摺頁語，都由他親力親為；一九八三年，楊牧返臺後，積極撰寫文學研究，每周亦在《聯合報》撰寫專欄，評論社會時事。一九八七年，他首度出版了自傳性散文集《山風海雨》，這也是他自海外歸來後，開始追憶故鄉花蓮以及過往成長經驗。從《山風海雨》、《方向歸零》到《昔我往矣》，這一系列對童稚到青年階段的思索與探問，收錄成《奇萊前書》，而後《奇萊後書》則接續前者，從成年後開始寫起，記錄了他在學術知識上的關懷與琢磨，以及在擾攘人世間，如何尋找愛與永恆。

他在詩學上的積累以及本身承先啟後的歷史意識，也促使他責無旁貸地，寫下《一首詩的完成》（一九八九），以書信體的方式，回答徬徨猶疑的青年詩人。此書共十八篇，展現楊牧對詩的理念，以及指引詩在形式與內容該具備的方向與意義。《一首詩的完成》從初版至今，都不斷再版印製，可見有多少對詩渴求的靈魂，以此為啟蒙。楊牧曾自言：「我希望有一天能於晚年追懷的火爐前，因為發現學術研究對實際的文學創作並無傷害，甚至還具有精神上和方法上的啟發，而感到安慰，滿足，感到無愧於古來中國健全的知識分子，和歐洲文藝復興人（Renaissance Man）傳下的典型。」

奚密認為楊牧是當代華語詩壇最重要的詩人之一，在質量上，鮮有出其右者，楊牧在二〇一三年獲頒 Newman Prize for Chinese Literature 國際文學獎，二〇一六年又以瑞典漢學家馬悅然教授選譯的《綠騎：楊牧詩選》，獲頒瑞典的「蟬獎」（Cikada Prize）。如邱貴芬所說，楊牧以精準優美的漢字創作，示範了「作為世界文學的台灣文學」如何在「世界華文文學」與「華語語系文學」受到關注。而楊牧在得到國家文藝獎殊榮時，只是謙虛地說：「我的文學事業本來就應該是這樣的，沒有遺憾，也沒有特別令我覺得驚奇或者厭煩的地方——這一切都是無比地簡約、賅實」。這是楊牧對文學藝術的追求與信念，也是身為知識分子對土地、知識、生命之深刻探索與現實關懷，亦是言志抒情之具體實踐。

本文節錄自〈接近了秀姑巒〉，原輯錄於《山風海雨》，後收錄於楊牧：《奇萊前書》，洪範出版社，二〇一二年三月。

貳・選文與注釋

從花蓮往南行的火車一開動，不消幾分鐘就進入縱谷地帶，左邊遠處是海岸山脈，右邊還是偉大的中央山脈。海岸山脈對我說來除了遙遠和陌生以外，甚麼感覺都沒有，不如右邊的大山那樣，似乎所有連綿和迤邐都是屬於我的。坐在火車上，我們最努力觀看的必然是右邊的大山，而我們就在那山腳下迂迴推進。從花蓮南下，想像西邊巍巍第一層峰巒是木瓜山，林田山，玉里山，都在兩千公尺以上，比海岸上任何突出的山尖都高出一倍。第二層是武陵山，大檜山，二子山，它們都接近三千公尺了。而和我們的奇萊山——啊！偉大的守護神，高三千六百零五公尺——同為第三層次環疊高聳在花蓮境界邊緣的，是能高山，白石山，安東軍山，丹大山，馬博拉斯山，大水窟山，三叉山，卻以秀姑巒山爲最高，拔起海面三千八百三十三公尺，和玉山並肩而立，北望奇萊山，同為臺灣的擎天支柱。

秀姑巒山原名馬霍拉斯，由它東麓流下了幾條巨水，馬霍拉斯溪和米亞桑溪在神秘的山林裏匯合，又東南行接納馬戛次純溪和塔洛木溪，河水擴大稱樂樂溪，又向東流，到距離大海僅只十二公里的地方竟為海岸山脈所阻，乃以巨大的水勢北行二十餘公里，這時它已經獲得秀姑巒溪的名字了，遂東流並終於切過海岸山脈的火山集塊岩，在兩岸尖銳陡削的石壁和古木俯視下，以急湍洶湧的姿態飛快出海。秀姑巒溪是花蓮惟一發源於中央山脈並且能夠奮勇橫切海岸山脈以注入太平洋的河流。在它最後預備橫切海岸山脈所以東流的轉折處，不遠的火車站叫瑞穗，瑞穗舊稱水尾，距離花蓮五十公里；在稍早當它剛進入縱谷忽然北走的地方，不遠的火車站叫玉里，距離花蓮七十公里。瑞穗和玉里同為東線鐵路上重要的大站，鎮上聚居了很多漢人。

當美軍飛機空襲花蓮的次數不斷升高的時候，我的父母終於決定糾合親戚一起疏散到瑞穗或者玉里附近的山地區域。

火車離開花蓮進入縱谷地帶，水田逐漸被旱田取代。鐵路附近的小村落表面上都很相像，無數的檳榔樹便圍成一個家園，綠竹和麵包樹參差其間，簡單的蓋著鐵皮或稻草的農舍，屋旁有牛棚豬圈和雞窩之類的附屬物，有些房子外還看得出幫浦抽水機，有些在院子裏帶有一口加了蓋的井。檳榔樹外是蔬菜園，離房子更遠的才是稻田，農夫和耕牛在初春的阡陌間工作，孩子們在田埂和小溪岸上遊戲；蜻蜓在空中飛，溪旁和池塘岸邊長滿了蘆葦稈和水薑花。飛機想必很少到達田野上空，感覺上戰爭並不曾擾亂這縱谷農家生活的秩序，一切都很和平很安寧。火車駛得非常慢，吐著濃厚的煤煙。這條鐵路是臺灣最窄的鐵路之一，和西海岸縱貫線的寬度不能比，而車速也完全不能比，突突，突突，緩慢地蜿蜒著，尤其在爬坡的時候，可能還不如行人的速度，突突。可是每當它逼近河口的時候——那些發源於大山的河流一一注入秀姑巒溪——它就好像快起來了，甚至必然就拉長

了汽笛「嗚」一聲，即刻飛也似的在鐵橋上奔了起來。我從窗口看河流上游，藏在煙霧渺茫的深山腳下；河牀很廣闊，積滿了大大小小的石頭，但真正有水流淌而來的只是一衣帶寬而已，上面架了竹子編結的便橋。這些河流平時就是這樣，但逢到颱風季節山洪爆發的時候，狂潮從高山傾瀉奔來，即刻把整個堆積著大小石頭的河牀注滿濁水，上面飄著連根拔起的原木，枯樹和野草，淹死的禽獸，和許多不可辨識的來自深山的東西。這時原來我們在火車上看見的竹橋當然早已被沖進秀姑巒溪，捲入大海；有時火車的鐵橋也被震撼歪斜，或流離到下游的淺灘上。颱風過後洪水漸稀，人們開始整頓鐵橋，並且越過積石將新編的竹橋架到那一衣帶的賸水上，挑擔的行人和車輛便又小心地來往通過。

火車呼嘯過完鐵橋，便又困難地爬起坡來了，突突緩慢地向前推進。水田越來越少了，這一帶平地裏種植的大半是甘蔗和樹薯，還有些我永遠不認識的作物；山坡上幾乎全是麻竹，櫛比叢生，從鐵路旁一直上升到眼睛看不

清楚的嶺巔，偶然雜有別的樹木，在高地的冷氣裏哆嗦。

　　這五十公里的火車路程，在我記憶裏好像花了一整天才到，可是感覺上並不像疏散逃難，倒更像是一次令人快樂的春季旅行，因為我們從頭到尾都沒有聽到空襲警報的聲音。火車每進入一個小站，都要休息良久，或是接駁別的臺車，或是耐心地等從臺東北上的火車來交會，然後繼續前進。這一路上太平靜了，我坐在車廂裏看農舍和田地，看河流和山林，看電線桿一根一根向後退，完全沒有戰爭年代的恐懼不安。可是等我們進入山地住定後，有一天我聽大人在傳說，晚我們幾天離開花蓮的一班列車在木瓜溪附近曾遭遇到美軍飛機的攻擊。起先當飛機忽然出現的時候，列車不知道如何是好，所以就在曠野裏停了下來。飛機開始低飛向車廂掃射，片刻之後，有些人看飛機轉變方向，就冒險翻出車廂跑到堆積了無數岩石和長著蘆草的野地裏去匍匐，誰知飛機很快轉了一個彎又回來了，並且猛烈向野地裏趴倒的避難者開火，殺死了很多人，然後才掠過木瓜溪上空，向海外飛去。多年後我上中學的班上，有一個男同學曾經對我說，戰爭時代他和他母親正好就搭上了這班不祥的列車；他自己倖免於難，然而他的母親卻在那血腥的掃射裏被機關鎗打死了。他是我的好友，我記得他的父親一生未曾再娶。

　　我們在午後四點左右到達瑞穗前一個很小的站，火車戛然煞住。人們

將各種行李，包括衣服被褥和炊食用具，紮綑在扁擔兩端，陸續跳下火車。那小站就像所有東線鐵路上的小站一樣，泛著一層灰黯的顏色，靜謐蕭條，但空中飄著怡人的農村氣息。我們在站外的檳榔樹下換乘牛車，過了鐵路平交道，向大山的方向搖過去。我大概在這沉悶的山路裏睡著了，感覺過了許久，顛得非常疲憊厭煩，才終於到達山坳裏一片小小的空地，夜色裏看得見空地上立著三四間小茅屋，有人出來招呼，讓我們在煤油燈下吃晚飯。大人們都在小聲說話，我飯沒吃完便又累了，四週蟲聲喧鬧，但很黑暗，喧鬧裏反而透著無邊的寂靜，煤油燈在跳動，很奇異，但也沒有恐懼不安的感覺，然後就睡著了。

參・可以這樣讀

戰火下的花蓮以及寧靜的秩序

楊牧在一九八四秋至一九八六秋之間的兩年，追憶童年，將視線拉回到太平洋戰爭時期的花蓮，撰寫了《山風海雨》，紀錄自己童稚期至小學階段。〈接近了秀姑巒溪〉這篇文章就是收錄於其中，篇章語境是在美軍轟炸花蓮之際，時間是一九四四年末至一九四五之間。在太平洋戰爭時期，全臺都遭受大小不一的空襲，而花蓮機場可起降攻擊美軍，日軍的神風特攻隊也位於花蓮，因此從花蓮港、花蓮市區，一路到豐田，都飽受過猛烈彈火。成人與兒童都熟讀過《臺灣防空讀本》（一九四四出版）。據傳現址松園別館（日據時期的花蓮港陸軍兵事部）是神風特攻隊出征前的最後一宿下榻處。美軍空襲不斷時，楊牧的父母與親戚們決定遷移到玉里附近的山地區域，一直住到一九四五年戰爭結束。〈接近了秀姑巒溪〉所載的童年回憶，就是當時他們舉家搭乘火車，從花蓮前往瑞穗、玉里一帶避難，此處接近秀姑巒溪，進入縱谷中段，臨界花蓮與台東。標題「接近了秀姑巒溪」，也寓意了這趟旅程的終點，即將抵達暫時棲身之所。

戰火的彼時，楊牧五歲，這五歲的年紀在想些甚麼呢？楊牧在青年時期，並不太回憶花蓮、想念故鄉，他多半將視野往外好奇伸展。而此時追憶往昔的楊牧已然四十多歲。《山風海雨》的封面摺頁語是「體會記憶，展望未來」。他為何在這個時間點，選擇開始追憶童年？他又怎麼整理定義那段時期的花蓮與自己呢？

花蓮，古稱奇萊。根據《花蓮縣志》談到此地的空間疆域時，稱「花蓮始見沈葆楨奏疏，前此無聞焉。故老云，花蓮溪東注，其水與海濤激盪，迂迴澎拜，狀之以其容，故曰洄瀾。後之人諧為花蓮，至今沿襲之」。依據《奇萊族(Sakizaya)人的研究》一書，撒奇萊雅人長久居住此處，故擷取音節命名為「奇萊平原」。楊牧選擇以「奇萊」為名，作為前書、後書之核心意象。「奇萊」成為家鄉的抽象隱喻，指出磅礡生命該走向的方向與情感依託。我們注意到楊牧在這戰火語境下，描寫花蓮，花蓮成為一有秩序而寧靜之處，宛若窩居般，孵育著童年之夢，即便戰火砲聲，生命消失的威脅感，從來沒有停歇。而放置在人生風雨的總體語境，童年之永恆，花蓮山海自然之恆定，也極富隱喻，這使得流逝幻變的事物有了依準與定錨。

楊牧〈接近了秀姑巒溪〉共有四段章節，我們所節錄的是第二和第三部分。楊牧在文章開頭，談到一九四四年的夏天，日本偷襲珍珠港的三年半後，即便外部世界紛擾不斷，但在臺灣、在花蓮、在海的溫暖環抱下，他尚編織著美麗的夢，直到飛機在花蓮港口投擲了幾顆炸彈。

雖然是在戰爭的語境下，但此篇文章卻沒有戰火之紛擾，僅有幾行提到。楊牧直言「感覺上並不像疏散逃難，倒更像是一次令人快樂的春季旅行，因為我們從頭到尾都沒有聽到空襲警報的聲音」，即便在最激烈的時候，躲在縱谷深處的楊牧，僅聽到空襲警報聲，卻也沒看過飛機、聽聞聲響。在文章中，我們看到的是層層疊巒的大山，形成屏障，守護不變與永恆。

神聖且親密的奇萊、縱谷

走向山水，目覽所及，就是一種「摘取」的選擇，俯仰往返之際，因視線所及就會產生空間感，也觸動時間意識。因此，觀看山水時，面對天地之開闊與大自然之恆常，對比之下，自身之渺小，遂引發生命短暫的孤獨感以及帶有哲理的感悟。楊牧述及花蓮山水時，繼承了山水書寫的傳統脈絡，常有興發悟理之感，但同時發展自己的象徵系統。曾珍珍就從楊牧山水書寫中的生態，歸納「魚類洄游」、「星圖」、「原初書寫」、「蟲魚鳥獸自況」等母題。而這些山水意象層層交錯，都始於奇萊山水，形成強韌而成熟的意象群組。楊牧之各篇詩文，無不可互文詮釋，組織成一完整隱喻。

楊牧對於山總採取仰望的姿態，而少有至高處往下俯瞰，因此在詩文當中對於山總是固定於向上的空間擴展。楊牧在談到花蓮山水時，他的空間與時序往往是與年少情境重合，既是述懷，也是夢想之校準。

段義孚在《空間與地方》談到「對故鄉的依戀是人類的一種共同情感。它的力量在不同文化中和不同歷史時期有所不同。聯繫越多，情感紐帶就越緊密」，而倘若民族與大自然連結在一起，那麼它就會成為一種「情感依附」、「神聖的地方」。楊牧提到花蓮山水，首重奇萊以及眾山下的縱谷。我們從段落來看，楊牧以龐大的知識瞭解，一一指認山名，可視的第一層是木瓜山、林田山、玉里山，皆是兩千公尺以上的高山，第二層是武陵山、大檜山、二子山，接近三千公尺，第三層是奇萊山、能高山、白石山、安東軍山、丹大山，馬博拉斯山，

◀楊牧所深愛且為屏障的花東縱谷。

大水窟山，三叉山，秀姑巒山。對於童年而言，這些或許都是大山，然而成年後再回首這些山岳，可數家珍般，琅琅點算，除了熟捻之外，那口氣彷若有種自信跟驕傲。如此這般雄偉壯麗——我的家鄉，迫不及待且不厭其煩地，熱切傾訴。

花蓮往南行，便進入縱谷地帶，左邊是海岸山脈，右邊是中央山脈。海岸山脈北起花蓮溪口，南迄卑南溪口，山色明亮近人，但楊牧卻說「遙遠和陌生」且「甚麼感覺都沒有」，「不如右邊大山那樣，似乎所有連綿和迤邐都是屬於我的」，「坐在火車上，我們最努力觀看的必然是右邊的大山」。楊牧在文中接連兩次稱呼「右邊的大山」，語氣如此的親密且自然，宛若重現孩童的語氣與視角。而後細數層層山巒，當然就是以寫作現下的見識，從近處可見的木瓜山、林田山、玉里山，任一皆高聳過兩千公尺，而後在環疊巍峨之間，最為高聳的是在花蓮境界邊緣的是奇萊山三千六百零五公尺，以及秀姑巒山為最高，拔起海面三千八百三十三公尺，同為臺灣擎天支柱。從花蓮境內的奇萊到避難前去的瑞穗玉里，也由高聳的秀姑巒山所守護著。這是楊牧所深愛且為屏障的花東縱谷。

一進入山的空間隨著視線所及，視野全由整片山巒環伺，眾山之群落，在視線空間上，每一條邊界都由山所組成，壯闊且雄偉。隨著視線高舉，自然之永恆雄偉對比人類的短暫渺小，遂產生了一種崇高美感。楊牧的書寫不斷提到奇萊山之雄偉，在《奇萊前書》的序，「我下筆疾書，胸懷裏有一片悠遠的綠

色山谷，深邃如神話重疊的細節，形貌彷彿隱約，倫理的象徵永遠不變，那崇高的教誨超越人間想像，不可逼視，巍巍乎直上雲霄。我收斂情緒，沉思，仰首：奇萊山高三千六百零五公尺，北望大霸尖山，南與秀姑巒和玉山相頡頏，永遠深情俯視我」。在文章中，楊牧談到奇萊山谷之用詞，「偉大的守護神」、「深邃如神話」、「倫理的象徵」、「崇高的教誨」，這也使得「奇萊山」的象徵上升到「理想型」的層次，且帶著「神聖性」。

這樣一再的表述，以及多次強調奇萊山的「界線」與「守護」，正使得奇萊代表了花蓮的境界，而在此篇文章之中，也彷若隔絕了外在的戰火與守護童年之夢。

賴芳伶曾在〈楊牧「奇萊」的意象的隱喻和實現〉，以奇萊的意象隱喻，談到楊牧山水詩中的大自然風土人情，蘊含了「枯榮循環、生死輪迴的自然奧義」。也因此，在楊牧青年離鄉後，中年懷鄉，回望花蓮故土，此時楊牧的奇萊山，不僅看顧著幼年的夢，更在他中年賦歸後，歷經生命多變與鍛練，向自身詢問如何能初心不改，一如挺立永恆不變的崴峨氣象。陳芳明就認為楊牧的山水是詩人最原始的鄉愁，是空間與時間上造成地理與心理的雙重鄉愁。

傳統山水詩文的書寫，多半在紙上模山範水，巧構形似，力圖再現山水之美，帶有記遊性質，並藉曠達的空間感抒發一己之沉鬱，或產生一種山水哲理。古代文人走出城市到郊外，離開家園，而楊牧的山水卻是家園之所在，這樣的差異性，使得楊牧筆下之花蓮山水，更增添親密感與私密性。

樂土與窩居

巴舍拉在《空間詩學》談到「巢」時，說道「我們重回老屋一如回到舊巢，那全是因為過往如夢，因為往日之屋已成了一個巨大的意象，成為失落的親暱感的巨大意象」。花蓮山水彷彿築構成楊牧之家窩，這窩居的意象不僅是一種永恆不變，在戰火下的寧靜秩序感，具體在文字當中，我們可以不斷看到「靜謐」、「安寧」之意象，楊牧寫給長子常名的詩作〈風吹向山谷〉「風也吹向山谷，河水來自／原始的寧靜」，也依舊訴說著這山谷之寧靜力量與穩定，而此帶來一種幸福與踏實感，來自原初純淨之大自然與年少信仰。

我們看到文章當中，楊牧非常具體地從視線所及，櫛比羅列，依序往外延推，「無數的檳榔樹便圍成一個家園，綠竹和麵包樹參差其間……檳榔樹外是蔬菜園，離房子更遠的才是稻田。」從文句當中，不難發現，家園居中，敘述者以此為中心點，向外觀看，當然，此處就是家，居住之所，所以視線自然由內而外，從近處到遠方，檳榔樹、蔬菜園、稻田，層層環繞著最核心的家屋，形同圍籬屏障，界線內外。楊牧像是填補記憶碎片一般，仔細召喚如實場景：屋旁的牛棚豬圈、抽水幫浦機、加了蓋的井。如此詳實敘述，也宛若畫出井然有序的生活氣息。楊牧在另一篇〈他們的世界〉也寫到此時的記憶，「我時常轉彎深入一個村莊，去看我中學的阿眉族同學，聞見那從小就在我心靈深處的氣味，檳榔樹包圍起來的村莊，小路參差的石柱和短籬，就是到了那個年代依然沾染了一層日本風味。」

▶奇萊北峰南面。

楊牧為何可以這般記憶呢？這裡不是從小生長的家屋。文中有一句重要的提醒：「鐵路附近的小村落表面上都很相像」。這是他童年記憶的概括類型，在純樸的鄉村裡，生活型態都類似，住屋也有著普遍性。楊牧接著從季節談起，此時是春天，「農夫和耕牛在初春的阡陌間工作，孩子們在田埂和小溪岸上遊戲；蜻蜓在空中飛，溪旁和池塘岸邊長滿了蘆葦桿與野薑花。」一切如常，風調雨順，人與萬物都依照時序活動著。風在吹、草在長，農夫耕種，孩子玩耍之和諧感與秩序，正好與戰爭之失序混亂形成對照。這豈是有戰爭之侵擾？這更增添奇萊守護夢，隔絕現實之感。而火車駛得很慢，也讓敘述者能更充裕周詳地觀看，此時緩慢的速度與村落日常，在內心築造成和平安寧之感——一切安好。楊牧曾談到：「文學裏有一個不斷呈現的主題，勾畫出一個樂土」，他在撰的《失去的樂土》一書，表示中國人的樂土想像，不在未來，而在過去。如同〈擊壤歌〉所展示：「日出而作，日入而息；鑿井而飲，耕田而食。帝力與我何有哉？」楊牧認為這是一個日常如實，沒有政治寓言干擾，而充分自得的理想世界。對照上述之村莊景象，以及此篇文章的戰爭語境，更能瞭解為何文中說「完全沒有戰爭年代的恐懼不安」。

然而戰爭果真沒有侵入嗎？其實並不是的。楊牧只是聽聞而未親見，所以尚能保護著美好寧靜的童年。他在文中提到「有一天我聽到大人在傳說，晚我們幾天離開花蓮的一班列車在木瓜溪附近曾遭遇美軍飛機的攻擊。」以及多年後，在中學班的好友應證了這段往事，他說在戰爭時代，他與他母親正好搭上這班列車，而母親遭到機關槍血腥掃射而死。因此，楊牧在追憶童年時，也不斷藉由時間之變換，串起相互的連結。

這趟旅程在午後四點左右到達瑞穗前的小站，而後再轉換成牛車，前往大山方向的山坳處。幼年楊牧經不住跋山涉水，已感到疲憊厭煩，這是文中少數不愉快的感受，但這也與戰爭無關，而是來自小孩不耐舟車勞頓。文中寫道，人們以扁擔攜帶著「衣服被褥和炊食用具」等行李，這顯示這並不是一趟短暫的春季郊遊，而是已作好要待上長時間的準備。大人的操心與小孩的無憂，顯然並不同步。即便到了陌生的山坳，四處黑暗寂靜，蟲鳴四起，而大人壓低聲量說話，這增添了這些話語不宜喧嚷，也不是開懷暢說之事。這一席談話或許是擔憂戰爭或思慮未來？具體的談話內容我們不得而知，因為幼年楊牧似乎也不甚關心，當時疲累不堪的幼小身軀，連飯也沒吃完，就去睡了。而初次到此，一切不熟悉的景象也沒有令他感到恐懼不安，於是就睡著了。

戰爭雖然未曾真正波及，在奇萊之庇護下，宛若搖籃，然而人世間之生死殘酷，卻以另外的形式迫在眼前，令楊牧感到糾結，無可奈何的憂傷，叢簇而清晰。在〈接近了秀姑巒溪〉的第一部分與第四部份所提到，楊牧親見的殺戮是來自被宰殺的鳥、獐以及流淚的水牛。楊牧說「我始終不能忘記那流淚的水牛，在另一個山坳，在一次解除警報後，被三個男人聯手屠殺的水牛。我懷疑我的童年是不是已經隨著那屠殺而結束了」。這也間接打破了童年之美好無缺、巢的夢幻，而開啟了現實性。縱然戰爭未曾逼身，但隱藏在細節之中並行的，

民國 40 年代左右的瑞穗車站。

也是楊牧在如夢的童年，以一頭野獐、黃鳥、水牛之血與死，滲入生存的殘酷與無情，使混沌無缺的美好安逸，敲開了破口。

安穩恆常的家園，是一種依附，卻也是限制，作為具有理想性的英雄總是要出發，開啟歷練旅程。縱然奇萊如家，卻也終究要離家。文末，戰爭結束，人們高喊著「太平了」，他卻自我下了註解：「戰爭就這樣結束了，而我的尋覓還沒有開始」。這似乎也埋下伏筆，他終究要回答那個關於生命複雜的奧秘，而離開純粹美好的童年——奇萊的守護。起初，在向外探索的時期，楊牧並未將視線移至家鄉，但在經歷人生波折後，告別了憂鬱不快樂，家園也再次召喚。

肆・再做點補充

右外野的浪漫主義者與具有歷史意識的學者

楊牧在進大學之前，就已經結識藍星詩社詩人以及擔任《創世紀》的編輯委員，楊牧回憶起年少的自己，他說那是一個「奇怪的年紀，自以為是愁，可是不知道愁是甚麼。愁是有它深刻的意思吧，比同學們不快樂些，笑聲低一些，功課比較不在乎些。那是有些無聊，而這種無聊大概祇有棒球場上的右外野手最能體會。」當社會對於寫詩有所質疑時，他則回應：「即使沒用又怎麼樣呢？我看課本裡大半文章都沒有用，代數幾何三角也沒有用，每天一張半的報紙也沒有用。都是假的。可是，至少我們寫的是真性情。」我們從話語之中，隱隱可見其橫眉冷對，而楊牧的父親曾訂閱具有批判戒嚴威權的雜誌《自由中國》，藉此或許也可揣想彼時家庭思想之寬闊。

他在多愁寂寞的年紀，該上課的時間，卻藏匿在花蓮溪橋下的小舟裡，掩著帽，一個人獨處。〈水之湄〉這首詩寫在一九五八年，十八歲，「我已在這坐了四個下午了／沒有人打這兒走過——別談足音了／（寂寞裏——）」，即便水聲，也顯得厭煩，於是說，「——那麼，誰也不能來，我只要個午寐／哪！誰也不能來」。所有的排拒以及內向孤獨，逐漸萌芽湧現。他在思索著甚麼！似乎與童年那個擅於觀察水蚊、蝴蝶，鳥獸的純粹欣喜與好奇已有不同。楊牧認為，寫詩是用來抵制哀傷，體會悲憫，想像喜悅，追求幸福。

楊牧受到華茲華斯（W.Wordsworth）、濟慈（J.Keats）、雪萊（P.B.Shelley）、葉慈（W.B.Yeats）影響，既浪漫抒情又深度涵泳之後，呈現的是具有凝鍊哲思的敘事風格。楊牧同時也十分著迷於詩的韻律聲響，張惠菁就曾在《楊牧》一書生動記錄著楊牧唸起濟慈〈恩迪密昂〉（Endymion）首句「A thing of beauty is a joy forever」，而數度重複敲擊桌面，隨之吟詠品味詩句的節奏與韻律。楊牧曾說，濟慈是屬於是很年輕很年輕的少年，而濟慈所引領的「美」，是超乎宗教，存在於一種全心全意的信仰中，那種孤獨與崇高是他所信仰的——A thing of beauty is a joy forever。

楊牧在《一首詩的完成》也引了艾略特（T.S Elliot）〈傳統與個人才具〉中的一段話，強調「歷史意識」對於詩人之重要性，他認為任何人過了二十五歲，若還想以詩人自居的話，「歷史意識」是不可或缺的條件，歷史意識包涵了，

濟慈（J.Keats）

雪萊（P.B.Shelley）

華茲華斯（W.Wordsworth）

葉慈（W.B.Yeats）

認知過去之所以為過去，也認知過去是存於我們眼前。歷史意識是自覺自身和這時代的關係，以及所有文學文化的全部。因此，楊牧嚴肅地說道，「繼往開來」則是一種具有責任感與必然性的使命，也為創作者嚴肅看待自身創作的根基。

楊牧在談及現代詩的創作時，面對抒情，自有他的看法，尤其在評斷徐志摩的詩作上即可顯現，他認為看到近年來多是造作的淒厲和喧囂，而現代文明的表現是不是一定要通過冷酷悲慘的文學，他不願在此多論述，但比較五四的民謠風和今日的艱澀，站在研究文學的人的立場，他寧願取前者。楊牧很少直接談及政治，或觸碰社會運動議題，但柏克萊大學的自由校園與學生反戰示威，卻帶給他許多社會觀察的體驗。他認為知識是力量，知識放到現實社會裏，方才是力量。他希望「介入社會而不為社會所埋葬」。然而，楊牧在一九八〇年美麗島事件及林宅血案後，卻曾不可遏抑地寫下〈悲歌為林義雄作〉，一九八四年初，也以〈有人問我公理與正義〉，回應知識分子的處境。楊牧對此問題的思考，認為「所謂『社會性』仍然要從個人的良知和感情出發，良知指導感情，探索個人生命和群體生活的意義」。

花蓮作為一種隱喻

楊牧在《疑神》談到「對我而言，文學史裏最令人動容的主義，是浪漫主義。疑神，無神，泛神，有神。最後還是回到疑神。其實對我而言，有神和無神最難，泛神非不可能，但守住疑神的立場便是自由，不羈，公正，溫柔，善良。」

曾經馳騁在花東縱谷的舊型窄軌列車，
退役後陳列在花蓮火車站前右側廣場。

陳芳明卻認為，楊牧即便採取懷疑的立場，但事實上，他對故鄉花蓮、原鄉的召喚——那個生命情感的寄託，卻是深信不疑，花蓮構成楊牧文學中的最大張力以及重要隱喻。

花蓮是楊牧寫作的秘密武器，散文《奇萊前書》，以及詩作〈帶你回花蓮〉、〈花蓮〉、〈俯視——立霧溪一九八三〉、〈仰望——一九九五〉、〈七星潭〉、〈沙婆礑〉、〈池南荖溪一〉、〈池南荖溪二〉、〈佐倉：薩孤肋〉、〈隰地〉、〈松園〉都見證了他曾歇息駐足的記憶。

楊牧之山水幾乎代表同一意義：「花蓮／臺灣」，透顯著生活記憶的「親密感」與「私密性」，不斷召換「回歸故土」的情境。陳芳明也以〈瓶中稿〉、〈帶你回花蓮〉、〈花蓮〉、〈俯視——立霧溪一九八三〉與〈仰望——木瓜山一九九五〉建構楊牧在「離鄉」——「肉體的流亡」到「懷鄉」——「精神的回歸」回顧故土，所產生的強烈歷史意識。陳義芝也表示花蓮頻繁地出現在楊牧的現實際遇跟心靈構想之中，花蓮代表楊牧的臺灣，也代表臺灣那個年代的留學生。

〈瓶中稿〉（一九七四）是楊牧第一首寫花蓮的詩：「但知每一片波浪／都從花蓮開始」，「不知道一片波浪／湧向無人的此岸，這時／我應該決定做甚麼最好？／也許還是做他波浪／忽然翻身，一時迴流／介入寧靜的海／溢上花蓮的／沙灘」。接續，他在《海岸七疊》時期，開始大量寫到花蓮，寫了〈海岸七疊〉、〈花蓮〉、〈風也吹向山谷〉。他在詩集的〈詩餘〉描述當時的創

花蓮頻繁地出現在楊牧的現實際遇跟心靈構想之中。

作語境，他與妻子夏盈盈在一九七九年夏天從普林士頓回到西雅圖，結束了多年的流浪生活，他自言那是身心雙重的流浪，而此時的安寧、靜謐、快樂。他重新肯定了年少時代的信仰。

那個年少時代的信仰——單純而美好，是否就如同他在〈春歌〉所提到「憑藉著愛的力量，一個普通的觀念，一種實踐。愛是我們的嚮導」。這也是回到仰望奇萊，召喚曾經淡去或遺忘的種種聲響與顏色氣息。

楊牧仰慕花蓮大山，寫過〈仰望——木瓜山一九九五〉、不斷讚頌奇萊山，不過對於山總是採取仰望的姿態。前述提及〈俯視——立霧溪一九八三〉、〈仰望——木瓜山一九九五〉便也藉物我觀看，改變檢視的視角，而在自傳式散文不斷出現，「山俯視我，我懂山的語言」、「山永遠是不變的，俯視著我」或者「奇萊山高三七六百零五公尺，北望大霸尖山，南與秀姑巒和玉山相頡頏，永遠深情地俯視我」，都顯示了花蓮大山象徵了「不變」與「永恆」。〈仰望——木瓜山一九九五〉的每段起首「山與少年」的意象反覆出現，「山勢犀利覆額，陡峭的／少年氣象不曾迷失過，縱使」，「少年氣象堅持廣大／比類，肖似。然後兩眼闔上……／縱使我躊躇不能前往」，「我長年模仿的氣象不曾／稍改，正將美目清揚回望我」，山是一種理想型的姿態與少年氣象結合為一，檢視著中年後的賦歸。

奇萊是需要遠眺與想像的，一方面地勢高聳而難以到達，他在〈仰望——木瓜山一九九五〉就寫道「然則高處或許是多風，多情況的／縱然我猶豫畏懼，

不能前往／想像露水凝聚如熄滅的燈籠／鳥喙，熊爪，豬牙獠牙，雷霆／和閃電以虛以實的聲色，曾經／在我異域的睡夢中適時切入」。楊牧的書寫中，對於明朗、低海拔，可徒步一覽而盡的海岸山脈、美崙山，似乎不感興趣，這或許是這類親民郊山缺乏了挺拔雄偉的崇高美，無法令人生畏，過於清晰，又缺少了神秘的陌生感。因此，「猶豫畏怯」固然受限於攀登高山之身心條件，但也正因為未能親臨，所以藉由文字想像，能恣意目覽景色。楊牧自言並沒有與人露營登山的經驗，他總是感到退縮，僅在中學時期一個人單獨騎著腳踏車，深入阿眉族居住地閒逛，而感到恣意。這類想像式的山水書寫，在中國明代頗為盛行，明代陳繼儒（一五五八～一六三九）在〈臥遊清福編序〉就理直氣壯地提到，山上氣候風雨多變化、梯繩腐朽，又不時狐狸鵂鶹啼叫，書寫者又常困於老病，糾於俗務纏身，因此推崇讀書寫字，想像山之壯美，以臥遊享清福。但是，不同的是，楊牧在描寫花蓮山水，並不是帶著一種冒險、獵奇的聲色巧形，而採取物我深深對看的模式，仰望與俯瞰都是相對性存在的，也存在著「我」與「你」的親密感。（余欣娟）◆

13 海國圖志・敘

鴉片戰爭前後，中國最早的一批有志之士已率先覺醒。博學多聞的魏源就是其中代表人物，一生所寫的主要作品，皆是應時代之需而作。原先林則徐主持編譯的《四洲志》介紹了當時世界三十多個國家的歷史和地理，共有八萬餘字，託付魏源擴寫之後，成為長達一百卷，八十一萬字的巨作。其中包括了魏源對於世界局勢見解的〈籌海篇〉、世界輿圖、宗教說明、國地總論、風俗民情與西方科技雜述等等，不僅是一本了解世界的輿地圖集，也是介紹西洋器藝、各國歷史沿革與政治制度的專書，更是一扇開啟中國人觀看世界的軒窗。

壹・作者與出處

魏源（西元一七九四～一八五七），字默深、默生，湖南邵陽金潭人。生於乾隆五十九年，卒於咸豐六年，年六十四歲。十五歲中秀才，二十九歲中舉，直到五十二歲才考上進士。這對他而言，不啻有「中年老婦，再作新娘」之感。未考上進士之前，捐資成內閣中書舍人，又參與編撰典籍，長期在江蘇擔任地方督撫的幕僚工作；中進士之後，先後任職江蘇、東台、興化等地，以及兩淮鹽運司海州分司運判、高郵州知州等職；六十歲時被彈劾落職後，又曾參與平定宿州

捻軍之亂，後雖經袁甲三保奏緝賊有功，請復原職，然無意仕途，隱退著述，卒於杭州。魏源一生雖然仕途並不順遂，但是，有幾件事對他的人生有重大影響，同時他也編寫重要典籍，成就他不可撼動的學術地位。

二十歲（嘉慶十八年）第一次參加湖南拔貢考試，被選貢入京，從此眼界大開，向胡承珙學漢學；向姚學塽學宋學，學兼漢宋學。再向劉逢祿學《公羊春秋》，奠定公羊學基礎，成為今文經學的主將之一。這期間也認識名儒碩士，和龔自珍、姚瑩、董桂敷等人結交，潛心向學，功力大進。

三十歲（道光三年，一八二三），第一次參加會試雖不第，但在道光五年被江蘇賀長齡延聘編輯《皇朝經世文編》，這套書共有一百二十卷，選錄順治至道光初年攸關實用的論著或書札，從此開展魏源的「經世致用之學」。道光六年第二次赴京應試時深受房考官劉逢祿賞識，並與龔自珍並稱「龔魏」。其間繼續編纂《皇朝經世文編》。

魏源屢試不中，三十六歲循例納資候補內閣中書舍人，因此而能飽覽典籍，了解清朝典章制度以及歷史沿革，是年完成《詩古微》二卷。翌年，因新疆受侵擾，自請隨參贊大臣楊芳前往征討，抵嘉峪關時，敵軍已被平定，雖然未能實際參與戰爭，但是對西北之行，頗有感會，寫下許多詩歌以記錄這段軍旅生涯。

一八四〇年鴉片戰爭爆發，英國軍官安突德被俘，魏源應邀審訊口供，再旁采資料，寫成《英吉利小記》。又因一八四二年簽訂不平等《南京條約》，立即觸動他編寫匡時濟世的《聖武記》，這部書共有十四篇，四十多萬字，前十卷是將清代歷史從開國迄道光年間，以紀事本末體詳載內外主要戰爭；後四卷則是魏源對軍事策略之論述。總體而言，是希望透過這部著作梳理清朝發展脈絡，俾益整頓軍備，發揚國威，這部書對當時的中國及日本影響甚鉅。

道光二十年林則徐親將八萬餘字的《四洲志》託付魏源，經他擴寫成五十卷本的《海國圖志》，其後再增修成百卷本，是中國第一本開啟觀看世界的地理圖志。

咸豐三年（一八五三），太平天國攻佔南京、揚州，所向披靡。魏源在高郵組織團練，親自帶兵巡視，並且緝拿盜匪，以穩定民心，致太平軍前鋒未敢輕舉妄動。如此功勞，卻遭江南河道總督楊以增以舊怨彈劾而被革職。雖被革職，仍參與兵部侍郎周天爵鎮壓宿州捻亂之軍務，俟周天爵病故，魏源才返興化與家人團聚。翌年，副都御使袁甲三保奏魏源緝匪有功，恢復原職，此時魏源已無意仕宦，潛心著述，完成《元史新編》九十五卷。

退職之後的魏源，全心投入佛學，將《無量壽經》、《觀無量壽經》、《阿彌陀經》、《普賢行願品》輯為《淨土四經》，這種積極用世與清寂無為的反差生命似乎令人難解。而魏源自云，以前因無暇投入佛學，迄晚年得暇方能投身其中。其後，繼續完成《詩古微》，將二卷增寫成二十卷，書完成之後了卻心願，在咸豐六年時出遊杭州，寄情山水，寓居僧舍，六十四歲時逝於杭州。

魏源重要的著作有《聖武記》、《海國圖志》、《書古微》、《詩古微》、《元史新編》、《古微堂詩文集》等書，每一部書皆是應時代之需而作。

在眾多著述當中，《海國圖志》是結合地理圖志，觀看世界異文化的視窗。這部書最大貢獻是提出「師夷長技以制夷」主張，也是晚清面對西方船堅砲利時，一本詳載世界各國的輿圖典籍。全書一百卷，八十餘萬字，有地圖七十五幀，西洋技藝圖象五十七頁，地球天文圖式七幅，內容可分作幾大類型：一、魏源對世界局勢見解的〈籌海篇〉；二、世界輿圖，內含東南洋、西南洋、小西洋、大西洋、北洋、外大西洋等地；三、宗教說明，有各國回教總考及天方教考；四、國地總論，有《瑪吉士地理備考》及總論；五、風俗民情，有《澳門月報》論中國、論禁煙、論各國夷情、貿易通志等項；六、介紹西方科技雜述。該書不僅是一本了解世界的輿地圖籍，更是西洋器藝、各國歷史沿革、政治制度與民俗采風的書籍。

貳・選文與注釋

〈海國圖志・敘〉

《海國圖志》六十卷[1]，何所據？一據前兩廣總督林尚書所譯西夷之《四洲志》[2]，再據歷代史志及明以來島志，及近日夷圖、夷語[3]，鉤稽貫串[4]，創榛辟莽，前驅先路[5]。大都東南洋[6]、西南洋[7]，增原書者十之八，大、小西洋[8]、北洋、外大西洋[9]，增於原書者十之六。又圖以經之，表以緯之，博參群議以發揮之。

1 《海國圖志》原為五十卷，成於道光二十二年，前有序，後又於一八四七年出版六十卷，是以，五十卷之序，稱「原敘」，六十卷之敘只易「五十卷」為「六十卷」，內容並未更易，是全書最精要之部份。另外，魏源又於咸豐二年有〈海國圖志後敘〉，是為一百卷本所寫的序。本文所錄為六十卷之序。

2 《四洲志》：林則徐在廣東任職時，商請梁進德摘譯《The Encyclopaedia of Geography》（《地理百科全書》）一書，後來經由林則徐編譯、潤修之後，於一八三九年完成八萬多字的《四洲志》，這是一部介紹世界五大洲、三十餘國之地理歷史專書。後來，一八四五年林則徐將《四洲志》交付魏源，《海國圖志》即是在這部譯稿基礎上完成的。

3 夷圖、夷語：指外國地圖及外文著作。夷：外國。

4 鉤稽貫串：將書籍查核、選取並整理編輯。鉤稽：選取查核。

5 創榛辟莽，前驅先路：原指開拓荒野，開發新路，此指將世界地理圖書整編成書。榛莽：叢生荒木野草。

6 東南洋：指亞洲東南亞、日本、朝鮮、大洋洲等海域。

7 西南洋：指南亞、西亞及阿拉伯等海域。

8 大、小西洋：指歐洲、非洲各國。

9 北洋、外大西洋：指北歐及南北美洲各國。

何以異於昔人海圖之書？曰：彼皆以中土人譚[10]西洋，此則以西洋人譚西洋也。

是書何以作？曰：為以夷攻夷而作，為以夷款夷而作[11]，為師夷長技以制夷[12]而作。

《易》曰：「愛惡相攻而吉凶生，遠近相取而悔吝生，情偽相感而利害生。」故同一款敵，而知其形與不知其形，利害相百焉；同一款敵，而知其情與不知其情，利害相百[13]焉。古之馭外夷者，諏以敵形[14]，形同幾席[15]；諏以敵情，情同寢饋[16]。

然則執此書即可馭外夷乎？曰：唯唯，否否[17]！此兵機[18]也，非兵本[19]也；有形之兵也，非無形之兵也。明臣有言：「欲平海上之倭患，先平人心之積患。」

10 譚：談論。

11 以夷款夷：用外國人訂定方式來和他們議和。款：原指款待、交待，此指和談或議和。

12 師夷長技以制夷：學習外國人長處來制衡外國人。

13 利害相百：指利害相差百倍。

14 諏以敵形：指了解、洞悉敵人的形勢。諏：音ㄗㄡ，原指諮詢，此指了解、洞悉。

15 形同幾席：指如同了解日常用品一樣熟悉。幾席：指桌椅用具。

16 情同寢饋：指了解敵情如同吃飯睡覺一樣的熟悉。寢饋：日常的睡覺和吃飯。

17 唯唯，否否：既可以又不可。唯唯：可以；否否：不可以。

18 兵機：指用兵的方法或策略。

19 兵本：指制敵的根本。

人心之積患如之何？非水、非火[20]、非刃、非金[21]，非沿海之奸民、非吸煙販煙之莠民[22]。故君子讀〈雲漢〉、〈車攻〉[23]，先於〈常武〉、〈江漢〉[24]，而知二《雅》詩人之所發憤；玩卦爻內外消息[25]，而知大《易》作者之所憂患。憤與憂，天道所以傾否而之泰[26]也，人心所以違寐而之覺[27]也，人才所以革虛而之實[28]也。

20 非水、非火：不是自然的天災。
21 非刃、非金：不是人為的兵災。
22 莠民：不良的人民。
23 〈雲漢〉、〈車攻〉：此指憂心家國安危而發憤圖強，整頓武備。〈雲漢〉是《詩經・大雅》篇名、〈車攻〉是《詩經・小雅》篇名，二篇皆稱譽周宣王有感西周衰亂，力圖奮作。
24 〈常武〉、〈江漢〉：此指修政克敵，俾使國家恢復富強。〈常武〉、〈江漢〉：二篇皆《詩經・大雅》篇名，原本用來稱譽周宣王對內整飾國政，對外克制強敵。
25 玩卦爻內外消息：指研究《易經》卦、爻辭的吉凶變化。
26 天道所以傾否而之泰：指發憤圖強，必能轉凶為吉。否：《易經》卦名，指凶、壞事。泰：《易經》卦名，指吉、好事。
27 人心所以違寐而之覺：指思想由昏昧轉為清醒。
28 人才所以革虛而之實：使人才由虛妄轉為真實。

昔準噶爾[29]跳踉[30]於康熙、雍正之兩朝，而電掃[31]於乾隆之中葉。夷煙流毒，罪萬準夷[32]。吾皇仁勤，上符列祖。天時人事，倚伏相乘[33]。何患攘剔之無期[34]，何患奮武之無會[35]？此凡有血氣者所宜憤悱[36]，凡有耳目心知者所宜講畫也。去偽、去飾、去畏難、去養癰[37]、去營窟，則人心之寐患祛，其一；以實事程實功，以實功程實事，艾三年而蓄之，網臨淵而結之，毋馮河[38]，毋畫餅[39]，則人材之虛患祛，其二。寐患去而天日昌，虛患去而風雷行。《傳》曰：「孰荒於門，孰治于田，四海既均，越裳是臣[40]。」敘《海國圖志》。

29 準噶爾：是北方蒙古部族，是康、雍兩朝北患，迄乾隆時期方平定。

30 跳踉：原指跳躍、跳動，此指跋扈、強橫。

31 電掃：原指像閃電劃過，此指迅速掃蕩淨盡。

32 夷煙流毒，罪萬準夷：指英國以煙毒流害中國，萬罪難贖。

33 倚伏相乘：指禍福相互依存而變化。

34 何患攘剔之無期：何必憂心無法克制敵人、抵禦外侮。攘剔：指排除抵抗。

35 何患奮武之無會：何必憂思沒有機會奮發圖強，整頓武備。

36 憤悱：鬱悶不舒。

37 去養癰：此指去除姑息縱容。養癰：原指長瘡不醫，將成大患。

38 毋馮河：不可無勇無謀，逞意氣之勇。馮河：指無舟渡河。

39 毋畫餅：不可空言無益之事。畫餅：原為畫餅充飢。

40 越裳是臣：此指外國人皆來臣服。越裳：泛指南荒遠國，或指越南中部之越裳縣。

以守為攻，以守為款，用夷制夷，疇司厥楗[41]。述〈籌海篇第一〉。

縱三千年，圜九萬里，經之緯之，左圖右史。述〈各國沿革圖第二〉。

夷教夷煙，毋能入界，嗟我屬藩，尚堪敵愾[42]。志〈東南洋海岸各國第三〉。

呂宋、爪哇，嶼埒日本[43]，或噬或駾[44]，前車不遠。志〈東南洋各島第四〉。

教閱三更，地割五竺[45]，鵲巢鳩居[46]，為震旦毒。述〈西南洋五印度第五〉。

維颿與黔，地遼疆閔，役使前驅，疇諏海客[47]。述〈小西洋利未亞[48]第六〉。

41 疇司厥楗：籌備其事，必須掌握關鍵。疇：原指耕治之田，此指治理、籌備。楗：同「鍵」，指關鍵。

42 敵愾：共同抵禦憤怒的敵人。敵：抗拒。愾：音ㄎㄞˋ，憤怒。

43 嶼埒日本：此指呂宋、爪哇等島嶼被日本佔據。埒：指矮牆、短牆或是界限。

44 或噬或駾：有的被吞併，有的迅速逃離。駾：音ㄊㄨㄟˋ，馬受驚嚇而急奔的樣子。

45 五竺：泛指五印度。印度舊稱天竺，此指東、南、西、北、中之印度。東印度包括印度阿薩姆邦西部、西孟加拉邦中部、南部、奧理薩邦北部、中部、今孟加拉國中部、南部等地。北印度指印度旁遮普邦、克什米爾、巴基斯坦西北、阿富汗喀布爾河兩岸等地。西印度指印度古吉拉特邦北部和東部、巴基斯坦中部、南部、波剌斯（今伊朗）等地。中印度指印度西孟加拉邦北部、孟加拉國北部、北方邦等地。南印度指印度半島奧里薩邦南部、卡提阿瓦半島等地。

46 鵲巢鳩居：指西方列強佔領成為殖民地。

47 疇諏海客：要了解西方國家，必須洞悉海上艦隊。

48 利未亞：指非洲（Africa）。

大秦海西[49]，諸戎所巢，維利維威，實懷泮鴞[50]。述〈大西洋歐羅巴[51]各國第七〉。

尾東首西，北盡冰溟，近交遠攻，陸戰之鄰。述〈北洋俄羅斯國第八〉。

勁悍英寇，恪拱中原，遠交近攻，水戰之援。述〈外大洋[52]彌利堅[53]第九〉。

人各本天，教綱於聖，離合紛紜，有條不紊。述〈西洋各國教門表第十〉。

萬里一朔，莫如中華，不聯之聯，大食歐巴[54]。述〈中國西洋紀年表第十一〉。

中曆資西，西曆異中，民時所授，我握其宗。述〈中國西曆異同表第十二〉。

兵先地利，豈間遐荒，聚米畫沙，戰勝廟堂。述〈國地總論第十三〉。

49 大秦海西：泛指羅馬帝國及近東的國家。

50 泮鴞：原指泮林中的貓頭鷹，比喻可以被感化者。

51 歐羅巴：歐洲（Europe）。

52 外大洋：指外大西洋。

53 彌利堅：即美利堅，指美國（The United States of America）。

54 大食歐巴：阿拉伯及歐洲。

雖有地利，不如人和，奇正正奇，力少謀多。述〈籌夷章條第十四〉。

知己知彼，可款可戰，匪證奚方[55]，孰醫瞑眩[56]？述〈夷情備采第十五〉。

水國恃舟，猶陸恃堞[57]，長技不師，風濤誰慴？述〈戰艦條議第十六〉。

五行相克，金火斯烈，雷奮地中，攻守一轍。述〈火器火攻條議第十七〉。

軌文匪同[58]，貨幣斯同，神奇利用，盍殫明聰[59]。述〈器藝貨幣第十八〉。

道光二十有二載，歲在壬寅嘉平月，內閣中書邵陽魏源敘於揚州。

原刻六十卷，道光二十七載刻於揚州，咸豐二年重補成一百卷，刊於高郵州。

55 匪證奚方：本指沒有醫病良方，此指沒有治理國家的良策。

56 孰醫瞑眩：本指誰能醫治頭昏目眩之病，此指治理國家缺失。瞑眩：服藥後產生頭暈目眩的反應。

57 猶陸恃堞：就像陸地是依靠短牆防守。

58 軌文匪同：泛指文化不同。軌：指車軌，泛指物質文明。文：指文明或文化。

59 盍殫明聰：指西方人為何竭盡聰明才智製造器藝。盍：何不，為何、何故。

參．可以這樣讀

編寫《海國圖志》的歷史情境

每一個時代都有每一個時代的課題應當面對與解決。文學家常能比一般人更敏感時局變動而挑動靈心銳感，為我們記載時代的變化，例如杜甫的〈三吏三別〉、韋莊〈秦婦吟〉等；知識份子則嘗試用擎天之力，為我們撐起亂世崩塌的綱維；用知識力量為我們指出前進的導航圖。亂世需要英雄奮起，英雄亦在亂世之中締造屬於時代的真知真覺。魏源處於晚清亂世之中，亦有面對時代課題的敏銳，《清史稿．文苑傳．魏源》云：「源兀傲有大略，熟於朝章國故。論古今成敗利病，學術流別，馳騁往復，四座皆屈」魏源不僅有大略，亦嘗試用知識份子的知能，為我們肩挑時代重擔，而這樣的重擔是不可承受之重，可以負荷四國之重；亦有不可承受之輕，難以挽回狂瀾於既頹。雖時移事往，站在歷史的後設點的吾人，仍能感受其面對國事蜩螗時澎湃熱血、激昂情緒的湧動。

到底魏源生存在什麼樣的時代呢？

十五到十七世紀大航海時代發現新大陸之後，西方各國競相向外擴張地理版圖並開展新的貿易路線，到了十九世紀，清朝兀自活在「四海之內，天朝為大」的世界裡，不肯張開眼睛觀看世界的變化，英國的鴉片戰爭打開了閉關自守的局面，也開啟了中國人喪權辱國的開端。在此之前，對於西方的政治、經濟、軍事仍一無所知，「惟知九州以內，至於塞外諸番，則若疑若昧」這就是

鴉片戰爭打開了閉關自守的局面，也開啟了中國人喪權辱國的開端。

一種閉塞的心理，不肯打開眼耳視聽，而當時能夠張開眼睛觀看世界者，以林則徐為第一人，被稱為「清代開眼看世界之第一人」。

林則徐任職廣東時，請託梁進德依據《The Encyclopedia of Geography》（《地理百科全書》）一書摘譯，經林氏編修潤改成為《四洲志》，是中國第一部翻譯世界地理歷史圖書。後來因為焚燬鴉片革職，削去四品卿職位，發配新疆之前，與魏源在道光二十一年六月的京口會面，親將翻譯的《四洲志》及《澳門月報》、《澳東奏稿》等資料提交魏源，讓他重新編纂一本了解世界局勢輿圖，能拯救危亡的書籍。

對於林則徐真心託付，魏源曾有〈江口晤林少穆制府〉二首詩記載當時的心境，第一首詩云：「萬感蒼茫日，相逢一語無。風雷憎蠖曲，歲月笑龍屠」，此中「蠖曲」即「蠖屈」，指林則徐雖有風雷大志卻不得舒展，只能曲隱如蠖蟲屈身而行。「笑龍屠」，或有二層意涵寄寓其中，其一是指林則徐空有屠龍技而無所施展；其二是指林則徐有經略大才，結果如天上之龍被世俗小人蔑視的感慨。第二首詩有：「聚散凭今夕，歡愁并一身。與君宵對榻，三度雨翻蘋。」寫聚散離合，依依難捨，深夜對榻談論家國大事，局勢危急如同風雨敲打柔弱飄浮的蘋草般，最後以：「不辭京口月，肝膽醉輪囷。」（輪囷，屈曲盤繞的樣子。囷：音ㄐㄩㄣ）極寫個人對林則徐去職及國家危亡的感慨。

林則徐為第一人，被稱為
「清代開眼看世界之第一人」。

魏源受託之後，將八萬多字的《四洲志》再擴寫成《海國圖志》。該書共經過三次改寫，第一次是五十卷本，成於道光二十二年（一八四二）；第二次是於道光二十七年增補為六十卷本；第三次再輯錄徐繼畬的《瀛環志略》及相關資料成一百卷本，刊行於咸豐二年（一八五二）。

這部書三度修編，從五十卷、六十卷再到一百卷，字量多達八十八萬餘字，前後花費十年工夫，並親至澳門、香港實地考察，三個版本之間有何異同呢？

在這三種卷本當中，唯有「地球天文合論」五卷是一百卷本新增的內容，其餘皆是在舊有的基礎上增加資料，補充材料，讓內容更加完備，包括世界各國的地志、表、國地總論、籌海總論、夷情備采、西洋技藝等皆是，尤其世界各國地志的部份增加卷數最多，高達二十餘卷。全書共引用一百多種古今中外著述的正史、地理著作、外國著述等書籍，另有三十餘件奏摺以及旁搜廣甄的資料等，讓內容更豐富可讀。

陳澧曾有感而發地說魏源編寫《海國圖志》的用心：「非毅然以振國威、安邊境為己任，何其編錄之周詳、議論之激切如此哉」頗能深切昭揭魏源身處晚清末年，諸國攻逼之下，那種急切救國心情。

存在的處境：經世致用的召喚與實踐

中國經世致用之學，是由「內聖」到「外王」，具現個人由「修齊」到「治平」的體用合一之學，宋明理學轉向性理之學，以明心見性為主，末學流弊空

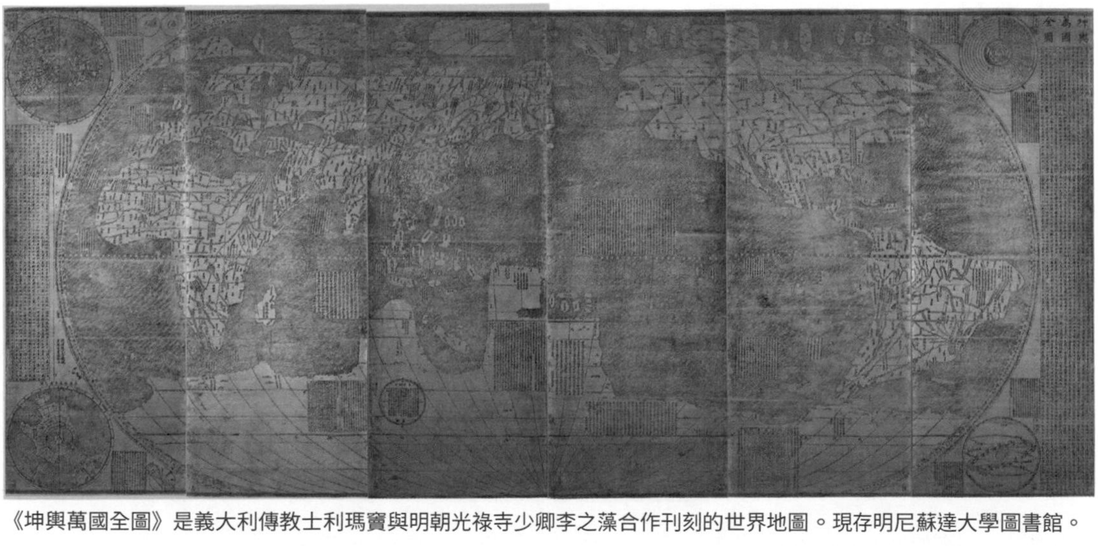

《坤輿萬國全圖》是義大利傳教士利瑪竇與明朝光祿寺少卿李之藻合作刊刻的世界地圖。現存明尼蘇達大學圖書館。

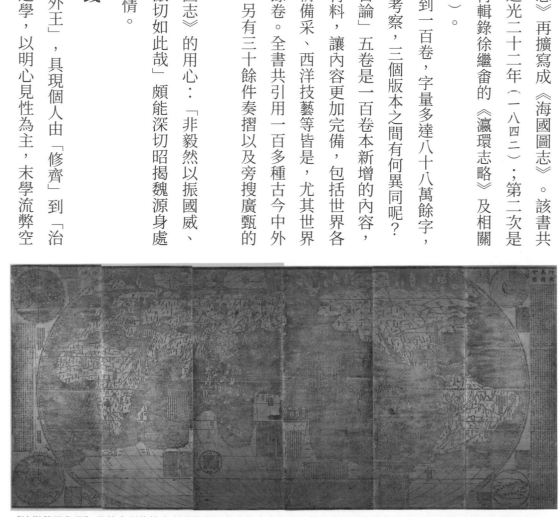

談心性。到了明末清初的王夫之、顧炎武、黃宗羲等人一反空疏之學，倡導經世思想，然而清廷迭興文字獄，有部分士人為避禍遠身，轉向漢學，重考據之學而迴避經世致用。魏源揭示「爭治詁訓音聲」之學是：「錮天下聰明智慧使盡出於無用之一途」，強調「道」與「用」必須結合，才能治國安邦、經世致用。有志之士為救亡圖存，乃戮力奮起。賀長齡編《皇朝經世文編》就是在這樣的背景之下形成的。魏源參與編輯工作，也深受影響，不僅有漕運、鹽政、治河之獻策，還編寫《聖武記》希望通過清朝歷史提出匡時濟世的治國良策；編寫《海國圖志》提出「師夷長技以制夷」的主張，這是回應時代課題的具體作為。

清代有所謂的「四大政」包括漕運、鹽政、河工、兵餉等項，魏源一生皆在努力實踐經世致用，對此四項皆有涉獵，亦能具體實踐。道光五年被江蘇賀長齡邀聘入幕，協助編纂《皇朝經世文編》並在〈敘〉揭示「書各有旨歸，道存乎實用，志在措正施行，何取紆途廣徑？」正是以「實用」、「施行」為《經世文編》的編纂旨趣。

道光六年，作〈籌漕篇〉上篇，建議將漕糧由河運改為海運，可簡省募丁之煩擾、中飽私囊之流弊、減輕督催之勞務，達到省事、省經費而利民之舉。陶澍與賀長齡請他襄助此事，將蘇、松、太三府漕糧由河運改為海運，花費果真僅及河運之半。成功之後，再作〈籌漕篇〉下篇，繼續推動浙江、淮揚、湖廣、江西等地之漕糧為海運，卻遭受阻撓，未能實現。然而，清廷最後還是廢除河運，全部改成海運。魏源有先見之明的漕運良策，於焉可見。

魏源編寫《海國圖志》提出「師夷長技以制夷」的主張，這是回應時代課題的具體作為。

道光十一年，魏源因守父喪辭官回江蘇，寓居金陵時，兩江總督陶澍邀請入幕，籌畫改革淮北鹽政，有〈籌鹺篇〉（鹺：音ㄘㄨㄛˊ，指鹽）建議陶澍在淮北改行票鹽法，杜絕走私及解決鹽商長期壟斷的特權。其後大家爭相購票，魏源亦出資購鹽票，獲利頗豐。

黃河水患，自古有之，魏源有〈籌河篇〉，從歷史記載了解黃河決口以及治河方式，建議黃河改從北行舊河道，也就是從大清河入海，這是符合地理、水勢的天然河道，此一建議雖未經採納，但是在咸豐五年時，銅瓦廂決堤，河水果真北流走舊的河道，誠如魏源所預料的一樣。

道光二十八年知江蘇時，大水患，河帥要打開河水匣門，魏源主張不能開匣門，否則附近的農田宅第皆會被沖毀，力爭不得，親自在旁擊鼓監督，總督陸建瀛前往勘查，贊同魏源的主張，周遭的民宅及田疇方能倖免於難。

以上，對於治理水患、管理鹽政、糧食漕運等項，頗有功勞與見地，也曾因為鹽政處理得當，投資正確而致富。這些良好的建言，皆可看出魏源果真深懂實務而有經世致用之才能。這也是魏源對「心性迂談可治天下乎」的質疑，期望能改革時弊，治國安邦。

影響所及，在其後有興辦學堂富國強兵的曾國藩、張之洞等人，又有變法維新的康有為、梁啟超等人，這些仁人志士，皆深受啟發，他們站在歷史的浪頭上，吸收西方長技，用以對治日頹之國勢。

清代〈潞河督運圖〉（局部）中國國家博物館藏。

《海國圖志》的寫作背景及重要依據

林則徐在京口與魏源對榻，親自將《四洲志》託付重新編寫。實際上，魏源感受國人對於整個世界局勢知之甚少，導致鴉片戰爭失利。中國對世界各國的知識非常貧乏，不知道英國在哪兒？甚至不知道來中國要經過多少國家？英國女王才二十二歲為何會被推為一國之王？有無夫婿？丈夫叫什麼名字？是哪裡人？在英國居什麼職位？這些朝廷諭旨所不知的，皆諭示欽差大臣奕經詢問，正足以示現清廷對外國一無所知的情況！為了打開國人的視野，了解世界各國的文化、政治、經濟、風土民情等內容，必須有一本全面介紹西方的書籍，於是魏源接受了林則徐的請託，在《四洲志》的基礎上，重新編寫一本更具世界地理圖志及觀念史的書籍。

其後，在繼續改寫的過程中，還曾於一八四七年到澳門考察，葡萄牙友人邀請他到家中作客，並聆聽女子彈琴，他記載當時的情形：「按譜而鼓，手足應節，音調研妙」；也到香港考察，有〈香港島觀海市歌〉：「吁嗟乎！世間之事無不有，世間之物無不朽。影中之影夢中夢，造化丹青寫生手。」極寫看到香港景色的驚奇，歌前的序也寫出「幻矣哉！擴我奇懷，醒我塵夢，生平未有也。」唯有走出去，才能看到新世界，也才能有新的視野，可在傳統文化上增添「師夷長技以制夷」的宏觀立論。

利馬竇

坤輿全圖最早是 1648 年由畢方濟仿照〈坤輿萬國全圖〉形式編繪而成的世界地圖，可說是〈坤輿萬國全圖〉的簡圖。

事實上，《海國圖志》雖是我國最早介紹世界史地的著作，但是，在此之前的明朝末年，先有一些外國的輿圖傳入，包括義大利人利馬竇的《萬國輿圖》、艾儒略的《職方外紀》；法國南懷仁《坤輿圖說》等，已傳入我國，但是國人對於世界的概念仍不清不楚，亦不努力求知，還以「鄒衍之談天」來譏笑。職是，《海國圖志》是近代最重要理解世界的典籍，是在前述輿圖基礎上，繼續增補而成。而且這本書與過去談輿圖地理之書仍有不同，一來是「以西洋人譚西洋也」，其本源即是西人所著的《世界百科全書》，與過去都是以中土談世界、觀世界有所不同。二來是魏源以自己的論見重新編寫而成，既具有西方知識，亦有魏源對天下局勢的知解。

因為這部書與其他輿書不同，在於以前的圖書是從中國人的立場看世界，而這部書立基於西人所著的《世界百科全書》，是以外國人的眼光看世界，再經魏源改編，儼然是替中國打開觀看世界的視窗，誠如日本鹽谷世弘翻印序中所云：「此編原歐人之撰，采實傳信」，而且明確指出該書最精華之處在籌海、籌夷、戰艦、火攻諸篇，且因為地理既詳，夷情既悉，器備既足，則可以守，可以戰，可以款（和談、議和）。

《海國圖志》，皇皇百卷，並非憑空而出，內容根據：其一，西方《世界百科全書》釋譯而成的〈四洲志〉；其二，根據歷代史志及明代以來的島志；其三則是外國地圖及外文著作等鉤稽貫串，再益以自己的論見而成。大抵即是「蒐集海談，旁摭西人著錄」再「附以己意，加以考證」故而能具有宏觀視野，

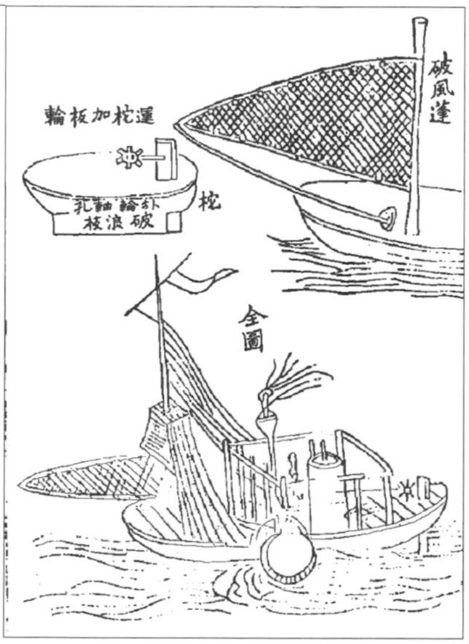

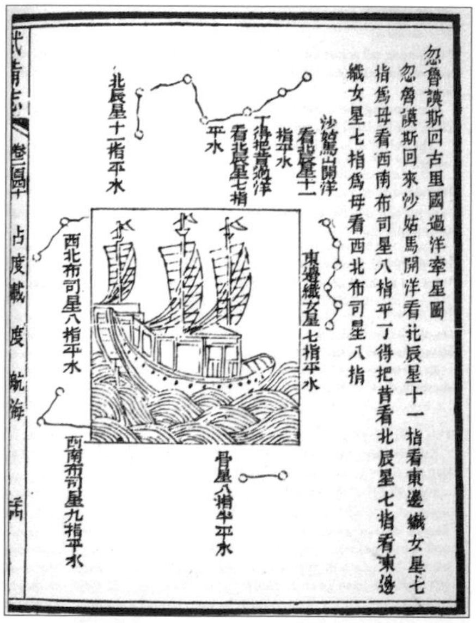

介紹世界各國地理、歷史、政治、社會及風俗民情等。

攻夷、款夷、師夷、制夷的必要歷程

為何要寫《海國圖志》這本書呢?創作意圖何在?

在序言中明示:「是書何以作?曰:為以夷攻夷而作,為以夷款夷而作,為師夷長技以制夷而作」,大抵就是「攻夷、款夷、師夷、制夷」四個目的與效能,亦即要以外國人的方法策略抵禦外國人、要學習外國人的長處方能制服他們。又明白提出「善師四夷者,能制四夷;不善師外夷者,外夷制之」揭示能夠了解外國才能制服他們,若不能善學外國人之長處,必定會被外夷制服。何以如此說呢?魏源仍是取法古人:「古之馭外夷者,諏於敵形,形同幾席;諏以敵情,情同寢饋」揭示古代禦敵、議和之策,重要的是了解敵人的形勢、情報,方能知己知彼,百戰百勝。是以,「悉夷」成為「攻夷、款夷、師夷、制夷」的最基本條件。

什麼是「悉夷」?就是了解、通曉外國情勢。如何了解呢?《海國圖志》充份蒐集了完備的「悉夷」內容,包括世界地圖、各國地志、表、國地總論、地球天文合論等項,讓國人可以有先備知識,了解世界各國的局勢。了解之後才能據以攻敵(攻夷),和敵人談判或議和(款夷),進而學習西方長處(師夷),方能抵禦西方列強之侵略(制夷)。

但是,若有人問,如果熟讀《海國圖志》一書就可以全面抵禦外侮嗎?魏

▲〈海國圖志〉卷三所載東半球全圖

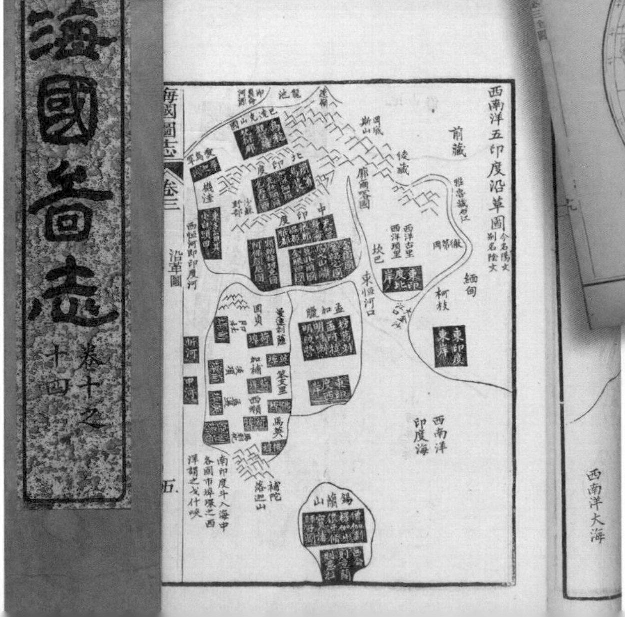

◀《海國圖志》是一部介紹西方國家的科學技術和世界地理歷史知識的綜合性圖書。

源又告訴我們，這本書是「兵機」之書，非「兵本」之書。也就是說，這是一本了解有形的軍事之書，是用兵的行動和戰術方法，並非軍機本源之書，無法解決根源問題，僅能告訴我們世界各國的歷史源流發展、宗教制度及各種軍事器具之製造之書。那麼，什麼才是最重要、最基本的「兵本」呢？

魏源從歷史經驗告訴我們，《詩經．大雅》中的〈雲漢〉、《小雅．車攻》二篇都是用來贊美周宣王在西周衰亡之後，存有強烈的憂患意識，才能夠發憤圖強，整頓軍事武備；〈常武〉、〈江漢〉二篇則是贊美周宣王能夠整修內政，抵禦外侮，才能使國家復興強大；從這些歷史可以得到啟示，必須具有憂患意識，才能激發人民憤悱之心，方能去除蒙昧而覺醒，革除虛妄而能確實行動。

魏源可謂傾力編撰該書，但是並未引發清廷重視，雖然沒有引起朝廷重視，卻對有識之士產生漣漪效應。

「攻夷、款夷、制夷」是魏源的主張，其中，最重要的「師夷長技以制夷」的觀念深深影響晚清變革，甚至梁啟超說這個觀念支配百年來之人心，猶未能脫離淨盡。

《海國圖志》的重要內容

《海國圖志》全書雖然卷帙龐大，序言將其分作十八種，包括：籌海篇、各國沿革圖、東南海沿岸各國、東南海各島、西南洋五印度、小西洋利未亞、大西洋歐羅巴各國、北洋俄羅斯國、外大洋彌利堅、西洋各國教門、中國西洋紀年表、中國西曆異同表、國地總論、籌夷章條、夷情備采、戰艦條議、火器火攻條議、器藝貨幣等內容。我們根據這些內容以類相從，撮舉其要。

一、籌海篇的論述：議守、議戰、議款

〈籌海篇〉共有二卷，主要內容是談論「守、戰、款」三項。

「守」，就是反侵略戰爭的防守。提出「以守為戰」的防禦策略，制敵的關鍵在：「守外洋不如守海口，守海口不如守內河」列強以船艦侵略時，守住內河，不讓敵艦逼進內陸，利用地理方位創造最好的形勢，靈活運用，才能禦敵。

「戰」，就是攻夷之策。「內守既固，乃禦外攻」堅守防禦之外，可以主動出擊，並且利用列強之間的矛盾，使之互相攻伐：「調夷之仇國以攻夷」，此一方法類似縱橫家方法，運用縱橫捭闔之術，善用各國利害矛盾乘機而用。

「款」，就是和談的方法。如何解決爭端，如何和資本主義議談貿易對策，開放貿易，禁止鴉片輸入，用嚴刑峻法實施「內禁」、「外禁」鴉片之吸食、販賣。如此一來，嚴整軍備則可達致「使我無畏於彼，彼無可挾於我，自不敢嘗試」的優勢。

西方的「長技」有三：戰艦、火器、養兵練兵。除了學會西方的船堅、砲利之外，還要學會「贍之厚故選之精，練之勤故禦之整」也就是選兵、養兵、練兵的方法。「師夷長技以制夷」就是學習西方的科學技術來制敵，可使中國船艦行於海外，和西方戰於海中。

大沽口試演水雷圖。

二、海國沿革的地圖

卷三、卷四臚列世界地圖及各國地圖，共有七十五幅地圖，內含漢唐至元明中國沿海的沿革圖，也有外國傳教士所繪製的世界地圖。其中，最多的是世界各國的地圖，共有六十五幅之多。

卷三是海國沿革圖，包括東南亞各國、西南洋五印度、小西洋利未亞洲、大西洋等地的沿革圖。卷四是利未亞洲各圖、歐羅巴洲各國和亞墨利加洲各國。這些各大洋洲地圖可建構整個世界的概念，也讓國人理解各國地理方位及遠近距離等，也就是魏源〈敘〉中所說的：「縱三千年，圜九萬里，經之緯之，左圖右史」運用圖說幫助理解，深具啟迪意義。

三、記錄世界各國或地理區域的概況

這是全書最龐大的內容，從卷五到卷七十，共有六十六卷，分別介紹亞洲、非洲、歐洲、美洲等各大洋洲的國家，包括將各國的地理位置、歷史沿革、政治制度、經濟、文化、軍事、宗教、風俗民情等內容加以記錄敘述，尤其對於強國：美、英等國詳加介紹。依照亞、非、歐、美各洲，可再細繹各分卷內容。

（一）亞洲各國介紹

1、東南洋

卷五到十八，共有十四卷，記錄東南亞各國包括沿岸的越南、暹羅、緬甸等國，以及海島國家的澳大利亞、日本等。因南洋各國已成為西方列強的殖民地，魏源以「或噬或駾，前車不遠」來提醒國人莫再昏昧，宜及早覺醒。

2、西南洋

卷十九到三十二（二十五～二十七卷除外），記錄西南洋五印度各國和歷史沿革，並指出英國在印度殖民，種植鴉片強行輸入東方國家及中國，從中牟取暴利的行為，應予譴責。又因為英、法、荷等國為爭印度而互有衝突，魏源認為可利用此一矛盾而與各國一同抵禦英國。

3、宗教總考

卷二十五至二十七介紹各國回教、天方教、天主教等，因為西亞宗教特殊，且未受西方列強殖民，故而詳細介紹宗教，讓大家了解不同宗教或教派蔓衍情形。魏源林林總總介紹各種宗教，並有所批評，例如將回教與鴉片並論，「皆陰謀潛伏於無形，而奪人家國」；或諷刺伊斯蘭教是「既斥佛氏概不食肉為非，而回教概禁煙酒，又同於佛氏。」這些說法皆是魏源當時的處境所見所思的觀點，今日，世界各國對於佛教吃素、回教禁煙酒的教義，多抱持多元包容與接受的態度。

（二）非洲（小西洋利未亞洲）

卷三十三到三十六，共有四卷，記錄埃及、埃塞俄比亞以及非洲各國，包括東非、中非、北非和南非等。除了尚未開發的內陸之外，大部份國家

英吉利地圖

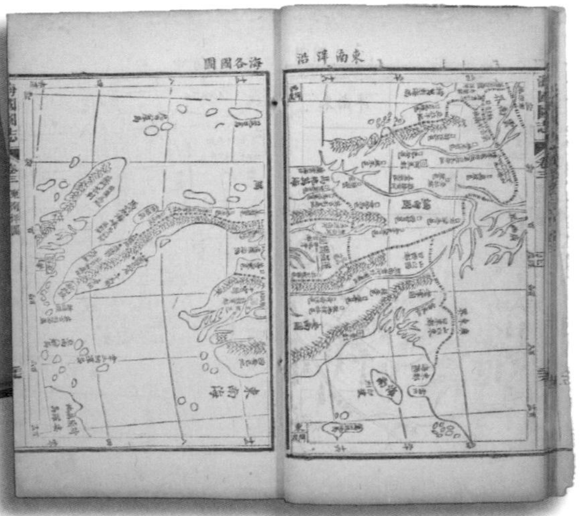

東南亞地圖

被葡、荷、英、法等國占據殖民，魏源分析非洲「惟產黑奴以拱掠賣」的原由是因文化落後遂成為殖民者侵略掠奪的對象，甚至販賣黑奴到世界各國從事勞動，境況慘不忍睹。

(三) 歐洲

從卷三十七到五十八共有二十二卷，分別介紹十九個國家，包括自然的地理位置、山川河流、物產，以及人文的歷史沿革、行政畫分、宗教、文化教育等項。

1、大西洋

從卷三十七到四十九介紹陸地國家，包括葡萄牙、西班牙、荷蘭、比利時、法國、意大利、德意志、奧地利、瑞士、希臘、土耳其等。

從卷五十一到五十三介紹英吉利。清廷曾與英吉利展開鴉片戰爭，故而用了四卷特別介紹英吉利：「志英夷特詳，志西洋正所以志英吉利也」說明載錄西洋正是為了特別介紹英國。魏源對於英國君主立憲、工業、貿易、交通及報紙議政皆有詳述。尤其指出英國是「島夷之雄」，以鴉片流毒中國，必須知其水戰、火器為必師之技，而餉兵之厚、練兵之嚴、馭兵之紀律，更須學習，方為「對治之藥」。又，英國僅有三島，人口不多，國土不廣，物產不富庶，何能成為世界強國?在於「兵賈相資」。以軍事武力和貿易擴張殖民地，遂能「益萬里膏腴之土，驟至不資之富」。同時也稱讚英國實施君主立憲政治，政府與國會互相制衡；再者，新聞報紙可討論國政缺失、監督政府，復提出「探閱新聞紙亦馭夷要策」的主張，可增進對世界各國的發展理解。

2、北洋

卷五十四到五十八卷，介紹俄羅斯、普魯士、丹麥、瑞典、挪威等國。其中，對俄國也詳細介紹，因為它是歐洲「最雄大國」，須善用「調夷之仇國以攻夷」希望藉由俄國、法國與英國之矛盾，達到制衡英國武力擴張的目的。

（四）美洲（外大西洋）

卷五十九到六十三，共用了五卷詳細介紹美利堅。指出美國原為英吉利殖民地，因不堪英國苛稅如虎狼無道，遂爭取獨立成功，成為世界上唯一擊敗英國的強國。魏源稱讚美國具有武、智、公、周、富、誼的特色，令人擊節讚嘆。並詳述美國政治制度，實施總統制度：「必立君長，定法制，乃可外安長治」這是美國政治成功之處。

卷六十四到七十，共有七卷，記錄墨西哥、危地馬拉、智利、哥倫比亞、阿根廷、巴西、秘魯等國，這些國家在西方殖民下，鑑於美國爭取獨立成功，也紛紛效法，爭取獨立而採用總統制：「效花旗國，擇首領管國務」。

雖然分卷記錄各洲、各國、各地，然而，魏源深切知道東、西方許多國家在西班牙、葡萄牙、荷蘭、法國、英國列強殖民之下，已成為他們的禁臠，故云「志南洋所以志西洋」昭揭南洋其實已為西洋國家佔領，寫南洋各國，其實是在寫西方各強國的殖民勢力。再說：「志西南洋實所以志西洋」指出五大印

南洋其實已為西洋國家佔領，寫南洋各國，其實是在寫西方各強國的殖民勢力。

度區域大部份被西方英、法、荷、葡、西等國佔據成為殖民地，記錄這些國家、區域，實際是記錄列強的瓜分勢力。又說：「志小西洋實所以志大西洋」揭示非洲沿海各國被西方歐洲國家所強佔，記錄非洲國家，實際上也是西方強國的殖民地割據分配的場域。復說：「志北洋亦所以志西洋」記錄北洋實際上是記錄列強。同時也指出俄羅斯與英國之間因殖民地分配問題的衝突矛盾，可善加利用達到「以夷攻夷」的效果。

從這些論述可知，在魏源的眼中，西方列強攻佔南洋、西南洋、小西洋、北洋等地，雖然分區敘寫，實際上可折射成歐洲列強（即大西洋）勢力範圍的競技場域。

而在西方列強當中，魏源認為英國最強悍：「英吉利尤熾，不務行教而專行賈，且佐行賈以行兵，兵賈相資，遂雄島夷，故今志英夷特詳」揭示英國以傳教為幌子，實際上是要強力推行海外貿易牟取利益，尤其是販賣鴉片，並且挾帶兵利之威與貿易之利，遂能在世界各地攻城掠地，成為強大的殖民地主。是以，魏源特別詳細介紹英國，希望能達到「悉夷」而「制夷」的目的，並佐配四幅英國地圖，俾益理解該國情勢。

四、教門表與紀年表的佈示與對照

共有三卷，七十一卷是「西洋各國教門表」；七十二卷是「中西曆法異同表」；七十三卷是「中西紀年通表」，中西曆法對照可以互相參看。

五、相關檔案與資料彙編

共有十卷，內容豐富多元，大抵可分成三大類：

1、「國地總論」

卷七十四至七十七卷，內容包括解釋五大洲、崑崙、艾儒略的五大洲總圖略度解、艾儒略的《四海總說》、南懷仁《坤輿圖說》、瑪吉士《地理備考》、《地球總說》、《地球推方圖說》等，除了釋名義之外，最重要的是取用中外的地理圖說，提供國人理解地球四大洋海及五大洲之說法，俾益知悉世界局勢及地理方位。

2、「籌海總論」

卷七十七到八十，內容有陳倫炯《天下沿海形勢錄》、《英夷入貢舊案》等將鴉片戰爭檔案及林則徐編譯外國資料彙整，說明雖有地利不如人和，必須善用策略方能達至「力少謀多」的效應。

3、「夷情備采」

卷八十一至八十三採錄《澳門月報》、《華事夷言》、《貿易通志》、《滑達爾各國律例》等。透過這些月報、貿易的記錄，可了解西方商業貿易及各國法律等內容，則可達到「知己知彼，可款可戰」的優勢。

六、船艦製造與圖樣解析

共有十二卷，從卷八十四至九十五，包括〈火輪船圖記〉、〈壽炮鐵模圖

《海國圖志》根據那個時代所能獲得的資料，詳細記述了世界各國歷史、地理、制度、文化習俗，是近代中國一部最偉大的著作。

記〉、〈鑄炮說〉、〈用炮測量論〉、〈西洋炮台記〉、〈西洋器藝雜述〉、〈作遠鏡法說略〉等，詳細介紹軍事戰備的船、炮、槍、水雷等西洋技藝及望遠鏡等，並以立體分解圖俾益了解器具設備形狀及圖式。

七、地球天文合論

最後五卷，是一百卷本新增加的內容，有系統地介紹地球形狀、星球運動的規律以及哥白尼太陽中心說的天體運行理論，將宇宙、自然科學知識詳細介紹，有益理解地球運行與四季變化的關係。

肆．再做點補充

但開風氣不為師：對邊地的重視

魏源與龔自珍結交甚早，二人都有經世致用之才，對於地理形勢皆有所關注。梁啟超非常推崇二人，曾在《清代學術概論》揭示：「今文學之健者，必推龔、魏」二人治經與一般為經學而治經有所不同，特別重視經世致用之學，尤其特別重視「邊事」。因為從古至今，所有的外患皆是從北而來，重「邊事」就是抵禦北方強敵的策略。

龔自珍曾敘寫《西域置行省議》建議將新疆置行省，到了光緒年間，果真將新疆改制行省，提高邊防意識；又撰寫《蒙古圖志》，雖未刊刻，卻也提供研究蒙古地理形勢、政治、民俗等邊防政策以預防俄國犯邊。以今日觀之，確

古代欽天監用來觀測天象的器械。觀象台上備有渾天儀、簡儀及其它設備。

為真知灼見。

而魏源則以《聖武記》詳載西北山川地理形勢、國防軍備等，提供整軍、禦敵之策略；又撰寫《海國圖志》則是一本打開我國觀看世界的地理圖書。

龔自珍與魏源在近代史上具有重要的影響力，二人對新疆、蒙古、西北等撰述，即是重「邊事」的具體實踐，這些著作不在排比資料、蒐集故舊，而是希望能窮究盛衰之理，謀求自強之道，是晚清重要的啟蒙者。

《聖武記》

中國有很多的戰略兵書，包括《孫子兵法》、《吳子兵法》等對用兵謀略各有灼見，但是魏源的《聖武記》是一本很特殊的書籍，它是魏源基於簽定不平等的《南京條約》之後所撰寫的書，想要從清廷開國以來的數十件征戰大事始末，從如何發跡，如何備戰，找到可資學習的練兵、整軍、應敵的軍事對策。

《聖武記》共有十四卷，大抵可分作二大部份，第一部份共有十卷，是清代歷史軍備的開展，包括：開創、藩鎮、外藩、土司苗傜回民、海寇民變兵變、教亂、道光洋艘等內容；第二部份共有四卷，是魏源發揮議論之見，包括兵制、兵餉、軍政等國防軍事之作。

《聖武記》也和《海國圖志》一樣，經過三次修訂。魏源自云：「是記，當海國不靖時，索觀者眾，隨作隨刊，未遑精審」自覺卷帙浩繁，

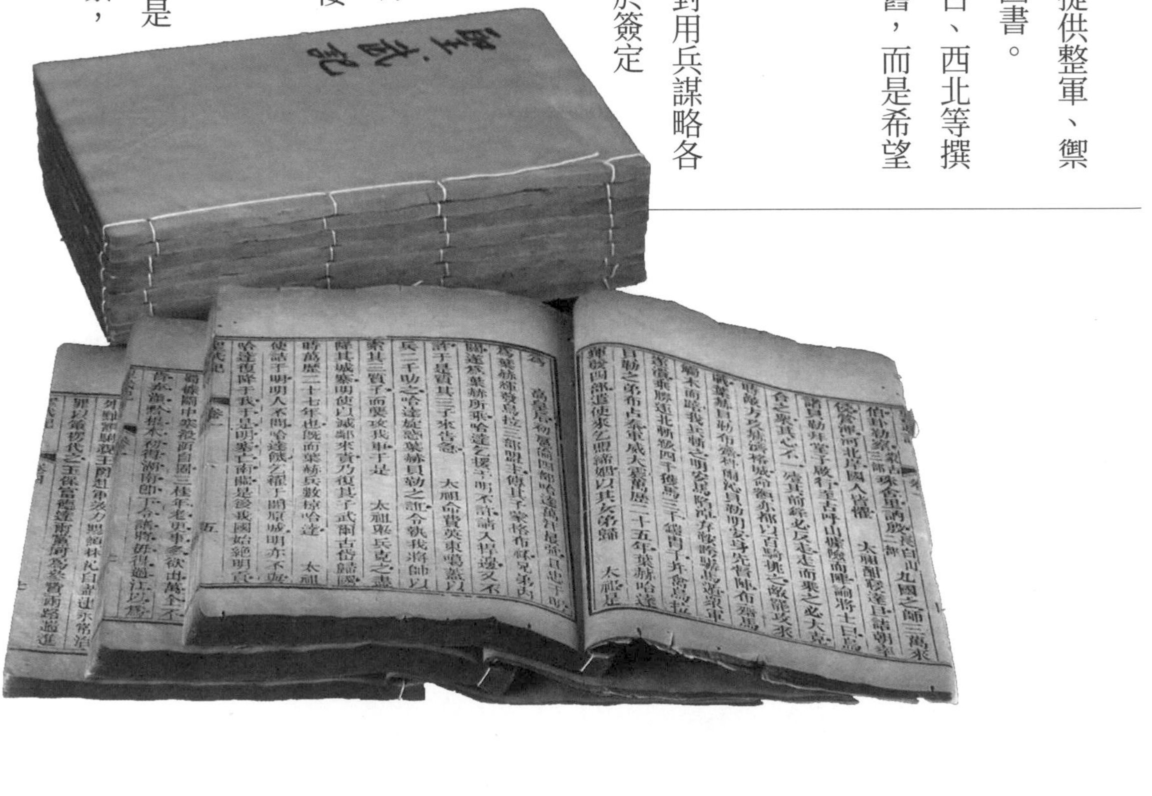

不夠精審，經過二年，也就是道光二十六年（一八四六）又重刊於揚州；後來又將《武事餘記》冗沓瑣事散附各篇之末，重新更正體例。

全書旨趣，冀能達到：「人材進，則軍政修；人心肅，則國威遒」這是魏源深切寄望家國昌盛必須依靠人材之推薦與晉用的呼籲，也與他備受仕途挫折的真實感受有關。

這部書在我國比起《海國圖志》更引起關注，所激發的影響甚於《海國圖志》，各地皆有翻刻的版本，甚至還有插圖本，在戊戌變法及辛亥革命時更是大量刻印，其影響之大，由此可見。不僅在國內掀起轟動，亦流傳到日本、韓國。日本的佐久間象山讀到該書，贊為「海外同志」；鷲津毅堂也遍讀中國兵書想找到防英夷之術，對這部書亦稱讚有嘉，因卷帙龐大，乃重輯為《聖武記采要》提供日本人學習的範式。

《海國圖志》對日本的影響

這是歷史的必然還是偶然的錯誤？

我國常有重要的典籍著作，不被國人重視反而引起外國人的關注而有驚奇的發現或啟蒙。例如元代周達觀的《真臘風土記》書成之後，無人關注，卻引起法國人重視而重新揭開吳哥窟被掩埋四百年的面紗。《海國圖志》也是促成日本明治維新的助力之一。

魏源傾力將林則徐《四洲志》改編成五十卷本，不足，再改成六十卷本，最後定稿為一百卷本。對魏源而言，一書三修，其重要性不言而喻，然而當時的朝野如何看待這部書呢？這部書出版並未引發清廷注視，在魏源去世後二年的咸豐八年，兵部左侍郎王茂蔭上奏重印《海國圖志》，有〈請刊發海國圖志並論求人才摺〉昭揭該書的內容：「於海外諸國疆域形勢，風土人情，詳悉備載，而於英吉利為尤詳」進而指出「以是知夷難禦非竟無法之可禦，人懷抵制之術而日興奮勵之思，則是書之法出，而凡法之或有未備者，天下亦必爭出備用，可以免無法之患」，簡單的說，這本書提供了禦敵之術，該書若有未備之處，則大家經此一書的激發而能提出更好禦敵之法，不必懼怕無法可禦敵。但是，仍未引起關注，相較於國人的不重視，早在道光二十四年（一八四四）這本書傳入日本時，即引起極大的關注，不僅朝臣重視，有識之士更爭相閱讀，不斷地翻譯、翻刻、出版，咸認為這是一本啟迪民智、抵禦外侮的啟蒙書籍，同時，也是推動明治維新的助力之一。

為什麼這部書引起日本廣大的迴響呢？主要是因為日本幕府時期鎖國嚴重，僅長崎開放中國與荷蘭商船可入內貿易，迄中英鴉片戰爭之後，日本才從大夢初醒，再加上西方列強叩關，方結束鎖國時代。這部書適時帶領日本人重新認識世界，開啟他們觀看世界的視野，同時也迅速獲得世界各國的政治、軍事、經濟、社會、科技等知識，而且各方人士根據需求，紛紛擇要翻刻。

歷史的因緣際會以及西方強權波瀾壯闊的推動之下，魏源的《聖武記》、《海國圖志》二書皆引起日本人的關注，相形之下，並未廣泛引起清廷的重視，

日本明治維新的成功，在於能夠善用他人的長處，以補己短，才能贏得全面性的成功。

對國人的影響力非常有限。如果說日本明治維新能夠如此成功，在於「借力使力」能夠善用他人的長處，以補己短，才能贏得全面性的成功。那麼，滿清政府卻未能善用優勢乘機而起，殊為可惜。這二部書雖是我國魏源所寫，卻因為未能得到應有的重視，致無法在晚清頹勢之中提供更好的視野與軍事策略，實是一種反諷。

日本，懂得擷長補短，補己不足，才能站上世界的舞台，成為耀眼明星，我們是否從歷史中得到了教訓或啟發呢？

（林淑貞）◆

我們是否從歷史中得到了教訓或啟發呢？中國甲午戰爭博物館陳列館。

14 從記憶光譜到歷史詩學——齊邦媛《巨流河》

國共內戰之後的渡海大遷徙，是人類史上最為可歌可泣的史詩。親歷其境的上一代中國人不計其數，可惜由於兵馬倥傯、政治動盪、生活艱苦，一直缺乏一個好好坐下來書寫、回憶、反省的環境。直到近年來，社會開放、生活安定，才有了許許多多回顧與收藏記憶的努力，可惜當初目擊或親身參與的耆老已經老成凋零。這使得德高望重的齊邦媛教授家傳與國史疊合的《巨流河》更加難能可貴。

壹、為什麼選這本書？——文化記憶詩學

「這本書寫的是一個並未遠去的時代，關於兩代人從巨流河落到啞口海的故事。二十世紀，是埋藏巨大悲傷的世紀。……我在那場戰爭中長大成人，心靈上刻滿彈痕。」這是齊邦媛《巨流河》書前序的一段文字。其中「並未遠去」、「兩代人」、「巨流河」、「啞口海」、「巨大悲傷」、「我」、「戰爭」等語彙，可視為全書的關鍵詞。二十世紀是屬於流放者的哀歌年代，先是八年抗日戰事，

難以計數的死難傷亡和數千萬人的境內流亡；接續而來的國共內戰，又造成了數百萬軍民的域外離散。在烽火年代裡受迫性的大規模遷徙經驗，總是與集體創傷、受苦受害、土地依戀、跨越界域、文化繁衍等繫連起來。於是，透過書寫，不僅承載了大時代的動盪縮影，也銘刻了亂世「小」兒女，如何被交織纏繞於「宏大」的史詩敘事裡。

本書由第一人稱「我」的敘述觀點出發，以回憶為取徑，自傳色彩濃厚，惟就題名與全書的架構規模來看，攸關「個人經歷」與「國族歷史」；「原鄉背景」與「離散空間」；「精神傳衍」與「文化流播」之間的對照思考，才是作者的敘事啟動與書寫意識。書中每每重現異代世變中兩兩對位與參照的時空，來揭示外在那個廣大而盤錯的「集體歷史」及時代更迭中的生活經驗世界。書中最憬然的圖像，是涵括「我父」在內的民國人物群像，特別是以振興教育，改革圖治為使命，對權勢說真話，有著寂寞的處境而懷抱人文關懷的「知識分子」形貌。在今昔與代際之間，撰作者展現的個體生命礦脈與學術志業，也正標誌出一種世代精神與人物風範的承傳。

文化史學家嘗將歷史的遺存，概分為權力載體與官方體制下的「信息」，以及見證歷史的人事物件之「痕跡」等兩種類別。不同於正史載記民國史、抗戰史、教育史等等「信息」，《巨流河》獨以「自傳」所強調「自」的反照功能和「傳」的真實性，再輔以一位「讀書女子」的成長「痕跡」，來串連庶民世界的生活斷片，進而填補了在大歷史文獻中看不見的「現場」與「故事」。

化的文化記憶詩學。

全書展露兩個時代、多重地域、不同省籍人物的時代記憶與漂流心態，看似分斷的時空疆界與對立的文化政體關係，卻在作者以身證成的胸襟與眼光，以及飽含寬容大愛與精神延續的敘事初心中，體現出連續性與一體化的文化記憶詩學。

貳、本書的出版背景：將一生畫成一個完整的圓環

《巨流河》的撰作，緣起於二〇〇二年單德興教授主持「系列英美文學與比較文學在台灣發展」的訪談計畫，其後訪談內容則由齊邦媛來臺前的學思歷程，轉為個人生命小史的回溯。茲因口述記錄稿的零散與片段，遂將之挪為書寫的起點，真至二〇〇五年齊邦媛搬入「今生最後的書房」（長庚養生村）後，才開始寫下這本「心願之書」，待完稿之際已屆八十五歲高齡。

本書於二〇〇九年由天下文化公司出版，各界佳評如潮，獲獎無數，而隔年問世的簡體字版《巨流河》，也可謂是「以書還鄉」，堪聊慰撰作者的思鄉之情。二〇一一年出版之日譯版，上下兩冊之書封設計分別展呈「戰爭」與「和平」的意象，則箋注了作者所言：「我們都在《巨流河》中找到自己的位置，希望透過文學，每個人也能找到平靜與救贖……」。用「文學」，來戰勝痛苦；用超越塵世之愛，來化解家國、族群的情仇恩怨，這正是齊邦媛文學志業的起點與精神所在。

中文版《巨流河》之外，於二〇一四年付梓的《洄瀾：相逢巨流

七七事變時的中國守軍。

河》，則是一本因書裡書外的相逢緣遇而沖激出「深情洄瀾」的集體創作。總計收錄「評論」、「訪談」、「來函」和「Anachronism」（譯為「時間錯置」）四大類，並概分台灣、大陸及海外諸篇，顯見《巨流河》撼動海內域外之一斑。在輯錄詩、畫、書信的大類中，有一封發自彼時「空城」（指空襲下寂寞冷清的南京城），原是齊邦媛於一九三七年寫給同學的信函，卻奇蹟般地穿越了七十五年的時空，輾轉來到原寄信人的眼前，而信函文字更在無意間揭現了七七事變和即將到來的南京大屠殺的背景底色。這一切看似偶然的歷史時空的錯位，前代與後世的物件混淆，益增《巨流河》文本與歷史語境間的對話連鎖；此外，因著一波纔起萬波隨的「原作」效應，竟致產生另一本由作者與讀者「共筆」寫下跨時代的記憶，自也是出版史上的一則佳話！

參、作者介紹：跨越兩世紀的民國奇女子

齊邦媛（西元一九二四～），夙以台灣文學評論、台灣文學的國際推手而聞名，在評述、散文、翻譯等領域，皆有卓越的表現與文化貢獻，晚年復以創作磅礡史詩《巨流河》，展現「學者其外」的創作實力，立登台灣重要現當代作家之列。

原籍遼寧鐵嶺，出生世家，父親齊世英曾留學德國、日本，以一介知識分子報國的身教及庭訓，影響子女深遠。在歷史戰亂的浪潮中，齊邦媛隨著大家族逃難流離，跨越塞外的巨流河，歷經南京、重慶、武漢等地的求學生涯，一生「隨西風疾行，攀山渡海」的軌跡，恰與波瀾壯闊的中國近代史緊密繫結。

父親齊世英曾留學德國、日本，以一介知識分子報國的身教及庭訓，影響子女深遠。

顛沛流離的年代，難得的全家福照。
前排左起：母親裴毓貞、父親齊世英、小妹星媛。
後排左起：大妹寧媛、哥哥振一、邦媛。

南開中學畢業後，就讀武漢大學哲學系，後轉入外文系，師承朱光潛、吳宓等名師，文學眼界大開。一九四七年畢業後來台，則開啟與台灣教育、學術、文化、文學等人文領域的諸般緣遇。起初暫棲於台大外文系擔任助教，後來則隨著任職鐵路局的夫婿羅裕昌轉赴台中，先後任教於臺中一中、中興大學，並兼任靜宜、東海等大學，一九六九年出任新成立之中興外文系主任，此其踏入學術界的重要起點。一九七七年則重返台大外文系，教授英國文學史，並擔綱中文所與歷史所高級英文課程，陶育英才無數，人稱「永遠的齊老師」。

在教學與學術之外，一九七二到一九七五年於國立編譯館人文社會組主任職務期間，推動英譯《中國現代文學選集》，同時主持教科書編審委員會，大力興革國民中學國文教科書編纂，引領接軌文學文化新論述。此外，也在殷張蘭熙之後，接任《中華民國筆會英文季刊》主編，冀藉外譯傳播，宣揚台灣文學。

動盪年代裡，囿於現實考量，無法如願赴美留學，卻從未放棄攀登學術的天梯，終於一九六七年正式註冊印第安納大學進修比較文學，識得西方文學的源頭及其發展脈絡；並多次受邀至歐美擔任客座教授，講授中國現代文學、台灣文學，國際視野大為開拓，遂能用宏觀角度省思台灣文學的定位與格局，在疾呼中催生，而於二〇〇三年十月揭幕的「國家台灣文學館」，即是她在台灣文學場域的另一項重要貢獻。

主編《中國現代文學選集》中英文版外，亦著有評論集《千年之淚》、《霧漸漸散的時候》，及散文創作《一生中的一天》，晚期之巨作《巨流河》，全

「流亡的大家庭」因而是本章的情節主軸。

書二十餘萬字，為回憶錄文體。她嘗以覃子豪詩句：「活得如此愉悅，如此苦惱，如此奇特」，來自況心境。從歷史，從光陰長流中走出來的齊先生，確然是如此獨特的一位民國奇女子。

肆、書籍內容介紹：家傳與國史疊合的大時代史詩

本書總計十一個篇章，各章皆有標題及十數個小節標目，設題有作者獨特的位置與視角，可視為閱讀的意義線索及重要資訊。

第一章「歌聲中的故鄉」，從「生命之初」起頭，解說「邦媛」寄寓賢德女子的命名取義。依序開展「鐵嶺齊家」及父母親各自的生命形象與個性特質。童年光陰已浮現九一八事變，「流亡的大家庭」因而是本章的情節主軸，藉此回應漂流中的故鄉，只能留予歌聲裡；第二章「血淚流離——八年抗戰」，在戰雲密布中，七七事變、南京大屠殺等史事一一載入，「從□□逃到□□」等多篇節目標題，雖繪出千山萬水的移動路線，卻盡是動亂滄桑的逃亡地圖及四處移徙就學的記憶；第三章「中國不亡，有我！——南開中學」，則是校園師友錄，寫張伯苓校長宣揚教育救國的理念，及巍巍南開精神培育出的「炸彈下的文藝青年」。值此沙坪壩歲月記憶中，志在當隨軍牧師卻率先加入飛虎隊的張大飛，是極其特殊且深具意義的重點人物。

第四章「三江匯流處——大學生涯」，此階段是大學知識之旅的開始，作者卻同步載錄師生悲壯的大撤退，真正闡揚了「弦歌不輟」的精神。本章終止

重慶南開中學張伯苓先生塑像。

於「戰爭結束」，在萬民狂歡中，隨著憾恨落幕的卻是「羅斯福逝世，陳納德解職，張大飛戰死」的並置追憶；第五章「勝利——虛空，一切的虛空」，則拉出時空跨度，從戰後勝利的紛亂時局直寫到渡海來臺。本章頗多筆墨勾繪國共內戰及校園紅潮，針對彼時所謂「落伍」（回歸文學）與「前進」（政治狂熱）的文學，有深刻的反思與批判。篇末收梢句：「爸爸給我買的是來回雙程票，但我竟將埋骨台灣」，照見了遊子生命中注定的漂流，也開啟了第六章「風雨台灣」的序幕。來台的生活紀事中，最具故事感的則是與武漢大學學長在異地的緣遇與婚姻。「一九四八，接船的日子」此節，側記了驚駭悲痛的太平輪船難，然而在台海局勢最混亂的時刻，不僅迎來了家人團聚的歡欣，也反照了五〇年代台灣鐵路現代化的新興氣象。

翻頁至第七章「心靈的後裔」，已轉換為執教者的敘述視角，教學對她而言，並非為稻粱謀，而是一種領航與傳承。此章留下了諸多域外進修和教學活動的印跡，映現了一位女學者如何築夢成真，逐步從背景知識與認知架構中，來拓展教學領域與構建學術生涯。歸返台北而離開興大，這一個大斷裂點，則開啟了當初並未選擇的一條「未行之路」，此即第八章「開拓與改革的七〇年代」的書寫安置。小節標題所見英譯《中國現代文學選集》、國文教科書改革、編纂文學與文化叢書等，皆為彼時任職國立編譯館的工作要項，可視為齊邦媛投注於文學文化志業的啟始。

第九章「台大文學院的迴廊」，有兩個雙軌時間，一是簡述台大外文系的

台大文學院的迴廊。

今昔概況，二是重讀雪萊〈西風頌〉與重溫少時的我與朱光潛、吳宓老師身影的交會。本章分就授課外文系「英國文學史」及外系「高級英文」課程，提出精闢的專業引導，具有相當的示範意義。從教學、教材、備課到自我心靈的省思與領悟，寫來既是一種內蘊蓄積的學養，也是一種意味無窮的詩情，可謂氣韻與精神皆俱；第十章「台灣、文學、我們」，則是以尋求「台灣文學的定位」為主調，但其關照面卻是採取「大立足點」的宏觀視角，廓及兩岸三地文學，同時反思「小語言的母語寫作」。此章總理其參與各種譯介傳播，並推動台灣文學的國際交流，此外也藉追記文壇諸友，表彰在文學中的「我們」，微言大義中益見痛貫心肝，只因政治已插旗文壇，區分我族與他群。

來到了第十一章「印證今生——從巨流河到啞口海」，則一如迴圈，又回到了父母親的敘事，只是寫的已然是母親的安息，是父親孤獨沉默的晚年遺事，其中也夾纏著自身的無妄之災「車禍」事件。解嚴後終於踏上還鄉之路，「祭念」一詞，召喚出往事並不如煙的師友人物剪影。全書的尾聲則定格在故鄉的海岸，觀看奔往台灣南端「啞口海」的海線流脈，想像著澎湃波濤至此音滅聲消，歸於「永恆的平靜」，而這正是兩代人「靈魂的停泊」之處。

《巨流河》是「生命之河」，各篇章大致依時序展開，有多重的穿越連結，也有今昔人物的交疊參照。讀者可以從多角度來閱讀此書：一位女性學者的傳記、追憶時光之書；或為父作史、流亡離散書寫；或原鄉與探史、民國簡史、兩代人的故事等等。這部植基於個人哀樂之書，卻因作者身處動亂時代，家國

台灣南端「啞口海」，

硬是給予她一個與大歷史纏縛的漂流者命運。吉朋在《羅馬帝國衰亡史》寫道：「歷史經驗升高和擴大了我們的思想和視野。在數天的寫作和數小時的研讀中，六百年的歷史滾滾而過，一生和一朝的時間縮短為短促的一瞬。」齊邦媛「親身經歷」歷史和時間之後的感喟，宜乎超過吉朋的凝思。歷史固然不可更改，藉由記憶的光譜，而讓過往的時間與當前不可逆轉的生命，糾結在一起，並留下痕跡，這就是齊邦媛以此書「作為一生的根」之職志！

伍、可以這樣讀

(1) 故事起點從一條河流開始

觀看的眼光與可見的地景，是相互銘印的。約翰・威利《地景》論及「地景」就是一種張力，介於「鄰近」與「疏遠」。在齊邦媛的書寫視野中，「巨流河」即是一條居住於其中的親切而「鄰近」之河，書前序的第一句話如是說：「巨流河是清代稱呼遼河的名字，……遼寧百姓的母親河」，然而這條生命河，雖與自我、生活、鄉土鑲嵌互連，最終卻意味了「疏離」，成了只能從遠方觀想的原鄉圖景和紙上鄉土。只是「為自己生身的故鄉和為她而戰的人寫一篇血淚記錄」，顯然是促成書寫動機的源泉。

「我的幼年是個無父的世界。兩歲時曾驚鴻一瞥看到父親，風雪夜歸，凌晨又重上逃亡之路。」從童稚視角的「無父」錨定，漸次揭開志在報國而夙夜匪懈的父親故事，並引渡出家史與東北史的交會點。齊父是一介知識分子，

十八歲考取官費，負笈東瀛，多所涉獵；二十二歲復又留學德國，受益於歷史哲學派的理性思考，思想眼界大開，遂萌發興學育才之志。歸國青年眼見家鄉戰亂凶險不休，故追隨郭松齡將軍兵諫東北王張作霖，可惜功敗垂成。「渡不過的巨流河」，既是彼時邊塞的戰事實況，也預表了其後東北淪陷史及「巨流河」作為流亡起點的離散圖景，更定調了齊世英一生對立於「權勢核心」的流亡者與邊緣人位置。戰後來台的齊世英，是台灣早期的知名政治人物，然而更精準的歷史定位則是「威權時代的異議人士」。其晚年的訪問紀錄，談及東北接收大局，只因中央對在地人缺乏「給點溫暖」，竟至失陷的悲慟，耿耿於懷的盡是報國志業未酬而非個人得失。《巨流河》則續寫其父參與立法院「革新俱樂部」、與當權者的齟齬、被開除黨籍、籌組新黨等等，在在映照出他對於民生政局的關懷及寂寞的處境。書中敘及錚錚鐵漢有淚不輕彈，惟當看到車禍受傷的女兒慘狀，自此男兒淚庫始潰堤。齊邦媛另作《千年之淚》的典實，乃源自杜甫戰亂詩〈無家別〉，齊父的淚水同樣寓寄「我里百餘家，世亂各東西」的東北淪陷之憾恨與大慟。「我父」作為國族父型人物典範及知識分子形象，可見一斑，自然也影響女兒的心靈品質至深。王德威有謂「溫和」與「潔淨」，正是《巨流河》反思歷史與生命的基調，可謂通透知見！

逆溯江海或河流，儼然成了另一種「地理學」，這是齊邦媛想像鄉土、大地、國族，以及追憶家傳、成長、歷史的一種方法，由此勾勒浩瀚背景，並漫射出人與時代的關係。《巨流河》寫出東北遼河與齊家的流亡史，間接表露了

◀「把它攤開來就是一個家」，傳神地描繪出亂世裡「有家變無家」的悲悽。

▶巨流河是清代稱呼遼河的名字，……遼寧百姓的母親河。

「東北人獨特的史觀」（王鼎鈞語），卻迥非局促於歷史的一個階段或中國社會的一角，而是表徵了那整個時代的集體大敘事。且看作者用文學想像引領讀者尋找歷史的軌轍，如包裹著被褥、衣服，反扣臉盆，外罩油布與粗麻繩綁妥的鋪蓋捲，「把它攤開來就是一個家」，傳神地描繪出亂世裡「有家變無家」的悲悽；而烽火中抵萬金的家書寫道：「無論戰局如何變化，我在有生之年必能找到你」，更是一語道破了離散者處於懸絕、斷裂，此身雖在堪驚的景境。這是成長於太平風月的我們，難以想像的歷史動盪風雲。

「巨流河」代表一種「本源」，作者藉此明暸自己生命的起始與脈絡，而循此風土地景，沿流而下，也對應了時間流程，就在記憶鋪排中，齊邦媛追憶著逝水年華，也大氣磅礡地展開了「轉蓬離本根」的悲壯史詩與飄零敘事。

(2) 文學啟蒙與民國人物登場

除了為父作史，齊邦媛也追溯了生命中的一些典範人物，最具風采的尤其是民國人物，這些赫赫列於文史扉頁中的中國近代史人物，有戰將也有名士，有些更連鎖著她的文學啟蒙與生命情調的薰染。

以父祖巍然挺立的身影，作為一種楷模性的存在，而讓自己的生命安駐，這是家傳必然的書寫精神。「父親給我理想深度，而我的文學情懷和待人態度卻是得自母親。」齊世英給予兒女最重要的影響，即是「生死不渝的理想」；而在成長歲月裡，聽母親栩栩勾繪東北家鄉風情，從朔風野大，虎狼出沒的懼

怖，到了春夏牧草，別有重生的歡樂。這些遼敻渾然的畫面，是她探向豐饒的文學想像之始。

由父親創刊的《時與潮》，是彼時引介國際新知、灌輸自由思潮的重要雜誌，宛若是張望世界的一扇窗戶，其後設立的「時與潮書店」，更是一座汲取知識與書籍的大書庫。戰事頻仍下的文青養成歷程，除了淵源於書香家學，也來自師長群的陶染與澆灌。濟濟多士計有代表南開精神的張伯苓校長；吳振芝老師則啟迪了觀看世界的視野；而引領進入五四新文學及教授唐宋詩文的孟志遜老師，其課堂風采尤其動人：「他的聲音帶著相當乾澀的天津腔，……他的語言不是溪水，是江河，內容滔滔深廣，又處處隨所授文章詩詞而激流奔放。」說明詩情不單是從音聲中來，而是語句內涵裡的厚積與發皇。注重性靈啟發，力行「呼喚人」的教育，固是南開中學的優良學風，迨至武漢大學，由浸淫古典詩詞轉為背誦英詩選，同樣幸運地受教於多位名師，而得以品味文學芳沁。

朱光潛曾留學英、法，著有《西方美學史》，是知名的美學家，對於「美」別有體悟。他在《談美・自序》中警醒人心之壞，在於「未能免俗」，而日常能領略到免俗的趣味，則泰半是在「玩味一首詩、一幅畫或是一片自然風景的時候。」這種人生的藝術化及美感生命，也具現在他的課堂教學及生活感性上。齊邦媛提及朱光潛的章節不少，可見受其沾溉澤惠之深。例如大成殿上初次拜會，即是重要的轉捩點，因著朱先生的鼓勵及應允擔任導師，齊邦媛由哲學系轉入外文系，就此進入「外文系的天空」。

朱光潛曾留學英、法，著有《西方美學史》，是知名的美學家。

作者敘及朱光潛的教學，常將英詩與中國古詩交融會通，一回因詩之感興，情之振動，竟至流下淚來，遂闔書快步走出教室的這一幕，銘刻著知識分子感時憂國的真情流露。另提及朱光潛二三事，也頗為精警動人，如形容他講授雪萊〈西風頌〉時，大力揮拂的手勢，引領想像詩人歌詠西風怒吼的狂野、青春與摧枯拉朽的震懾意象；而「落雨的院子」，則是另一幀記憶畫幅。秋深掃落葉，原屬本然，卻遭阻止，原來是朱先生盼了好久才積存了這麼多層落葉，只為了「晚上在書房看書，可以聽見雨落下來，風捲起的聲音」。這歲時細節，透顯出哲人與自然風物的共感，不僅是詩心，是情趣，對齊邦媛而言，更是一種生命品味的啟迪。

戰後接續朱光潛授課英詩及指導論文的吳宓，又是另一種師者範型。吳先生專研英國浪漫派作品，主張文學需「宗旨正大，修辭立其誠」，創辦《學衡》雜誌，也是一代大師。適值作者情殤之際，吳宓藉由雪萊戀愛觀提點愛的真諦，遂化用佛典：「佛曰愛如一炬之火，萬火引之，其火如故」，期勉「愛」非一兩人之事，需朝向超越塵世之愛，發揮同情與悲憫之愛。吳先生或許思欲開示世間情愛「常在纏縛」的滯泥，故藉由「喜施」來推廓愛的限度與境界！凡此皆見良師引導鑿開混沌，別見天光的用心。

來臺後所遇的民國人物，尚有胡適先生，彼時齊邦媛兼職北溝故宮博物院，幾次會晤交談，從中獲益文學表現應以格局、情趣與深度為尚，但這是培養功夫，非言詮可得。親炙各名儒大師的生命型態與文學浸潤之外，復因任職編譯

錢穆

胡適

吳宓

館，涉及審查出版書稿風波，無意間竟開啟與近代國學大師錢穆先生的十八載緣分。賓四先生著述於「素書樓」，「一生為故國招魂」的他，自有一種「沉潛的寂寞」與「沉思的寧靜」，這又是另一種亂世文人知所用世、持守與生存的典範。其所著《國史大綱》開宗明義的信念：「所謂對其本國歷史略有所知者，尤必附隨一種對本國已往歷史之溫情與敬意」，早已放諸四海而皆準。說著無錫話的錢先生，在閒談之際，並未論及治史，只談人生，卻闡明理學家主要「喫緊人生，而吟詩乃人生其中一要項」。從民國大儒的風範中，可窺得斯人皆有寂寞的詩心，而其持理真，情也真。書中遂以「紅葉階前」為題，追憶初見錢先生之際如紅葉般絢麗，到了晚年卻遭受無禮的風雨摧殘而蕭瑟葉落，在在皆見作者的萬感橫集與傷悼之情。

當走進作者的「名人書房」裡，也同時納入了彼時文學思潮的視野。上述民國名士，在學術、文化、文學、教育和思想上皆有卓著的貢獻，而其各操南腔北調的鄉音，益加顯得群賢畢至而各具風姿，這就是民國時代的背景與人文氛圍的底蘊。撰作者以最親炙的視角，刻繪出他們最真實的生命樣態與進退有據的風骨，日後齊邦媛文學志業的踐履，也正是循此精神起點，堅守知識分子的風骨和文學教授的本分，強調陶養美善的「文學心靈」。《巨流河》書中提及「世世代代知識傳承之間，令人仰慕的前人，好似純金鑄造的環扣。」我們或透過閱讀，或曾受其沾溉，或受業門下而認識的「齊邦媛」，也已然歸列於新舊世代的學術文化薪傳中，是令人仰止的當代典範人物之一。這就是一種「風範」與「傳承」！

(3) 烽火年代裡的摯愛與婚姻

「啊！難以忘懷的青春歲月！死亡在日光月明的晴空盤旋，降下，無處可以躲藏！」這並不是寫及「遠方有戰爭」的詩篇，而是齊邦媛在槍林彈雨中度過青春歲月的鮮活場景。然而張大飛在贈予她《聖經》的扉頁卻寫道：「祝福你那可愛的前途光明」。張大飛是誰？在戰亂裡如何能擁有「可愛的前途」？

齊邦媛在返顧生命之旅中，敘及基督教信仰的引路人即是張大飛，而這也是她對於情愛的憧憬及上帝之愛，時見比附的線索人物。「家破人亡的故事」，是東北子弟張大非初次登場的前情提要，待轉至齊世英創辦的中山中學，自此與收容照顧東北孩子的齊家有了緊密的關係。因從軍而改名的張大飛，是位虔誠的教徒，「在淡淡的落寞中有一種和平、寧靜」，因而是齊邦媛在家人之外的一股最堅實的安定力量，在國破家亡、到處逃難的敘事中，張大飛其人其事是齊邦媛生命中重要的歲月檔案，例如在登山隘口引領落單的她下山；在齊母血崩病榻前跪禱，陪伴她渡過恐懼無助的時刻等等。在私史之外，張大飛於一九三八到一九四四年間如家書般紛飛而來的淺藍航空信箋，刻寫了戰時青年從軍報國，加入陳納德領導的知名空軍精銳「飛虎隊」的心路歷程，堪稱是可歌可泣的一頁空軍史。

張大飛最終是殉國了，其生前移防各地，隨身所攜即是齊邦媛寄來的百多封信函，益見兩人間的一往情深。「你怎麼像神蹟般顯現摯愛，又突然消失了

張大飛對於齊邦媛的終極意義，
顯然碰觸到她最幽微的生命內在。

呢？」這至慟語，表彰了張大飛作為她所認定的神聖對象與宗教意識，因此她受洗，以一生篤信基督教，作為永恆紀念張大飛的儀式與精神。「聖人忘情，其下不及於情，然則情之所鍾，正在我輩」，宜乎必然。然而張大飛對於齊邦媛的終極意義，顯然碰觸到她最幽微的生命內在：既是彰顯理想，崇仰戰時英雄之情，也是浪漫純真的聖潔摯愛，更是她的現實人生與宗教啟悟的一種契合。

渡海來臺後，透過武漢大學旅台校友會，不僅找到了連綴過去的一環，也和學長羅裕昌締結了良緣。齊邦媛隨著「終生為鐵路人」的夫婿，遷居台中，婚姻生活裡佈滿了各式各樣的鐵路災難，卻是在反差的體悟中，見證了生活的喜悲哀樂，並交融了彼時台灣的各項實業發展榮景。「在他退休之前，凡是天災或火車事故後，他都不在家。」這看似妻眷的牢騷語，但夫婿實為台灣鐵路運輸現代化的重要靈魂人物，而她則是最具分量的「後援之力」。「聽不見的濤聲」的篇章，寫出了以夫為榮的讚語與憐惜，因為丈夫雖有幸目睹南北迴鐵路擴建完工，卻因耳疾聽障，已聽不見海濤拍岸的聲音。

兵燹烽火裡的飛虎隊員紀事與戰後台灣交通運輸業的發展史，皆有鮮明的時代印記，其中則夾雜著小兒女的情懷，表明這是生命中鍾情的人事，也是流光旅程中別具意義的記憶與停留。爰是，從成長到婚戀的敘事，看似退回個人的小敘事，彷佛是另一種主題的展示櫥窗，但卻也是循此脈絡才得見傳主個人的生命訊息，及其所連鎖的時代脈動軌跡。

一九六九年的全家福，
齊邦媛、羅裕昌夫婦與三個兒子。

(4)巨流河到啞口海的詠歎調

「勝利了，剩下這條命，不是該還鄉了嗎？」這是齊邦媛用來形容戰後因國府經略東北及用人不當，導致東北淪亡的慘狀。青春作伴非但還不了鐵嶺老家，可五十年過後，猶是一艘「永遠回不了家的船，在海浪間望回不去的土地」。只是這麼一轉身，從當年的花樣年華到今日的星星鬢髮，生命諸多風貌已經在這個移民的島嶼上，日新又新。

從童年多病又愛哭的瘦弱女孩，轉變為精神日益剛強的齊邦媛，一生的經歷與行誼，盡是跨越與超克的美好見證，包括穿越民國抗戰史與戰後台灣現代史的生命敘事，以及往返於英文與中文兩種文字，交涉會通於西方文學與台灣文學的學術成就，堪稱「兩腳踏東西文化，一心存英臺文學」。她經歷兩代人的歷史與兩世紀的學思歷程，既傳奇精彩又平實感人，而與那些昂然進出歷史扉頁的風雲人物的會晤，更讓她深切理解知識分子對於政治變局的影響力，因而始終篤行為陶冶年輕世代的性靈，必須超越政治的眼界，不再讓政治、時代消耗或犧牲掉一整個世代。

在婚姻與教學之外，尋求女性「跨出」的主體性聲音，也是全書頗發人深思的課題。一九二三年魯迅的演講稿〈娜拉走後怎樣？〉猶歸結出：「娜拉或者也實在只有兩條路：不是墮落，就是回來。」齊邦媛即誕生在這麼一個以五四新文化運動為開端，雖具有現代人文精神內涵，卻仍是「女子命如草芥的

在婚姻與教學之外，
尋求女性「跨出」的主體性聲音，
也是全書頗發人深思的課題。

時代」，尚未能重視女性主體的經驗、思維與言說的社會背景。彼時傳統女性的生活樣態，能近取譬的即是她母親的事例，幼兒夭亡又無法望夫早歸，只能憂傷地躲在牧草中暗暗哭泣，齊邦媛因而以墳地旁那大片繽紛又帶有悲傷意象的「芍藥花」，來象喻那世代女人的痛苦。及至就讀武大，更赫然發現女大學生無法享有單獨上街或進茶館交際的生活，遑論女子能擁有平等的受教權或奢望旅行的事實。

返觀齊邦媛擺盪在傳統與現代、人妻母職與教學研究職場上的拉鋸，可窺見其如何在傳統社會所控御與協定的樊籠中，尋得脫逃的可能路線。不以抗爭叫囂，而是內蘊更多反思，甚至還帶有些許罪惡感的自覺意識，而朝向女性理想之境。從昔日遵從父親訓示：「應先考慮婚姻再談出國進修」，遂放棄美國入學許可；結婚後則自我定位於「一生隨夫轉移」的人妻角色；及至進入學術場域，幾度爭取出國進修，去追求「一個他們聽不懂，也許至今也仍不諒解的『學術理想』」，終於逐步搭建出齊式的「心智書架」，漸次完成了「一生詩境中又一個夢境」。

追尋女性主體存在意義的省思，也見諸她在書中多次探掘「寂寞的追尋」議題，雖是從大處著眼，串連起中西不同社會文化背景的美學詮釋與文化批判，最終卻反照了自身渴求「獨處」的空間，並引渡出伍爾芙呼籲女性應追求「自己的房間」，這也是「寂寞」的另一層意涵。

書中敘及赴美研修，卻迫於時間逼仄，再度收到催歸的家書，因而放棄碩士學位。被現實召回，不無悒鬱，卻依舊以書籍堆疊自己的「學術天梯」，往上攀爬，從未止步。至終她獲得了海內外各大學頒發榮譽文學博士學位之殊榮，學術女性或已不再有憾，從舊時代走向新時代的女性荒野之路，頗為不易，但她終究開闢出令人仰之彌高的女性天地景致。從黑髮到白髮的齊邦媛，自主選擇獨居養生村，只為了「還有自己的生活要過」，她所形塑的生命體，正是一介知識女子與優雅老人的典範，這股生命力，或可回應或標誌為她最認同的一種熾熱的「重慶精神」！

由是而觀，從「巨流河」到「啞口海」近百年的書寫記憶中，召喚出時間長廊裡的諸多人物群像，其中最熠閃動人的，當是以生命譜寫「一位讀書女子」詠歎調的「齊邦媛」！

陸、再作點補充：與《巨流河》互文對讀的幾部名作

斯維特蘭娜．博伊姆，《懷舊的未來》中論及：「流亡」(exile)的原意是指「跳到外面去」，意謂「既是流落中的痛苦，也是跳躍進入一種新的生活」。流亡的主要特徵是一種雙重意識，是「對不同時間和空間的雙重感受，是一種經常的二分。」流亡書寫於此，遂涉及個人或群體與某一種時空變局下的疏離意識。在近百年的民國史中，可以看到許許多多關於「遷徙流亡」的敘事，包括歷經八年抗戰、國共內戰的國境內流徙，及其後大舉遷移來臺的離散敘事。《巨流河》書中即透過「我的家在東北松花江上……」這一首歌，貫串了

遊子的流亡三部曲：由抗日、反共到遷臺的漂流之痛。在述及南開中學的章節中，齊邦媛曾簡單地勾勒西南聯大的設校，民國二十六年七七事變，蘆溝橋戰火是八年抗戰的開始，日軍入侵後，長沙臨時大學遷至雲南昆明，中央航空學校亦在此建分校，隨後北平的北大、清華和天津南開大學，在此地正式合併，這是戰時遷徙流亡師生大會聚的最重要場景。

吳訥孫（一九一九～二〇〇二）筆名「鹿橋」，其於一九四五年完稿而一九五九年才問世的《未央歌》，即是以搬遷至西南聯大的校園為故事背景。作者出身西南聯大，以「這些年離家的生活，及校中的友愛」為敘事，帶有半自傳色彩。書中揭示「那時節戰火已遍燃國中。東南，東北，半壁江山已是稀糟一片了」的時代背景，但所寫的抗戰時期的校園，顯然是一處別有天地而毫無硝煙味的青春大觀園。鹿橋於〈再版致未央歌讀者〉文中表明：「未央歌另有更重要的任務，它要活鮮鮮地保持一個情調，那年代裡特有的一種又活潑、又自信、又企望、又矜持的樂觀情調。……抗戰時期大家都感到世事變得特別加快，……為了一定要另創一個比較永恆的小說中的世界，我想只有用風快的刀一下把兩個世界割開。」由是，《未央歌》拉出了與現實世界反差極大的風花雪月天地，主要角色也非史詩中的英雄化人物，而是持續在成長與變化中的尋常人物。

生於遼寧省瀋陽，同樣經歷烽火年代的潘人木（一九一九～二〇〇五），其《蓮漪表妹》於一九五二年初版，修改後復於一九八五年再版，被譽為「四大抗戰小說」之一。此書同樣帶有作者的半自傳性色彩。全書概分兩部分：第一部「在

吳訥孫，筆名「鹿橋」，其於一九四五年完稿，而一九五九年才問世的《未央歌》，即是以搬遷至西南聯大的校園為故事背景。

校之日」，主述抗戰前夕的校園生活及抗戰期間的學潮事件；第二部「蓮漪手記」，則是寫戰後一九五〇年全國解放之際，知識分子因理想幻滅、身心摧殘的銘心刻骨之痛。即便作者於再版序〈我控訴〉文中，言明小說「多是私情而少及國事」，然而她也強調故事前半部的背景，是「我們這一代都親身經歷過的」。

年齡與齊邦媛相近的王鼎鈞（一九二五～）於二〇〇五至二〇〇九年間陸續出版了「回憶錄四部曲」（《昨天的雲》、《怒目少年》、《關山奪路》和《文學江湖》），此系列巨作，也同樣寫及抗戰期間的大流散、國共內戰背景中的學潮等歷史事件。王鼎鈞提及「那時流亡是一種潮流，流亡的青年千萬百萬」，其書雖是以軍校生為主，但流亡敘事的基調，與《巨流河》則異曲而同功。最後一冊《文學江湖》，以來台的個人生命紀事和文壇的經歷聞見為主調，但他所記錄的顯然是危機四伏的文學江湖，且頗多著墨於白色恐怖的文字獄事件及「特務抓人，順藤摸瓜」的政治社會黑暗面，顯見是政治激昂與投槍匕首式的批判，較諸齊邦媛特具抒情性，帶有詩意、哀輓而寓託對時代意識形態的批判，風格大不同。

詩人王慶麟（一九三二～）筆名「瘂弦」，二〇二二年出版的《瘂弦回憶錄》，採口述記錄方式，寫故鄉河南記憶、從軍記、來臺後創辦《創世紀》的傳奇，以及文壇諸友的軼事光影。因父親的一番話：「你跟學校先走，我跟你媽媽賣田賣地追上去」，瘂弦以十七之齡而成為流亡學生，原本認定只是隨著南都中學撤離，還會回來，豈料竟成了永訣。加入孫立人策畫的陸軍招募新兵，輾轉來台後，詩人將離家的那一天十一月四日，定為「斷腸日」，而這個日期也正

王鼎鈞

潘人木

是彼岸標示的「南陽解放日」。瘂弦說道：「戰爭損壞的不僅是人類的屋頂，更造成心靈的傷殘。我認為我們經歷的悲劇超出了人類的負荷極限。」這又是另一種面對時代苦難的經驗。

不同於上述具有流亡者的歷史與心靈創痕的自傳性書寫文體，龍應台（一九五二～）的《大江大海一九四九》（二〇〇九），晚《巨流河》兩個月出版，作者以身為「失敗者的下一代」，作為自我定位，「從父母的一九四九年出發」，寫上一代「他們」的顛沛流離，他們如何由大江走向大海的大遷徙故事。龍應台透過採訪、類報導方式的一九四九年歷史敘事，因此是後世代提取父輩先人遺留下來的「記憶傳遞」，可名之為「後記憶」(postmemory)的流亡書寫。

同樣非屬事件的經歷者或追憶者，則是楊儒賓（一九五六～）於二〇一五年問世的《一九四九禮讚》。作者於〈自序〉中直言此書：「只是個人尋找自我定位的記錄」，而「我們這群」與一九四九大分裂時代的關聯，則是「別無選擇地，被命運狠甩在東西衝突與古今交會的銜接點上」，然而若「抽離了一九四九，我們的親友網絡就不完整了。」題名「禮讚」，顯見並非漠視這個歷史時代所流竄出的騷動、苦難、陰影與悲劇，而是將之翻轉為多面向且更具包容性象徵的「一九四九年」論述與史觀。

上述諸作，有作家殊異的心靈體悟與不同文體的表現，也有不同時代的感覺結構，然而諸文本之間卻有交叉的互文性與豐富的文化語境，值得細細品讀！

（陳惠齡）◆

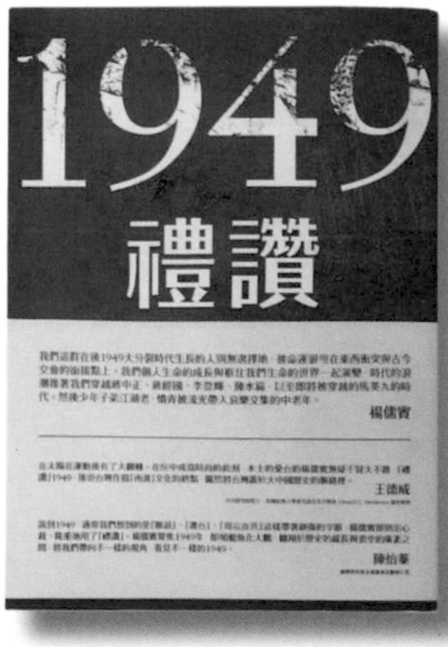

瘂弦

編輯後記

編製一部教材或讀本的主要動力有三：

一、是教育者對於他所傳授的知識內容真心喜愛與認同。

二、是教育者對傳授與分享這些知識充滿熱誠，並相信透過這樣的交流，有助於某些理想的達成。

三、是對於受教育者的期待與需求有較精確的理解，對於學習的情境與心理有更深刻的體會。

但是在制式化的流程裡，這三種動力都不免被消磨，甚至扭曲了！以致於我們漸漸忘了教育者最初的願景與樂趣。

每個人對於國文教材都會有不一樣的期待與想像。我們對它的期待與想像，比較像是一個深受傳統、當代文學及各式文化思潮薰陶，並從中獲得思想內涵、自我表達能力、從中獲得提升生活品質之種種文化資源的過來人，渴望將這些資源回饋於社會、傳承給下一代；或者說，更像是一個受惠者急於分享。

根據我們自身的教育及受教過程與經驗，國文這門科目除了強化文化主體建構之外，帶給我們很多的益處與效用。這些功用與收穫，點滴在心頭；教學當中的缺失與限制，我們也心知肚明。對這些正面與負面經驗的反思與檢討，讓我們有了想編製一部理想國文讀本的動機。

為此，我們重新尋找、探索編製教材的動力，綜合以上三個面向，訂定出理想高中國文讀本應該具備的功能或滿足的指標：

1．能讓我們更周延、更深入地了解中文各種文體與各式語法，熟習進階的中文表達技巧。
2．透過對更多文史著作、文化經典的認識，提升我們的國學常識。
3．豐富我們的審美經驗，增進我們的審美能力，提升我們的美學素養。
4．傳承傳統價值，建構文化主體，建立文化自信。
5．培養思考方式，訓練邏輯分析，奠定論理基礎能力。
6．了解現代意識，培養現代心智或現代化的感受主體。
7．了解當代社會環境，熟悉現代的普世價值，掌握觀看世界的新觀點。
8．了解自己，透過個性化表現與作品風格的體悟，探索屬於自己的生活態度。
9．培養創意思維，豐富我們的想像力。
10．透過各種翻譯的經典作品，認識世界、培養和世界交流的能力。
11．熟悉在地生活經驗與特有文化，深植我們的共同記憶。
12．培養多元、包容的價值觀，認識、學習少數族群的心靈。

在漫長的文化發展過程裡，中華民族累積了各種文學形式、經典作品與重大的成就。不過各朝各代積累的文化資產並不平均，許多時候甚至是停滯與倒退的，或不符合現代人的感受。所以在國文教學素材的整合與選擇上，我們大致以時間為座標，但根據不同時期作品對當代學習者的意義與功用，衡量適切比重，對選文的出處做出：

先秦諸子、先秦文史（含詩經、楚辭等）、兩漢經史、漢詩文賦、魏晉南北朝、唐代詩歌、唐代文史（含傳奇）、宋詩宋詞、宋代文史（含宋明理學、不含話本）、元代文史、明代詩文、明清小說戲曲、清代詩文、最後的古代、民國新文學、當代華文創作、世界文學、現代思潮等十八項大致的分類，它基本上反映出我們所認知的國文教育重點，再根據認知的比重，把它們表現在內容安排上，如同訂出必選或優先學習的主題或文類，希望在高中等級的國文教育中，每個重點都可以讓學習者有機會接觸、領略。

對於文言文與白話文比例之爭，我們也有我們的看法：我們學習文言文，是為了讀懂祖先的智慧與經驗，進而建立我們與傳統的聯繫。文言文在現實生活裡已失去主要的應用價值，但是文言文最重要的意義，在於它記錄並承載了我們整個民族數千年來的文明資產，不只是簡單的表達工具而已。對自己過去的文化、傳統的價值、祖先的記憶感到熟悉、親切，我們就有了根、有了精神原鄉，未來，無論我們走到那裡、學習到什麼新的東西，才會有一個文化主體來進行對話、吸收、辯證、改良。

白話文是一個還在生長，並充滿發展、進化能量的語言，我們在生活的各個場域裡頭都有機會學習它、使用它。白話文的表達，我們是從幼稚園、小學時代就開始學習的。因此我們要問的是，在高中教材裡，我們要透過白話文的學習，獲得什麼更進一步的東西。

現代中文白話文學的發展，迄今不過一百餘年的光景，中間經歷了戰亂與鉅變，嚴格說來，成熟傳世的經典作品尚待積累，目前國文教材裡大部分的當代選文，在表達技巧、觀點及訊息量上，甚至往往不如一般媒體或書籍裡的篇章。我們要學習的，其實是了解白話文後面所傳達、承載的整個新世界的文明與心智。

簡單的說，我們用文言文認識我們文化之所由出，透過白話文認識、理解當下與未來可能的世界。所以我們強烈地認為，白話文的文本應包括更為深刻、廣泛的世界各地文學、重要著作的翻譯；不管做不做得到，有些白話文學應該以「書籍」、以「本」作為單位，每個高中生在畢業之前，應該被要求讀完幾本白話文創作或翻譯的書籍。

我們當然明白，目前的國文師資，並無法應付白話文這一面向的教學任務；目前教學理念的貪多與搖擺，更讓無所適從的學生瞎折騰，從而消耗了學習的熱誠。在這部國文讀本的編製中，我們試著努力把事情想清楚，回到教育者的初心，一步一步來，局部教材的修改與活化，也許會促成師資培訓內容的改變、教學方式與評鑑方式的改變，這何嘗不是強化國文教育、改革國文教學的契機？

由於資源、人力、時間、生產方式與經驗的限制，目前的讀本還達不到我們原先預期的基本要求，例如：我們努力探索的專業與觀點、表述的文字風格與腔調、體例的合理與周延……都還有很大的進步空間。我們在此野人獻曝、拋磚引玉，因為我們相信：國文教育就是一個民族靈魂基因的傳遞，是我們下一代的心靈教育，也是一個充滿理解、包容與創新的社會的基礎。

傳世經典 008

理想的讀本— 國文 8

撰 述 委 員 —— 江江明・何淑貞・余欣娟・李宜學・李玲珠・林淑貞・祁立峰・
陳家煌・陳惠齡・曾暐傑・黃儀冠・楊宗翰・羅智成（依姓氏筆畫排序）
編 輯 委 員 —— 何淑貞・林淑貞・羅智成
執 行 編 輯 —— 洪國恩
美 術 設 計 —— 李林
校　　　對 —— 許逢仁・洪國恩

發　行　人 —— 王章力
出　　　版 —— 一爐香文化事業有限公司
財團法人漢光教育基金會
信　　　箱 —— alusan777@gmail.com
地　　　址 —— 新北市中和區建三路 9 號 2 樓

總　經　銷 —— 時報文化出版企業有限公司
電　　　話 —— (02) 2306-6842
地　　　址 —— 桃園市龜山區萬壽路二段 351 號
書 籍 編 號 —— Z000139

印　　　刷 —— 永光彩色印刷股份有限公司
初 版 一 刷 —— 2023 年 12 月
定　　　價 —— 新臺幣 550 元
（缺頁或破損的書，請寄回更換）

理想的讀本：國文 / 江江明・何淑貞・余欣娟・李宜學・李玲珠・林淑貞・祁立峰・
陳家煌・陳惠齡・曾暐傑・黃儀冠・楊宗翰・羅智成撰述
初版・— 臺北市：一爐香文化事業有限公司，2023.12
422 面　19×26 公分 —（傳世經典；008）
ISBN 978-986-98484-8-0　（第 8 冊：平裝）
1. CST：國文科 2. CST：閱讀指導 3. CST：中等教育
524.31　112020534

ISBN 978-986-98484-8-0
Printed in Taiwan